橋下改革の軌跡

検証 大阪維新改革

上山信一（慶應義塾大学教授）＋紀田 馨（元大阪府議会議員）

ぎょうせい

はじめに

本書では、この7年間の大阪府庁と大阪市役所の改革の内容と成果を、背後で作用した政治のダイナミズムに触れつつ検証した。

一連の改革（以下「維新改革」）で大阪のまちはずいぶん変わった。市民に身近な例では、地下鉄の値下げ、終電延長、売店の民営化、市バスの路線再編と黒字化、中学校での給食開始や小中学校のエアコン設置などがある。いわゆる行政改革についても、通常なら首長が公約の柱に掲げ、4年をかけて政治生命を賭して取り組む大きな課題が毎月のように解決していった。例えば大阪市のＷＴＣ（ワールドトレードセンタービルディング）の府による買い取り、第三セクターの泉北高速鉄道の民営化、前原大臣（当時）との連携プレーによる関西新空港の経営再建（伊丹空港の民営化を含む。）、１１００億円の抜本的予算削減による府の財政再建、教育委員会改革など枚挙にいとまがない。

○国鉄、郵政に続く第3の大改革

また、まだ実現途上だが地下鉄、バス、水道などの民営化は、国鉄と郵政の民営化に続く戦後最大の行政改革でもある。大阪だけでなく全国の大都市経営、さらに自治体の自立と中央集権からの脱却に大きな影響を与えうる。

しかし、こうした維新改革の成果が、体系だって報道される機会は少ない。

理由は、第1に、この7年の間、あまりにも多くの大型の改革案件が同時並行、かつ絶え間なく進み、地元メディアの取材が追いついていない。第2に、橋下市長については大阪での行政改革の動きよりも国政への関与に関する報道が優先される。そして第3に、都構想（大阪市役所の廃止と5つの特別区への再編）と民営化（地下鉄・バス・上下水道・ごみ処理など）という2つの看板政策が既存政党との対立でまだ成就されていない。

そこで本書では、紆余曲折を経つつも大阪が大きく動きつつあるという現実を詳しくお伝えすることとした。

○本書の構成

本書は、橋下徹氏の知事就任直後から府（のちに大阪市も）の特別顧問を務めてきた上山信一（慶應義塾大学総合政策学部教授）と特許庁職員から転じて2011～2015年まで大阪府議会議員（「大阪維新の会」）を務めた紀田馨の2名が、2人の首長を支えて深くかかわってきた維新改革の全体像を解説する。

具体的には、2008年度から2014～2015年度までに府市が個々に、もしくは連携して行った改革を紹介するとともに、その成果を評価した。

序章では、維新改革の経過を振り返りながら、それを支えた政治力学を解説する。第1部では、大都市・大阪が直面する課題を解説し、維新改革の目標と設計思想を紹介した（第2章、第3章）。第4章以降では、府市の改革の全体的な評価結果について、2014年に上山が府市の特別顧問として行った調査結果をもとに紹介する。

第2部では地下鉄、水道、病院、大学、美術館など個別の行政サービスの経営分析結果と改革の手法、そして成果を紹介した。ちなみに上山は、2005～2007年度に大阪市の市政改革推進会議の委員長として主要事業を経営分析した結果を『行政の経営分析―大阪市の挑戦』（大阪市役所との共著。2008年12月刊、時事通信出版局）で紹介した。併読いただくと理解をいっそう深めていただけるだろう。

第3部では、府と市の対立の歴史と維新改革での政策連携、事業統合、そして都構想を巡る一連の動きを振り返った。

２０１５年5月の住民投票で都構想はいったん頓挫したが、11月には再び知事・市長のダブル選挙がある。大都市・大阪の再生と府市の行政改革は次の段階に移行する。本書が今後を考える一助になれば幸いである。

なお、本書の第2部で紹介する個別事業の経営分析の実作業では、籠屋邦夫氏（関空問題（第4章））余語邦彦氏、佐々木潤氏、太田薫正氏（以上、地下鉄（第12章）およびバス（第13章））、大庫直樹氏（信用保証協会（第17章））、有馬純則氏（モノレール（第18章））、矢田俊文氏、吉川富夫氏、木谷哲夫氏（以上、大学（第15章））、佐々木文平氏（美術館（第16章））、池末浩規氏（文楽（第19章）および泉北ニュータウン（第23章））、丸山孝氏、曽根岡由美子氏（以上、病院改革（第21章））、大嶽浩司氏（医療戦略（第22章））、の各氏をはじめとする多くの方々に府市の特別参与（余語氏は特別顧問）として参画いただいた。また第1部の維新改革の全体評価のヒアリングでは蓮生郁代氏（大阪大学）と真鍋雅史氏（嘉悦大学）に特別参与として協力いただいた。この場を借りてお礼を申し上げたい。また、最後になったが（株）ぎょうせいの担当者には企画編集等でたいへんお世話になった。末筆ながらお礼を申し上げたい。

２０１５年10月

上山　信一（編集・主著者）
紀田　　馨（共著者）

目　次

第2部　個別事業の改革事例／161

序章　解説：維新改革とは何か

維新改革の主たる担い手は、行政機関としての府庁と大阪市役所である。しかし、改革項目の中には、橋下徹氏と松井一郎氏が維新の会の政治家として地元議会と折衝し、あるいは政府や各政党に働き掛けて実現したものが多い。また、地下鉄・バスの民営化や都構想などの重要テーマは、首長選挙や議会選挙、さらに住民投票の争点とされ、政治力をテコとした改革が進められてきた。

結果はどうか。総じて議会の同意を必要としない改革はスピーディーに進んだ。しかし、市営地下鉄・バスの民営化や府市の病院・大学の統合など、市議会の議決を必要とする案件は頓挫している。野党会派は両議会で過半数を占める（ただし、府議会では２０１１年４月から２０１３年12月まで維新の会が過半数を獲得）が、彼らは府市連携、事業統合、民営化などの抜本改革には総じて否定的である。

ともあれ維新改革の特徴は、通常の自治体が普通は挑まないスケールの大きな課題（民営化、事業統合など）を掲げ、実現に向け挑戦し続けるという首尾一貫性にある。そこで本章では、まず維新改革の全体の足取りと改革の原動力となった政治的背景を解説する。

1　なぜ維新改革は分かりづらいのか

維新改革、あるいは橋下改革に関しては、さまざまな報道がされてきた。特に2015年5月の都構想の住民投票は全国の注目を集めた。また、地下鉄やバスなどの民営化条例案が市議会で否決されたニュースも記憶に新しい。一方、国政レベルで橋下氏がリードした「日本維新の会」「維新の党」の動向にも注目が集まった。賛成派は「都構想も民営化も地元議会が反対する。国政レベルからも実現策を講じるべき」という。一方、反対派は「橋下氏は手を広げすぎ」と批判する。だがこれらも含め、維新改革そして橋下氏についてはあまりにもさまざまなニュースが錯綜し、「いろいろあり過ぎてよく分からない」というのが多くの人の率直な感想だろう。

○3つの分かりにくさ

維新改革が理解しにくい理由はおそらく3つあるだろう。

第1に、改革の中心柱にある大阪市を廃止し、府と統合して大阪都を作るという都構想は、前代未聞の提案で多くの人はすぐにはイメージしにくい。最近は、スコットランドやスペイン・カタルーニャの独立運動がニュースになり、日本でも道州制論がある。しかし、都道府県と市町村の垂直統合の提案は初めてである。

第2に、橋下氏が国政政党のリーダーであると同時に大阪市長であるため、次元の違うニュースが同時に流れて人々を混乱させる。その典型が従軍慰安婦発言問題だろう。大阪市長としての仕事ぶりの是非と国政政党のリーダーとしての発言は直接には関係がない。ところがどうしても連動したニュースとして扱われる。

第3に、府議会と市議会での各会派と首長の駆け引きがあまりにも激しく、多くの人は何が起きているのかフォローできない。その典型が都構想の協定書を巡るバトルだろう（詳しくは第25章で解説）。議会では重要案件を巡って与野党双方が手の込んだ裏ワザを次々に繰り出す。多くの住民は、本来の争点が何なのか、なかなか理解できない。

2　橋下知事誕生以来の政治の動き

しかし、この7年間で大阪のまちは確実に変わりつつある。議会の議決を必要としない行政改革や政策の見直しは、知事、市長の采配の下で、どんどん進んでいる。以下では、首長と議会の在り方を中心に、この約7年間の維新改革の歴史を振り返ってみたい。

(1)　2008年2月から始動

維新改革の歴史を図表0—1に整理した。

橋下知事が就任したのは2008年2月である（図表の第1期）。当初は、自民党の府連の推薦と公明党の府本部の支持で当選した保守系の知事だった。知事は就任以来、さまざまな改革で実績を上げていく。やがて大阪市役所が建てた大阪ワールドトレードセンタービルディング（WTC）を府庁が買い取って第2庁舎にするという案を巡って府議会の自民党などと対立。それを機に松井一郎氏や浅田均氏らが自民党を割って出て、「大阪維新の会」を作り、橋下知事が同会の代表になった（2010年4月）。

約1年後の2011年春の統一地方選挙で、維新の会は一気に府議会の過半数を獲得する。また大阪市議会でも最大会派となった。同会が全国から注目され始めるのはここからである。さらに2011年11月には、橋下氏が知事を辞めて大阪市長に立候補し、その後任の知事に松井氏が立候補した（いわゆるダブル選挙）。投票は同日（2011年11月27日）に行われ、2人とも当選する。かくして同会は、府市の首長ポストを両方とも獲得した。そして、2人が掲げた公約である府市の連携、そして都構想の推進が始まった。

(2) ダブル選挙後から府市が本格的に連携

その後は図表0―1の右の第2期に入る。府と市は府市統合本部会議を共同で設置し、ここを舞台に府と市の事業の連携や組織統合が始まった。同会議は、大学や病院など府市で重複する施設の在り方を議論し、また方針を決定する場として設置され、知事、市長に加え、特別顧問、そして議題に応じて特別参与も出席した。また、府市が共同で設けた大阪府市大都市局で都構想の実現に向けた作業が始まった。だが、主要事項の決定には両議会での議決が必要になる。府議会では維新の会は当初は過半数を持っていたが、市議会ではそうではない。そのため両首長が合意した

図表 0-1　大阪の維新改革の足取り

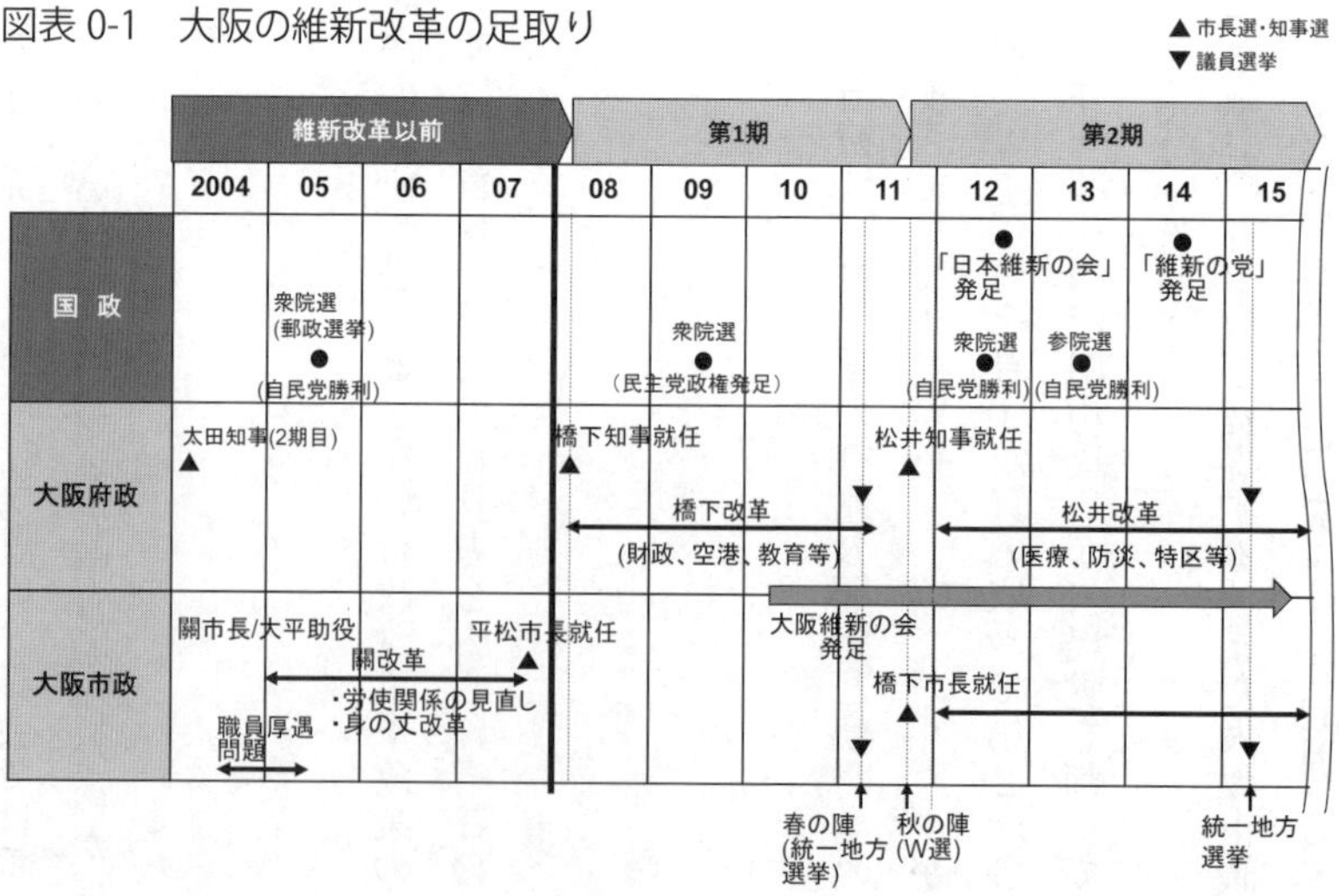

事項の多くが市議会で否決された。また、直営事業の民営化などの事業形態の変更には3分の2以上の賛成が必要で、もともとハードルが高い。そのため、例えば市議会は地下鉄とバスの民営化案を過去に5回も継続審査とした上で、2014年11月と2015年3月の2回否決した。また、博物館協会の独立行政法人化などの議決も先送りされている。こう着打破には選挙の機会を待たなければならない。

(3) 国政への参画

国政との関係についても触れておく。維新の会は、自民党・民主党・みんなの党から離党した国会議員らを加えて2012年9月に「日本維新の会」を設立した。また設立直後に日本創新党が、同年11月には太陽の党（「たちあがれ日本」より改名）が、解党して合流した。当初は自民党と民主党の二大政党に対抗する「第三極」の中心として注目を集め、2012年12月の総選挙では54議席を獲得して国政第3党に躍進した。さらに翌2013年の参議院選挙でも9議席を獲得した。だが2014年7月に解党し、石原慎太郎氏らは「次世代の党」を結党。一方、大阪系に「結いの党」が合流し「維新の党」へと改称した。だがさらに2015年秋には、大阪系の議員を中心に新党を設立する動きとなった。

3　3つの次元から成る維新改革

さて、話を大阪の維新改革に戻す。維新改革の特異性と分かりにくさは、この改革が単なる行政改革にとどまらない点に起因する。この改革は、実は国政改革、地域再生運動、そして行政改革の3つの次元のそれぞれで同時多発的に進行し、また、相互に影響し合いながら進んでいる（図表0―2）。例えば、大阪維新の会が国政への影響力を持つが故に、国は都構想実現のために法改正をした。これは明らかに通常の知事や市長では成し得ないことだった。また教育委員会改革や公務員制度の見直しなどでも大胆な改革ができた。しかし逆にそうであるが故に、地元の議会では野党会派の既存政党が首長の改革案にことごとく反対するかたくなな態度をとった。

(1) 根幹にある「行政改革」

維新改革の根幹には府市の行政改革がある（図表0―2の下段）。これは2008年の橋下氏の知事就任に始まり現在の松井知事に受け継がれる府庁の一連の改革、そして、2011年11月のダブル選挙直後に始まった橋下市長による大阪市役所の改革である。この主な内容は財政再建、補助金の見直し、外郭団体の経費の見直し、インフラ整備、教育改革など多岐にわたる。改革の対象となる項目自体は、他の自治体と同じである。しかし、その改革のスケールの大きさ、手法の斬新さ、スピードの速さでは前例がない。例えば、公営地下鉄の民営化はわが国初であるし、市バスの人件費を2割削減したのもよそではありえない。公務員の人事評価を絶対評価から相対評価に変えたのも前代未聞である。

図表 0-2　維新改革の３つの次元

要素	内容（例）	企業改革との対比
国政改革	・分権化推進 ・法改正	・業界再編 ・規制改革
地域再生運動	・府市連携 ・大阪都構想	・業務提携 ・M&A
行政改革	・効率化 （行政改革） ・政策の刷新	・業務改革 ・リストラクチャリング

(2) 統治のあり方を見直す「地域再生運動」

維新改革の2つ目の次元は図表0―2の中段部分の地域再生運動である。これは、統治の在り方の見直しをはじめとする大阪の地域全体の在り方を府市が連携して変える運動である。多くは財界や市民にも協力を呼び掛けつつ行っている。例えば、府と市が共同で行う事業（各種イベントや大阪観光局による外国人観光客へのアピールなど）には財界や住民団体、NPOなどが一緒に取り組む。あるいは、関西国際空港と大阪国際（伊丹）空港の経営統合や国家戦略特区推進などでは、橋下・松井両氏が政治力を駆使しつつ国に働き掛けて実現した。大阪都構想の推進もここに入るだろう。一般に市町村と府県の足並みが揃うことは少ない。特に政令指定都市と府県はそうだ。その意味でダブル選挙後の府市の一体感はよそには見られないものだろう。背後にはもちろん知事と市長が同一会派で都構想の実現を目指すことがある。だが、加えて西日本の雄としての大都市・大阪の未来に対する危機感や橋下氏の強い発信力なども作用している。図表0―2の地域再生運動も、今回の維新改革ならではのものだろう。

(3) 「国政改革」への関与

維新改革の3つ目の次元は図表0―2の上段の国政改革である。例えば、就任間もない橋下市長は国直轄事業負担金の見直しや、全国学力・学習状況調査（学力テスト）の市町村別成績の情報公開などを国土交通省や文部科学省に迫り、最終的にそれらを実現した。いずれも大阪の現場の問題に端を発し、国の政策の在り方のおかしさを問題提起した。また政治活動においても維新の会は、地域発で日本維新の会という国政政党を創設した。その上で都構想を実現するための法改正を政府に働き掛け、大都市地域における特別区の設置に関する法律（平成24年法律80号）の制定を実現させた。さらに、府市統合本部会議や大幅に強化された行政区を全国の指定都市に広げる地方自治法の一部を改正する法律（平成26年法律第42号）も実現した。これらは大阪に端を発した国政への問題提起だが、その域を越えて国の大都市政策に直接的な影響を与えた。他分野の事例では、国の教育委員会制度の見直しなど全国レベルの制度改正につながったものもある。

自治体の動きが国政に大きな影響を与えた例は過去にもあった。例えば、沖縄県知事は米軍基地問題でしばしば国政を左右、東京都の石原慎太郎知事（当時）は尖閣諸島問題に大きな影響を与えた。だが、地方の問題に端を発して、地方政党を立ち上げ、それを国政政党にバージョンアップさせ、国に法改正を迫った今回のケースは、前代未聞だろう。

このように維新改革は、性格の異なる3つの次元から構成され、それぞれが他の次元の活動を強化した。維新改革は、こうした特異な構造の下で、従来の行政改革とは比べようのない幅の広さとスピードで強力に展開されてきた。

(4) 大阪の改革のために中央を揺さぶる

ちなみに、大阪維新の会、あるいは橋下氏について全国でよく知られているのは、主に国政改革である。そのためか中央のメディアは、橋下氏ら大阪維新の会の政治家たちを、大阪での活躍をテコに国政を目指す野心的な政治集団と捉えがちである。だが、維新改革の眼目は、むしろ図表0―2の中段の地域再生運動にある。大阪の深刻な社会問題（第2章、第3章で詳述）は、下段の行政改革だけでは解決できない。府市が連携し、さらに民間も協力して自ら地域再生に取り組む必要がある。また大阪はヒト・モノ・カネの自由な流通の上に栄えてきた自由都市であり、国の規制や現行制度の限界にしばしばぶつかる。だから国政に問題提起する必要があるが陳情では限界があり、国会に代表を出し、選挙のたびに政権与党を揺さぶる必要がある。

ちなみに、地方発で国政を変える力をもつ地域は、東京、大阪、あるいは沖縄（外交、安全保障分野）くらいではないか。大阪は日本第2の大きな都市である上に、首都から離れている。しかし制度上は、単なる自治体の1つでしかなく国の制度から自由ではない。したがって、維新の会の政治家には、自立を目指し、大阪が地方を代表して国の制度を変え、規制のくびきを断ち切らねばならないという意識が強い。

4　改革の舞台と手法の広がり

ところで維新改革の場合、図表0―2の上段と中段では従来にはないプレーヤーと手法がみられる。中段では維新の会が主役だが、地域政党は今までの日本にはほとんどなかった。それが設立後わずか1年後の地元議会選挙で既存の各政党を破って第1党に躍進し、半年後には府市両方の首長を当選させた。上段の国政レベルでも、大阪市長が国政政党の代表を兼ねる前代未聞の事態が出現した。従来、首長は大臣に陳情、お願いする存在だったが、維新改革では、地域政党が国政政党に進化し、国会で既存政党の議席を奪うスタンスをみせた。また、政権与党に政策変更を迫った。この点は、地方発の政治力の行使の仕方として極めて斬新である。

○都構想は企業のM＆Aに相当

維新改革の特殊性は、企業改革のアナロジーに照らしてみても理解できる。成功した企業の改革は、図表

0―2に相当する3つの次元で証明できる。図表0―2の右端に示したが、日常は下段の社内での種々の改善運動が行われる。それが進化すると中段に進み、提携、M&Aなど外科的手法の改革になる。そこからもう一段スケールが大きくなると上段に移行し、業界を超えた提携や業界再編によって業界の秩序を変え、優位性を保つ戦略を展開するといった次元に達する。

これらに照らすと、都構想は実は大阪府と大阪市の経営統合、あるいはM&Aに相当すると分かる（中段）。さらに大都市制度の改革や地方分権を国に迫る活動は、〝地方行政〟という「業界」の再編を国に迫るという意味で上段に相当する。

このように、大阪の維新改革は、政治面からみても、また行政の経営面からみても、従来の自治体の行政改革をはるかに超えたダイナミックな動きといえるだろう。

第1部　府市の6年間の維新改革を評価する

大阪府市は２０１４年３月から９月の約半年をかけて橋下氏が知事に就任した後の２００８年度から２０１４年度までの６年間の改革の評価を行った。

改革評価の作業は、府と市の職員からなる合同のプロジェクトチーム（以下「合同チーム」）に加え、筆者を含む府・市の特別顧問や特別参与（以下「外部委員」）が合計13人参加した。作業プロセスは図表Aのとおりである。

(1)　府市合同で改革を評価

作業は、最初に、府・市の各部局がこの６年間に行った政策の刷新や事務・事業の執行の見直しを振り返り、評価の対象とする項目を洗い出した（フォーマットに沿って資料とデータを提出）。次にその資料を手掛かりに、合同チームと外部委員２～３人が手分けして、３月から５月にかけて府の12、市の17の主要部局に対してヒアリングを行った。これらの結果をもとに、まず、府と市それぞれが行政機関として自ら行う改革評価の報告書をまと

図表Ａ　改革評価の作業プロセス

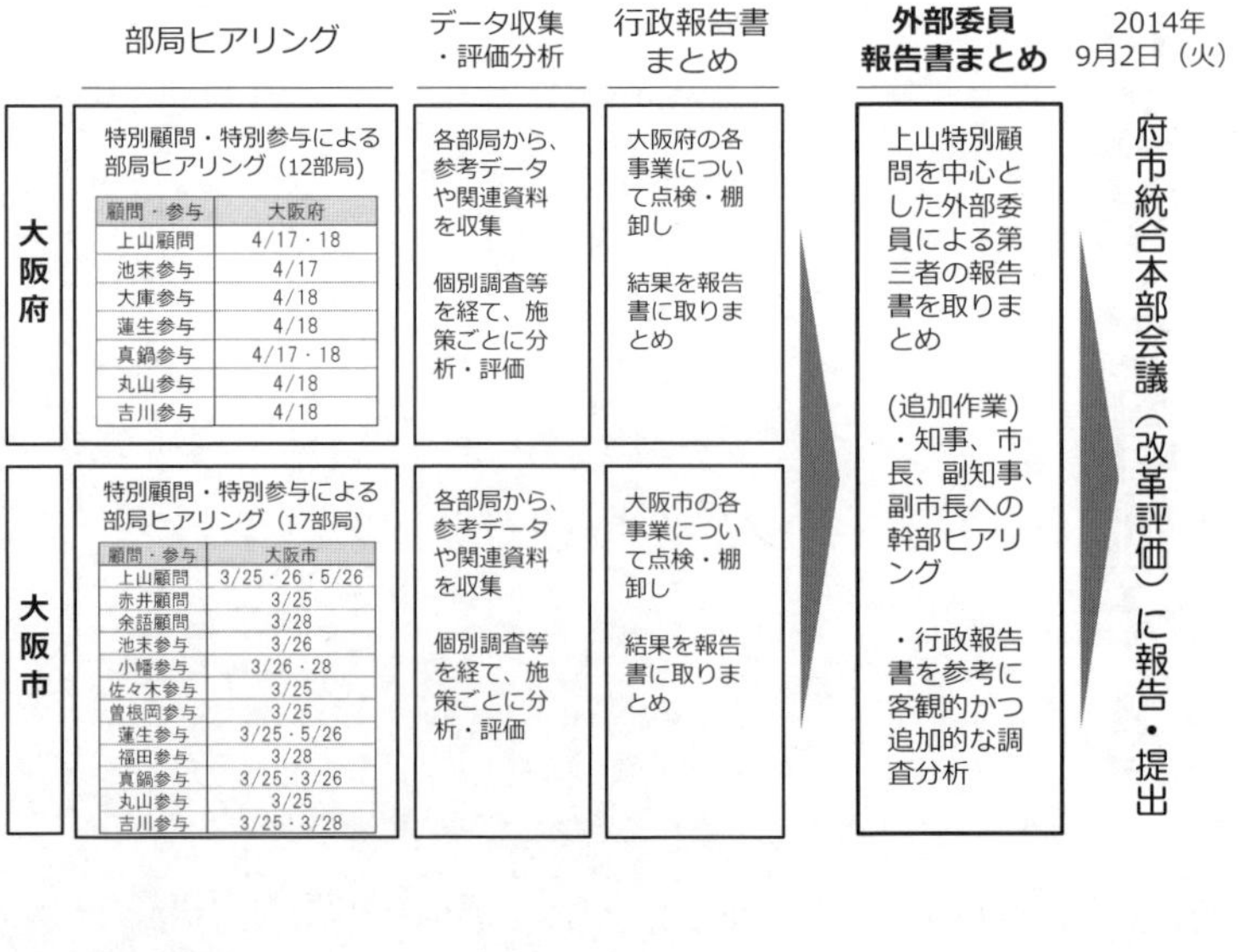

めた（大阪府、大阪市の報告書はそれぞれ　http://www.pref.osaka.lg.jp/attach/15336/00161971/8_sankoushiryou2-3-kaikakuhyouka.pdf　http://www.pref.osaka.lg.jp/attach/15336/00161971/9_sankokushiryou2-4-kaikakuhyouka.pdf に掲載）。

(2)　政策の刷新と執行の改革を評価

今回の改革評価では、目的を「大阪の街が直面している課題に対して府と市がどのような政策手段を講じているか」（「見える化」）、そして「問題の解決に向けてどのような動きが出ているか」をチェックすること、つまり「改革の進捗評価」に主眼を置いた。すなわち、今回は評価の対象を、日常業務や既存の政策の執行の状況ではなく、政策の刷新や執行の改革とした。また評価の対象を、事務事業やプロジェクトよりも上位の政策レベルとした。こうした方針は、政策目的の成果や業務執行の効率性をチェックする通常の自治体の行政評価とは大きく異なる。

また、今回の改革評価は府と市が合同で行った。大阪の街の課題解決に主眼を置く以上、当然といえば当然だが、都道府県と市町村が合同で行政評価を行うというのは、全国でも初めてだろう。政令指定都市である大阪市には大阪府から数多くの事務や事業が移譲されている。加えて大阪では府市の二重行政が大きな問題とされ、府市の組織や事業の連携が進み、あるいは検討されている。また、特に2012年以降、府と市は合同で多くの改革に取り組んできた。今回はそのような府市連携、府市統合の分野はもとより、府と市が個別に業務を行う分野についても府と市が同じ手法で改革評価を行った。例えば、同じ目的の政策や事業については、府市で同じ項目名とし、相互の連携あるいは重複関係を意識した整理を行った。

(3)　特別顧問による評価

さらに、第2段階の作業として私は、知事と市長の要請を受けて外部委員（特別顧問）の立場から府と市の報告書を手掛かりとしつつ、独自の視点に立った改革評価の報告書をまとめた（作業には特別参与2名も参画）。そして9月2日の府市統合本部会議にその経過を記した報告書（「大阪の改革を評価する―２００８年以降の府・市の取組みを中心に」）を提出した（全文は http://www.pref.osaka.lg.jp/attach/15336/00161971/5_shiryou2-2-kaikakuhyouka.pdf に掲載）。

本書の第1部では、主にこの報告書に沿って維新改革を解説する。

(4)　今回の改革評価報告書の構成

今回の改革評価報告書は2部で構成される（図表B）。第Ⅰ部の「正しい現状認識をする」では、大都市・大阪が直面する課題を多角的に整理、分析した上で、これら課題に対し、従来の府庁と市役所が十分に対処できなかった事情を解説する。第Ⅱ部の「この6年の府市改革の棚卸し」では、こうした背景を踏まえた上で、この6年間の改革の評価結果を紹介した。この構成は、行政評価の報告書としては異例かもしれない。通常は第Ⅱ部だけで評価報告とする。しかし、今回は第Ⅰ部が加えられた。

理由は2つある。

○改革評価に先立ち、街の状況とこれまでの努力を解説

第1に、この6年間の維新改革では、役所が行ういわゆる行政改革の域を越え、都市の在り方そのものを変えようとした。大阪は所得、雇用、犯罪など、どの指標を見てもわが国の大都市の中で最も深刻な状況に

である。維新改革の出発点は、この厳しい現実にある。だが、府民、市民の多くはこの現実を十分には理解していない。そこで維新改革を評価する前に、第Ⅰ部の1でなぜ維新改革が始まったのかを解説した。

第2に、大都市大阪の危機は今に始まったことではなく、府市も相当の努力はしてきた。だが、従来の手法には限界があった。だから維新改革が始まった。維新改革の評価に当たっては、こうした過去の経緯も確認する必要がある。第Ⅰ部の2ではこれらについても解説した。

（注）なお、維新改革の本質を理解するためには、さらに地域政党「大阪維新の会」の設立経緯や国政との関係等の理解が必要となる。これについては、上記報告書では触れていない。別途、序章を参照されたい。

図表B　今回の改革評価報告書の構成

はじめに

第Ⅰ部　正しい現状認識をする

1．大阪問題：都市・大阪が置かれた状況

2．これまで（2008年まで）の府・市の対応状況

第Ⅱ部　この6年の府市改革の棚卸し

3．改革の特徴

4．主な成果

5．改革の構造

（1）改革の対象の拡大（4つの“WHAT”）

（2）改革の手法の刷新（4つの“HOW”）

おわりに－変化の兆しと今後の課題

第1章　維新改革の全体像

第1章では、２００８年から6年間の維新改革の全体像をおさえておきたい。

今回の改革評価ではまず、図表１―１のマトリックス図でこの6年間の大阪の改革の全体像を整理した。

図の左半分は、行政が主体となる改革分野、右半分は、企業や地域や個人が主体で行政が側面支援する改革分野である。また図の下半分は、目の前にある問題を解決する仕事（多くは問題の処理）、上半分は今後への布石、すなわち都市の成長に向けたインフラ投資や経済活性化策などである。

(1)　改革の４つの領域

マトリックス図の右上は、地域全体の「成長戦略」である。将来の都市の繁栄、より具体的には、１人当たりの所得を上げるための規制緩和や支援などが入る。経済

図表 1-1　今回の評価の対象＝『大阪の改革』

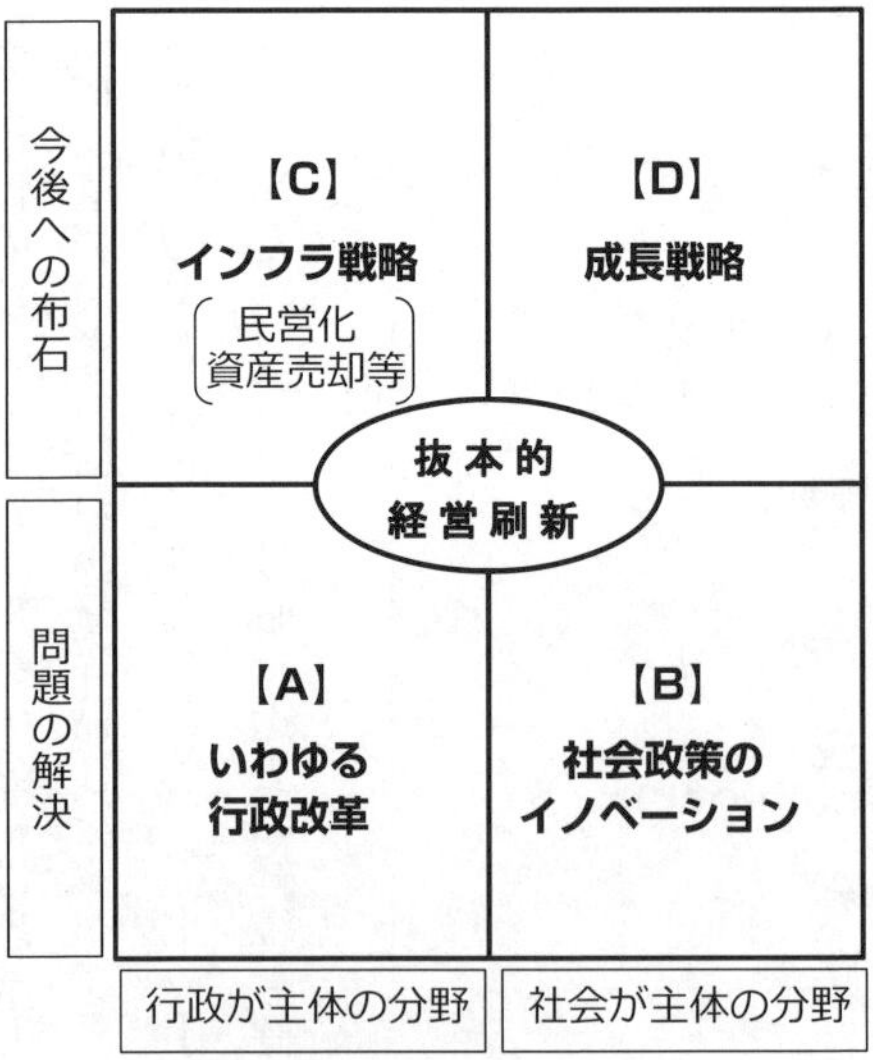

活性化が中心なので、主たる担い手は企業や地域の人々であり、行政はあくまで側面支援をする。

今後への布石としてはもう1つ、左上の「インフラ戦略」がある。ここでいうインフラは鉄道、道路、空港、港湾などの産業インフラが中心だ。企業が自分で投資するには限界があり、国と自治体の役割が大きい。

図の右下の部分は、教育、福祉、医療、介護などの人周りの「社会政策のイノベーション」である。例えば、生活保護の在り方の見直し、学校と地域が連携して行う貧困対策などが主たる具体例である。

最後に残る左下は、「いわゆる行政改革」とした。時代の流れに合わせた事務や事業の廃止や効率化、職員数の抑制、情報公開、ＩＴ化などである。

(2)　都市としての自立経営

従来の自治体では、行政評価の対象は主に図の左下の行政改革が中心だった。もちろん、どこの自治体も4つのマトリックス全域に関する政策を行っている。しかし、多くの場合、上半分は自治体が自らやるというよりも国への要望を出したり、国の方針に委ねたりすることが多い。ところが大阪は、もともと自立志向の強い大都市で、シンガポールにも似た都市国家の性格も帯びる。国全体の成長戦略やインフラ戦略だけではアジアの都市間競争には生き残れないと考えている。そこで、古くは明治の頃から府と市は地域独自の成長戦略やインフラ投資を展開してきた（大阪港や地下鉄網の建設、大規模な区画整理事業など）。しかし、財政難の中でできることには限界があり、そうこうしているうちに、衰退が始まった。維新改革では、大都市・大阪の再生はこのままでは手遅れになりかねないという問題認識に立ち、２００８年以降、特にインフラ戦略と成長戦略に力を入れてきた。さらに知事と市長のいわゆるダブル選挙後の２０１１年末からは府と市が人とカネと情報を持ち寄り、大阪府市統合本部を置くなど、さらに注力してきた。こうした事情から、この6年間の大阪の改革では他の自治体よりも図の上半分に多くのエネルギーが割かれてきた。そこでこのような整理をした。

(3)　社会が主体の改革に期待

なぜ図の左と右を区分したのか。それは、社会問題の解決に当たっては、右側の社会が主体で行う改革がまず先決であるという課題認識に基づく。府も市も危機的な財政状況にあり、税金で弱者を救済する従来の手法には限界がある。維新改革では個人や地域、民間がそれぞれ自らの自立を目指し、主体的に社会問題を解決する枠組みづくりを目指してきた。つまり、ここでいう社会政策のイノベーションとは、従来の救済型から自立支援型へと行政の仕事のやり方を転換していくという主旨である。

このように、今回の大阪の改革評価では、深刻化する大阪の都市問題を念頭に置いた上で、その全てを府市が解決できるわけではないという現実認識から出発しつつ、その中で府と市がどのような役割を果たしてきたか分析した。そこで、図の上半分および右半分にスポットを当てつつ、全体を４つの象限に分けて改革を評価した。

1　改革内容の分析結果

この6年間に府と市が行ってきた改革の項目数は府が87、大阪市は１００、そしてダブルカウント分を除いた合計が１６４となった。図表１―１の４つの領域にこれらを当てはめたのが、図表１―２である。

(1) いわゆる行政改革は４割止まり

府市合計で全１６４の改革項目のうち、「いわゆる行政改革」は約４割にとどまり、「成長戦略」や「インフラ戦略」など今後への布石に属するものが約３割を占めた。また、「成長戦略」24項目のうち約14項目（約６割）が府市共通の項目となった。府と市の違いはどうか。４つの象限の各比率は、府も市もさほど変わらない。しかし、大阪市は基礎自治体なので、「社会政策のイノベーション」が29％と府（25％）よりも高くなった。

具体的な改革項目の中身を見ていく。図表１―３は大阪府の改革項目リストである。左下の「いわゆる行政改革」は34項目ある。主な領域をくくり出すと「財政再建」「財務マネジメント」など12分野となった。具体項目をみていくと(1)の財政再建や(3)の人件費の削減などはどこの自治体でもやっているが、(4)の財政運営基本条例は他にあまり例がない。また(5)～(8)の財務マネジメントは、これまで予算業務に終始しがちだった財政部門に民間企業の財務マネジメントの仕組みを導入するもので、かなり先進的といえるだろう。

(9)～(13)の「人事・給与制度」では、全国で初めて職員の人

図表 1-2　府市の改革項目の分析

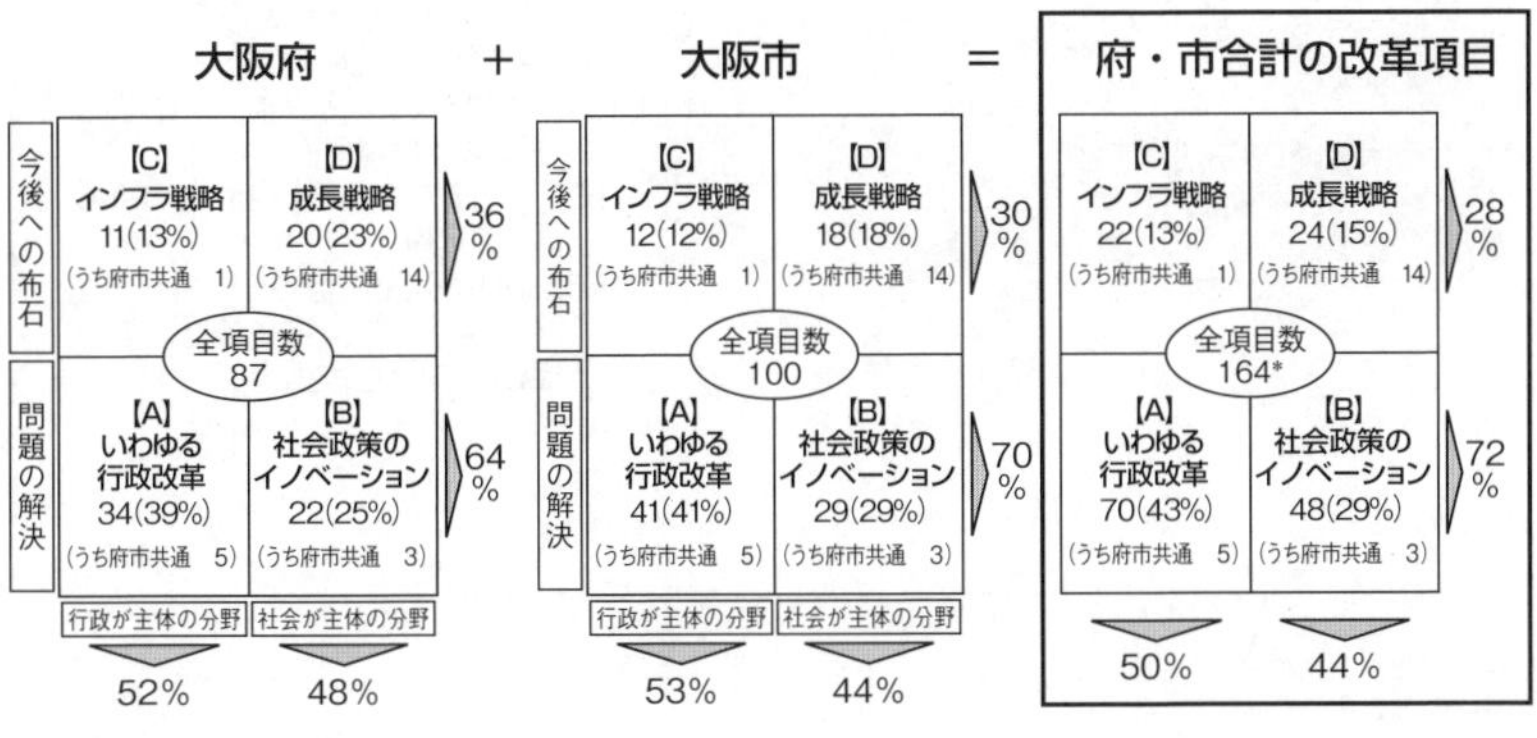

＊府と市の共通項目（連携事業等）については、合計表では１件とカウントした（そのため合計数は合わない）

（網掛け）大阪府市が連携して実施した改革の取組

D　成長戦略　20項目

＜1.府市連携（特区制度）＞
(68)特区制度の創出・活用

＜2.府市連携（IR）＞
(69)IR実現に向けた検討

＜3.府市連携（戦略会議）＞
(70)大阪府市都市魅力戦略推進会議
(71)大阪府市新大学構想会議
(72)大阪府市エネルギー戦略会議
(73)大阪府市医療戦略会議
(74)大阪府市規制改革会議

＜4.府市連携（組織統合）＞
(75)府立大学・市立大学
(76)大阪観光局の設置
(77)府立産業技術総合研究所／市立工業研究所の統合
(78)大阪産業振興／大阪都市型産業振興センターの統合

＜5.府市連携（事業連携）＞
(79)大阪府立中之島図書館・大阪市中央公会堂の連携
(80)府市文化振興会議・アーツカウンシル部会の設置
(81)都市の魅力を向上させる各種イベントの開催

(82)バッテリー関連産業の振興
(83)ライフサイエンス関連産業の振興
(84)金融機関提案型の融資制度の創設
(85)太陽光発電の普及拡大など新たなエネルギー社会の構築
(86)みどりの風を感じる大都市・大阪の実現
(87)「大阪産（もん）」ブランドの発信

B　社会政策のイノベーション　22項目

＜1.政策の刷新（教育）＞
(35)知事と教育委員会の関係再構築
(36)小中学校の児童生徒の学力向上に向けた緊急対策
(37)府立高校の特色づくりなど
(38)支援学校の整備など、障がいのある子どもへの支援
(39)校長マネジメントの推進
(40)英語教育の推進
(41)中学校給食導入促進事業

＜2.政策の刷新（私立高校授業料無償化）＞
(42)私立高校授業料無償化制度

＜3.府市連携（組織統合）＞
(43)府立病院・市民病院の統合
（住吉市民病院と府立急性期・総合医療センターの機能統合）

＜4.府市連携（事業連携）＞
(44)特別支援学校の府移管
(45)高等学校の府への移管

(46)街頭犯罪ワースト1返上を目指した治安対策
(47)子ども・若者自立センターでのひきこもり青少年などへの対策
(48)あいりん地域の環境整備における警察・区役所との連携・協力
(49)児童虐待防止に向けた相談受付体制の抜本的見直し
(50)府立金剛コロニー及び府立砂川厚生福祉センターの再編整備
(51)発達障がい児者の早期発見とライフステージに応じた支援
(52)スマートフォン等による地域医療・救急医療体制等の充実
(53)違法ドラッグ対策の強化
(54)「OSAKAしごとフィールド」の設置による雇用促進
(55)「ハートフル条例」、「ハートフル税制」の実施
(56)NPOの活動基盤づくり、自立運営をサポートする「市民公益税制」の導入に向けた検討

図表 1-3　大阪府の改革項目リスト

C　インフラ戦略　11項目

＜1.経営形態(水道)＞
(57)水道事業の見直し
(大阪広域事業団の設置等)

＜2.政策の刷新(空港)＞
(58)関空・伊丹空港の経営統合

＜3.政策の刷新(インフラ整備、ストック組換え)＞
(59)ハイウェイオーソリティ構想
(高速道路ネットワークの強化)
(60)新名神高速道路の事業着手
(61)ストック組換えによるインフラ整備の加速
(鉄道の戦略4路線位置づけ、具体化)

＜4.政策の刷新(治水)＞
(62)治水対策の方針転換

＜5.府市連携(組織統合)＞
(63)港湾の一元管理

(64)津波対策・南海トラフ等巨大地震対策
(65)密集市街地対策、住宅・建築物の耐震化
(66)インフラ・アセットマネジメント(維持管理の重点化)
(67)泉北ニュータウンのまちづくりの方向性を示すビジョン策定と体制の構築

A　いわゆる行政改革　34項目

＜1.財政再建＞
(1)財政再建
(2)国直轄事業負担金の見直し
(3)人件費の削減
(4)収入の範囲内で予算を組む原則の徹底(財政運営基本条例)

＜2.財務マネジメント＞
(5)債権管理の強化
(6)府有財産の活用・売却
(7)広告事業・ネーミングライツ
(8)財務マネジメント

＜3.人事・給与制度＞
(9)府独自の職員の給与制度改革
(10)職員採用試験の抜本的見直し
(11)職員の人事評価における「相対評価」の導入
(12)職員の再就職のあっせんのあり方の見直し
(13)職員の政治的行為の禁止、職員とOBとの関わりの見直し

＜4.公募制度＞
(14)公募による職員の登用

＜5.サービス改善＞
(15)サービス改善

＜6.市町村への権限移譲＞
(16)市町村への権限移譲

＜7.補助金等の見直し＞
(17)補助金等の見直し

＜8.府民利用施設の見直し＞
(18)府民利用施設の廃止・改革

＜9.経営形態(独法化)＞
(19)独立行政法人化

＜10.府市連携(統合本部)＞
(20)大阪府市統合本部

＜11.府市連携(組織統合)＞
(21)大阪府中小企業信用保証協会・大阪市信用保証協会
(22)大阪府立公衆衛生研究所・大阪市立環境科学研究所
(23)消防学校教育訓練研修の充実強化

＜12.府市連携(事業連携)＞
(24)大阪市内の府営住宅の市への移管

(25)政策立案手法の刷新、データに基づく府民ニーズの分析
(26)全庁的な意思決定のあり方の見直し
(戦略本部会議の設置・運営)
(27)国と地方の関係再構築
(関西広域連合の設立・運営等)
(28)条例・審査基準の見直し
(29)出資法人等の改革
(30)徹底したプロセスの見える化、仕事の内容にも踏み込んだ透明化
(オープン府庁)
(31)新公会計制度の導入
(32)監査事務局業務の民間への委託
(33)府営住宅の運営見直し
(34)市町村国保の累積赤字の削減に向けた府の特別調整交付金の配分基準の見直し

事評価に相対評価制度を取り入れたり、公務員試験を民間企業の採用試験と同様のものにするなど、従来の自治体にはない斬新な改革が行われた。

⒁の「公募」についても、他の自治体よりもはるかに範囲が広く、部局長や区長のほか学校長も対象にする。

(2)　最大の特徴は府市連携

図の左下の、行政改革の領域で最も特徴的なことは、府と市の連携がさまざまな分野で行われていることである（図表１―３の網掛け部分）。大阪では以前から、大阪府と大阪市の二重行政の無駄が指摘されてきた。これらについては、㉑のように府と市の中小企業信用保証協会の統合や㉔の府営住宅の市への移管などが実現できた。

「社会政策のイノベーション」では、教育、治安、医療などでかなり細かな施策が項目として並ぶが、特筆すべきは教育分野の改革だろう（㉟～㊶）。特に㉟の知事と教育委員会の関係の再構築は、国の制度改革にも大きな影響を与えた。地元では㊶中学校給食の導入促進事業の賛否をめぐって議論があった。また医療の分野では、住吉市民病院と府立急性期・総合医療センターの機能統合や、市の特別支援学校や高等学校を府に移管する（㊹、㊺）など、府市連携によるものがいくつかある。

図の左上の「インフラ戦略」分野では、水道事業の経営形態の見直しが進んだ。すなわち、府は水道部を廃止し、大阪市以外の全市町村とともに大阪広域水道企業団を設置した（57）。また、関西国際空港（以下「関空」）と伊丹空港（以下「伊丹」）の経営統合が実現した（58）。鉄道分野では、泉北高速鉄道（旧大阪府都市開発株式会社）や大阪国際空港ターミナル株式会社の株式を売却した資金約４２３億円を使って（「ストックの組み替え」）北大阪急行やモノレールを延伸する計画が進行中である（61）。そのほか、港湾管理でも府市連携が始まり、大阪市が管理する大阪港と大阪府が管理するその他の港湾を一元管理する体制づくりが進行中である。

(3)　成長戦略の７割が府市連携

右上の「成長戦略」は計20項目あるが、７割の14項目が府市連携による（図表１—３の網掛け部分）。この分野の最大の課題は今後の大阪の経済発展を支える先端分野への先行投資の促進である。維新改革では、特にライフサイエンスとバッテリーに注力している（82、83）。なお、その他の観光振興（76）や電力対策（エネルギー戦略（72））、医療介護の在り方（73）などの見直しについては、府市統合本部に各テーマの戦略会議を設置し、府市が一体で方向性を示した。その上で府市の各部局が民間企業や市町村も巻き込みながら具体的な戦略づくりを始めている。

(4)　大阪市では社会政策の見直しが進行

図表１—４は、大阪市について同様の整理を行ったものだ。大阪市は基礎自治体なので、府よりも手掛ける事業数が多い。改革項目の数は１００あって、府の87を上回る。また、図の上半分の今後への布石よりも下半分の目の前の問題の解決が多い。中でも「社会政策のイノベーション」は現役世代への重点投資から教育改革、西成特区構想まで内容は多岐にわたる。

左下の「いわゆる行政改革」は41項目あるが、財政、人事や施設のサービス改善等の領域の改革で先行し

（網掛け）大阪府市が連携して実施した改革の取組

D　成長戦略　18項目

＜1.府市連携(特区制度)＞
(83)特区制度の創出・活用

＜2.府市連携(IR)＞
(84)IR実現に向けた検討

＜3.府市連携(戦略会議)＞
(85)大阪府市都市魅力戦略推進会議
(86)大阪府市新大学構想会議
(87)大阪府市エネルギー戦略会議
(88)大阪府市医療戦略会議
(89)大阪府市規制改革会議

＜4.府市連携(組織統合)＞
(90)府立大学・市立大学
(91)大阪観光局の設置
(92)府立産業技術総合研究所と市立工業研究所の統合
(93)大阪産業振興、大阪都市型産業振興センターの統合

＜5.府市連携(事業連携)＞
(94)大阪府立中之島図書館・大阪市中央公会堂の連携
(95)府市文化振興会議・アーツカウンシル部会の設置
(96)都市の魅力を向上させる各種イベントの開催

(97)グローバルイノベーション創出支援拠点(うめきた)
(98)エリアマネジメント活動促進制度の創設(うめきた)
(99)うめきた2期開発の緑化
(100)御堂筋のあり方の抜本的な見直し

B　社会政策のイノベーション　29項目

＜1.政策の刷新
(現役世代への重点投資)＞
(42)予算にメリハリを付け、生み出した財源を子育て・教育関連に投資
(43)教室への空調機設置
(44)中学校給食の実施
(45)塾代助成
(46)学校教育ICTの導入
(47)校務支援ICTの導入
(48)待機児童の解消等
(49)こども医療費助成の拡充
(50)妊婦健康診査の拡充

＜2.政策の刷新(教育改革)＞
(51)校長の権限強化
(52)教育行政基本条例・市立学校活性化条例の制定と教育振興基本計画の改訂
(53)学力テスト等の結果公表
(54)学校選択制の導入
(55)小中学校の英語教育の充実

＜3.政策の刷新(西成特区構想)＞
(56)あいりん地域の環境整備
(57)あいりん地域の日雇労働者等の自立支援
(58)高齢単身生活保護受給者の社会的つながりづくり
(59)あいりん地域を中心とした結核対策
(60)基礎学力アップ事業(西成まなび塾)、プレーパークモデル事業

＜4.政策の刷新(福祉施策の再構築)＞
(61)特別養護老人ホーム待機者の解消
(62)認知症高齢者等支援の充実
(63)発達障がい者支援体制の構築
(64)重症心身障がい児者支援の充実
(65)福祉施策推進パイロット事業
(66)「ごみ屋敷」対策

＜5.府市連携(組織統合)＞
(67)府立病院・市民病院の統合(住吉市民病院と府立急性期・総合医療センターの機能統合)

＜6.府市連携(事業連携)＞
(68)特別支援学校の府移管
(69)高等学校の府への移管

(70)生活保護の適正実施

図表 1-4　大阪市の改革項目リスト

C　インフラ戦略（民営化・資産売却）　12項目

＜1.経営形態（地下鉄）＞
（71）地下鉄事業の民営化

＜2.経営形態（バス）＞
（72）市バス事業の黒字化
（73）バス事業の民営化

＜3.経営形態（水道）＞
（74）水道事業の民営化

＜4.経営形態（ごみ）＞
（75）家庭系ごみ収集輸送事業の新たな経営形態への移行

＜5.経営形態（下水道）＞
（76）下水道事業の経営形態の見直し

＜6.経営形態（幼稚園・保育所）＞
（77）幼稚園・保育所の民営化

＜7.政策の刷新（インフラ整備）＞
（78）大阪駅地下駅化（東海道線支線地下化事業、新駅設置事業）
（79）なにわ筋線
（80）淀川左岸線の延伸

＜8.府市連携（組織統合）＞
（81）港湾の一元管理

（82）密集住宅市街地整備の推進

A　いわゆる行政改革　41項目

＜1.財政再建＞
（1）人件費の削減等
（2）職員数の削減
（3）施策・事業のゼロベースの見直しと再構築（市営交通料金福祉措置（敬老バス）への利用者負担導入など11項目）

＜2.財務マネジメント＞
（4）広告事業の拡充による増収
（5）不用資産の売却
（6）未収金回収の徹底
（7）三セクの破たん処理
（8）多様なIRの展開

＜3.人事・給与制度＞
（9）職員の政治的行為の禁止、服務規律の厳格化
（10）人事評価への相対評価等の導入

＜4.公募制度＞
（11）区長の公募
（12）局長の公募
（13）校長の公募

＜5.サービス改善＞
（14）市民目線に立ったサービス等の改善
（15）天王寺動物園及び天王寺公園の課題改善

＜6.区役所への権限移譲＞
（16）区役所への権限移譲

＜7.補助金等の見直し＞
（17）補助金等の見直し

＜8.市民利用施設の見直し＞
（18）市民利用施設の見直し（市民交流センターの廃止など7項目）
（19）市設建築物におけるファシリティマネジメントの推進

＜9.経営形態（地下鉄）＞
（20）交通局長の民間人材登用
（21）快適なトイレへの改修
（22）地下鉄の終発時間の延長
（23）運賃の値下げ
（24）地下鉄売店の運営者公募（ファミリーマート、ポプラ）
（25）駅ナカ事業の展開（ekimo）

＜10.経営形態（独法化）＞
（26）市民病院の独立行政法人化
（27）弘済院附属病院の独立行政法人化
（28）博物館・美術館の独立行政法人化

＜11.府市連携（統合本部）＞
（29）大阪府市統合本部

＜12.府市連携（組織統合）＞
（30）大阪府中小企業信用保証協会・大阪市信用保証協会
（31）大阪府立公衆衛生研究所・大阪市立環境科学研究所
（32）府市連携による消防学校教育訓練研修の充実強化

＜13.府市連携（事業連携）＞
（33）大阪市内府営住宅の市への移管

（34）新公会計制度の導入
（35）市税・使用料の減免措置の見直し
（36）外郭団体数の削減、OB再就職の適正化
（37）外郭団体との随意契約の削減
（38）長期未着手の都市計画道路・公園・緑地等の見直し
（39）条例・審査基準の見直し
（40）市政情報の見える化（オープン市役所）
（41）意思決定の見える化（戦略会議）

た府の手法とほぼ同様の制度改革が行われている⑴～⒂。

なお、市は地下鉄、バス、病院、ごみ収集などの現業を数多く抱える。そのうち最大規模の事業は地下鉄だが、交通局長を民間から招聘し、トイレの大改修、終発時間の延長、初乗り運賃の値下げなどを次々と実行した。また売店も外郭団体の運営をやめて、民間のコンビニ事業者に業務委託した。さらに地下街の再開発も始まった。市バスは赤字を一掃し、黒字化した。その他、病院は２０１４年10月に独立行政法人化した㉖、㉗。また博物館・美術館も独法化が計画されている㉘。

2　維新改革の全体的な特徴

改革項目の多くは、現在進行中であり、まだ試行錯誤中のものも多い。しかし、すでにいくつかの目に見える成果や、他の自治体や国に見られない事例がある。今回の報告書では、その特徴を次の⑴から⑼にまとめた。

⑴　積年の懸案の解決

今回の維新改革では、特に２０１１年秋のダブル選挙を経て知事、市長が同一の地域政党となり、府と市の足並みがそろった。また、国との政治折衝力も増した。このような府と市の連携の好環境の下で、多くの懸案が解決された。例えば、高速道路の淀川左岸線の建設が決定され、積年のミッシングリンク問題が解消に向かい始めた。また、関空の経営再建問題でも国との折衝の結果、伊丹の民営化と関空との経営統合が実現した。また、それを機に関空はフェデラルエクスプレスやピーチ・アビエーションの拠点の誘致に成功した。

維新改革の初期には、市から府への大阪ワールドトレードセンタービルディング（以下「ＷＴＣ」）の譲渡が実現した。府は庁舎の建て替え資金がなく、市はこの建物を持て余していた。この譲渡は、以前から案としてはあったが、府と市の対立関係に照らし、誰も実現できるとは思っていなかった。それが実現した。また、府と市の中小企業信用保証協会の統合も実現した。さらに、特区選定を手掛かりにＰＭＤＡ―ＷＥＳＴ（Pharmaceuticals and Medical Devices Agency ＝国の薬の審査機関）の誘致にも成功した。

(2) 都市再生のためのアセットの組み替えと投資の決断

維新改革では従来からの行政改革の手法である予算の節約や人員の抑制といった目先の対応を超え、府と市の自治体が必ずしも持ち続ける必要のない資産を売却し、その資金を都市の成長を支えるインフラ投資に振り向ける動きが始まった。

その典型が、先述の泉北高速鉄道（正式には大阪府都市開発株式会社）や大阪国際空港ターミナル株式会社の株式を売却し、北大阪急行やモノレールの延伸に振り向ける計画である（合計約４２３億円）。また、大阪市の柴島《くにじま》浄水場の規模縮小や余剰地の公園等への用途転換、森ノ宮地区・京橋駅・大阪ビジネスパーク（ＯＢＰ）の再開発などが決まった。さらに、凍結されてきた大阪市北区中之島の市立近代美術館（仮称）の建設が決定されたほか、大阪市の天王寺公園のリニューアル（美術館、動物園等の施設を含む。）が始まった。

(3)　住民サービスの根本的見直し

府と市の財源不足のため、大阪では図書館や文化施設などの住民サービス施設の設備更新や接客サービス改善などが遅れていた。その改善や老朽施設、とりわけトイレの改修が始まった。また、ＪＲや私鉄よりも早かった地下鉄の終電時間の延長、売店民営化などが実現した。さらに大阪市は、区役所に予算と人事の権限を移譲し、区の独自予算による地域の住民特性に合わせた事業が始まった。

(4)　現役世代への重点投資（大阪市の政策転換）

基礎自治体の大阪市は市民向けのサービスが多いが、このうち子育て支援や教育予算など現役世代向けの予算が大幅に拡充され、２０１１年度の67億円が、２０１４年度には２７０億円に伸びた。内訳は、子ども医療費助成の拡充、中学校給食事業、小中学校への情報通信技術（ＩＣＴ）教育、エアコン整備などである。

(5)　従来、ややもすれば諦められてきた課題への挑戦

大阪市の西成区は日雇い労働者が多く、生活保護の受給率も高い。今回の維新改革では西成区の再生に取り組むべく、「西成特区」というネーミングの下で西成区の地域再生、弱者支援の新規事業を始めた。その際には大阪府警察を含む大阪府庁、市役所の本庁、区役所が全面的に連携して事業展開する体制ができた。先述の全国自治体初の相対評価による人事制度の導入や、民間企業型の公務員採用への転換などもこのカテゴリーに入る。

(6)　税の公平な配分

これまでは府市ともに特定の団体の支援を通じて弱者を助ける政策が多かった。今回の改革ではこれを改めて、困っている個人を直接助ける方式とした。例えば、私立高校などへの団体運営補助の在り方を見直した。また、学校向けではなく生徒の家庭に対して授業料を直接援助する事実上のバウチャー制度を拡充した。また、高齢者向けに一律で行っていた水道料金や税の減免を見直した。

(7)　情報公開

これについては府市ともにこの５年間で透明性を大幅に高め、ついに全国１位となった（全国市民オンブズマン連絡会議調査）。

(8)　財政規律と公共事業の問い直し

受益者の視点から公共事業や治水戦略の在り方を見直した（府南部の槇尾川ダムの建設中止など）。また財政についても「収入の範囲内で予算を組む」という原則を徹底し、府は２００８年度に単年度の収支を黒字化させた（市はもともと黒字）。

(9)　教育、大都市制度など国の制度の見直しの働き掛け

わが国の政令指定都市制度や教育委員会制度については、以前から、実態から乖離しており時代遅れだという批判が一部にあった。今回の維新改革では条例制定等によって大阪の実態に基づく改革を行った上で、

国にも教育制度の見直しを働き掛けた。国に対しては他にも直轄事業負担金問題や全国学力テストの公開問題、さらに関空問題など多数のテーマについて、従来の政策の見直しを問題提起した。いずれも大阪発で全国に問題提起し、最終的に国の協力を得て改革を行った。また、医療戦略やエネルギー戦略などでは、国の方針を待たずに全国から有識者を集めて独自の政策を立案した。

3　4つのWHATと4つのHOW

報告書の第Ⅱ部「この６年の府市改革の棚卸し」では、「改革の特徴」「主な成果」とともに「改革の構造」を２つの角度から分析した。第１は、維新改革の領域である。これは極めて広く、①いわゆる行政改革、②社会政策のイノベーション、③インフラ戦略、④成長戦略――の４つの分野（４つのＷＨＡＴ）に分けられる。第２は、維新改革の手法だが、従来の行政改革ではあまり見られない手法が多用されている。すなわち、①府市連携、②権限移譲（府から市へ、市から区役所へ）、③国への問題提起（府と市の関係、国と府市との関係に関するもの）、④競争原理の導入――という４つの手法（４つのＨＯＷ）である。

○都市戦略と府市連携を重視

まず維新改革の分野、４つのＷＨＡＴだが、通常、多くの自治体では改革といえば主に行政改革のことを指す。しかし維新改革ではそれよりもはるかに広いテーマに取り組み、特にインフラ戦略や成長戦略などの都市戦略を重視している。そのため「いわゆる行政改革」の項目は全体の約４割にとどまる（図表１―２）。そして「社会政策のイノベーション」に約３割弱、「インフラ戦略」および「成長戦略」にも約３割のエネルギーが割かれている。

４つのＨＯＷについては、「府市連携」が最大の特徴だろう。改革の取組は、図表１―２の右図のとおり全部で１６４項目あるが、そのうち23項目が府市連携による。中でも成長戦略（24項目）については、その約６割の14項目が府市連携による。この点は、他の自治体にないユニークな点だろう。

以上が報告書のおおよその構成である。本書の以下の各章では、まず第２章～第３章で報告書の第Ｉ部「正しい現状認識をする」の部分を解説する。そして第４章～第９章では、主に４つのＷＨＡＴに沿って改革の内容の紹介とその評価結果を紹介し、さらに第10章では４つのＨＯＷについて解説をする。

第２章　危機に瀕する大都市・大阪の実態――なぜ抜本改革が必要なのか

１　大都市大阪が置かれた状況

大阪は、言うまでもなく東京に次ぐ西日本最大の都市である。大阪市は人口２６８万人、大阪府域全体では８８５万人を擁する世界有数の大都市である。また、大阪府の府内総生産（ＧＤＰ、名目ベース）はわが国全体の約７％強を占める（２０１１年）。

(1)　戦後、次第に経済が停滞

戦前、大阪は東京を上回る経済力を誇ったことがある。だが戦後、特に１９７０年代以降は経済が次第に停滞し、それとともにさまざまな社会問題が噴出してきた。そして今や犯罪、雇用、離婚、自殺などの社会指標は軒並み全国ワーストレベルにある。さらにこれらが複合して他の指標をいっそう悪化させる悪循環に陥っている（いわゆる「大阪問題」）。

一般に、都市の命運は経済（フロー）に左右されやすいが、大阪は特にその性格が強く、この約20年の日本経済の低迷の影響をもろに受けた。大阪は、首都機能などの特殊な権益や天然資源、文化遺産などの希少な資産を持たない。もっぱらヒト、モノ、カネが離合集散する流通の場として発展し、そのもとで自由と進取の気風を培ってきた。だがそれが故に、いったん衰退し始めると企業、人材、資金が東京をはじめとする域外に流出し、低迷に拍車が掛かった。

社会問題の深化や拡大は大阪の経済力と財政力をますます低下させた。府市の財政は、税収（特に法人税）の落ち込みと同時に生活保護などの社会保障費が増大し、著しく硬直化した。その結果、府も市も企業誘致やインフラの充実など、都市の成長に必要な戦略投資が遅れた。特に１９９０年代以降は、抜本策を打ち出せないまま、大阪の都市問題はますます深刻化した。

このように、大都市・大阪では①経済力の低下、②社会問題の悪化、③自治体の問題解決能力の低下――の３つの問題が絡み合い、負のスパイラルを作り出してきた。

(2)　あらゆる分野で全国ワーストレベル

社会指標については、全国のワーストランキングをほぼ独占している。図表2―1にその実態をまとめた。ここでは、都市の実力を「【A】暮らし・貧困」「【B】健康・高齢化」「【C】教育・子育て」「【D】治安・モラル」の４つに分類した上で、総合的な「都市力」を【E】とした。図表2―1のワーストランキング欄の○で囲った数字は、悪い方から数えた順位（ワースト順位）を示す。図の濃く網を掛けたところがワースト1位、薄く網を掛けたところがワースト2～3位である。この図から一目瞭然だが、かなりの項目がワースト1位もしくは2～3位に位置する。また、多くの場合、大阪府全体よりも大阪市の指標がいっそう悪い。

図表 2-1　指標でみる大阪の現状（ワーストランキング）

■ワースト1位　■ワースト2‐3位

項目		ワーストランキング 大阪府	ワーストランキング 大阪市	出典
暮らし・貧困【A】	完全失業率	③	①	労働力調査（厚労省）2012
	世帯の家計（所得／貯蓄）	−	④／③	家計調査報告（総務省）2011
	離婚率	②	①	人口動態調査（厚労省）2012
	生活保護	①	①	厚生統計要覧（厚労省）2013
	ホームレス	①	①	ホームレスの実態に関する全国調査（厚労省）2012
健康・高齢化【B】	平均寿命（男性／女性）	⑦／⑧	①／①	生命表（厚労省）2010
	結核罹患率	①	①	結核登録者情報調査年報（厚労省）2012
	自殺率（男性／女性）	30／15	①／①	人口動態保健所・市町村別統計（厚労省）2008〜2012
	単身高齢者世帯	⑧	①	国勢調査（総務省）2010
教育・子育て【C】	学力テスト（小学校）*	⑦ ③ ⑫ ⑧	−	全国学力・学習状況調査（文科省）2014
	学力テスト（中学校）*	② ② ⑥ ⑧	−	同上
	長期欠席（小／中）	①／①	①／①	学校基本調査（文科省）2013
	児童虐待件数	①	①	児童相談所での児童虐待相談件数（厚労省）2013
	学童保育設置率	33	②	学童保育に関する実態調査（全国学童保育連絡協議会）2012
	少年犯罪	①	③	社会生活統計指標（総務省）2011
治安・モラル【D】	刑法犯認知件数	①	①	犯罪統計（警察庁）2013
	ひったくり認知件数	①	−	同上
	ボランティア行動率	①	−	社会生活基本調査（総務省）2011
都市力【E】	世界都市指数	−	55／84都市	A. T. カーニー／シカゴ国際問題評議会 2014
	世界の都市総合ランキング	−	23／40都市	森記念財団都市戦略研究所 2013
	世界都市競争力ランキング	−	26／30都市	中国都市競争力研究会 2012

（注）
①指標が悪い順（ワースト順位）を表示。ただし、都市力（世界ランキング）は上位からの順位を表示
②各指標順位は、大阪府は47都道府県中、大阪市は20政令市＋東京23区平均の21都市中のワースト順位。世界都市はそれぞれの調査都市数
③【C】教育・子育ての「学力テスト」は、左から国語A・国語B・算数（数学）A・算数（数学）Bの順位

2　根底にある所得減と失業増の問題

なぜこれだけさまざまな指標がワーストランキングの上位を独占するのか。根底には失業の増加と所得の低下がある。この2つは人々の暮らしにいろいろな問題を引き起こす。例えば病気、離婚、生活保護、不登校などの問題を生みやすい。さらには、麻薬、犯罪、児童虐待、自殺につながる場合もある。

○急激な所得低下と貧困の再生産

さらに深刻なのは、貧困が世代を超えて再生産される問題である。貧困家庭ではお金と時間の余裕に乏しく、ややもすると子どもの教育が行き届かず学力低下を招くことがある。そのため、親世代だけでなく子ども世代でも、就職できなかったり、低所得が続くなど、生活保護を受ける暮らしが世代を超えて受け継がれることがままある。

3　社会指標の悪化

図表2―2は、地域別の1人当たりの所得の推移を示す。リーマン・ショック以降は全国で所得が下がっているが、それまでは大阪の凋落ぶりが突出する。1996年には大阪市民の1人当たりの所得は東京都に次ぐ位置にあったがその後は急激に下がり続けた。大阪府民に至っては、もはや全国平均より下（2010年度）である。

短期間で急激に所得が下がると、生活に劇的な変化が起きるケースが増える。例えば、生活保護を受ける人の数は、大阪市が人口比で全国第1位となり、全国平均値を大きく上回る（図表2―3）。ホームレスの数（図表2―4）や離婚（図表2―5）も同じだ。

また大阪府の失業率は全国平均を大きく上回る（図表2―6）。深刻なのは若い世代の高失業率である（図表2―7）。若いうちに失業すると手に職がつかず、その後も低所得や失業が続きやすい。また、女性の就業率も極めて低い（図表2―8）。このため、子どもを抱えて離婚すると、仕事が見つからず、生活保護に頼らざるを得な

図表2-2　1人当たりの所得推移

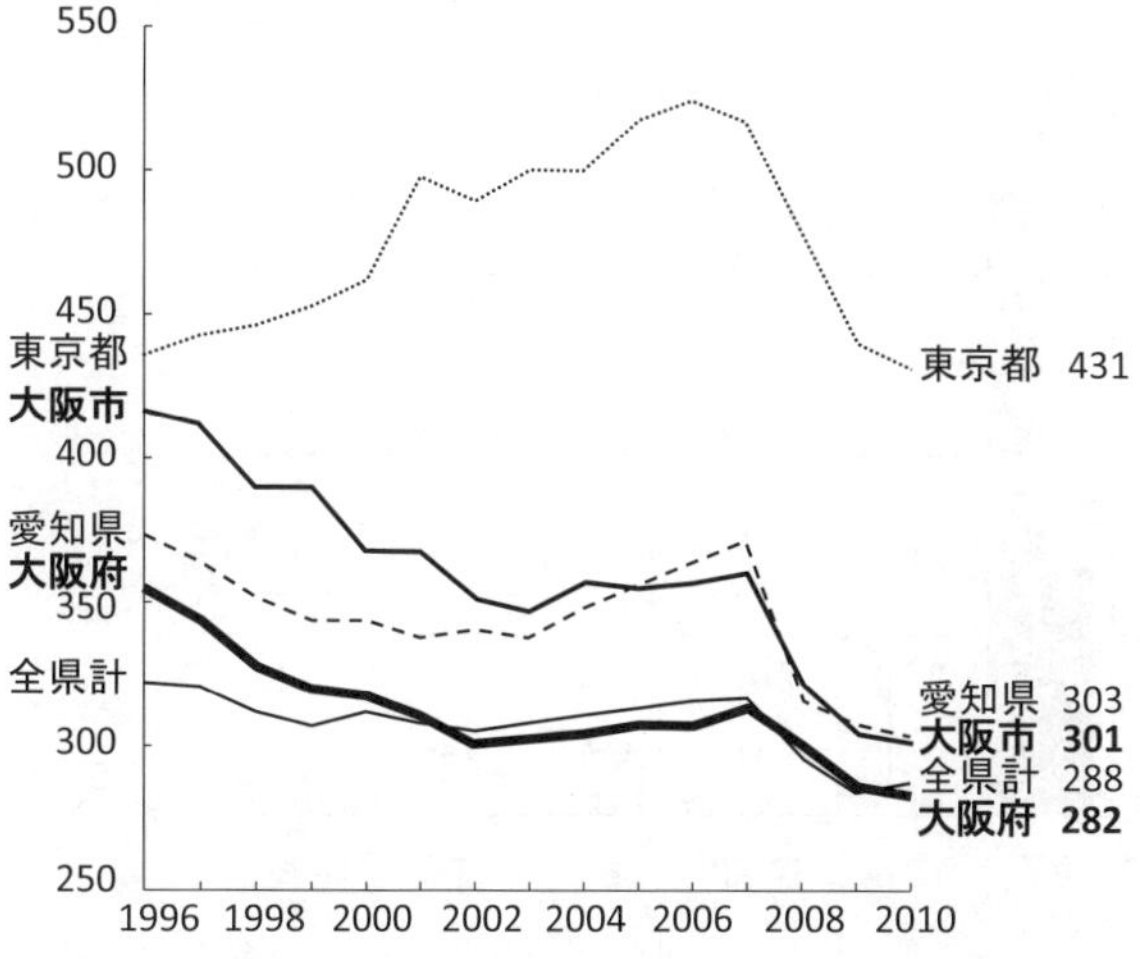

（注）内閣府県民経済計算を基に府作成（1996～2000：平成12年基準計数、2001～2010：平成17年度基準計数）

図表 2-3　生活保護の受給率（人口 1,000 人対）

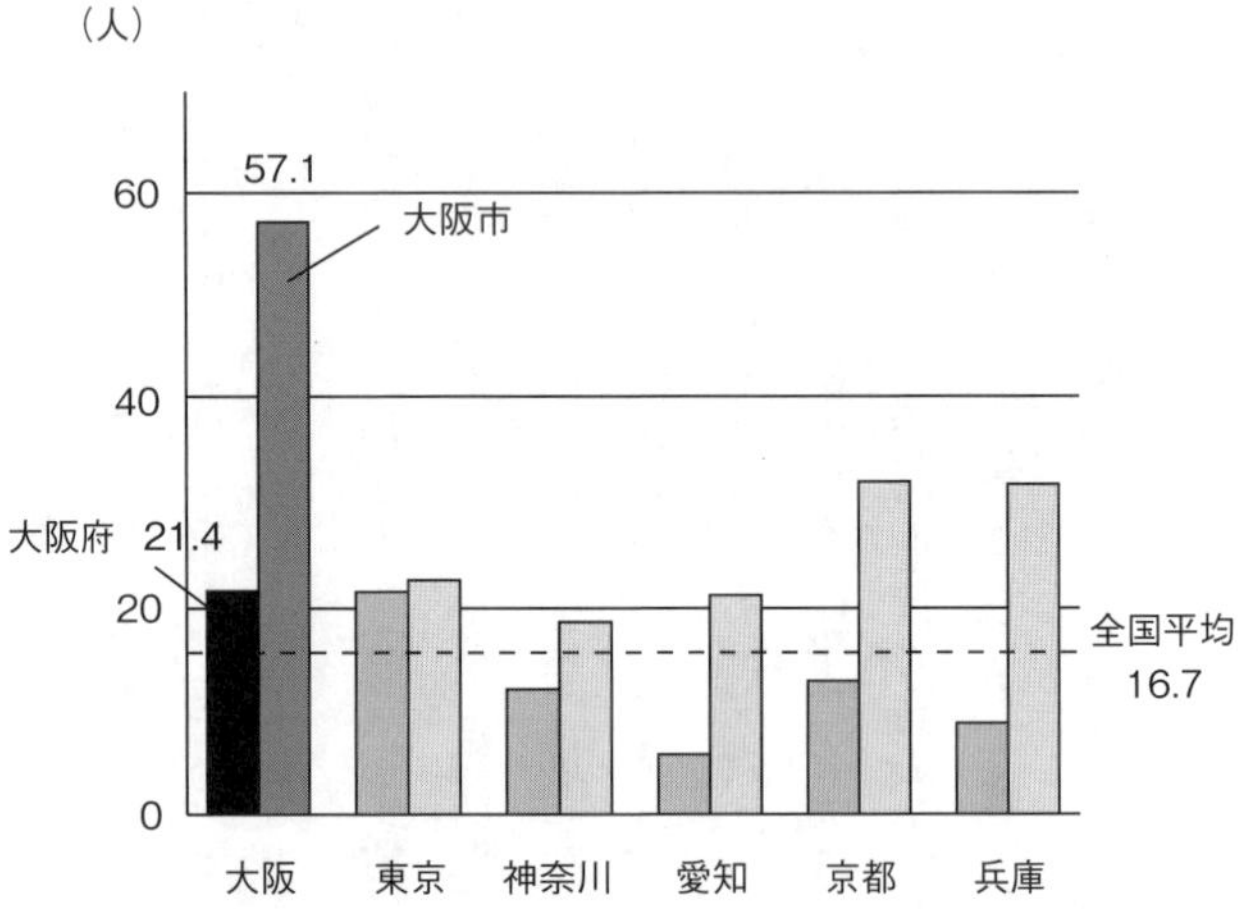

（注）左の棒は都道府県の数値、右の棒は当該都道府県の県庁所在市数値。ただし、東京は特別区の平均値
出典：「厚生統計要覧」2013年（厚生労働省）

図表 2-4　ホームレス数（人口 10 万人対）

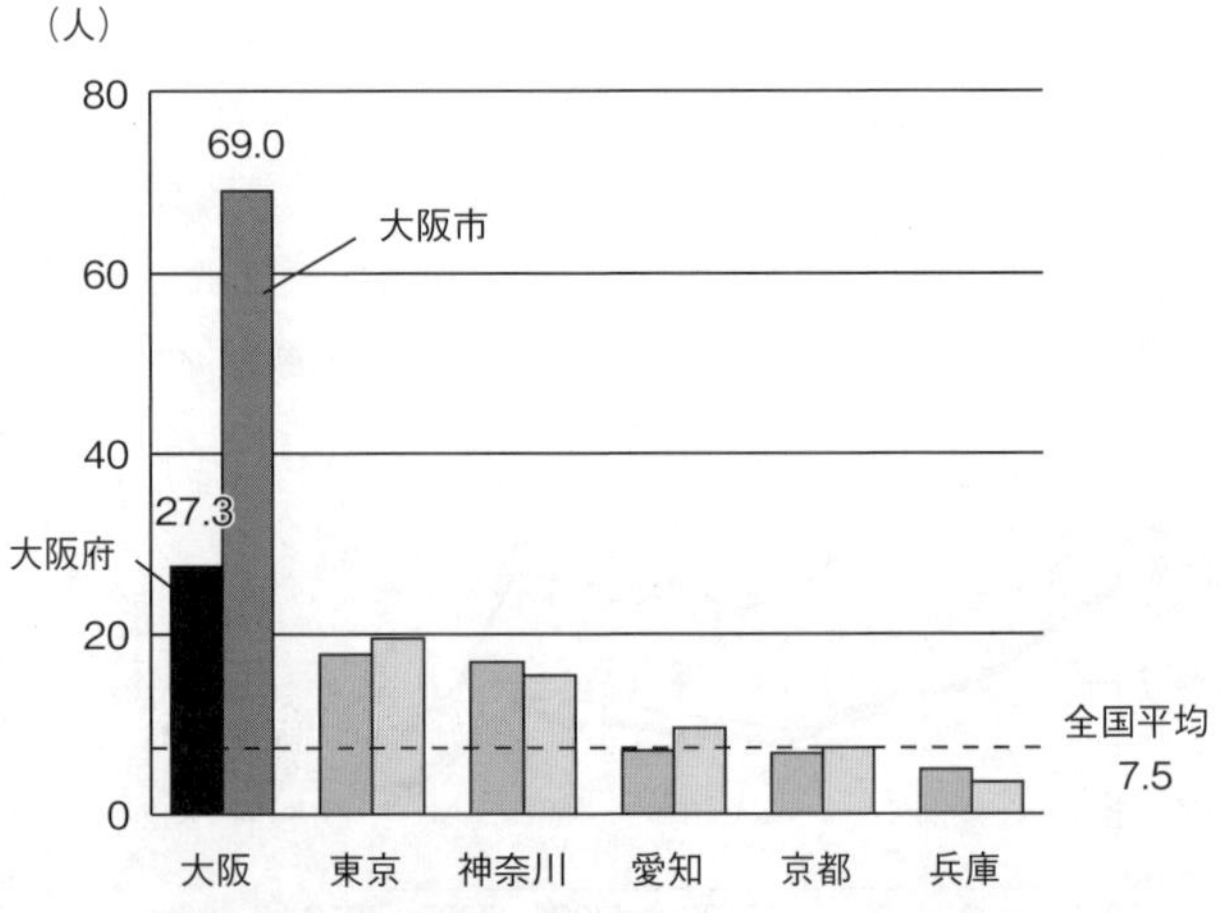

（注）左の棒は都道府県の数値、右の棒は当該都道府県の県庁所在市数値。ただし、東京は特別区の平均値
出典：「ホームレスの実態に関する全国調査」2014年（厚生労働省）

図表 2-5　離婚率（2008 ～ 2012 年）

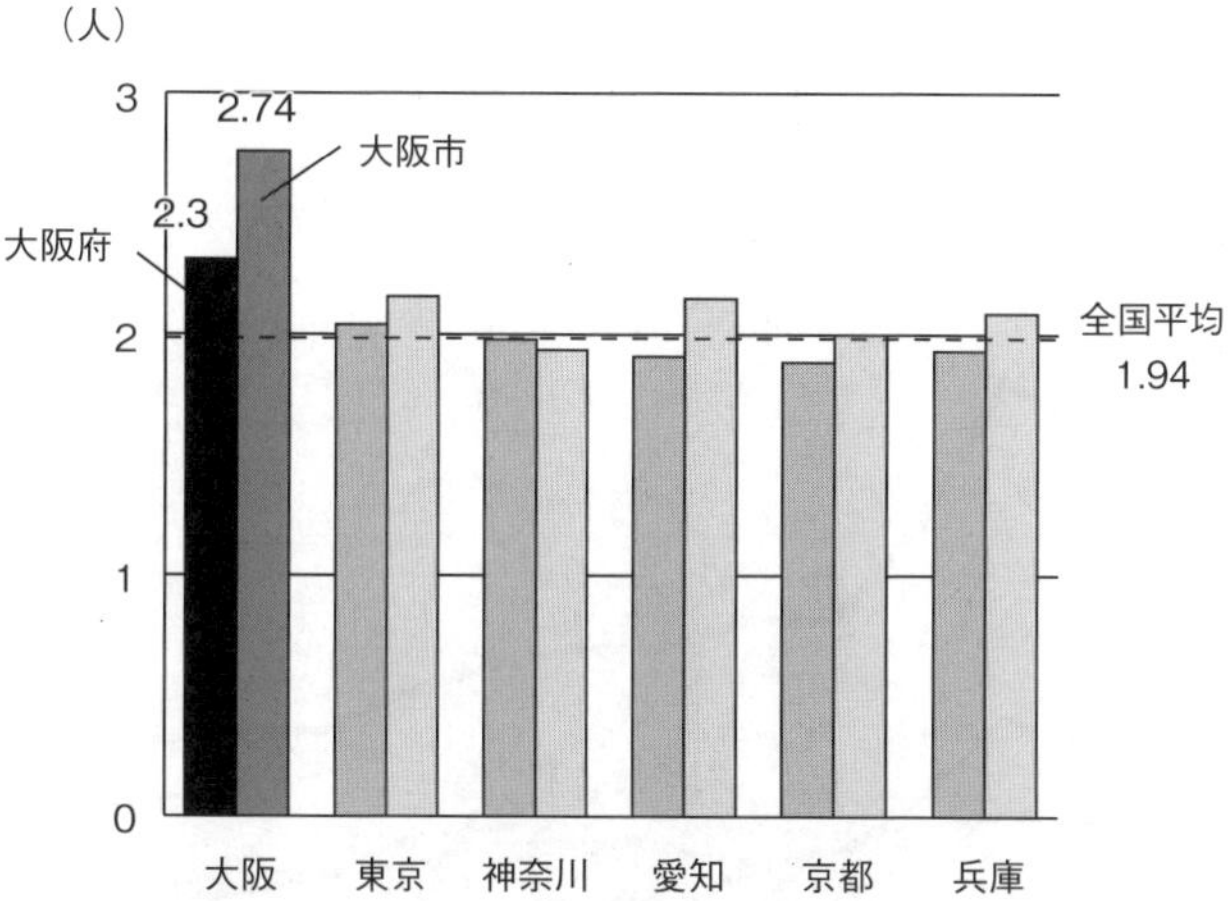

（注）左の棒は都道府県の数値、右の棒は当該都道府県の県庁所在市数値。ただし、東京は特別区の平均値
出典：「人口動態保健所・市町村別統計」2008 ～ 2012年（厚生労働省）

図表 2-6　完全失業率（年平均）

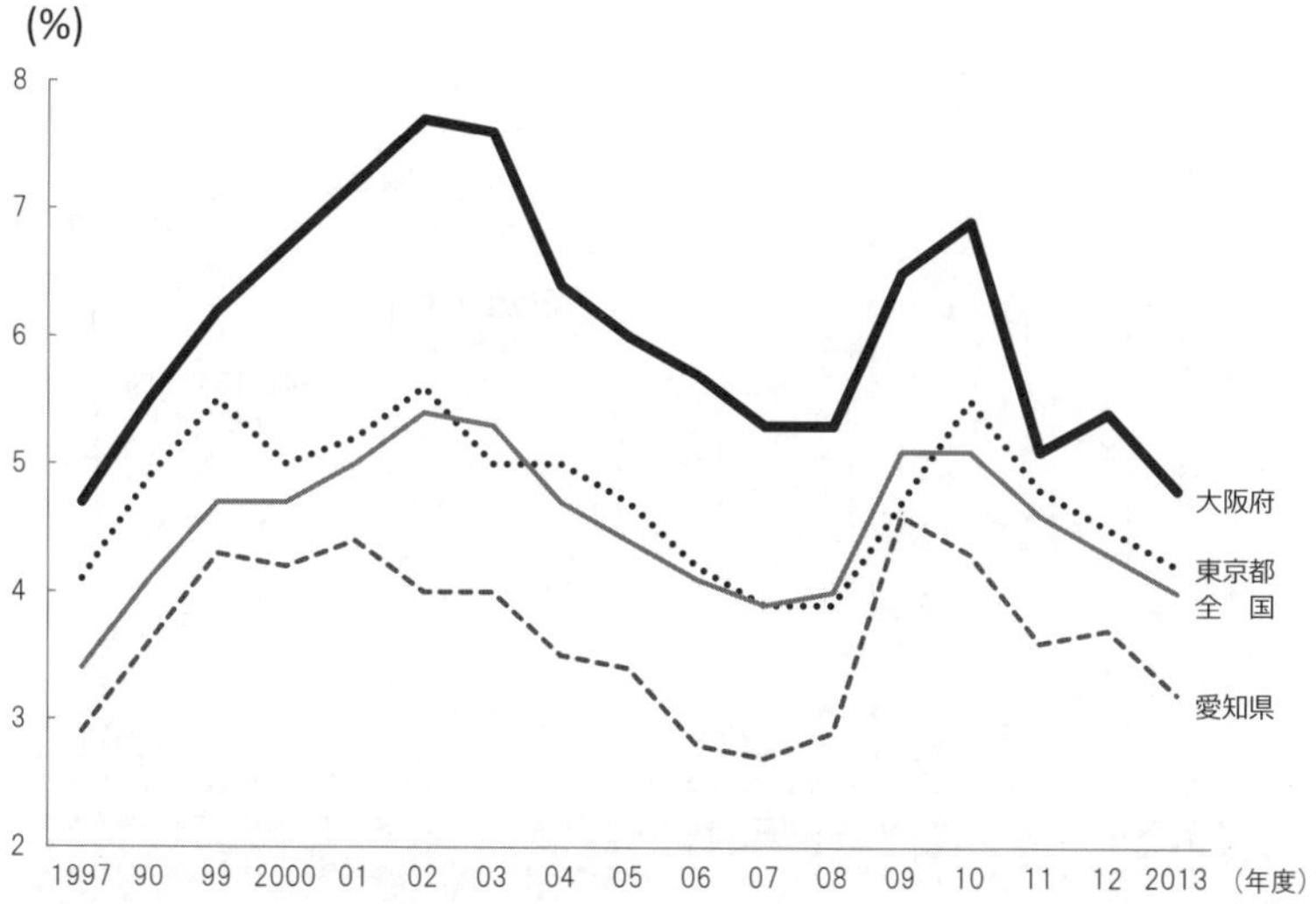

出典：総務省統計局労働力調査参考資料より作成

図表 2-7　18～24 歳の完全失業率

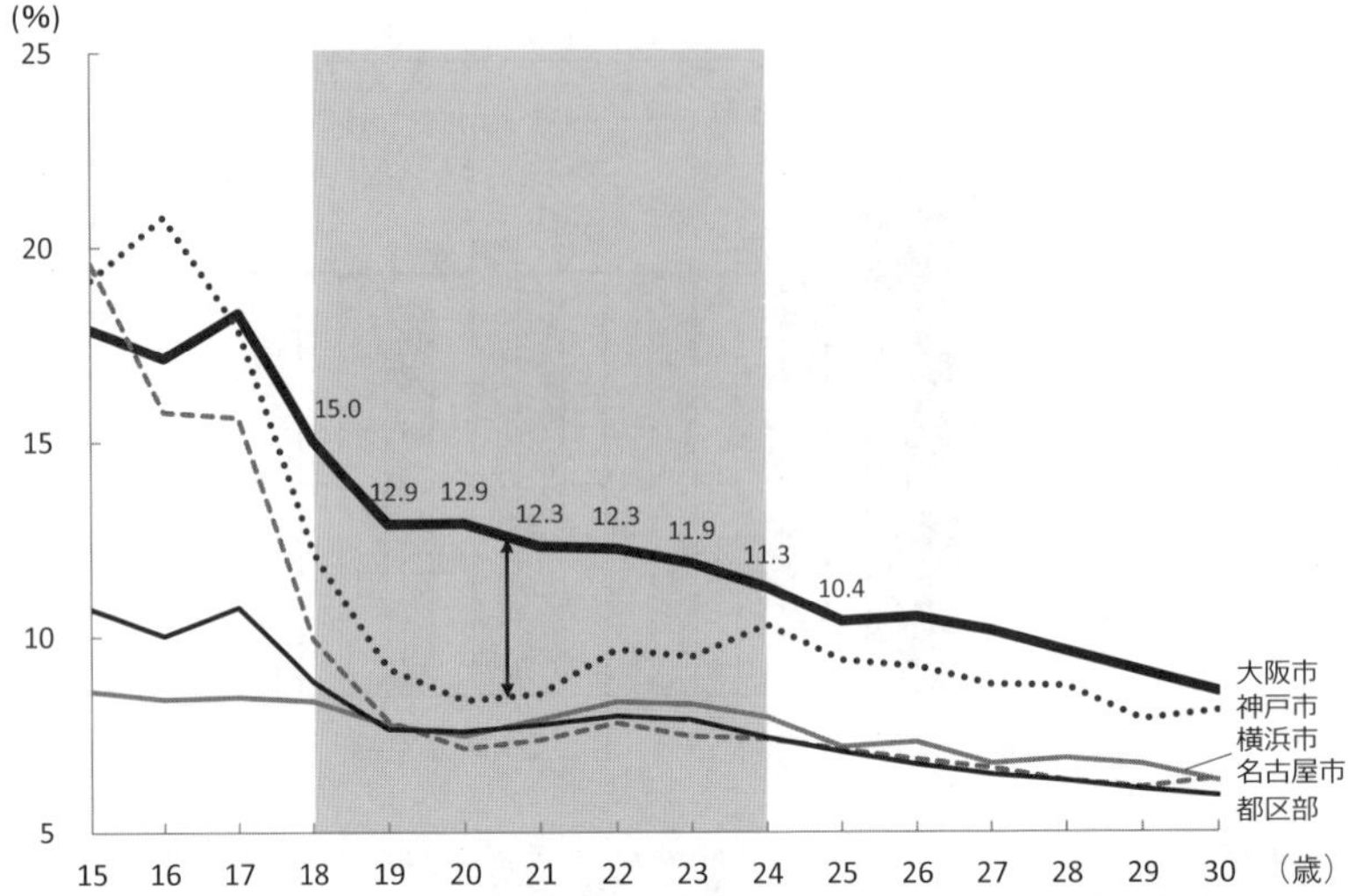

出典：2010 年国勢調査（産業等基本集計）から加工

図表 2-8　20～59 歳の女性就業率

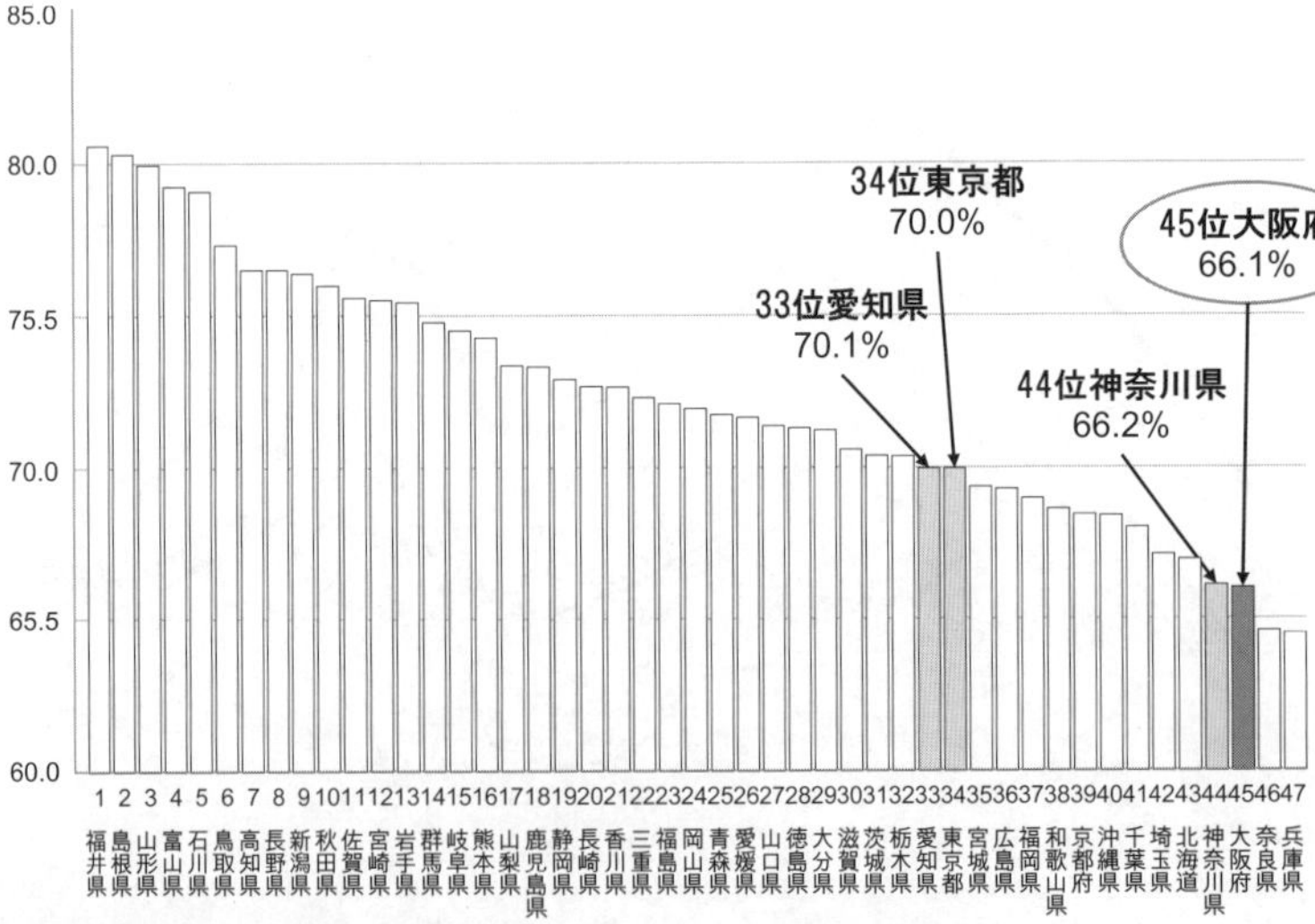

出典：「女性の就業機会拡大に関する調査」（2014 女性の就業機会拡大 PT）

くなる女性が多い。そして、シングルマザーの失業者が増えると貧困の再生産が助長されやすい。

失業が増えると自殺も増える。人口10万人当たりの自殺者数（男性）は、全国平均で33・2人だが、大阪市は飛び抜けて高く39・0人である。女性の場合も、全国平均が13・1人だが、大阪市は16・7人で、東京、神奈川、愛知、京都、兵庫よりもはるかに高い。

健康状況もよくない。大阪府民の平均寿命は男女ともに全国平均を下回り、特に大阪市の男性は、全国平均の79・6歳に対して77・4歳と大幅に下回る。女性も同じ傾向で、大阪市（85・2歳）が大阪府（85・9歳）よりも短く、ともに全国平均（女性86・4歳）を下回る。健康状態で特筆すべきは結核の罹患率である。人口10万人比でいうと、全国平均の16・7に対し、大阪市は42・7という異常値である。

高齢化率はどうか。大阪府は都市部にあるため高齢化率（65歳以上人口の割合）は全国平均よりも低い（22・7％、37位）。しかし高齢の単身世帯率が高く、全国平均の9・2％に対し、大阪市は13・5％、大阪府は11・3％と高い（2010年データ）。

(1)　低学力問題

学力はどうか。大阪府の学力テストの結果は、特に国語が弱く、小学校の国語Bはワースト3位、中学校に至っては国語のAもBもワースト2位で（図表2—9）、府も市も全国平均のはるか下にある。不登校も多い。2013年の生徒数1000人当たりの中学校の長期欠席者は、府市ともに全国平均（33・6人）をはるかに上回る（府は46・9人、市は52・0人）。

犯罪でも全国ワーストが多い。人口1000人当たりの刑法犯認知件数は全国平均が11・6人に対し大阪

図表 2-9　学力テストの成績比較*（中学校）

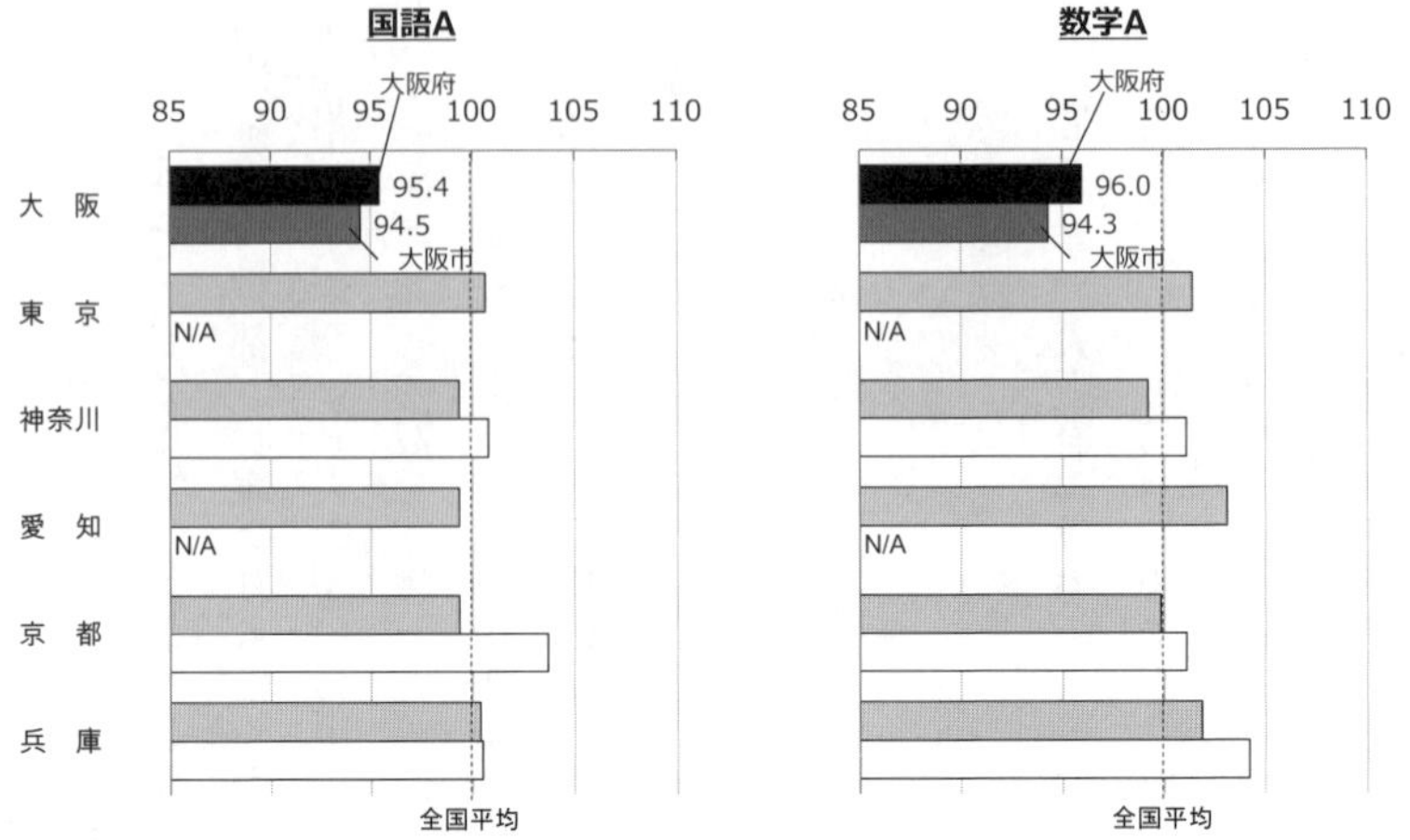

（注）上段は都道府県の数値、下段は当該都道府県の県庁所在市数値。ただし、東京は特別区の平均値
出典：「全国学力・学習状況調査」2013年（文部科学省）

市は23・２人、府が17・５人である。また、人口10万人当たりのひったくり認知件数も全国平均の６・２人に対して大阪府は16・６人と高い。一方で、ボランティアをする市民の数は全国大都市の平均が約23・５％に対し大阪府は約20％にとどまる。

また、15～19歳の人口１０００人当たりの少年犯罪の発生数は、全国平均の10・７人に対し、大阪市は約２倍の23・０人、府も12・６人と高い。また、14歳未満人口１０００人当たりの児童虐待数は、全国平均の４・５人に対して大阪市は10・５人、大阪府は９・４人とずば抜けて高い。

(2)　東京とは大きな差

以上は国内の他地域との比較である。大阪を海外と比べるとどの指標も優位にある。しかし世界の一流都市の総合的な魅力度のランキング調査では、大阪はいまひとつのところに位置する。森記念財団都市戦略研究所の２０１３年世界の都市総合力ランキングでは、１位がロンドン、2位がニューヨーク、3位がパリ、4位が東京、5位がシンガポールに対して大阪は23位でしかない。この指標は経済状況のみならず、居住、環境、交通アクセス、文化・交流など総合的な都市力の調査による。ちなみに、A.T.カーニー社とシカゴ国際問題評議会の共同調査によるグローバル都市指数の２０１４年のデータでも、東京が４位に対し大阪は55位にとどまる。

(3)　GDPの成長率が次第に低下

以上は住民の状況だが、マクロの経済状況はどうか。

大阪のＧＤＰの実質伸び率は、戦後間もなくは大変高かった。ところが１９７０年代以降、次第に低下し、２００１年から２０１１年については、マイナス１・２％になってしまった。全国平均が５・７％、愛知は８・２％、福岡は８・５％、東京も２・２％という中で、大阪だけがマイナス値を示した。

大阪の経済不振の背景には、産業構造の変化の波に乗り遅れたことがある。１９７０年代以降、東京はサービス業にシフトし、愛知は自動車産業への転換を果たした。その中で大阪は、従来どおりの製造業と卸・小売業が中心のままで、地域全体をけん引する新産業が育たなかった。

図表２―10は都府県内総生産（産業部門）の10年間の伸び率を示す。大阪府では、１９６０～１９６９年には４３７％も伸びた。しかし１９７０年代には１８５％、１９８０年代には70％、そして１９９０年代には３・２％、２０００年代にはマイナス９％へと伸び率は次第に低下した。大阪経済は戦後のおよそ四半世紀は全国をリードする存在だった。しかし１９７０年代から伸び悩み始め、１９８０年代には劣勢が明らかになった。１９９０年代から２０００年代にかけては全国も伸び悩むが、大阪はさらに悪く、２０００年か

らの10年間に約１割も経済規模が縮減した。

こうした状況の下、大阪の大企業（資本金１００億円以上）の全国シェアは１９９０年代の13・３％から２００９年には９・４％へと次第に低下した。また、大企業の本社機能が東京などに流出した。１９８４年から２００９年までは、在阪の大企業の９割が大阪に本社（本社機能を含む。）を置いていたが、２００９年度には約７割に落ちた。

関西の大学生の首都圏への流出も続く。例えば、関西大学の学生の８割超はもともと近畿出身だが、卒業時には半分しか近畿にとどまらない。そして４割弱が関東に就職している。

以上のとおり、大阪では地域の経済力の衰退に伴って、個人の生活レベルでも、街全体でも、さまざまな問題が起きてきた。こうした危機的な状況を目の当たりにして、維新改革では、役所の行政改革の域を越え、都市大阪をいかに再生するかに主眼が置かれた。

図表 2-10　県内総生産（産業部門）の変化

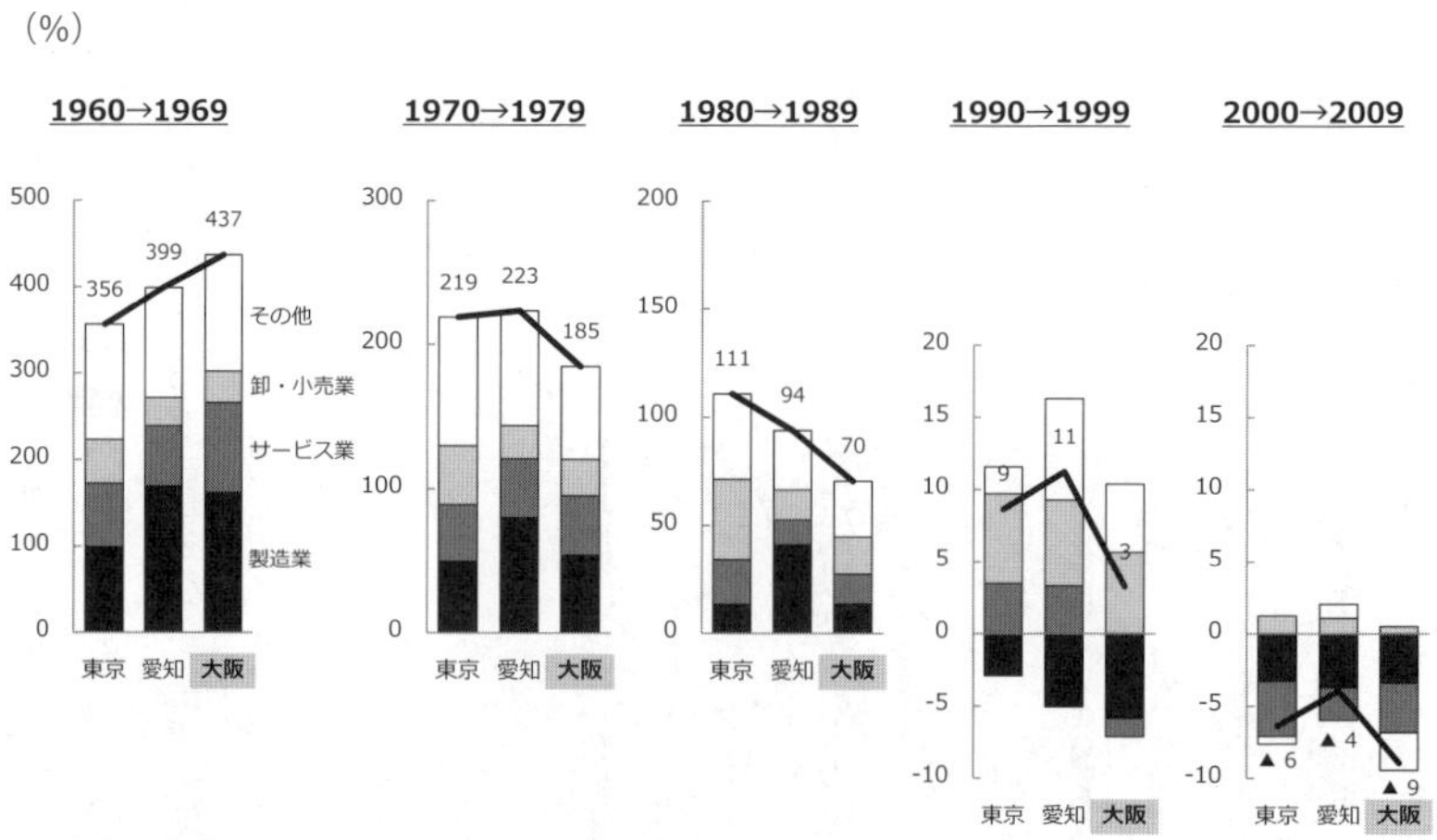

（注）グラフを見やすくするため、グラフ横軸のパーセントは年代によってスケールを変えている
出典：大阪産業経済リサーチセンターのデータから作成

第３章　３つの悪循環と都市経営力の低下―維新改革以前の府市の姿

大阪のような巨大都市の経済再生は簡単ではない。日本の高度成長期には「投資が投資を呼ぶ」現象があった。この20年ほどの大阪は、それとは正反対の、いわば「問題が問題を呼ぶ」とでもいうべき悪循環に陥ってきた。筆者はこれを「大阪問題」と名付けているが、根底には次の３つの悪循環があると考える（図表３―１）。

1　貧困の悪循環

第１は、前述した「貧困の悪循環」である。親の世代が貧困に陥ると、子どもたちも十分な教育が受けられず、ひいては定職に就きにくくなる。かくして世代を超えて貧困が受け継がれていく。かつて、日本社会の活力の源泉は、親の社会階層と関係なく、子どもたちが努力さえすれば上に行ける社会的流動性の高さにあるといわれた。しかし近年は親の所得や学歴の格差が世代を超えて再生産されていく。これは全国的、そして世界的な傾向でもあるが、特に近年の大阪で著しい。

図表 3-1　大阪問題と３つの悪循環

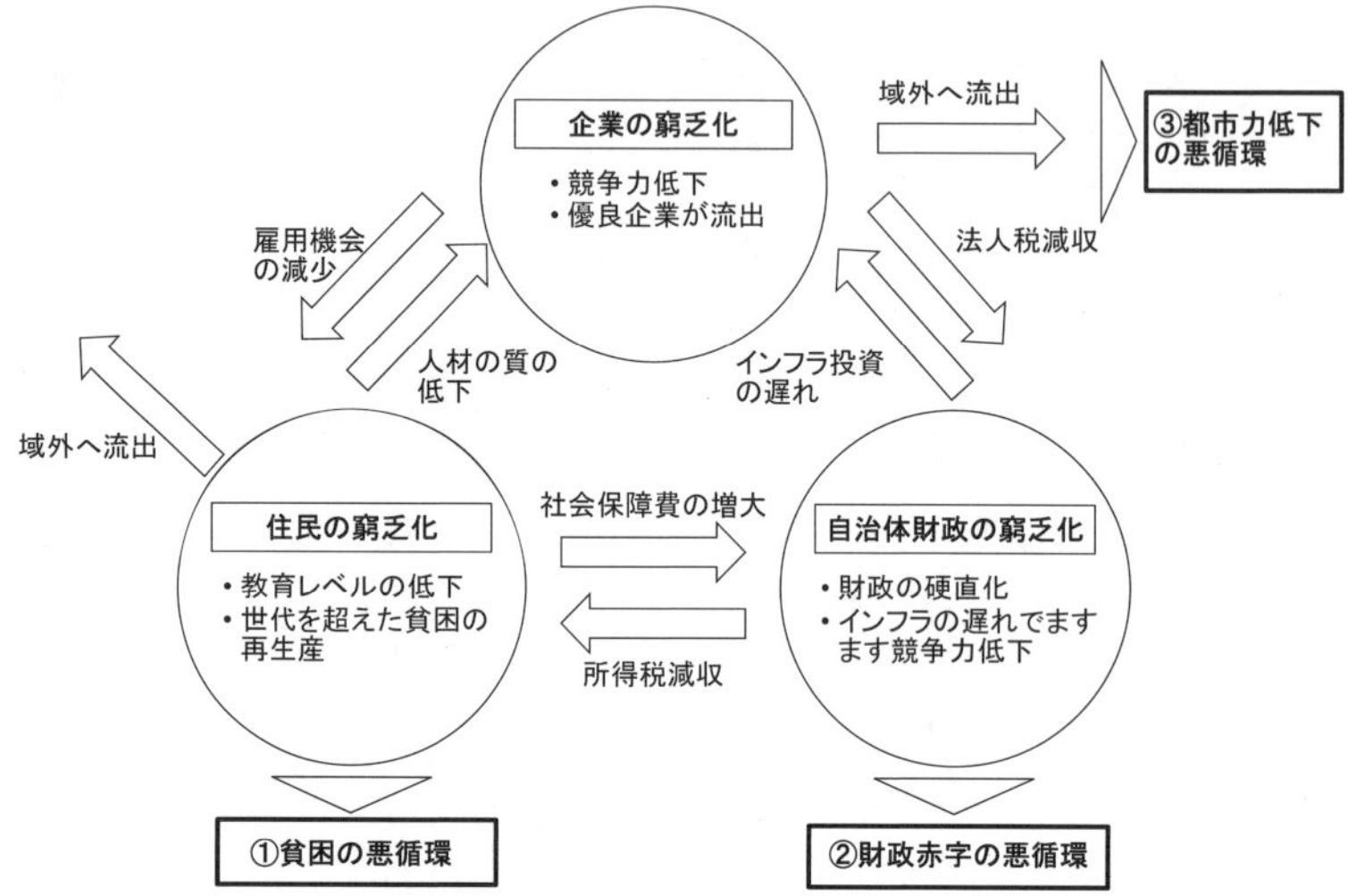

2　財政赤字の悪循環

第２は「財政赤字の悪循環」である。

(1)　収入と支出の両方に悪影響

地域の１人当たり域内総生産（ＧＤＰ）が低下すると、所得税や消費税が減収となり、自治体の税収が減る。また、多くの場合、生活保護の受給者が増える。さらに税金、国民健康保険の保険料、学校の給食費などの各種料金の未払いや滞納が増える。しかし、生活保護は国民のセーフティーネットであり、国の基準に従って支給する。財政難による支払い凍結や減額はできない。弱者支援は基礎自治体の使命であり、肩代わりしてくれる存在もない。かくして、都市の経済力の低下と住民の貧窮化によって、自治体では税収減と支出増が同時に起こり、財政が圧迫される。

また財政構造も硬直化する。削りやすい公共事業など事業系の支出を削っていくと、社会保障の予算の比重が

図表 3-2　大阪府の税収入の推移（決算額）

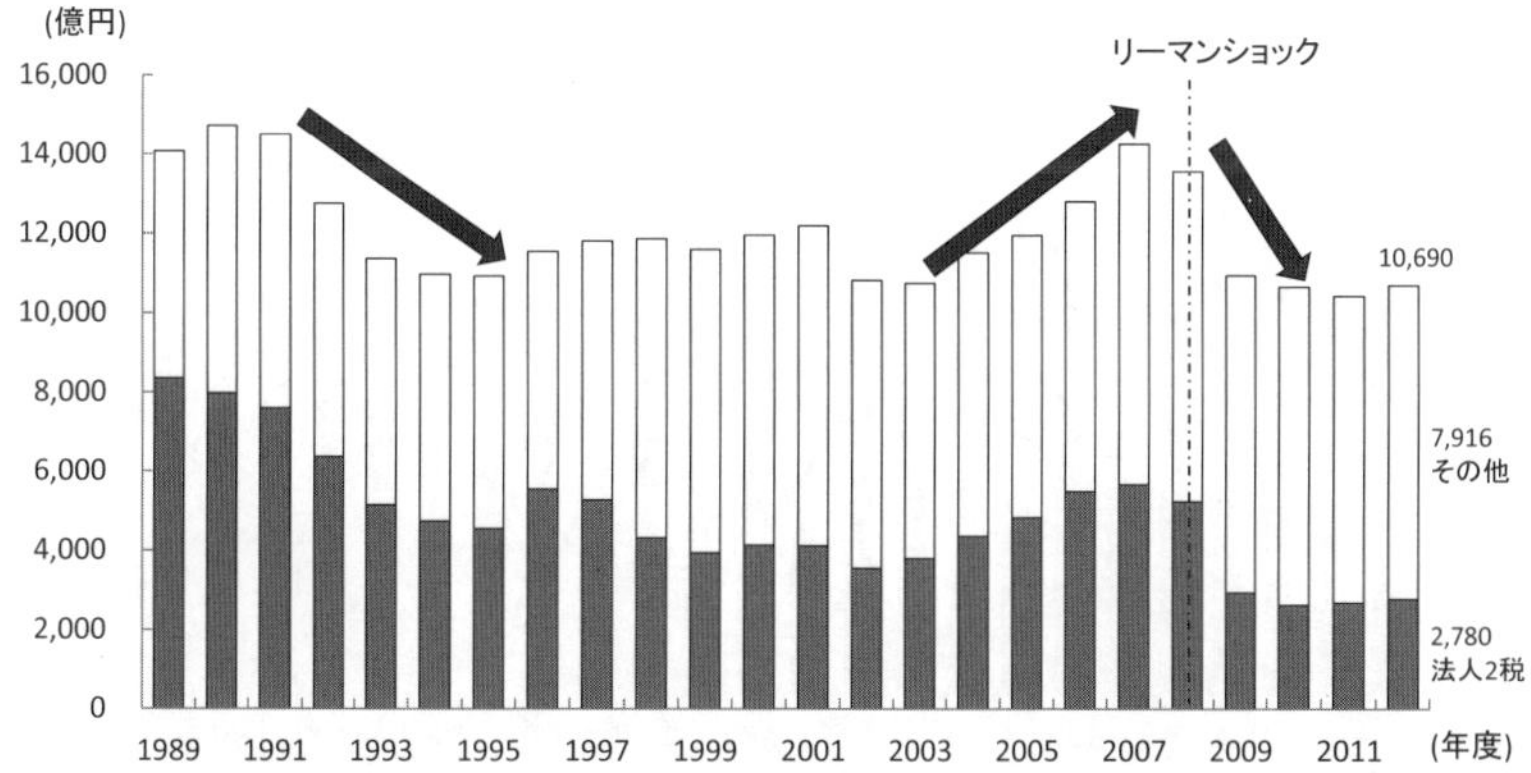

図表 3-3　税収入の推移（大阪府 VS 他府県）（1989 年度＝ 100）

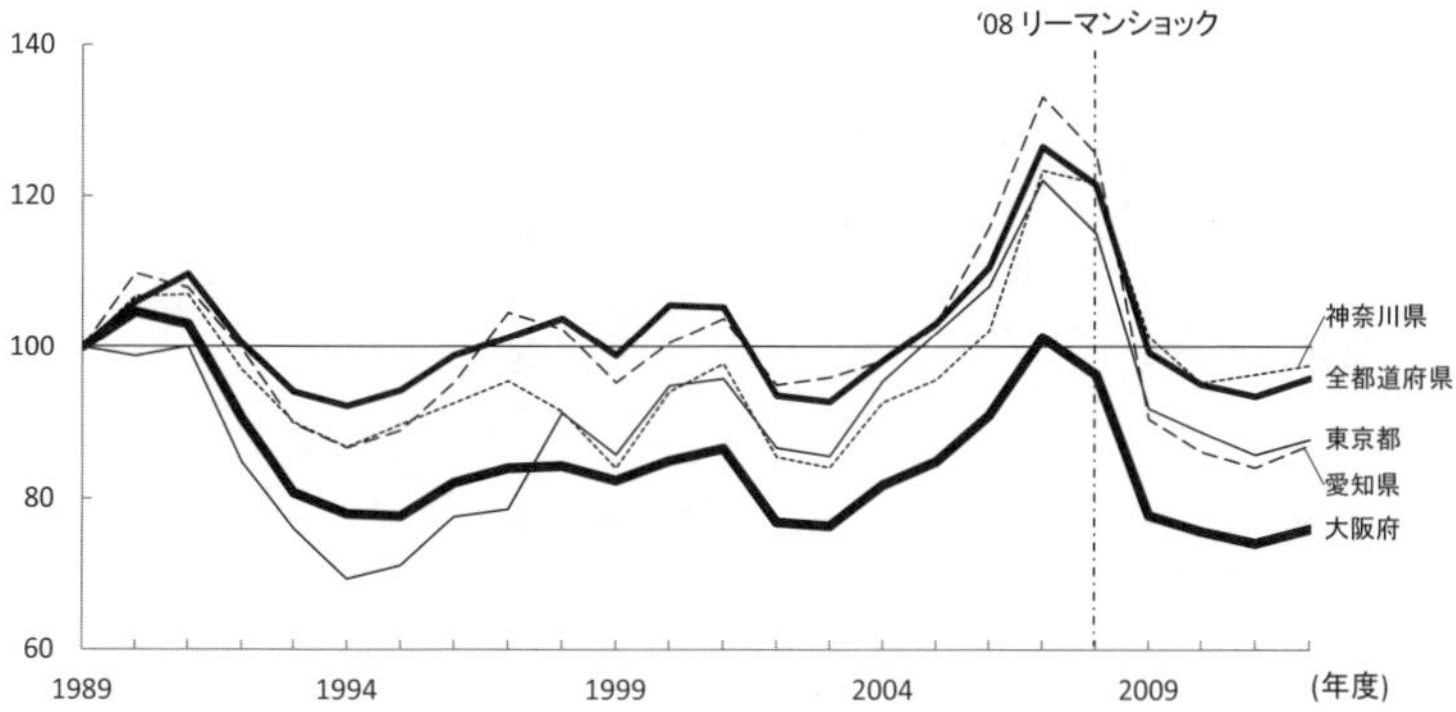

相対的に上がる。その結果、インフラ投資や首長の独自施策に充てる財源が乏しくなる。その結果、中長期の戦略や首長の方針が予算案に反映されにくくなる。こうして自治体が戦略的な街の再生をやろうとしても投資ができなくなる。これが財政赤字の悪循環である。

(2)　府市ともに財政が硬直化

大阪では具体的に何が起きたのか。府、市の順に見ていく。

図表３―３は大阪府の税収を他府県と比較したものだ。税収の落ち込み幅は、東京、愛知、神奈川、そして都道府県平均よりも大きい。大阪市も同様である（図表３

図表 3-4　大阪市の税収入の推移（決算額）

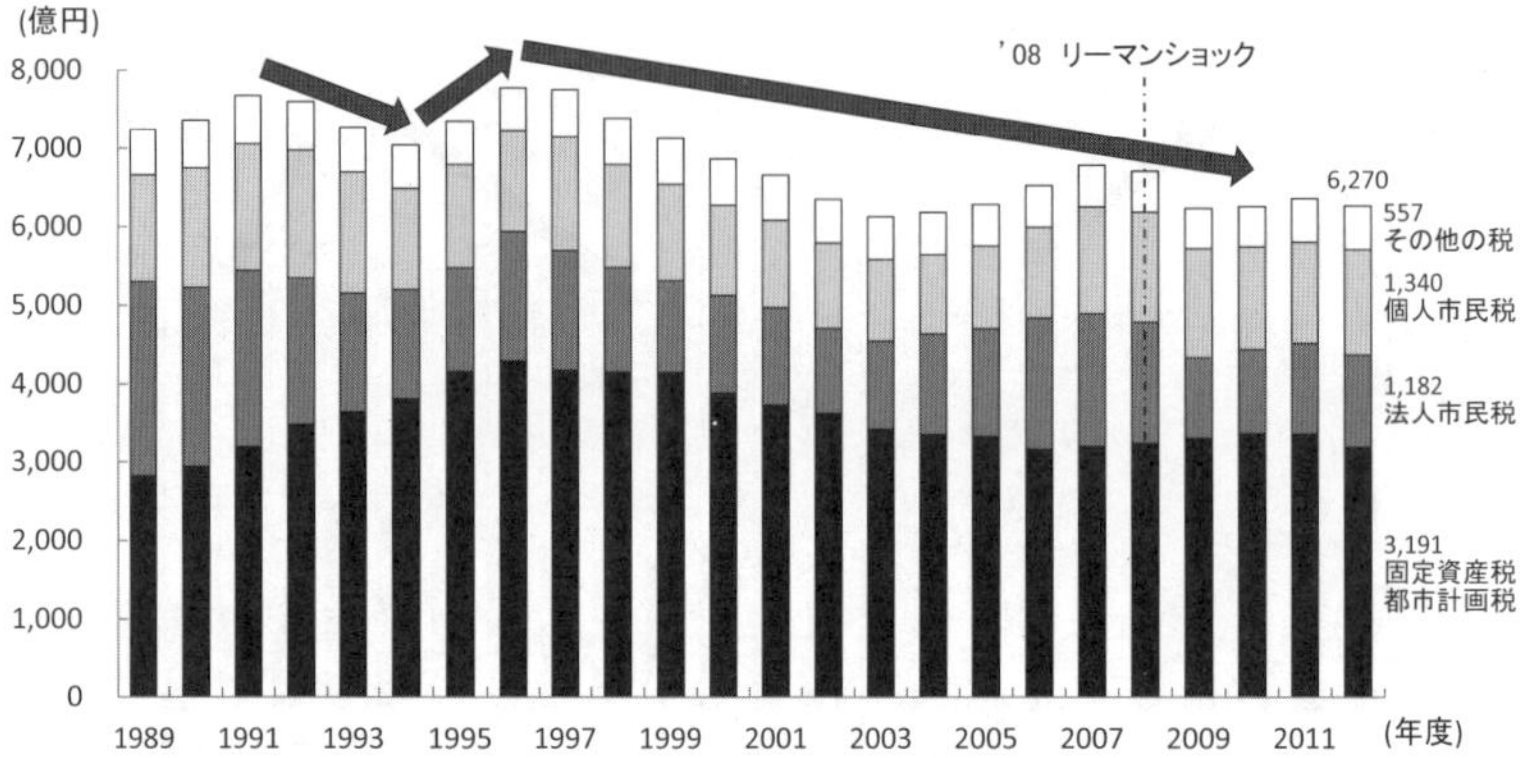

図表 3-5　税収入の推移（大阪市 VS 主要政令市）（1989 年度＝ 100）

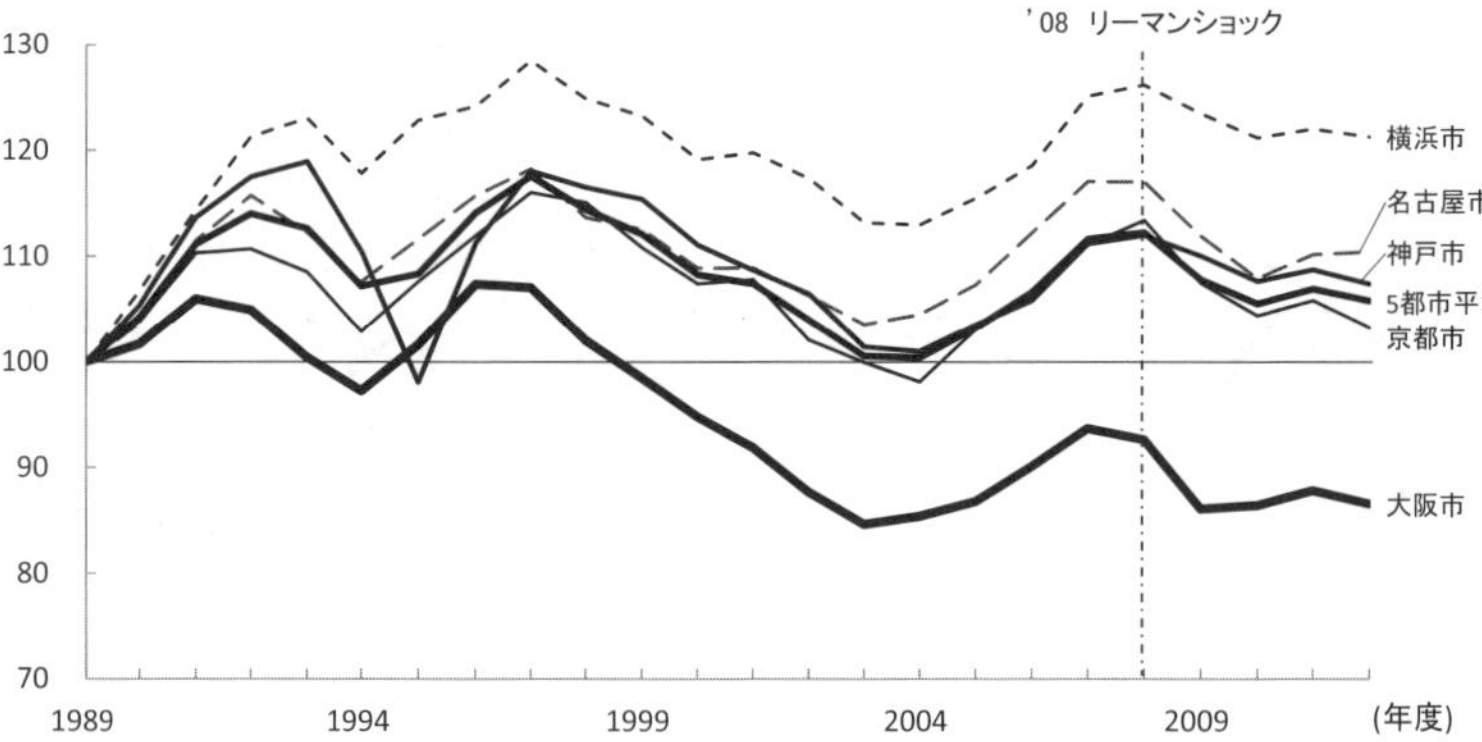

―4）。加えて図表3―5のとおり、大阪市と他の主要政令市とのギャップは極めて大きい。しかも、大阪市だけがいまだに1989年度の水準を回復できていない。

次に支出をみる。大阪府の予算規模は、2012年度実績で2兆8931億円。主な要素は公債費、建設事業費、扶助費、人件費、他の経常費の5つである。構成比をみると、1996年に23%を占めた建設事業費が、2012年には5%まで低下した（図表3―6左）。また、人件費も39%から28%に下がった。一方で他の経常費の伸びが著しい。また公債費も9%を占

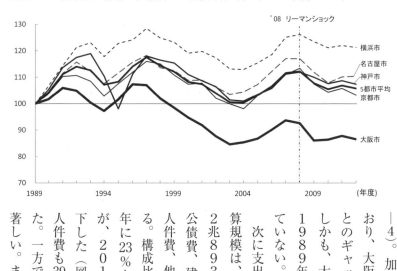

図表 3-6　歳出の構成比推移（1996 年 VS 2012 年）（一般会計：%）

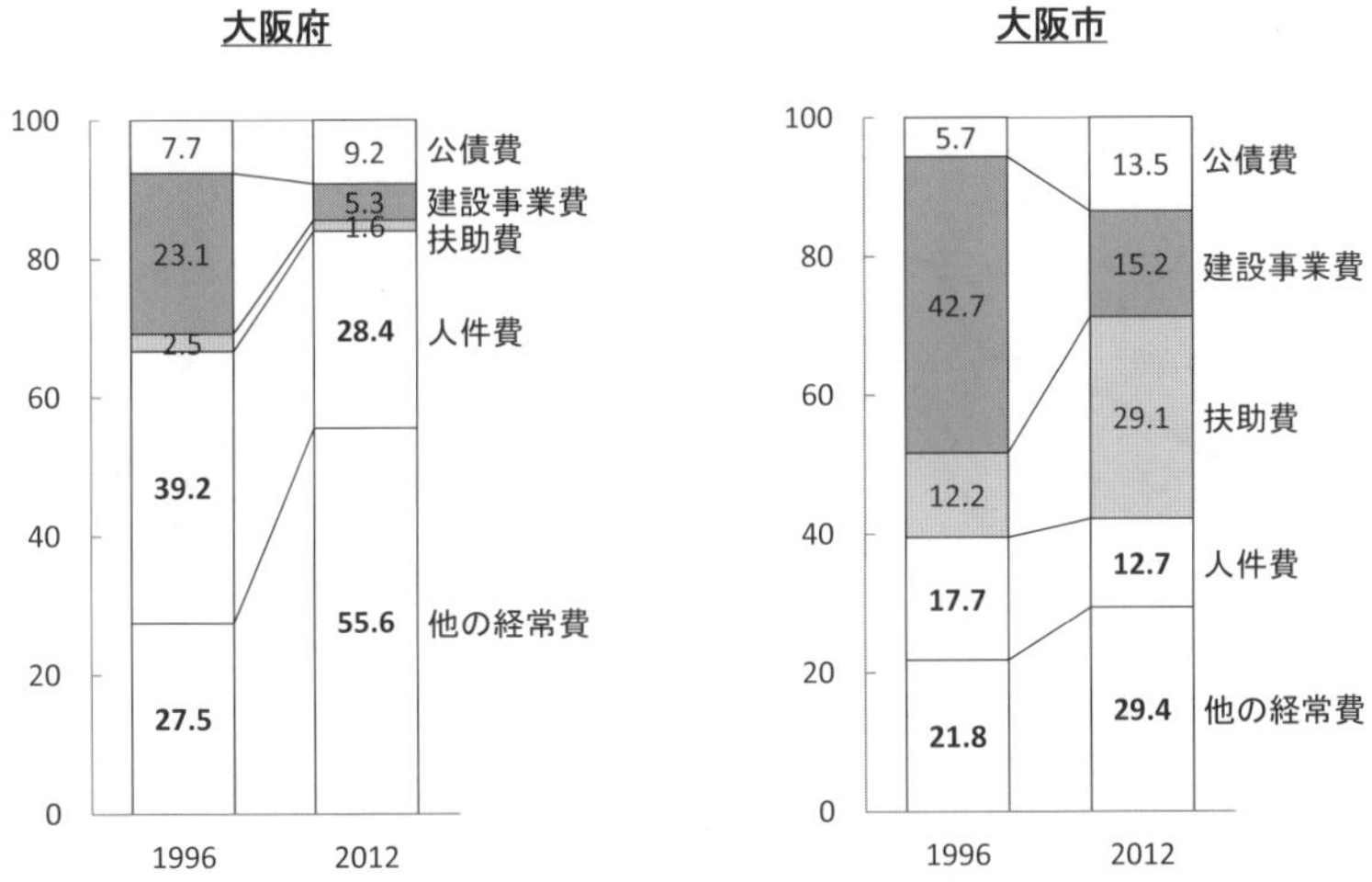

める。２０１２年には建設事業費など将来に向けた投資を増やす余裕がなくなり、財政構造の硬直化が見てとれる。

大阪市も同様である。１９９６年に43％を占めた建設事業費が、２０１２年は15％に、そして人件費も18％から13％に減った。一方で公債費が増えて、固定経費の比重が高まった（図表３—６右）。大阪市は基礎自治体なので、もともと扶助費の比率が高い。それが近年は生活保護費の増大でさらに高まり（図表３—７）、財政構造が硬直化した。

(3) 全国ワーストレベルの府市の財政状況

府市の財政状況全般を評価してみる（図表３—８）。大阪府の場合、２０１２年度の経常収支比率は97・2％であり、愛知県に次いで悪い。大阪市は、１０１・９％と突出し、横浜、名古屋など主要政令市の中で最も悪い。

(4) 府は臨財債を大量に発行

負債はどうか。図表３—９左のとおり、大阪府の債務残高は２００５年以降増え続けている。背景には、他の道府

図表 3-7　大阪市の財政に占める扶助費*の比率

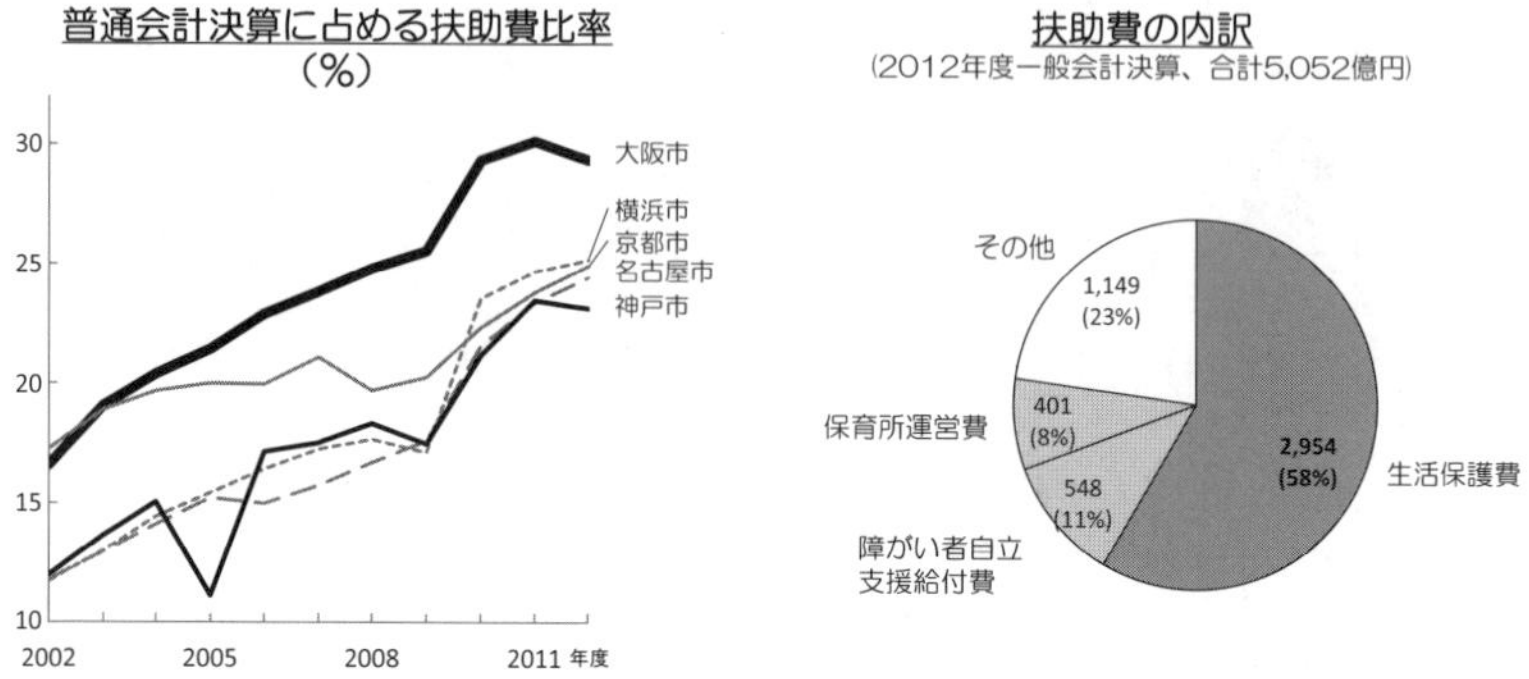

* 扶助費：生活保護費、障がい者自立支援給付費、保育所運営費など。主に福祉、保健、医療に必要な費用

図表 3-8　経常収支比率の推移と比較

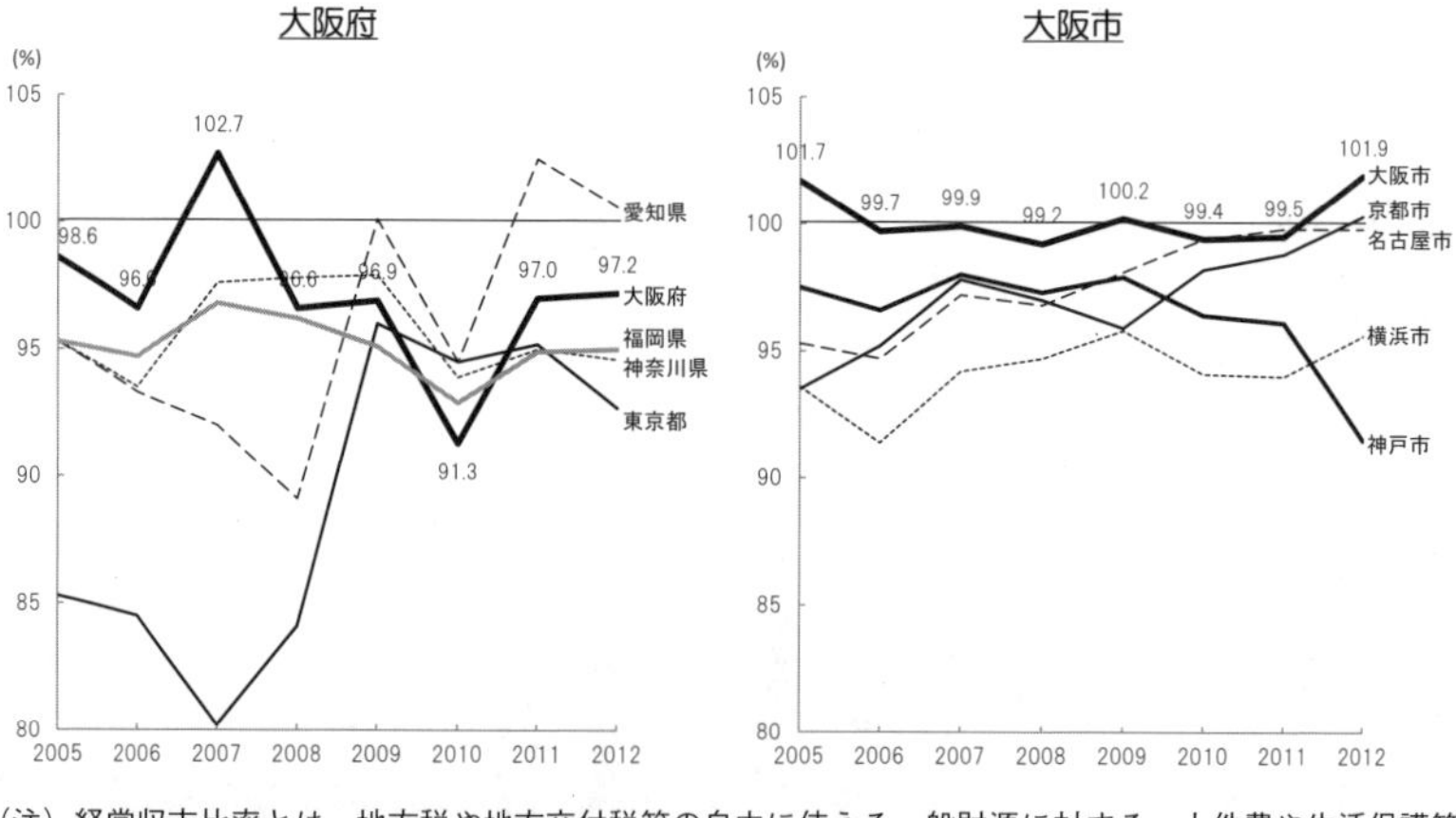

（注）経常収支比率とは、地方税や地方交付税等の自由に使える一般財源に対する、人件費や生活保護等の扶助費、地方債返済に充てる公債費等、必ず支出しなければならない経費の割合。100%に近いほど財政にゆとりがないことを示す。なお、計算式は（経常経費充当一般財源等）÷（経常一般財源）

県同様、近年の臨時財政対策債（以下「臨財債」）の大量発行によって国が負うべき借金を肩代わりしてきたことがある。特に大阪府は、他道府県よりも臨財債の割り当てが大きい。そのため、他府県よりも急激に負債残高が増えた（大阪府の臨財債の発行額、毎年約３０００億円は愛知県に次いで多く、本来の交付税に占める割合も51％と高い。）。

（注）臨時財政対策債とは、国が地方に配分する交付税の財源不足を補うために特例的に認められる地方債であり、国が借り入れを行わず、地方が直接借り入れる方式を取る。当初は、２００１年度から臨時的に始まったが、10年以上が経過し、常態化している。本来の交付税に占める臨財債発行可能額は約3割にもなり、もはやこの制度なくして地方交付税制度を維持することが困難になりつつある。

大阪市は都道府県とは異なり、もともと臨財債は少ない。そのため図表３―９右のとおり債務残高は２００５年以降微減してきている。しかし人口で上回る横浜市よりも額は多く、ずっと高水準のまま推移している。

図表 3-9　府市の債務残高*

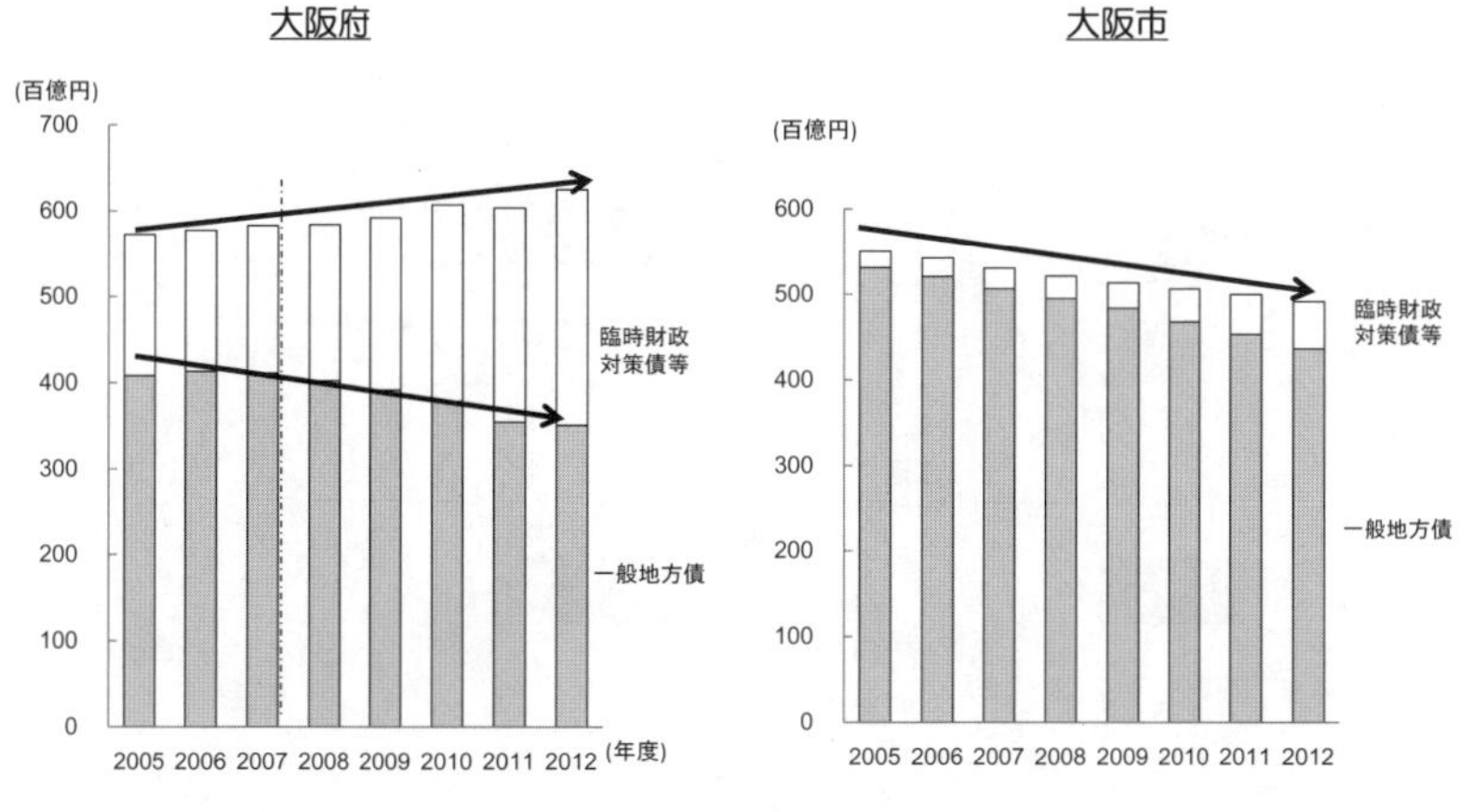

* 全会計

(5) 府民市民の１人当たり借金は東京の３倍超

こうした事情を反映して、大阪の住民１人当たりの自治体の借金の額（地方債残高）はこの20年で大幅に増えた。大阪市民の住民１人当たり地方債残高（府と市の分の合計）は、１９９３年度には東京の約１・３倍にとどまっていた。しかし２０１２年度には東京の約３倍超のレベルにまで悪化した（図表３―10）。

以上述べてきた府市の財政の窮状を１枚の図にまとめると、図表３―11のようになる。最もインパクトが大きかったのは税収の激減だった。それに対して予算節減で対応するには限界があり、府市ともにジリ貧の財政状況に陥っていった。

３　都市力低下の悪循環

「貧困の悪循環」と「財政赤字の悪循環」の２つが重なると、さらに「都市力低下」というもう１つの悪循環が起きる。

まず、貧困の再生産で学力が落ち、労働力の質が劣化する。犯罪などが目立つようになり、余裕のある住民が域外に転出する。すると優良な労働力を求める企業も域外に転出し、地

図表 3-10　住民１人当たりの地方債残高

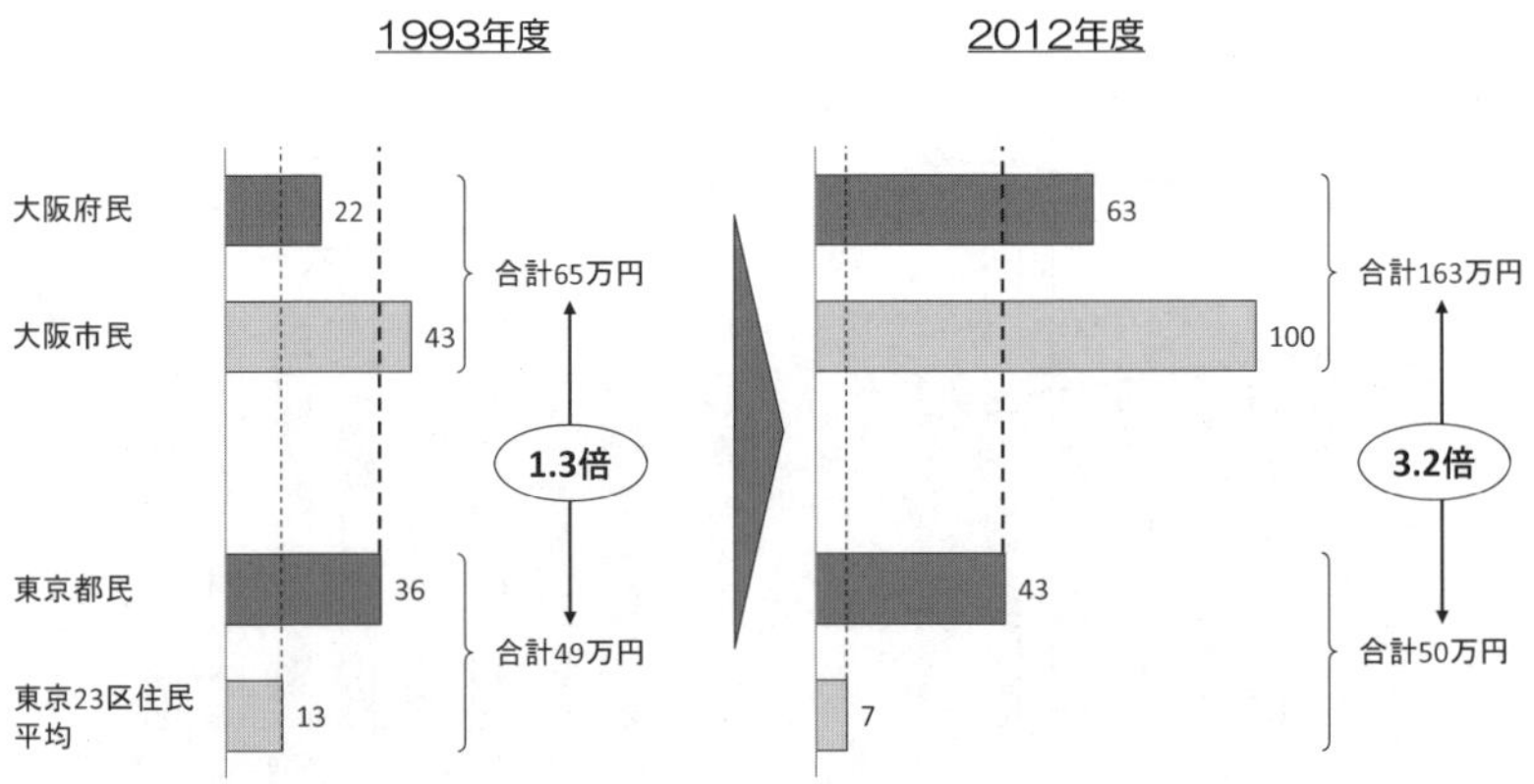

（注）普通会計決算額

域全体の賃金や投資のレベルが下がる。さらに地域では低採算あるいは低生産性の企業の比率が相対的に上がり、域内のＧＤＰはますます伸び悩む。これを防ぐために、自治体は本来ならば優良企業の誘致や技能訓練、交通インフラや工業用地の整備、あるいは税負担の減免などに資金投入すべきだ。しかし急速な財政悪化の下ではこうしたこともできにくい。

自治体の財政が悪化すると優良企業が地域の将来の発展について不安を抱く。そして建物の老朽化を契機に本社や工場を他地域に転出させる。かくして事態はさらに深刻化する。このように貧困の悪循環と財政赤字の悪循環の２つが３つ目の都市力低下の悪循環を生む。

４　府市の都市経営力の低下

１９９０年代以降の大阪では、以上の３つの悪循環が起きた。先述のように大阪府は主に税収の落ち込みにより、また大阪市はそれに加えて扶助費の増大と行政改革の遅れによって、ともに全国でも最悪レベルの財政危機

図表 3-11　府市の財政問題の整理

府市共通	• 経常収支比率は府・市ともに90%台後半～100%前半で推移し、財政が硬直化 • 全国の都道府県、政令市と比較して高水準 • 市民・府民１人当たりの借金（地方債残高）は、1993～2012年度に2.5～3倍に増大（東京はほとんど変化がない）	
	大阪府	大阪市
税収	• 法人2税に依存し、景気変動を受けやすい • バブル崩壊後、長期低落傾向 • （1990年度法人2税7,982億円　⇒　2009年度2,944億円）	• 税収の落ち込みは他都市より大きい • 2012年度時点で、1989年度の86.6%にまで落ち込み（5大市平均は105.8%に増加） • 固定資産税や法人市民税の落ち込みの影響が大きい
歳出削減	• バブル後の税収の激減を受け、1996年の「大阪府行財政改革大綱」以降、特に歳出削減に取り組む	• 90年代～00年代に扶助費・公債費が増加（＋4100億円） • 投資的経費・人件費等は削減（▲5,300億円）
資産処分	• 他の都道府県に先駆けて未利用地等の整理・売却を早期から進めた • 都心部に府有資産が少なく、今後大きな売却益は見込めない。また、売却可能資産が縮小し、売却収入は近年減少	• 不要資産を積極的に売却 • 2005年度から7年間で、他都市を大きく上回る1,303億円を売却（5大市平均は571億円）
債務残高	• 行財政改革による建設事業の見直し等により、2006年度をピークに臨時財政対策債等以外の府債残高は減少 • しかし、近年の臨時財政対策債の大量発行により、府債残高全体は増加の一途	• 市債残高は公共事業費・市債発行の抑制により減少（2005年度5兆5,022億円→2012年度4兆9,153億円（▲5,869億円））
単年度収支	• 1988年度以降2007年度まで10年連続の赤字決算 • 2008年度以降は連続して黒字決算を達成	• 実質収支は1989年度決算から24年連続の黒字

に陥り、財政構造も硬直化した。そこで節約型の行政改革で資金を捻出し、かろうじて基本的な住民サービスとセーフティーネットの提供を続けた。だがこの20年間、府市ともに都市力再生のための投資はできなかった。

都市再生の投資ができなかったもう1つの理由としては、広域自治体である大阪府に資金が集まりにくいという制度上の事情がある。府は法人二税の落ち込みが激しい上に、もともと保有資産が少なかった。府はしばしば〝まんじゅうの皮〟に喩えられてきた。すなわち、大阪市に大企業や資産（あんこ）が集中する一方で、大阪府は周辺部（まんじゅうの皮）にしか権限や財源を持っていない。そのため府は主に北部の千里ニュータウンや南部のりんくうタウンの開発などに専念し、中心部の再開発は全て大阪市に任せてきた。ところがこの20年間は大阪市も窮乏化した。そのため、周辺でも中心部でも再開発があまり進まなかった。一方、この間に東京では新宿副都心や品川の再開発が、横浜ではみなとみらい（MM）21の開発などが進んだ。

(1)　1990年代の大阪府の急速な窮乏化と投資の停滞

もう少し具体的にみると、維新改革が始まる2008年までの大阪府は、ひたすら経費節減と資産処分に専念してきた。例えば、2005~2011年度の不動産の処分売却額は、神奈川県が461億円、愛知県が242億円に対し、大阪府は1179億円と他県を凌駕する（ただし、大阪の地価は他より高いという事情にも留意）。また、人口当たりの職員の数も他都道府県に比べて少ない（図表3—12左）。

一方で、交通、物流などのインフラへの投資が遅れた。その結果、三大都市圏内で唯一、いわゆる高速道路のミッシングリンク問題が残った。東京、名古屋などでは、渋滞を防ぐ環状道路がほぼ完成しつつある。

ところが、大阪圏では、都心部の環状道路ネットワークで重要な位置を占める淀川左岸線延伸部などがまだ未整備である（今回の維新改革でやっと建設が決定）。また、東京では都心との間に成田エクスプレスが走るようになったが、大阪では都心部と関西空港を結ぶ鉄道の線路容量が不十分なまま今日に至っている。

(2)　１９９０年代以降の大阪市の改革の遅れ

１９９０年代からの大阪市役所はどうか。大阪市も深刻な税収減に見舞われた。しかし地下鉄や港湾などの現業事業を擁し、また市内の土地の４分の１強を保有するなど莫大な資産を保有していた。人員と予算をスリム化し、資産を有効活用すればやりようはあった。しかし時代の変化に合わせて資産を転用したり、売却資金を中心部の再開発に向ける経営センスを欠いていた。また各局の縦割り構造が激しく、市全体の視点に立った経営や投資がなされなかった。また、不適切な労使関係や組合と首長の癒着があった。そのため各局が大阪全体の発展よりも目先の局の利益の部

図表 3-12　人口１万人当たりの職員数（全部門）

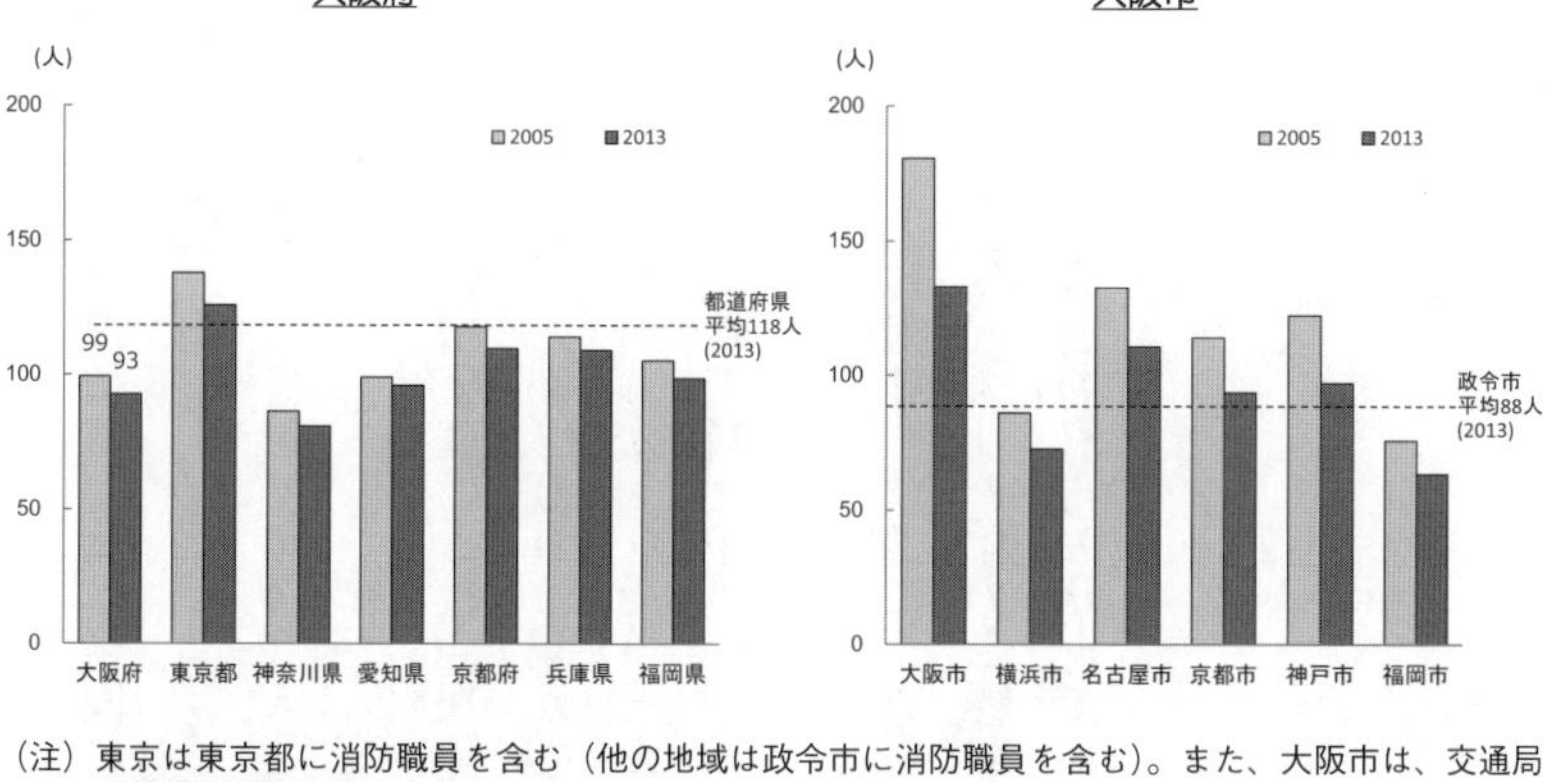

（注）東京は東京都に消防職員を含む（他の地域は政令市に消防職員を含む）。また、大阪市は、交通局の規模が他都市よりも大きい。
2013 年度の各都市の内訳は次のとおり。（左交通局／右全職員）
大阪市：23／133人、横浜市：5.6／73人、
名古屋18／116人、京都7.5／94人、神戸6.5／97人、福岡市3.8／63人

分最適化（天下り先の確保や職員の雇用維持など）を追求した。
例えば、大阪市の2005年の人口1万人当たりの職員数は181人で、主要政令市に比べ格段に多かった（図表3―12右）。他都市よりも地下鉄や下水などのインフラ関係の負担が大きいという事情を勘案しても、かなり多かった。この数年の維新改革でかなり減ったが政令指定都市平均の88人に対して133人と、まだ多い。

大阪市では1990年代後半から財源確保のためにインフラ投資などを抑え、増え続ける社会保障費を捻出するために、毎年予算と人員を削ってきた。しかし改革のペースは遅かった。だが2005年からの2年間に關淳一市長（当時）の下で改革が進み、地下鉄やバスの民営化も検討された。しかし、そうした抜本改革案も市長が平松邦夫氏に代わるとともに立ち消えとなっていた。そしてひたすら人員と予算の削減のみを続けるという一種の思考停止に陥っていった。

総じて1990年代、府市はともに財政難に見舞われ、資金を社会保障などに対症療法的につぎ込むしかなく、大阪全体の都市再生戦略を考える余裕がなくなった。インフラ投資を怠り、スリム化の影響で人材も不足し、役所全体が疲弊してしまった。これが2008年の維新改革が始まる直前の府市の状況であった。

第４章　鉄道、道路、空港の見直し―遅れていた交通インフラの整備

大阪は西日本の首都的存在であるにもかかわらず、交通インフラの整備が遅れている。その典型が高速道路のミッシングリンク（未開通区間）問題である。東京、名古屋では、環状道路ネットワークがほぼ完成しつつあるが、大阪ではまだ建設に着手すらしていないルートが残る。

１　大阪圏の交通インフラ整備の遅れ

⑴　府と市がバラバラに投資

遅れの背景は２つある。１つは府市の財政危機、もう１つは府と市がバラバラにインフラ投資をしてきた問題である。府と市は何かにつけて対立し、大阪には「府市あわせ（不幸せ）」があると揶揄されてきた。インフラ建設でもそうだった。大阪市は古くは大阪港を自らの力で建設し、地下鉄の整備も自力で行った。大阪市は市域が狭かったこともあり、豊かな税収を使い、大阪市内のインフラ投資や区画整理事業を一手に担ってきた。府の力を借りたり、協力して何かを行う場面はあまりなかった。

しかし、戦後の高度成長期には、都市域が大阪市の境界を越え、どんどん拡張していく。そこで、１９６０年代後半からは府が主役となって新御堂筋、千里ニュータウン、泉北ニュータウン、そして関西国

際空港（以下「関空」）の対岸のりんくうタウンの建設などを進めた。

だが、1990年代に入ると、バブル経済の崩壊などを機に、府は次第に財政余力を失っていく。一方、大阪市は予算が比較的潤沢だったため、しばらくは各局がそれぞれの所有地で思い思いに土地信託などのスキームを使った開発事業を続けた。その結果、大阪市内の湊町や弁天町駅周辺など、大阪全体から考えると必ずしも重要拠点とはいえない地域で各局がバラバラに開発プロジェクトを展開した。その投入資金は官民合わせて数千億円にも上ったが、やがてそのほとんどが失敗した。

今にして思えば、本来は大阪市内のこれらの小規模拠点の開発よりも、府と市が力を合わせ、関空までの高速鉄道のなにわ筋線の建設や、市内東部にある大阪第4のターミナル駅である京橋の再開発、さらに周辺の森ノ宮地区の再開発などに投資すべきだった。しかし、府は周辺部の開発で失敗し、市は市内の開発プロジェクトで失敗した。しかもそんな状況の中でも両者は協力しなかった。

○ビルの高さを競い合う

両者の対立の象徴的な事例がある。大阪市は1995年に大阪南港に256mの高さの大阪ワールドトレードセンタービルディング（WTC）を建設した。その翌年には大阪府が関空の対岸に高さ256・1mのりんくうゲートタワービルを建設した。この2つのタワービルの高さをめぐって両者は不毛な競争に走った。計画段階では、前者は252m、後者は256mの高さとされていた。しかしその後、大阪市は256mに計画変更する。すると大阪府はさらに10cm高くして向こうを張った。しかし、当時の大阪にはもともと巨大なタワーを2つも建設する必要も財力もなかった。前者の総事業費は1193億円、後者は659億円である。合計1852億円もの大金がつぎ込まれたが、どちらも経営破綻した。二重行政の無駄の典型例である。

（注）ＷＴＣビルは現在は府が購入し第２庁舎として活用している。

(2)　２０００年代以降、交通インフラ整備にしわ寄せ

その後、２０００年代に入ると、府と市はともにますます過去の負債の処理に追われた。税収も減って、建設案件は軒並み凍結された。そして大阪府は、２００５年度末に企業局を廃止し、開発事業から撤退してしまった。こうして関空への鉄道アクセスの整備や、環状モノレールの延伸問題は事実上放置された。

(3)　維新改革で再起動

こうした過去の失敗の歴史に照らし、維新改革では当初から交通インフラの整備にかなりのエネルギーを割いた。橋下徹氏が知事就任後に真っ先に手を着け、成し遂げたのが、関空の経営再建問題である。あとを引き受けた松井一郎知事は、府下周辺部への鉄道の延伸計画を再開した。いずれも、財源の確保が最大の課題だったが、空港については、国営の伊丹（大阪国際）空港（以下「伊丹」）の民営化と関空との経営統合、そして運営権の売却という今までにない財務手法が導入された。また、鉄道の延伸については、北部を走る北大阪急行と大阪モノレールの２つの鉄道の延伸を決めた。そしてそのための資金には、第三セクターの株式を売却した資金を充てることにした（ストックの組み替え）。いずれもわが国の今までの自治体経営にはなかった手法である。

以下では関空の経営再建と２つの鉄道の延伸問題を中心に解説する。

2　関西国際空港問題

関空は1994年に開港した。開港以来、海外航空会社の就航数や旅客数は次第に伸びてきた。しかし、全日本空輸や日本航空の国際線の関空発着便は伸び悩みが続いてきた。また国内線の大半が伊丹にとどまったため、全国各地からの乗り継ぎ客を国際線に取り込めなかった。

関空はいわゆる中曽根民活の時代に建設されたため、人工島の埋め立てコストを政府が負担せず、運営者である関西国際空港株式会社（当時）に負担させた。そのため、同社は約1・2兆円の負債を抱え、毎年の利益のほとんどが利払いに消える厳しい経営を強いられてきた。そのためエアライン誘致のために機動的に着陸料を引き下げる等の打ち手がなかなか展開できなかった。こうした状況をみて、政府も伊丹の国内線の一部を関空に振り向けたり、利払い負担軽減のための補給金支給などの支援をした。しかし羽田、成田、伊丹との役割分担の見直しや負債処理などの抜本策に手が着けられないままに、開港後約20余年が過ぎた。また、形は民間企業でも実質的には国土交通省のＯＢや出向者が経営の中枢を占める状態が続いていた。

その結果、せっかく作った24時間空港が十分に生かされず、結果として関西そして大阪の経済力向上にあまり貢献できない状況が続いてきた。

(1)　関空は大阪の都市再生の鍵

世界のどこの大都市でも空港の活性化は極めて重要な課題である。とりわけ大阪の場合、せっかく作った関空が有効に機能していないことの付けは大きかった。大阪は江戸時代から物流と商流の基地であった。その蓄積の上に明治以降は大阪港がアジア貿易の拠点として繁栄した。こうした歴史に照らせば、戦後の高度成長を経て伊丹の容量が不足すると新空港に投資するのは当然であった。ところが騒音問題を懸念して候補地がなかなか決まらない。また、政府も財源不足を主張する。そこでやや遠方ではあるが、泉州沖に関西の企業や自治体の資金も投入して関空を作ることになったのである。

(2)　神戸、伊丹、関空が並立

そうこうしているうちに２００６年、当初は関西新空港の立地を拒否していた神戸市が沖合に神戸空港を建設、開業する。やがて全国から「本当に関西に３つの空港が必要なのか」「伊丹、関空、神戸の３つの空港の役割の見直しが先決だ」「関空問題よりもまずは地域エゴの調整をしろ」といった批判を受けるようになる。また、当初国は、関空を成田の補完と位置付けた。ところが時の経過とともに、関空の赤字問題はいつの間にかローカルアジェンダ（地域レベルの検討課題）に格下げされ、状況の打破はますます困難になっていった。

(3)　橋下知事時代の取組

以上が、橋下氏が知事に就任する前の状況だった。さて、橋下知事は就任後、ほどなく関空問題について勉強を始める。

○伊丹廃止発言

やがて２００８年7月下旬、橋下知事は突然、「伊丹空港は廃止してもよい」と言い出す。知事が地元の空港を名指しでいらないと言ったのは、史上初めてである。関空の経営再建問題は、再びナショナルアジェンダとなり政府の重要課題と見なされるようになった。その後、２００９年９月には民主党への政権交代が起こり、関西出身の前原誠司氏が国土交通大臣になる。前原氏は関空の債務問題の処理を決意し、黒字で資産価値も大きい伊丹を民営化した上で、関空と合併させる案ができた（２０１２年７月に実現）。かくして関空は、伊丹との経営統合で負債の大きさに見合った資産とキャッシュフロー（資金の流れ）を確保し、利払い負担力を大幅に高めた。これは第一義的には民主党政権、とりわけ当時の前原大臣が、関空問題を国家戦略課題と捉え直して取り組んだことによる。また、日本航空の破綻再生が課題の時期でもあった。しかし地元からも、橋下知事が「放置できない問題」と位置付け、抜本解決策を求めたことで一気に動いた。

(4)　関空・伊丹の経営統合

今回の関空・伊丹両空港の経営統合の概略は次のとおりである。

当初の関西国際空港株式会社は、国、自治体、民間の共同出資で設立された。だが利益の大半が約１・２兆円の有利子負債の利払いに消えてしまい投資余力に乏しく、戦略的な事業展開ができていなかった。一方、伊丹は、国が管理する空港で、実質的に黒字で、その収益は国の社会資本整備事業特別会計（空港整備特別会計）に組み入れられていた。また、伊丹のターミナルビルは、周辺自治体と民間企業が出資する別の株式会社（大阪国際空港ターミナル株式会社）が運営し、年間10億円超の利益を出していた。今回の改革では、国営の伊丹を民営化し、さらにターミナルビル会社も吸収する形で伊丹と関空が経営統合した。

①　一気に財務が健全化

経営統合のメリットは極めて大きい。第１に、一体経営になると、国内便の効率的な振り分けができる。また、スケールメリットを生かして資材調達などのコストが低減できる。第２に、民営化で伊丹の運営が合理化される。第３に伊丹のターミナルビルの利益を収支に繰り入れられる。第４に、統合後の新会社のバランスシートに関空の約１・２兆円の負債だけでなく、伊丹の資産が計上できるので財務体質が一気に健全化される。かくして、関空は開港後、約20年を経て、やっと積極的な航空会社の誘致や先行投資、着陸料の引き下げなどができるようになった。

②　知事の卓越した政治力が奏功

実は伊丹を民営化して関空と経営統合するアイディア自体は昔からあった。だが、国の資産を関西だけのために使うべきでないという意見があって実現しなかった。それが今回は一気に現実化した。特に自治体が国に問題提起して改革ができた例は他にない。政権交代という特殊事情もあったが、やはり橋下知事の卓越した作戦と政治力による成果とみるべきだろう。

（注）なお、現在、統合後の新関西国際空港会社の運営権をさらに売却（コンセッション）する計画が進捗中。コンセッションが成立し、運営が海外オペレーターなどの専門家に委ねられれば、いっそうの効率化や戦略的な経営が期待できるだろう。

(5)　経営統合後の動き

統合後の新関空会社は、中期経営計画に基づき、関空に発着する国際線の着陸料の５％引き下げ、路線誘致のインセンティブ拡充などを順次展開している。また、完全24時間運用の強みを生かした格安航空会社（L

ＣＣ）専用ターミナルの設置や深夜・早朝の各地からのアクセスの充実などを進め、今や国内最大のＬＣＣ（ローコストキャリア）の乗り入れ空港となっている。

年間外国人旅客数は１３０万人から１７０万人程度だったが、２０１３年度には開港以来最高の約２３０万人に到達した。また、２００９年から２０１４年までに関空発着のＬＣＣの便数は9倍に伸び（成田は6倍、図表４―１）、また関空の入国外国人数は２００９年度から２０１３年度の間に72％増えた（成田と羽田の合計分は29％）。

貨物についても、２０１４年4月には世界最大の航空貨物会社フェデックス社のハブ拠点が開設された。また、国際戦略総合特区を活用した薬監証明手続の簡素化・電子化を実現したほか、医薬品定温庫の活用など、関西の成長産業である医薬品や医療機器分野を支える物流拠点機能も強化した。その結果、医薬品の貿易額が伸びつつある。

図表 4-1　国際線 LCC の便数および割合（成田、関空）（各年夏期）

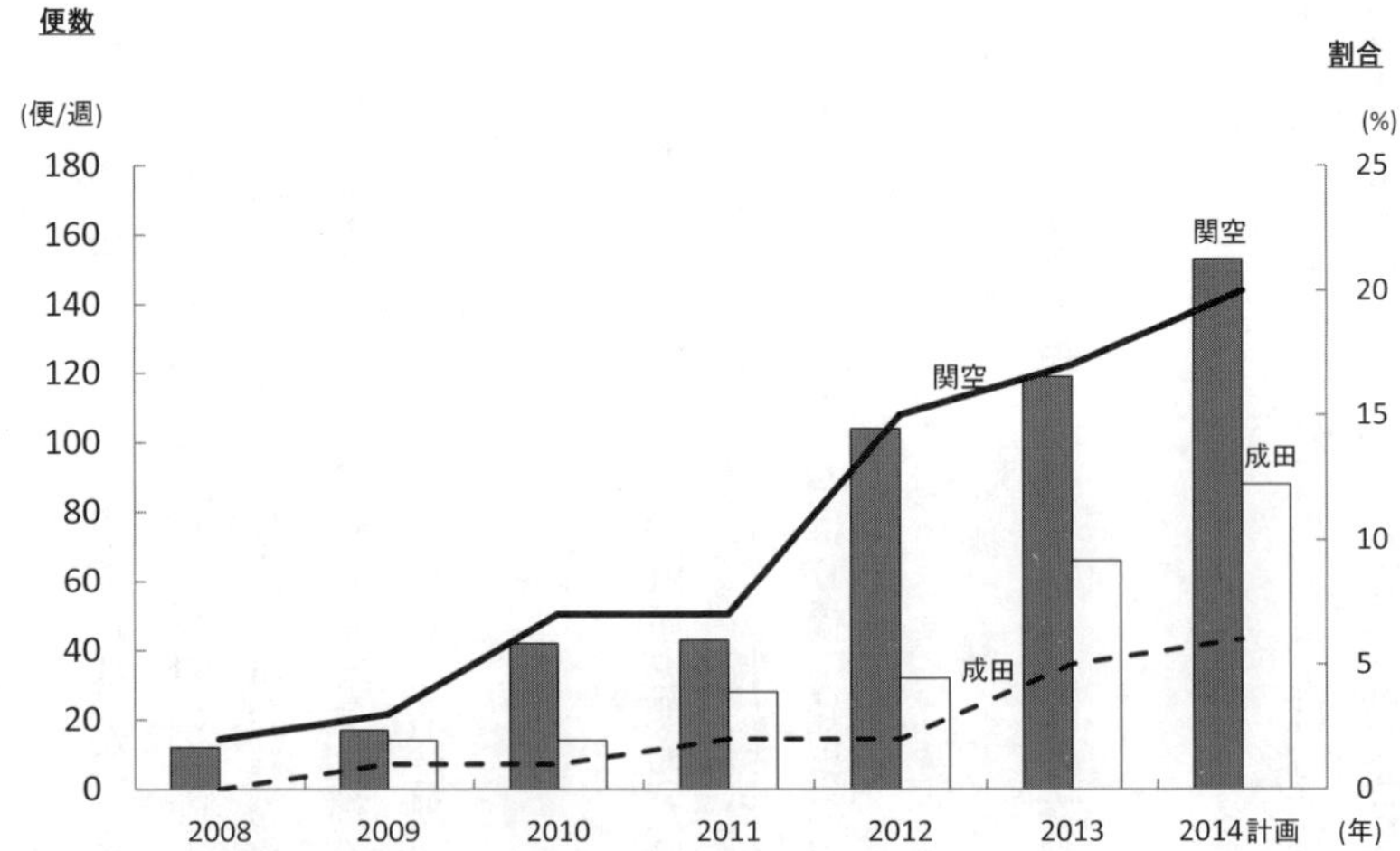

出典：各空港会社「運営概況」、羽田はLCCの就航なし

3　周辺部の鉄道網の整備とストックの組み替え

(1)　都心部と私鉄は充実

大都市大阪の鉄道のネットワークは一見、充実しているようにみえる。確かに大阪市内都心部のネットワークは地下鉄の整備が昭和初期から進み、さらにＪＲの大阪環状線もあって、東京を凌駕する密度と充実ぶりである。加えて、都心部と周辺部を結ぶ郊外鉄道は、私鉄王国関西といわれるとおり、私鉄各社が充実した路線網を維持してきた。加えて１９８７年の民営化以降、ＪＲも京阪神間や宝塚方面のベッドタウンを結ぶ通勤電車の高速化に着手し、ネットワークはますます充実してきた。

(2)　国土軸からのずれの補正

だが、こうした鉄道ネットワークの充実ぶりは、実は大阪の街が東京、京都、大阪、広島、福岡を結ぶ東海道、山陽道の国土軸から少しずれた南に位置することに由来する。

大阪駅は市内の北部、都心地区の北の端に位置する。東海道線が市の北部を通っているからである。ちなみに、新大阪駅は大阪駅からさらに約３㎞も北に位置する。戦後にできた名神高速道路や新幹線はもっと北の淀川の北を通っている。なぜこうなのか。大阪市は、もともと淀川の水運に沿って、そして大阪湾を向いて発展してきた。しかし明治以降にできた鉄道、道路は東西国土軸にあわせて北部に位置した。そのためにずれが生じたのである。

このずれからくる不備を解消すべく、大阪市は今から約80年前に市内の南北軸の充実に取り組んだ。当時の關淳一市長は、狭い１つの南北の筋でしかなかった御堂筋を大幅に拡張し、その下に地下鉄御堂筋線を通した。そして大阪駅を結節点として大阪の街を東西国土軸に結び付けた。こうして大阪駅を北端とする南北軸の御堂筋が大阪の中心部を貫くことになった。その後、１９７０年の万国博覧会の開催を機に北部に千里ニュータウンが開発されると、御堂筋は新御堂筋として北伸し、併せて地下鉄御堂筋線も終点の江坂駅から北方の千里中央駅まで延伸された（北大阪急行が経営）。

(3)　１９９０年代以降の整備の遅れ

しかし、都市を取り巻く環境は時代を経て次第に変わる。大阪の鉄道ネットワークは高度成長期までは良かったが、１９９０年代以降、都心部を走るＪＲ東西線、阪神なんば線、京阪中之島線の３つを除いて発展が止まった。都市部が拡張し郊外が発展したにもかかわらず、府と市の財政難から鉄道の整備が遅れたのである。

具体的に大阪で整備が遅れている鉄道の路線は４つある。

１つ目は北大阪急行の延伸である。東西国土軸は新名神高速の建設などでますます北に移っていく。これに合わせて、南北軸の御堂筋線および新御堂筋の上を走る北大阪急行を終点の千里中央駅からさらに北の箕面市に約２・５㎞延ばす必要がある（維新改革で決定）。

２つ目は大阪モノレールの延伸である（詳細は第18章を参照）。大阪モノレールは伊丹空港、千里中央、門真市などを結んで府の北東部の外縁部を走る。ゆくゆくは環状になる計画だが、財政難でめどが立っていなかった。

東京も似た状況だが、大阪の都心部と郊外のベッドタウンはこれまで主として放射線状に結ばれてきた。そのため郊外ベッドタウン同士をつなぐ路線は少なく、バスに頼らざるを得ない。この問題を解消すべく、大阪府が中心となって道路の上に高架を設けたモノレールを建設してきた。しかし、東南の終点が門真市のままで延伸計画が止まっていた（維新改革で南への延伸計画が始動）。

３つ目が阪急電車の延伸だ。阪急電車は、京阪神を結ぶ最大手の郊外電車である。これを新大阪駅に乗り入れ、さらに南伸させて大阪駅前（北ヤード地区）を経由して地下鉄四つ橋線と結ぶ計画である。京都、神戸と大阪をつなぐ鉄道はＪＲを含んで３本あるが、その結節点は大阪駅、もしくは御堂筋（京阪淀屋橋駅）に集中している。阪急電車が御堂筋の１つ西側を走る地下鉄四つ橋線に乗り入れると混雑の緩和が見込める。

第４のプロジェクトがなにわ筋線の建設である。これができると、関空と新大阪駅を結ぶＪＲの特急はるかを大阪駅に止められる。その結果、現在は空港から大阪駅まで快速で68分かかるのが平均で46分（最速で41分）にまで短縮できる。

以上の鉄道４路線の計画はいずれも80年代に着手しておくべきプロジェクトだった。しかし主として府市の財政難のため凍結されてきた。これに対して、今回の維新改革では大阪府の余剰ストックを処分し、市も協力することで財源を手当てし、集中的に整備する計画を立てた。

(4)　維新改革によるストックの組み替え

財源は具体的にどこから見いだすのか。１つは、大阪府都市開発株式会社（ＯＴＫ）の民営化による。これは泉北高速鉄道とトラックターミナルの２つの事業を行っている黒字の第三セクター会社である。大阪府が保有する全体の約半分の株式を売却すると、約３６７・５億円の資金が得られる。２つ目は、大阪国際空港ターミナルビルである。この会社は、伊丹と関空の経営統合を機に空港会社に統合されることになった。全株式の売却額は２７８億円になるが、そのうち55・６億円が府の保有分として現金で入ってくる。以上２つを足すと、約４２３・１億円となるが、今回はこれを公共施設等整備基金に積み立てて、北大阪急行とモノレールの延伸に充てる計画ができ上がった（図表４―２）。このようなストックの組み替えによる投資資金の捻出は民間企業では珍しくない。しかし、行政機関が黒字の第三セクターを民営化し、さらにそこで得た資金を他の事業に振り向ける例はわが国では極めて珍しい。

　維新改革ではこれを「ストックの組み替え」と呼んでいるが、この手法は大都市のインフラ再整備の手法として注目したい。大都市では高度成長期に建設された施設が余剰になりつつある。また公的目的で作られた第三セクターが放置されていることが多い。これらのストックを他の目的に転用し、あるいは換金してインフラの再整備に振り向けることは財政

図表 4-2　ストック組み換えによるインフラの整備

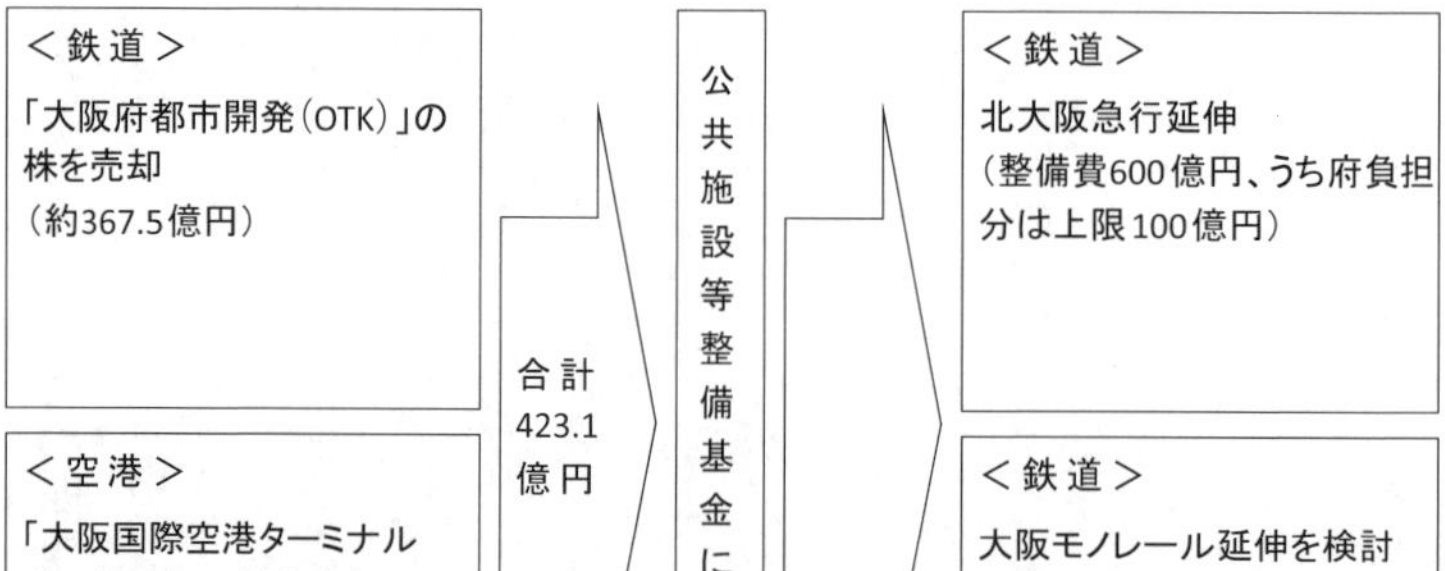

＊ 大阪市も府と同額を保有

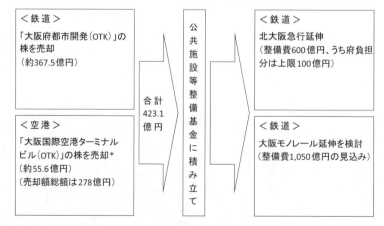

政策上も非常に有益と考えられる。

(5) 民営化と合理化を機に運賃値下げ

維新改革では、鉄道の延伸だけでなく、運賃の値下げも行った。大阪市営地下鉄の初乗り運賃は２０１４年４月から20円値下げして１８０円になった。賃金見直し等の合理化で得た効果を利用者に還元した。また先述の泉北高速鉄道も、民営化を機に、乗り継ぎ運賃が２０１５年３月に80円値下げされた。

4　道路のミッシングリンク解消

大阪では高速道路淀川左岸線のうち大阪市北区の豊崎から淀川の左岸を走って此花区の北港に至る約９㎞の建設が未着手だった。進まない理由は、大阪市の財政難と大阪市内の沿線住民にはメリットがないという一部の議員の反対による。３５００億円の工費のうち大阪市が約７９０～１３５０億円を負担する。しかし、ほとんどが大深度地下区間で、沿線住民が直接的に得るメリットは一見、少ない。しかし、これができると新大阪からユニバーサル・スタジオ・ジャパン（ＵＳＪ）や関空への時間短縮と渋滞緩和によって大阪と関西全体の経済活性化に寄与する。そこで大阪市は２０１３年１月から環境評価の手続に着手し、淀川左岸線延伸部については府と市が一緒に整備推進するということで法定手続に入った。これも非常に大きな進歩である。

(1) 高速道路の料金体系もシームレス化

もう1つ大きな成果がある。大阪では、主に阪神高速道路株式会社が高速道路を運営しているが、複数の運営主体が存在するため、複雑な料金体系になっている。大阪府はこれを解消するための仕組みづくりを国に働き掛け、阪神圏のシームレス料金体系の導入が国の基本方針に明記され、阪神地区では2017年度から導入される見込みとなった。ちなみに大阪府は運営主体を一元化したハイウェーオーソリティー構想も提唱している。

(2) 首長の関与が決め手

以上、交通インフラ案件について述べてきたが、これをまとめると図表4—3になる。交通インフラづくりには多数の関係者の合意とさまざまな手続が必要だが、従来は関係者間の討議にとどまるものが多かった。維新改革ではそれらを一気に動かし、各プロジェクトが、法定手続あるいはその直前のところにまで進んだ。府も市も財政難に変わりはない。しかし、府と市の対立や組織内の縦割りを超え

図表 4-3　大阪の都市交通基盤整備の動き

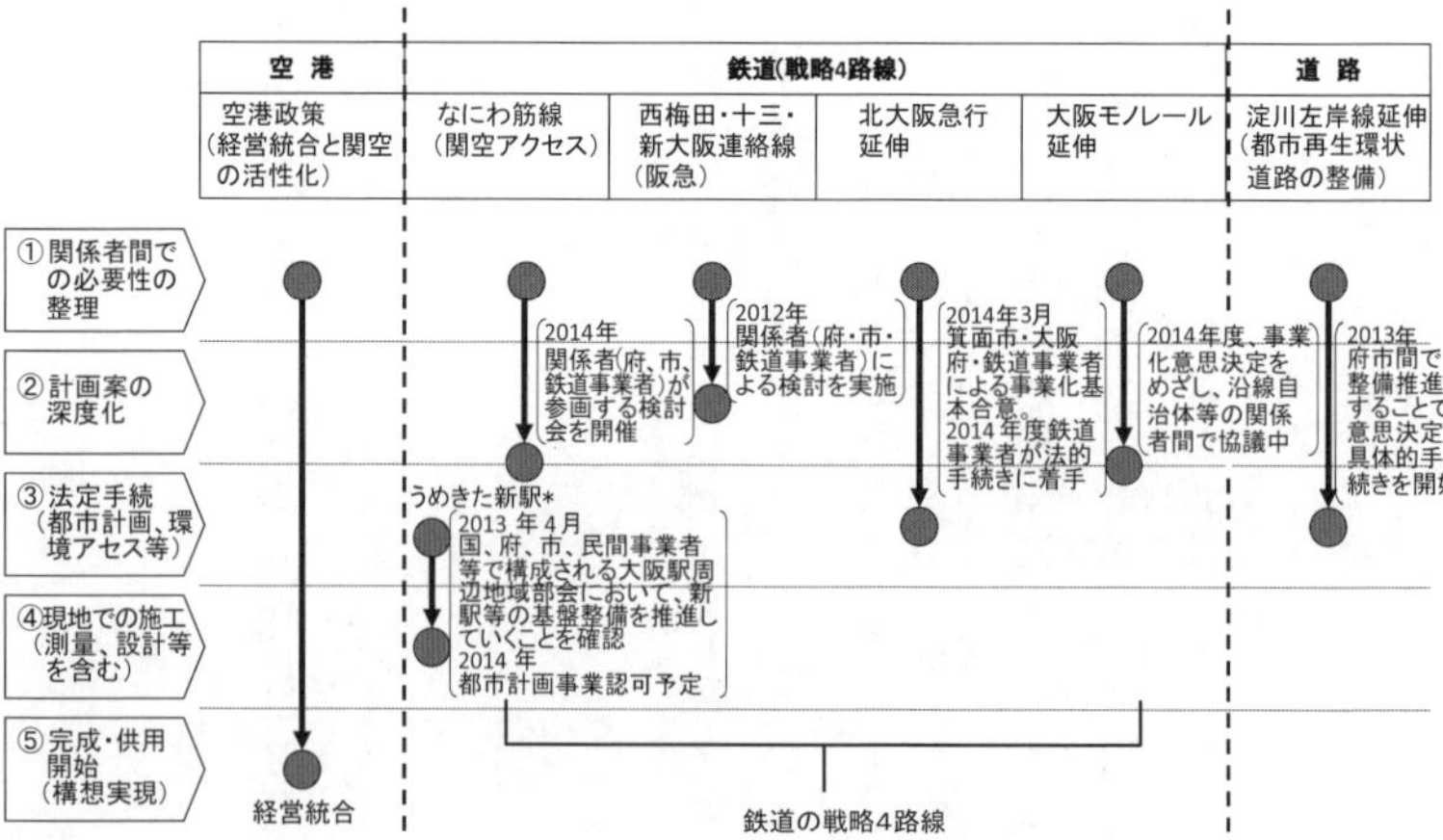

＊ 2004年に大阪駅北地区まちづくり計画策定済み。2011年に2期開発区域の都市基盤を都市計画決定済み

られずに止まっていた各種プロジェクトが、２人の首長のリードで一気に動き始めた。また従来は担当部局が国への陳情を繰り返していたのが、首長の関与によって第三セクターの株式の売却による資金捻出（鉄道の場合）や国との折衝（関空や高速道路の場合）などで動き出した。

以上述べてきたように、交通インフラ分野の改革は、維新改革で最も早く、かつダイナミックに成果が見えてきた領域ということができるだろう。

第5章　府市が連携して成長戦略を推進

大阪府の域内総生産（ＧＤＰ）はノルウェーやオーストリア一国分にも相当する（名目ベースで36・6兆円、２０１１年）。しかし、全国に占める比重は今や７・４％にすぎず、１９８０年代初頭の約2割をはるかに下回る。しかもこの10年間の大阪のＧＤＰ成長率は、全国の主要都市の中で唯一マイナスを示している。大都市の勢いは経済状況に影響されやすい。また、貧困に代表される大阪の社会問題の解決にも経済再生が近道である。維新改革でもさまざまな経済再生策が講じられてきた。

○成長戦略の６割が府市連携

今回の改革評価では府市合わせて１６４の主要な改革項目が抽出されたが、そのうち、合計24項目（15％）が「成長戦略」に分類された。これらをさらに分析した結果、「産業育成のための基盤整備（6項目）」「観光・文化振興（6項目）」「産業・企業支援（8項目）」「拠点再開発・用途転換（4項目）」の4分野に整理できた（図表5—1）。またこれら24項目のうち約6割（14項目）が府市連携によることが分かった。一方「産業・企業支援」は大半が府独自の政策である。また「拠点再開発・用途転換」も全てが大阪市の事業で、そのうち3つは大阪駅の北ヤードの跡地の再開発案件だった。

図表 5-1　維新改革の成長戦略項目（計 24 個）の内容分析

分 野	府市連携によるもの	大阪府のみ	大阪市のみ	合計項目数
産業育成のための基盤整備	• 特区制度の創出・活用 • 大阪府市規制改革会議 • 府立大学・市立大学の統合 • 大阪府市新大学構想会議 • 府立産業技術総合研究所／市立工業研究所の統合 • 大阪産業振興／大阪都市型産業振興センターの統合			6
観光・文化振興	• IR* 実現に向けた検討 • 大阪観光局の設置 • 大阪府立中之島図書館・大阪市中央公会堂の連携 • 府市文化振興会議・アーツカウンシル部会の設置 • 都市の魅力を向上させる各種イベントの開催 • 大阪府市都市魅力戦略推進会議			6
産業・企業支援	• 大阪府市エネルギー戦略会議 • 大阪府市医療戦略会議	• バッテリー関連産業の振興 • ライフサイエンス関連産業の振興 • 金融機関提案型の融資制度の創設 • 太陽光発電の普及拡大など新たなエネルギー社会の構築 • みどりの風を感じる大都市・大阪の実現 • 「大阪産(もん)」ブランドの発信		8
拠点再開発・用途転換			• グローバルイノベーション創出支援拠点(うめきた) • エリアマネジメント活動促進制度の創設(うめきた) • うめきた2期開発の緑化 • 御堂筋のあり方の抜本的な見直し	4
	合計 14 項目	合計 6 項目	合計 4 項目	

*IR：Integrated Resort（統合型リゾート）
（注）府は合計20項目、市は合計18項目となる。

1　特区申請と規制改革による成長戦略

先ほどの４分野のうち「産業育成のための基盤整備」６項目は、全てが府と市の連携によるものである。多くは府立と市立の産業試験場や大学の統合にかかわるものである（図表５―１左上部分）。これらは文字どおりの産業育成のための基盤となる機関だが、それ以外にもソフトな基盤整備が２項目ある。特区制度の創出・活用と規制改革会議である。大阪の経済規模は大きく、地方の小都市のような観光振興や名産品のプロモーションだけでは、とうてい再生できない。本格的なてこ入れには、どうしても企業の税負担の軽減や規制緩和等のマクロ的な施策が必要になる。また、大阪はもともとが香港やシンガポールのような通商都市である。彼らと競争するためにも世界水準を意識した税や規制の機敏なコントロールが必要となる。ところが日本の税制や法制度は国の一元管理下にあり、アジアの都市との競争を理由に大阪が自由に変えることはできない。しかも日本は全体としては工業と農業を中心とする保守大国で地方の権益保持に配慮した規制や保護主義的な制度で全国を一律的に縛りがちである。

そこで維新改革では成長戦略の要に特区戦略を据え、また政府に各種の規制緩和を訴え、また、大阪独自でできる規制緩和や地方税の免税措置を繰り出してきた。

○大阪府市独自の特区税制を実現

大阪府市は２０１０年に特区制度の提案を行った。そして２０１１年６月に国が国際戦略総合特区制度を創設すると関西の３府県と３市[注]は同年12月に地域指定を獲得した。さらに翌年の２０１２年12月、府市は大阪に進出した企業の地方税をゼロとする特区税制を創設した（図表５―２）。

（注）京都府、大阪府、兵庫県、京都市、大阪市、神戸市

特区税制とは、大阪府外から大阪の特区に進出した企業について、最初の５年間、地方税をゼロとする制度である。２０１４年現在の日本の法人実効税率は約35・6％だが、これはアジア諸国やドイツ、フランスなどよ

図表 5-2　大阪の戦略特区の実績（2011 年度以降）

	主な申請内容	成果
国際戦略総合特区* ［大阪府市及び他2府県2政令市］	**1．ライフ分野** ・PMDA-WEST機能・治験センター機能の創設 ・海外展開に向けた関空の基盤強化 ・医薬品の研究開発促進 **2．グリーン** ・バッテリー戦略研究センター機能の整備 **3．インフラ・共通** ・MICE機能強化と海外プロモーション	・PMDA関西支部の設置実現 ・空港 -医薬品輸出入手続の電子化 -医薬品専用施設を活用したクールチェーン輸送の拡充 ・特区への投資総額は約631億円(見込を含む) ※特区の実効性を高めるため、地方の独自取組みとして、府市で『地方税ゼロ』を実現
国家戦略特区** ［大阪府市］	**1．健康医療産業の創出** ・免疫・再生医療等の未来医療産業化国際展開拠点の整備 **2．世界と戦える国際都市プロジェクト** ・民主導による都市空間構造改革 **3．環境・エネルギープロジェクト** **4．物流インフラ強化** ・関空ｸﾞﾛｰﾊﾞﾙｻﾌﾟﾗｲﾁｪｰﾝﾌﾟﾛｼﾞｪｸﾄ **5．公設民営学校の実現** **6．チャレンジ特区** ・労働法制の適用緩和	・府市の提案は大胆かつ具体的と評価を受け、指定獲得 ・知事、市長の主張により、区域会議は政治主導による規制改革の仕組みが構築される

出典：大阪府市作成資料

* 国際戦略総合特区とは、民主党政権時の2011年度から始まった「新成長戦略」実現のための制度で、主要産業の国際競争力強化を目指す「国際戦略総合特区」と地域資源を生かす「地域活性化総合特区」がある

** 国家戦略特区とは、2014年度からアベノミクスの"第3の矢"の成長戦略の中核にある制度で、地域を限定した規制緩和や税制面での優遇からなる。医療や雇用、農業など計6分野で規制の特例が認められる

り高い（例えば、シンガポールは17・0%、中国は25・0%、韓国は24・2%）。これらに少しでも対抗すべく、府市が連携してこの制度を創設した。特区税制が認められた企業には、法人府民税、法人事業税、不動産取得税などがかからない。さらに、国の特区税制（所得控除20%）も活用すれば、実効税率が約23・7%にまで下がる仕組みを提案した（図表5―3）。なお、2015年1月現在の進出計画認定事業者数は10件である。

また、規制改革緩和についても特別顧問、特別参与らの外部委員から成る会議（「規制改革会議」、堺屋太一氏が会長）を設け、大阪独自の規制緩和策を検討した。そして国に対する提言、府市の条例改廃、各部門による許認可の見直しや運用の弾力化などを行った（提言書は http://www.pref.osaka.lg.jp/attach/20342/00145827/1-1% 20teigen.pdf を参照）。

2　観光・文化振興

成長戦略の第2の分野は「観光・文化振興」である。大阪にはもともとビジネス客が多数来訪する。加えてユニバーサ

図表5-3　大阪の地方税ゼロ特区の優遇内容（府外から特区に進出した企業が対象）

税目	区分	地方税ゼロ導入前(税率又は税額)	
		資本金1億円超の法人	資本金1億円以下の法人
法人府民税	均等割	26万円～160万円	2万円～7.5万円
	法人税割	法人税額×6%(超過税率)	法人税額×5%(標準税率)
法人事業税	所得割	年400万円以下の所得　1.69% 年400超800万円以下の所得　2.475% 年800万円超の所得　3.26%	年400万円以下の所得　2.7% 年400超800万円以下の所得　4% 年800万円超の所得　5.3%
	付加価値割	付加価値額×0.504%	–
	資本割	資本金等の額×0.21%	–
不動産取得税	土地	課税標準額×1/2×3%	課税標準額×1/2×3%
	建物	課税標準額×4%	課税標準額×4%

これらが全てゼロになる

（注）・法人府民税及び法人事業税については、府内から特区に新たに進出の場合、従業者数の増加割合に応じて軽減
・大阪市内、吹田市内、茨木市内、箕面市内、熊取町内のうち、特区内は地方税(固定資産税等)最大ゼロ
出典：大阪府市作成資料

ル・スタジオ・ジャパン（ＵＳＪ）、海遊館、大阪城など人気のある集客施設がある。さらに近年はインバウンド客の増加とも相まって、道頓堀や新世界などが観光でにぎわっている。神社仏閣こそ京都、奈良には及ばないが、大阪は各種調査で行ってみたい都市ランキングのトップ5位以内にたいてい入っている。

しかし大阪の街には、従来はよそから観光に来てもらう、そしてそれを産業に育てるという発想があまりなかった。もともと商工業が栄えていたため、観光への期待も薄かった。しかし、今回の改革評価では、観光・文化振興分野で６項目が挙がり（図表５―１）、近年は府と市が観光集客にかなり力を入れていると分かった。また内容も「ＩＲ（Integrated Resort＝統合型リゾート）実現に向けた検討」「大阪観光局の設置」のほか、「大阪府立中之島図書館と大阪市中央公会堂の連携」「アーツカウンシル設置」「都市魅力向上のためのイベント」など多種多彩である。

なお、「大阪観光局」は２０１３年４月から活動開始した機関で、府・市・経済界の支援の下で運営される「公益財団法人大阪観光コンベンション協会」の通称である。初代局長には民間出身の観光のプロ人材を据え、各種プロモーションや海外からのＩＲオペレーターの誘致活動などのほか、内外に対する情報発信を始めた。

(1)　カジノとＩＲの誘致建設

観光・文化振興分野の当面の柱は大阪観光局による集客活動だが、将来を見据えた場合、魅力的な集客施設の誘致が有効である。そこで維新改革では、ＩＲの誘致に本腰を入れてきた。カジノはラスベガスやマカオ等を除き、各国が長らく法律で禁止してきた。しかし近年はシンガポールのマリーナベイ・サンズなどがカジノとコンフェレンス会場、劇場を組み合わせた統合型の集客拠点開発で成功を収めている。ＩＲは今後とも海外集客の鍵になるとみられ、日本でも横浜、沖縄などが誘致活動を始めている。

中でも大阪は、かつて湾岸の舞洲（２２０ha）にオリンピックを誘致しようとして断念した経緯がある。大阪は京都、奈良なども近く、ＩＲとセットでの集客が期待できる。橋下知事は２０１０年１月にシンガポールを視察した後、大阪が持つＩＲの立地ポテンシャルに言及し、その後府による検討が始まった。また府市は政府にＩＲを解禁する法改正を働き掛け、海外オペレーターとの接触や調査も始めている。

しかしＩＲ実現に向けては大きな課題が３つある。第１にカジノの合法化、第２に建設資金の確保、第３に用地の確保である。

第１については、犯罪、不正行為、青少年非行、依存症などへの対策が課題である。これらについては、１９９９年に東京都がカジノの運営を検討したことを機に、２００１年頃から自民党の勉強会が始まった。大阪府も２００２年８月に構造改革特区の第１次提案でカジノ特別法の制定を提案した。その後、２０１０年に超党派の国際観光産業振興議員連盟（ＩＲ議連）ができ、２０１１年には同連盟が特定複合観光施設区域の整備の推進に関する法律案（ＩＲ推進法案）を発表した。その後、２０１４年６月から同法案は国会で審議が開始されたが、まだ議決されていない。

第２、第３の課題については、海外オペレーターが大阪の可能性を高く評価し、２０１４年度には７社が計９回、知事への表敬訪問をした。また、２０１３年には大阪府市が合同でＩＲ立地準備会議を設置し、候補地の例として大阪湾岸の人工島の夢洲（総面積３９１ha）を提示した。さらに２０１４年４月に松井知事は候補地を夢洲に絞り込む考えを示した。

(2) イベント戦略にも着手

観光・文化振興分野の6項目のうち「都市の魅力を向上させる各種イベントの開催」についてはこの6年で大きな変化があった。かつてはこの分野でも府と市がバラバラにイベントを行っていた。

それに対し維新改革では、「民が主役、行政はサポート役」という基本的な考え方の下で、府と市の戦略を一本化し、観光資源の発掘と発信力の強化に注力すべく、次の4つの改革を行ってきた。

第1は、街の特徴を観光資源にする政策である。大阪の都心部には縦横に流れる水路がある。これらを生かし、「水の回廊」として観光船回遊、ライトアップなどを実施した。

第2は、民間事業者のセンスを活用した既存の観光資源への新たな魅力の付加である。その一環で2015年度から大阪城公園のパークマネジメント事業を民間事業者に委ねることにした。

第3は、既存イベントの魅力の充実である。2013年度から府と市、民間事業者が一体となって新たに「大阪・光の饗宴」というイルミネーションのイベントを実施している。これは、大阪の冬の風物詩になりつつあり、2013年度の来場者は500万人を超えた。

第4は、「大阪ミュージアム構想」である。これは大阪の街全体をミュージアムとみなし、いつでもどこでも楽しめる演出を実現すべく、府内各地の多彩な魅力・資源をミュージアムに見立ててインターネットのサイト上に並べて整理、展開している。

なお、観光集客の在り方については、前述の府市の「規制改革会議」でも議論があった。そこでは、「せっかく観光客を誘致しても飲食店の深夜営業規制などのさまざまな規制があるために、なかなか楽しい街にできない」等の問題が明らかになった。そこで同会議では「楽しい」という視点から規制の見直しやイベントの提言を行った（提言書は http://www.city.osaka.lg.jp/seisakukikakushitsu/cmsfiles/contents/0000227/227036/dailji-teigen.pdf および http://www.city.osaka.lg.jp/seisakukikakushitsu/cmsfiles/contents/0000227/227036/teigen.pdf を参照）。

3　産業・企業支援

第3の分野は「産業・企業支援」である。改革項目数は8個あるが、府独自のものが6個を占める。内容はバッテリー、ライフサイエンスの産業振興や太陽光発電の普及等である。

(1)　バッテリーもライフサイエンスも関西に一日の長

バッテリー産業は世界的な成長分野だが、リチウムイオン電池でも太陽電池モジュールでも、全国生産の約6割を関西が占める（２０１２年データ）。また、特に大阪湾周辺にはパナソニック等の電池工場や研究開発拠点が数多くあって、一大集積を成している。今後は電気自動車の普及が期待でき、大阪を米国のシリコンバレーのような、バッテリー産業の集積地に育てるべく、府市が研究支援をすることになった。

ライフサイエンス分野も成長産業として期待されるが、これも関西に過去からの製薬産業の蓄積がある。また、先端医療の分野でも、大学等の研究機関が数多く集積している。医薬品関連産業が関西の付加価値主体に占めるシェアは27・４％であり、関東の21・４％を上回る。またこの数値は、関西のＧＤＰが全国に占めるシェア16％よりも高く、地域経済における相対的比重は高い。こうした潜在力を具現化すべく、府市は合同で「医療戦略会議」（会長は筆者）を設置した。

同会議では医療関連産業の育成と財政コストの抑制を両立させる方策を考えたが、これはどういうことか。医療産業の成長を目指す場合、単に今の医薬品産業を拡大させるだけでは医療費の増大、ひいては財政赤字の拡大を招く。これを防ぐためにはフィットネスやウエアラブル機器、健康食品や健康づくり、検査・予防などの普及が必要となる。また高齢者の寝たきり防止のための介護の機材やサービスの高度化なども、ビジネスの育成と財政負担の抑止の両方に貢献する領域である。同会議ではこれらの方策を7つの戦略として提言した（医療戦略会議の提言は第22章および http://www.pref.osaka.lg.jp/attach/19411/00000000/teigen.pdf を参照）。

(2)　国際戦略総合特区の認定

なお、バッテリーやライフサイエンスなどの成長分野について、大阪府市は２０１１年度から始まった関西イノベーション国際戦略総合特区の認定を受けた（図表5―2）。全国で国際戦略総合特区の認定を受けた地域は北海道、東京、愛知、福岡、つくば、関西など合計99件だが、関西イノベーション国際戦略特区はその47％の46件を占める。なお、その内訳は33件がライフ分野（うち大阪は21件）、8件がグリーン・エネルギー分野（うち大阪は5件）、そしてインフラ・共通分野5件（全て大阪）となった（図表5―4）。

大阪の具体的なプロジェクトの一端を紹介すると、ライフ分野では、北大阪でのＰＭＤＡ―ＷＥＳＴ（医薬品などの安全審査を行う医薬品医療機器総合機構の関西支部）機能の整備および治験センター機能の創設、アカデミア発の創薬（低分子医薬品）の促進、医工・看工連携による高齢化社会対応機器、サービスの開発、実証など計21件がある。グリーン分野では、大阪湾岸の夢洲・咲洲地区でのバッテリー戦略研究センター機能の整備や、再生可能エネルギーなどを利用した電力インフラのシステム構築など5件がある。また、インフラ関連の5件には、国際物流事業者誘致によるアジア拠点の形成などが含まれている（詳細は、大阪府市が共同で作成した資料「V．大阪府市の連携」http://www.pref.osaka.lg.jp/attach/15336/00161971/10_sankoushiryou2-5-kaikakuhyouka.pdf を参照）。

(3)　大阪では特定産業への着目は重要

ちなみに、このような特定の産業に着目して育成を図るいわゆるターゲットポリシーについては、成熟経済の下では有効性が低いという意見が、一部の経済学者らの間にある。日本全体、国家レベルの場合についてはおそらくそうだろう。しかし大阪の場合には、過去からの蓄積がある分野を、時代の転換期を捉えて一気に伸ばすという戦略的な意味がある。

また、大阪の歴史を振り返ると、時代の転換期には経済を支える産業分野が大きく入れ替わってきた。近世の大坂はもともと豊臣秀吉が開拓した新開地であり、各地から商人や職人が集められた。そんな自由な気風を認め、幕府は江戸時代

図表 5-4　国際戦略総合特区の認定プロジェクトの内訳

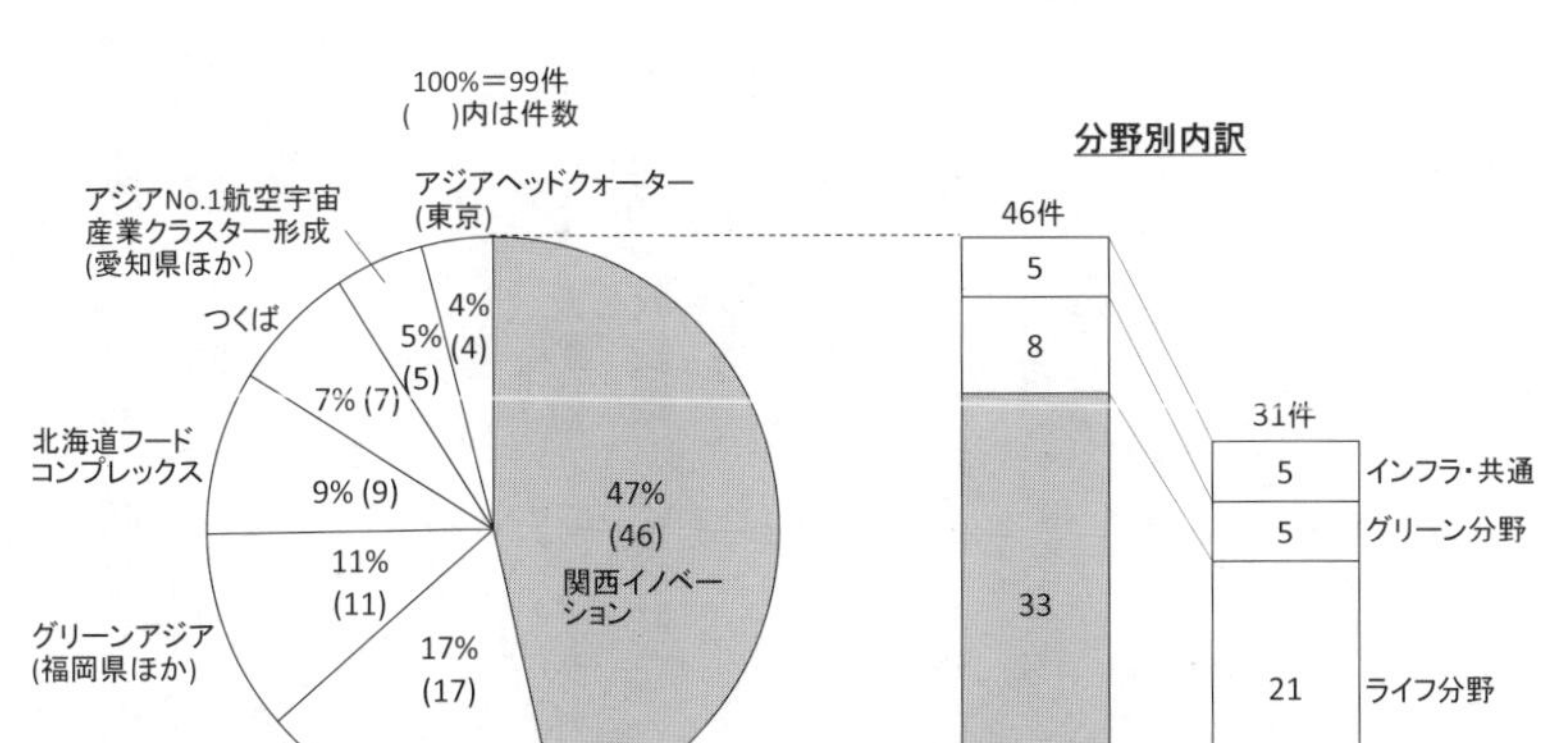

出典：大阪府市作成資料をもとに筆者作成

に大坂を商業の中心地（天下の台所）と定めた。明治以降、大阪はいったん衰退するが、大阪商人たちが英国から繊維工業を移入し、さらに実業家・五代友厚らの努力で政府の砲兵工廠や造幣局を誘致し、前者から機械工業が、後者から化学産業が育った。こうした長い歴史の流れに照らせば、今回のバッテリーやライフサイエンスへの着目は大阪の街にとっては一定の理にかなったものといえる。

(4)　府市連携は経済再生の鍵

このように、維新改革では6年をかけて大阪の経済再生の戦略を積み上げてきたわけだが、その多くの項目が府市連携によるものであり、逆にいうと、府市連携がなければ大都市大阪の成長戦略は描けないということを示唆する。府市連携と大阪都構想の経済的意義はここからも読み取れるだろう。

第6章　社会政策のイノベーション―生活保護の抜本的な見直し

第2章〜第3章で述べてきたとおり、大阪では、失業、貧困、学力問題、自殺などさまざまな社会問題が噴出している。また、平均寿命や健康寿命も短い。しかも他地域よりも早いペースで高齢化が進み、要支援や要介護の老人が増えている。さらにこうした事情から生活保護等の社会政策コストが増大し、財政の硬直化を招いている。ここから脱する王道は、なんといっても経済再生だろう。「成長は全ての矛盾を解決する」からだ。したがって、インフラ戦略や成長戦略が重要だが、これらが功を奏するには10年単位の時間がかかる。当面は、セーフティーネットを担う自治体の負担が増す。そんな中、自治体は生活困窮者や高齢者の支援のやり方を効果的かつ効率的なものに変える必要がある。

手法はいろいろある。時代遅れ、あるいは既得権益と化したサービスを廃止する、公務員によるサービスを民間委託に替える、支援団体への補助金を通した支援を困窮者本人への直接給付に切り替える、あるいは老人福祉に偏った現在の福祉のサービス体系（大阪に限らず全国的な傾向）を、子育て支援や若年層中心にシフトさせる等である。維新改革では改革には聖域を設けないとしてきたが、福祉、社会政策分野も例外ではない。

〇全体の３割が社会政策のイノベーション

今回の改革評価の作業では、大阪府市の社会政策の全ての分野で改革が進んでいることが分かった。これを「社会政策のイノベーション」と名付けた。改革評価で洗い出された府市の１６４の改革項目のうち48個（29％）が「社会政策のイノベーション」の領域に位置する。内容は社会福祉、教育、生活保護、医療などの分野が多くを占めた。

1　社会政策のイノベーションとは何か

「社会政策のイノベーション」の改革項目は、大阪府が22項目、大阪市が29項目となった。そのうち、３つ（「公立病院の統合」「特別支援学校の市から府への移管」「高等学校の市から府への移管」）は府市連携によるもの（共通項目でありダブルカウント）である。

(1)　全体像と６つの主要分野

内容に沿って各項目を分析した結果、全体は７つの分野に分けられた（図表６―１）。最も項目数が多かったのは「若年・現役世代支援」の分野（全26項目）である。内訳は、市が13項目、府が11項目、そして府市連携が２項目である。

大阪維新の会は、いわゆるダブル選挙の前から「若年の現役世代の自立支援は、高齢者等の弱者を支える社会基盤づくりでもある」と主張してきた。ここにみられる若年・現役世代の自立支援は、この考え方が如実に反映されたものといえる。

図表 6-1　維新改革における「社会改革のイノベーション」分野の改革項目

分野		大阪府のみ	大阪市のみ	府市連携によるもの	合計項目数
若年・現役世代の支援	学校改革・教育関係	•知事と教育委員会の関係再構築 •小中学校の児童生徒の学力向上に向けた緊急対策 •府立高校の特色づくりなど •支援学校の整備など、障がいのある子どもへの支援 •校長マネジメントの推進 •英語教育の推進 •中学校給食導入促進事業 •私立高校授業料無償化制度	•教室への空調機設置 •中学校給食の実施 •塾代助成 •学校教育ICTの導入 •校務支援ICTの導入 •校長の権限強化 •教育行政基本条例・市立学校活性化条例の制定と教育振興基本計画の改訂 •学力テスト等の結果公表 •学校選択制の導入 •小中学校の英語教育の充実 •基礎学力アップ事業（西成まなび塾）、プレーパークモデル事業	•特別支援学校の府移管 •高等学校の府への移管	21
	学校・教育以外	•子ども・若者自立センターでのひきこもり青少年などへの対策 •児童虐待防止に向けた相談受付体制の抜本的見直し •発達障がい児者の早期発見とライフステージに応じた支援	•予算にメリハリを付け、生み出した財源を子育て・教育関連に投資 •待機児童の解消等		5
障がい者・高齢者支援		•府立金剛コロニー及び府立砂川厚生福祉センターの再編整備	•特別養護老人ホーム待機者の解消 •認知症高齢者等支援の充実 •発達障がい者支援体制の構築 •重症心身障がい児者支援の充実		5
医　療		•スマートフォン等による地域医療・救急医療体制等の充実	•こども医療費助成の拡充 •妊婦健康診査の拡充	•府立病院・市民病院の統合（住吉市民病院と府立急性期・総合医療センターの機能統合む）	4
治安・コミュニティーづくり		•街頭犯罪ワースト1返上を目指した治安対策 •あいりん地域の環境整備における警察・区役所との連携・協力 •違法ドラッグ対策の強化	•あいりん地域の環境整備 •高齢単身生活保護受給者の社会的つながりづくり •福祉施策推進パイロット事業 •「ごみ屋敷」対策 •あいりん地域を中心とした結核対策		8
雇用・自立支援		•「OSAKAしごとフィールド」の設置による雇用促進	•あいりん地域の日雇労働者等の自立支援 •生活保護の適正実施		3
市民活動・NPO支援		•「ハートフル条例」「ハートフル税制」の実施 • NPOの活動基盤づくり、自立運営をサポートする「市民公益税制」の導入に向けた検討			2
		合計19項目	合計26項目	合計3項目	

(2)　学校改革と教育を重視

さらに特徴的なのは「学校改革・教育関係」の項目の多さ（21項目、全体の44％）である。

次に多い分野は「治安・コミュニティーづくり」で合計8項目（府が3項目、市が5項目）あった。さらにそのうち大阪市の西成区の再生に関するものが府で1つ（あいりん地域の環境整備における府・警察・区役所の連携・協力）、市で2つ（あいりん地域の環境整備、同地区の結核対策）の合計3つである。

医療は4項目があがった。内容は「府立と市立の病院統合」のほか、府の「スマートフォン等による地域医療・救急医療体制等の充実」などだが、医療分野については医療戦略会議でレセプト（診療報酬明細書）点検の強化やスマートエージングシティー構想等の新施策が多数提言され、また実行に移されつつある（詳細は第22章）。維新改革はこの分野をかなり重視していることが分かる。

あとの分野は障がい者・高齢者支援が５項目、雇用・自立支援（生活保護を含む。）が３項目、市民活動・ＮＰＯ支援が２項目である。

以上が「社会政策のイノベーション」の全体を概観した気付きだが、個々の政策についてはどうか。大阪市は基礎自治体で、より市民生活に密着している。以下では大阪市の社会政策の改革、イノベーションが市民生活にどのような影響を与えつつあるのかみていきたい。

２　大阪市のイノベーションの４本の柱

大阪市の「社会政策のイノベーション」には、４本の柱がある。第１の柱は「若年・現役世代への重点投資」である。例えば、中学校への給食の導入、小中学校教室への空調機の設置、タブレット端末の小中学校への導入、子ども医療費助成の拡充、妊婦健康診査の拡充等である。

第２の柱は「教育改革」である。例えば、学力テストの結果の公表、小中学校への学校選択制の導入、小中学校の英語教育の充実、学校長の権限の強化、さらに市立学校活性化条例の制定と教育振興基本計画の改定などの制度改革が代表例である。

第３の柱は雇用・自立支援や高齢者支援等の従来型の福祉施策の再構築だが、ここでの最大のテーマは生活保護の適正化である。大阪市は人口当たりの生活保護の受給世帯数が全国で最も多い。それが維新改革の自立支援の強化と審査の適正化の取組によって、2012年度に初めて前年を下回った。

第4の柱は、貧困世帯の多い西成区を特にてこ入れする「西成特区構想」である。具体内容は、あいりん地域の日雇い労働者の自立支援、結核対策、子どもたちの基礎学力向上のためのモデル的な事業などである。メニューの幅広さに加えて注目したいのは、市だけでなく区役所、府、さらに大阪府警も連携して取り組む仕組みである。ここまで徹底した対策の例は過去にない。

その他の項目もいろいろある。特別養護老人ホーム待機者の解消、認知症高齢者支援の充実、発達障がい児支援体制の構築、ごみ屋敷対策などが代表格である。

ちなみに、府も同じ思想で改革している。例えば教育では、国よりも手厚い私立高校の授業料無償化の制度を設けた。また、街頭犯罪防止の治安対策や、児童虐待防止の相談受付体制の充実、危険ドラッグ対策を全国に先駆けて展開するなど、個々のいろいろな政策を実行してきた。

これらの政策は、項目名だけをみると以前からのものや他の自治体でも取り組んでいるものがある。しかし維新改革の場合は、制度の存在意義を問い直した上で、これまで当たり前とされてきた政策の在り方を時代の変化に照らして1つずつ見直している。また見直しで出てきた原資を、新たな政策分野や重点分野に振り向けている。

以下ではその具体内容について、引き続き大阪市の事例を中心にみていきたい。

3　現役世代への重点投資

大阪に限らず、これまでの自治体の社会政策や福祉行政では、主に高齢者や障がい者などの社会的弱者を支援対象としてきた。今回の維新改革では、これらに加えて現役世代にも予算を重点的に投資することとし、既存事業の予算額を増やし、また新施策を開始している。

例えば大阪市は、子育てと教育に重点投資すると決め、2011年に67億円（一般会計全体に占める割合は0・39％）だった予算を、2014年には270億円（同1・6％）へと約4倍に増やした。2015年度はさらに369億円に増やす見込みである（図表6―2）。

内容は、子育ての分野では、妊婦健康診査、子ども医療費助成、待機児童解消、塾代助成などである（図表6―3）。ちなみに、ここでいう塾代助成というのは、学校の授業についていけない子どもたちの塾通いの費用を行政がNPOを通じて支援する仕組みである。教育分野では、小中学校の普通教室への空調機設置、中学校給食の実施、教員へのノートパソコン普及、教室へのタブレット端末の導入やLANの配備、さらに校長が自分の方針に基づいて戦略的に学校を経営するための校長経営戦略予算の配分などである。

図表 6-2　現役世代への重点投資（子育て・教育分野）の予算推移（大阪市；億円）

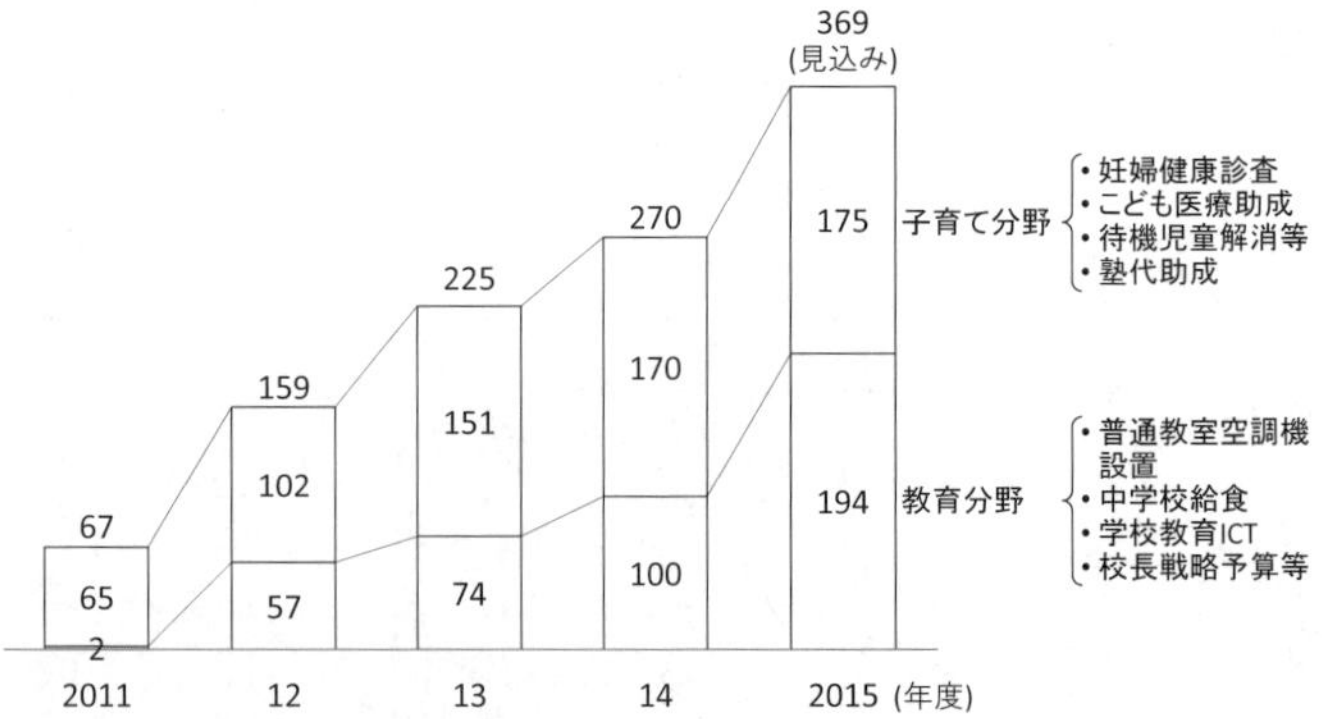

	2011	12	13	14	2015
全体(一般会計)に占める割合 (%)	0.39	0.95	1.35	1.6	N.A.

○弱者支援のためにも現役を支援

ちなみに今回の現役世代重視策は、高齢者やいわゆる社会的弱者をないがしろにするものではない。先述のとおり、都市の持続発展を支えるのは現役世代だが、近年の経済停滞で教育や子育ての負担が増している。しかし子育てや教育がおろそかになると、次世代の経済的自立が損なわれ、ますます都市は停滞する。自立した市民の育成こそが都市再生の要であり、その上で弱者支援も続けられると考えた。また維新改革では、子どもの頃の親の経済状況で市民の自立の度合いが変わるのはおかしいと考えた。すなわち幼少期の医療や教育のコストはできるだけ行政が負担し、一人ひとりの市民に自立を促し、ひいては将来の財政負担減や税収増につないでいくべきと考え、この現役世代重点投資の方針につながった。すなわち、現役世代への支援はそれ自体が政策目的であるとともに、都市の将来投資の観点からも重視すべきだと考えた。

図表 6-3　大阪市の現役世代への重点投資策（子育て・教育）

	項　目	維新改革前(2011年度)	維新改革後	予算額(億円) 2011年度	2014年度
子育て	妊婦健康診査	・妊婦1人当たり公費負担57,540円(全国最低水準)	・国の示す標準検査項目の実質無料化(2012年春～) ・妊婦1人当たり公費負担額99,810円	13 →	23
	こども医療費助成	・通院について、小学校就学前(6歳)まで	・通院助成を中学校修了まで拡充(2012年11月～) ・新たに対象となった児童数129,638人(2014年2月時点)	35 →	73
	待機児童解消	・待機児童数664人(2012年4月)	・待機児童数を224人に減らす(2014年4月) ・52,000人分の入所枠確保(2014年4月目標)	17 →	57
	塾代助成事業*	・学校外教育における子育て世帯の経済的負担	・全市展開で対象者約22,000人(2013年12月～) ・2015年度中に所得要件の緩和で対象を拡大	0 →	17
教育	普通教室の空調機設置	・ごくわずか	・2013年度末までに全中学校の普通教室に空調機を設置 ・小学校にも2014年度より順次設置 ・設置後は、夏休み短縮等により年間40時間程度の授業時間数を確保	1 →	39
	中学校給食	・家庭弁当との選択制のための設備投資	・市内全128中学校で給食の全員喫食導入(うち112校が新1年生から段階的導入)	1 →	18
	学校教育・校務支援ICT*	－	・2012年度よりモデル校においてICT環境等を整備 ・2014年度中に学習用タブレット端末を全小中学校(モデル校除く)に1校当たり40台を貸し出し ・教員1人1台パソコン配備　等	0 →	16
	校長戦略予算等*	－	・校長経営戦略予算、がんばる先生支援、英語イノベーション事業等を実施	0 →	27

＊新規の施策

4　従来型の福祉施策の見直し

社会政策は主に教育、医療、福祉から構成されるが、福祉については障がい者や高齢者の支援のほか、生活保護を含む健常者向けの自立支援策が含まれる。今回の維新改革では、これらについても抜本的見直しを行った。見直しの内容は、主に生活保護の支給の適正化およびその他の福祉施策の再構築の２つである。

(1)　生活保護の適正化

大阪市の生活保護の被保護者数は、２０００年代に入ってもひたすら伸び続けてきた（図表６―４）。

○ついに生活保護の増加が止まる

しかし、維新改革が始まった２０１３年６月から11か月連続で対前年同月比マイナスを記録している。また予算額も２０１３年度から2年連続で対前年比でマイナスとなっている。これらの背景には、大阪市の適正化に向けたさまざまな努力がある。まず２０１２年度から不正受給調査の専任チームを各区に設置し、２０１３年度には、逮捕13件、調査１６９５件の不正受給を摘発

図表 6-4　大阪市の生活保護世帯数推移

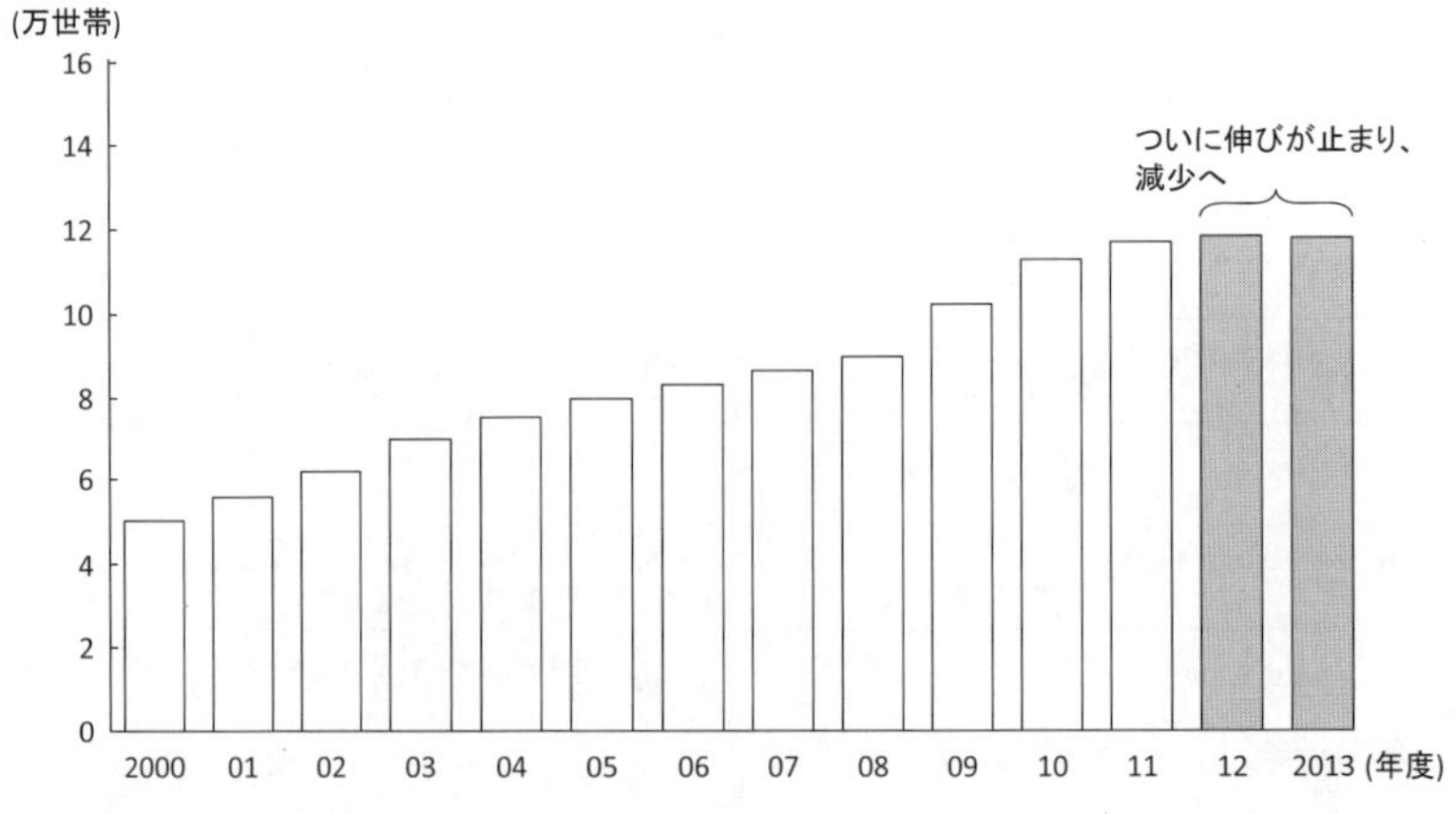

した。生活保護予算の約45％（２０１４年度）を占める医療扶助についても、疑義のある医療機関への個別指導（２０１３年度４件、返還額約７６４４万円）、不適切な診療報酬請求への個別指導（２０１３年度35件）、返還請求（合計約６３０５万円）などの努力をしてきた。また、総合就職サポート事業を開始し、２０１３年度には就職者数４４０３人の実績を上げた。さらに、国に対し生活保護法の改正を働き掛け、２０１３年12月に実現し、福祉事務所の調査権限の強化や返還金と保護費の相殺など、大阪市が提案、要望した事項の多くが盛り込まれた。こうした総力戦が奏功し、永年にわたって伸び続けてきた生活保護は伸び止まってきた。

(2)　福祉施策の再構築

大阪市役所の維新改革では「真に必要な人たちに社会保障制度が届いているのか」という視点から、従来の福祉施策を総点検した。その結果、従来、高齢者などに対して一律に行ってきた上下水道料金の減免措置を２０１３年10月に廃止した（金額は２０１２年度が36億円、２０１３年度が21億円）。またそこから捻出した資金を、真に支援を必要としている人向けの支援の強化に充てた（２０１４年度予算で48・９億円）。その大部分は特別養護老人ホームの入居待機者を解消するための整備費の前倒し分（２０１３年度で定員３００人分）に充てたが、新たに始めた事業も５つある。第１に認知症高齢者の総合相談窓口（ブランチ）機能の強化、第２に発達障がい者支援室の設置、第３に重症心身障がい児者のための支援、第４に各区長が独自の権限と責任で行う福祉施設推進パイロット事業、そして第５にごみ屋敷対策事業である。これらの合計６つの事業の総額は、２０１２年度には24億円だったのが、２０１４年度には48・９億円まで増えてきている。

５　西成特区構想

大阪市の西成区は、あいりん地域を抱えることもあり、市内でも生活保護率が23・１％と非常に高い（大阪市全体の比率は５・６％、全国は１・７％）。また、他の区よりも高齢化が進み、65歳以上の人口の比率が37・２％と高い（全国平均が25・１％、大阪市が24・２％）。このまま推移すれば、貧困状態にある高齢者の数がますます増える。だがこれは西成特有の現象ではない。早晩、他の区でも同様の課題に直面する。そこで大阪市は、西成区を「特区」と位置付け、将来的な他の区での展開を念頭においたモデル施策を構築すべく、西成特区構想を掲げた（２０１３年度から実施）。

西成特区構想の具体的中身としては、当面、あいりん地域の結核対策や日雇い労働者の自立支援などの短期的集中策が中心になる。だが子どもたちの基礎学力アップのための事業（西成まなび塾）や単身高齢生活保護受給者の社会的つながりづくりなどメニューの幅は広く、最終的には子育て世代の転入や観光振興などのまちの活性化も目指す。

○〝割れ窓理論〟に沿ってごみと薬物を一掃

西成区、特にあいりん地域の環境整備を進める上で、具体事業として特に重視したのはごみ問題である。「まちの再生は不法投棄のごみをまず少なくすることから」という、いわゆる〝割れ窓理論〟の考え方に沿って、ごみの減少を通じて地域の変化を目に見える形で住民に示し、また、行政の強い決意を示すことで住民の協力を得ることを考えた。

さらに、西成区と大阪市だけでなく大阪府や大阪府警察とも協力した不法投棄ごみ対策、通学路安全対策、薬物対策などの取組を、2014年度から5か年に集中実施することになった。こうしてごみと薬物という2つの問題の解決を突破口に、西成区長をリーダーに、大阪市の関係局長をメンバーとし、府、市、府警も連携する体制を作った。予算については、大阪市では2013年度から5年間に人と予算を集中投入し、短期集中で問題解決を図ることになった（2013～2014年度予算計34・7億円）。また、大阪府と大阪府警察も2014年度から2018年度の5年間で合計5億円の予算（大阪府警察4・5億円、大阪府0・5億円）を投入し、集中的に取り組む。

なお、行政だけが動いても、地元の協力がなければ成果は出にくく、また持続しない。そこで、地元住民や関係者が主体となるエリアマネジメント協議会を設置し、官民協働で施策を展開することにした。

西成、そしてあいりん地区の再生というテーマは、大阪ではある種のタブー問題として、諦めの目をもってみられてきたところがある。しかし、維新改革ではそうであるが故に、この問題を放置せず、かえって直視した。その結果、大阪市と区役所だけでなく、府庁、警察も加わり、一丸となって取り組む体制ができた。その意味で西成特区構想は、維新改革を象徴する事例の1つといってよい。

第7章　学力向上に向けて教育を抜本改革

前章では「社会政策のイノベーション」分野（全48項目）の全体像と治安・コミュニティーづくりや障がい者、高齢者支援などの改革実績について述べた。本章では残りの学校改革・教育関係（計21項目）について分析する。教育分野は、維新改革の主要改革項目で比較的高い比率を占める。市では13％（全100項目中13項目）、府では約11％（全87項目中10項目）を占める（いずれも府市連携による共通項目2項目を含む。）。また、この7年間の維新改革に関する報道を振り返ると、教育分野は圧倒的に情報量が多く、かつ改革の対象も制度からカリキュラムまで幅が広い。

２００８年に知事に就任した橋下徹氏にとって教育改革は焦眉の課題だった。知事は同年9月に早くも「教育非常事態宣言」を出す。背景には大阪の深刻な低学力の問題があった。大阪府も大阪市も小中学生の学力、体力で全国で最低レベルの水準にある。低学力の問題は成人後の低所得や失業につながりやすく、犯罪や短命などの大阪のさまざまな社会問題の温床にもなる。維新改革では、次世代を担う子どもたちの学力と体力の向上は、社会問題を解決する上でも喫緊の課題と思われた。

(1)　首長と教育委員会の乖離

しかし、現行制度では、学校教育の在り方は首長から独立した教育委員会（都道府県および市町村に置かれる合議制の執行機関）が決めるとされ、知事や市長は予算の権限しかない。その一方で、教育委員会の委員は教育長を兼ねる一委員を除き非常勤の公務員であり、教育現場の実態を把握する能力には限界がある。結果的に、教育の方針は教育委員会事務局と現場の先生たちに委ねられがちである。その結果、ややもすれば現状肯定型の官僚組織の論理を反映した硬直的な制度運用になりやすい。また各自治体の教育委員会の間には競争がなく、また首長からのチェックも予算関連を除けば限定的である。そのため、大阪に限らず全国の公立学校の教育は、なかなか改革が起こらない。それでも子どもたちの学力や体力が伸びていればよい。しかし、大阪の場合は全く改善していなかった。そこで維新改革では、教育問題の本丸でありながら議論がタブー視されてきた教育委員会の在り方にまで大きく踏み込んだ。

(2)　３つの領域で改革

維新改革では、教育行政特有の制度と問題の構造を理解した上で、主に３つの領域での改革に取り組んできた（図表７―１）。

第１は「教育現場への支援」である。具体的にはカリキュラムの改定やエアコン設置、ＩＴやＬＡＮなどの機材の充実、中学校への給食の導入、クラブ活動の指導へのＮＰＯの導入、現場の教員の負担軽減策などである。第２は「学校レベルの経営の改革と競争原理の導入」である。これは各学校を経営と改革の単位として捉え、校長による学校経営を支援するものだ。また、学区制の廃止や高校の私学無償化制度の拡大等に

図表 7-1　教育改革の３分野

分野	対象	目標
① 教育現場への支援	児童・生徒	学力向上
② 学校経営の強化、切磋琢磨する環境整備	学校	切磋琢磨による教育力の向上
③ 教育行政制度の改革	自治体	首長の意見の反映

出典：大阪府・大阪市「10年後の大阪を見すえて」

よる学校間の競争の促進などの施策も導入された。第３は「教育行政制度の改革」である。これは先述のような現行の教育委員会制度の限界を少しでも克服すべく、自治体として独自に条例制定等によって、首長と教育委員会の役割および責任を明確化していこうという努力である。

(3)　市は小中学校を、府は主に高校を改革

以上３つの領域の教育改革の具体内容を、府市が公表した資料をもとに図表７―２にまとめた。大阪市は主に市内の小中学校について、そして府は府立および私立の高校と支援教育、そして府下の市町村の小中学校教育の支援を行っている。この図表のとおり、いずれについてもさまざまな新規事業が展開されていることが分かる。

さらに大阪市における改革のプロセスを時系列で整理したものが図表７―３である。２０１１年12月の橋下市長就任後の翌年の２０１２年度には大阪府にならって２本の条例が制定され、中学校への給食導入が行われた。また翌２０１３年度からは小中学校への情報通信技術（ＩＣＴ）導入や校長公募等の具体施策が展開されてきた。

図表 7-2　維新改革による学校改革

府市両方
府
市

	Ⅰ　小学校・中学校	Ⅱ　高校・支援教育
(1) 教育現場への支援	<府> • 小中学校の児童生徒の学力向上対策 • 公立中学校における学校給食の導入に向けた市町村への支援 <市> • 学校教育ICTや英語イノベーションなどカリキュラムのイノベーションを実施 • 中学校給食の全員喫食移行や、小・中学校の普通教室への空調機の設置、校務支援ICTなど教育環境を充実	<府> • 府立高校のさらなる特色づくり － グローバルリーダーズハイスクール － 実業教育の充実(工科高校) － 生徒の学び直し等を支援(エンパワメントスクール) － 英語教育推進 • 支援教育の充実 － 府内4地域に新たな支援学校を整備 － 障がいのある生徒の高校生活をサポートするための環境整備
(2) 学校経営の強化、学校間が切磋琢磨する環境の整備	<市> • 子どもや保護者の選択機会の拡大や学校情報の積極的な提供を実施 － 全国学力・学習状況調査等の学校別結果の公表 － 学校選択制の導入 － 学校協議会の設置　　など • 教員が切磋琢磨し、創意工夫をこらした学校運営を進めるための仕組みづくり － 校長経営戦略予算の配付 － がんばる教員個人やグループの主体的な研究活動への支援　　など	<府> • 公立学校間の切磋琢磨の環境整備 － 府立高校の通学区域を府内全域に － 校長マネジメント経費 • 公立・私立の切磋琢磨の環境整備 － 私立高校の授業料無償化(授業料支援補助金拡充により公立・私立高校間の競争条件を合わせる) － 公立・私立高校の生徒受入枠の撤廃 • 私立学校間の切磋琢磨の環境整備 － 私立高校の経常費補助金配分方法の見直し
(3) 教育行政制度の改革	<府市> • 全国に先駆けて教育委員会の制度を改革 <府> • 学校運営体制を改革(豊能地区における市町村への権限移譲) <市> • 総合教育会議に先駆けて、「市長と教育委員の協議」を実施	

出典：大阪府・大阪市「10 年後の大阪を見すえて」

図表 7-3　大阪市の教育改革の経過（2012 ～ 14 年度）

出典：大阪市「大阪市役所の点検・棚卸し結果」

1　教育現場への支援

教育現場への支援策は府市それぞれに多種多彩な内容があるが、改革の方向は同じである。ここでは小中学校の改革については主に大阪市の例を、高校の改革については主に大阪府の例を紹介する。

(1)　タブレット、英語、エアコン

まず、カリキュラムの改革では、大阪市の小中学校で、2013年度からモデル校7校で学習用タブレット端末を1校当たり40台貸し出し、ICTを活用した授業の標準モデルの作成が始まった。2014年度からはモデル校を拡大し、2015年度からさらに拡充される予定である。

英語教育では、全小中学校に英語のネーティブスピーカーを配置した。また19の重点校で小学1年生から英語の音声指導を開始した。また、全中学校の普通教室に空調機を設置した（小学校についても順次設置される予定）。これによって夏休みを短縮し、年間の授業時間数を40時間程度増やした。

さらに、校務支援のために教員1人についてパソコン1台を提供する体制とし、ITを使った出欠や成績の管理ができるようにした。

(2)　中学校の給食の導入

維新改革の教育改革で最も議論を呼んだのは、中学校への給食導入である。大阪市では従来は、中学校での給食を実施していなかった。しかし、栄養バランスの取れた昼食を全生徒に取らせるべきという考えから、

方針を転換した。ちなみに政令市で実施していなかったのは横浜、川崎、堺、大阪の4市のみだった。一方、東日本や九州を中心とする10市が全員喫食、全員喫食と選択制の混在、あるいは家庭弁当との選択制としているところが6市あった（図表7―4）。大阪市は2012年度から部分的な導入を始め、順次設備投資をしてきた。そして2014年度までに市内全128の中学校で全員喫食ができる体制を整えた（ただし、このうち112校は新1年生からの段階導入）。こうして最終的には2016年度に全学年での全員喫食を目標としている。なお、大阪府下の各市町村も似た状況にあったが、府が導入を働き掛けた結果、府下の公立中学校での給食実施率は、2011年3月の12・3％から、2013年3月には40・1％、2014年3月には54・7％にまで上がった。

2　学校レベルの経営改革と競争原理の導入

第2の領域は、学校レベルでの経営改革の促進と学校間への競争原理の導入である。例えば、大阪市では小中学校長に民間出身者を公募したほか、副校長をモデル校に配置した。さらに

図表 7-4　各政令市における中学校給食の実施状況

中学校給食の実施の有無と方式	都市名
全員喫食	札幌、仙台、さいたま、千葉、静岡、浜松、岡山、北九州、福岡、熊本
全員喫食と選択制の混在	大阪（2014年度～）、広島、京都
学校給食と家庭弁当の選択制	相模原、新潟、名古屋、神戸
未実施（牛乳のみ配付を含む）	大阪（2011年度まで）、横浜、川崎、堺

出典：大阪府・大阪市「10年後の大阪を見すえて」

全ての小中学校に学校協議会を設置し、学校運営に地域住民が参加する、いわゆるコミュニティースクールの仕組みを導入し始めた。これらに加え、校長のリーダーシップ力と経営力を高め、学校間に競争原理を働かせる仕組みを導入した。

(1)　校長のリーダーシップ強化

公立の学校は独立の法人体ではなく、制度上では行政機関の単なる1つの出先機関の位置付けでしかない。そのため学校長には経営権がなく、各校の校風や地域特性、そして現場の実態を踏まえた経営リーダーシップの発揮や創意工夫の余地が乏しかった。しかし、教育はまさに学校という現場で行われる活動である。学校長が改革をリードしなければ、教員の発奮や子どもたちの学力や体力の向上は期待しにくい。そこで維新改革では学校長の権限と予算を強化し、また人材を広く公募で求めることにした。その上でさらに、やる気のある学校長には独自の予算を与えることにした。

具体的な大阪市立の小中学校への予算配分だが、まず各校の規模に応じて約30万～108万円の予算が配分される（「基本配付予算」といわれる。）。これについては、まず各校が「運営に関する計画」を立て、その目標達成に向けた事業予算を申請する。さらに独自に特色ある学校づくりを進める学校に対しては、第三者の評価を経た上で、追加で上限500万円の「加算配付予算」が配られる。使途の例としては、毎日の昼休みの開館時やテスト前の開放の際に多目的室や学校図書館で子どもたちが自主学習をするための可動式キャレル（間仕切り板）を配置した例や、校舎の壁面を利用してロッククライミングウォールを設置した例などがある。なお、2014年度には大阪市立の小中学校全458校のうち180校が加算配付予算を獲得した。

○校長マネジメント経費と学校経営推進費

大阪府も高校向けに同様の仕組みを導入している（図表7―5）。大阪府の場合は、校長や准校長の権限と責任で裁量で執行できる予算を「校長マネジメント経費」と称して1校当たり120万円（定時制・通信制および分校設置校は180万円）を分配する。予算額は全体で約2・1億円（2014年度）である。主な用途は雑多な諸経費だが（図表7―5左）、従来はこのような柔軟に使える予算が乏しかった。また大阪府の場合も「学校経営推進費」という上乗せの制度を用意している（図表7―5右）。これは府立だけでなく私立や市立を含む府下の全高校から応募を募って審査し、支援事業を選ぶ。そして3年間の予算（1事業当たり上限750万円）を付与した上で、成果の検証を行う仕組みである。2014年度は府立21校、私立1校に支給された（合計予算約1・47億円）。

(2)　学校間の切磋琢磨と改革の促進

学校単位の経営能力を促す上では、学校同士が切磋琢磨

図表 7-5　大阪府による学校経営支援制度の活用事例（2014 年度）

校長マネジメント経費	学校経営推進費
• 外部講師等の謝礼金 • 外部研修会、講習会の参加費・受講料 • 中学校訪問等の旅費 • 学校HP管理運営費用 • 学校案内、リーフレット等の作成経費 • 中学生の体験活動等のための損害保険料 • 学校外の会場等の借上げ経費 • 施設や備品等の補修経費 • 教材等の購入経費(10万円以上)	• 授業改善のための機材(プロジェクター、スクリーン等) • 資格取得推進のための支援センターの開設費用(機材等) • 聴覚障がい生徒のためのICT導入工事費及び米国式手話講師謝金
合計予算　約2.10億円	合計予算　約1.47億円

出典：大阪府・大阪市「10 年後の大阪を見すえて」

し、競い合う環境を作ることも有効である。ところが従来は、大阪の公立校は小中高とも学区が定められているので、他校との競争を意識することが少なかった。また各校は広報などの努力をせずとも生徒を集められた。教育の基本はじっくりと時間をかけた人づくりであり、他校との切磋琢磨が目的ではない。現場の教員も目の前の子どもたちに精いっぱい対応してきた。しかし、学力や体力の向上には、校長や准校長など学校の経営層が全校単位での努力を促す改革が有効だろう。そのためには、学校単位での競争がある程度の励みになる。その仕組みが先述の加算配付予算や学校経営推進費の制度である。また競争のきっかけとして学校別の学力、体力の調査結果（学校単位での成績表）を公表し、また学校選択を自由化した。

①　学力、体力テストの公開

大阪市は、2013年度から学力・体力・問題行動等の学校ごとの状況（全国学力・学習状況調査〈全国学力テスト〉結果）を各校から公表するとともに、学校評価の結果を保護者等に情報提供し始めた（小規模校は除く。）。また2014年度から全24区のうち小学校については6区、中学校については12区で学校選択制を導入した（2015年度には小学校21区、中学校23区に拡大予定）。併せて、子どもや保護者が学校を選択する際に参考となる学校案内も作成、配布した（全国学力・学習状況調査の学校別結果等を記載）。こうした努力の結果、大阪市で通学区域以外の学校を選択した生徒の割合は、2014年度の入学生で小学校が5・0％（249人）、中学校が2・6％（244人）となった。

②　学力テストの公開問題

ちなみに全国学力テストの結果の公表については、2008年に当時の橋下知事が問題提起して国の姿勢が変わった経緯がある。同テストは2007年度から実施されているが、当初、文部科学省は自治体に対し、都道府県別結果は公表しつつも市町村別、学校別の結果は非公表とするよう求めていた。ところが２００８年、橋下知事は、大阪府下の各市町村にテスト結果の公表を促した。またそれに対して消極的な場合、府からの補助に差をつける可能性にも言及した。また、市町村別結果の公表に難色を示した府教育委員会を「くそ教育委員会」と揶揄し、全国的な議論を喚起した。しかし結果的には、大阪府では同年から市町村別の結果が公表され、その後も各地で首長主導による公表の動きが相次いだ。そして今では、文部科学省も順位付けをしないことなどを条件に学校別の公表を認めるようになった。

③　高校の経営改革

高校の場合はどうか。大阪府下の高校生は公立に約７割、私立に約３割通う。大阪府はこれを抜本的に見直した。まず、経済的な理由などにより、高校に進学できない、あるいは希望校に行けない生徒が増えている現状に照らし、国に先駆けて授業料の無償化を行った（詳しくは後述）。

また、公立校のてこ入れを図るべく、大学進学実績ですぐれた府立高校10校（豊中、北野、天王寺、大手前など）に「文理学科」を設置した。大阪の府立高校は１９７０年代には全国ランキングの上位にある大学への進学者を多数輩出していた。しかし、その後は他府県を含む私立高校の後塵を拝する状況が続いていたが、反転攻勢をかけ始めた。さらに学校間の競争と切磋琢磨を促すために、府立高校の４つの学区を廃止し、府内のどこからでも通えるようにした。この改革によって生徒にとっての選択肢が増え、また、公立高校の間に競争意識を喚起し、生徒獲得に向けた切磋琢磨を促した。

④　私立への補助の在り方も改革

さらに改革の射程は私立高校にも及んだ。大阪府では公立高校の不足という事情もあって、以前から私立高校の各校に経常費補助金を出してきた。しかし、教育条件や授業料の水準などを基準に支出額を決めていたため、学校間で生徒1人当たりの単価に大きな配分格差が生じていた。

この是正のために維新改革では「パーヘッド（生徒単価均等）の原則」を導入した。すなわち、従来の経常費補助金は、２００７年度の場合で、生徒1人当たり単価の最高額が約70万円、最低額が約11万円となっており6・4倍の格差があった。維新改革ではこれをできるだけ均質にした。その結果、２０１４年度には格差は2・4倍にまで縮小した。この結果、各私立高校は、より多くの生徒に選ばれるほど、多くの補助金が得られる。これは、各校が生徒本位の教育と学校経営を行うための大きなインセンティブになると考えられる。

⑤　高校授業料の補助

また大阪府は、２０１１年度の新1年生から、私立高校の授業料の支援の補助金を大幅に拡充した。大阪府は以前から世帯年収６８０万円以下の生徒を対象に、授業料を軽減するための補助金を出してきた。その後、２００９年の民主党の政権交代を機に、国も類似の就学支援金制度を設計した。そこで年収９１０万円の世帯までは一定の補助が得られるようになった。維新改革では、それに加えて、学校側に標準的な授業料（58万円）を超える部分については負担してもらいつつ、不足分を全額補助するという形で、所得中位の世帯（年収６１０万円未満の世帯）の生徒の授業料を完全無償とし、また年収８００万円未満の世帯（生徒の70％をカバー）では、保護者負担が10万円で収まるようにした（図表7―6）。

⑥　私立への進学が増加

私学無償化制度の効果をみてみよう。２００９年には、府内の公立中学校を卒業して私立高校に入学した

図表 7-6　維新改革による高校授業料無償化

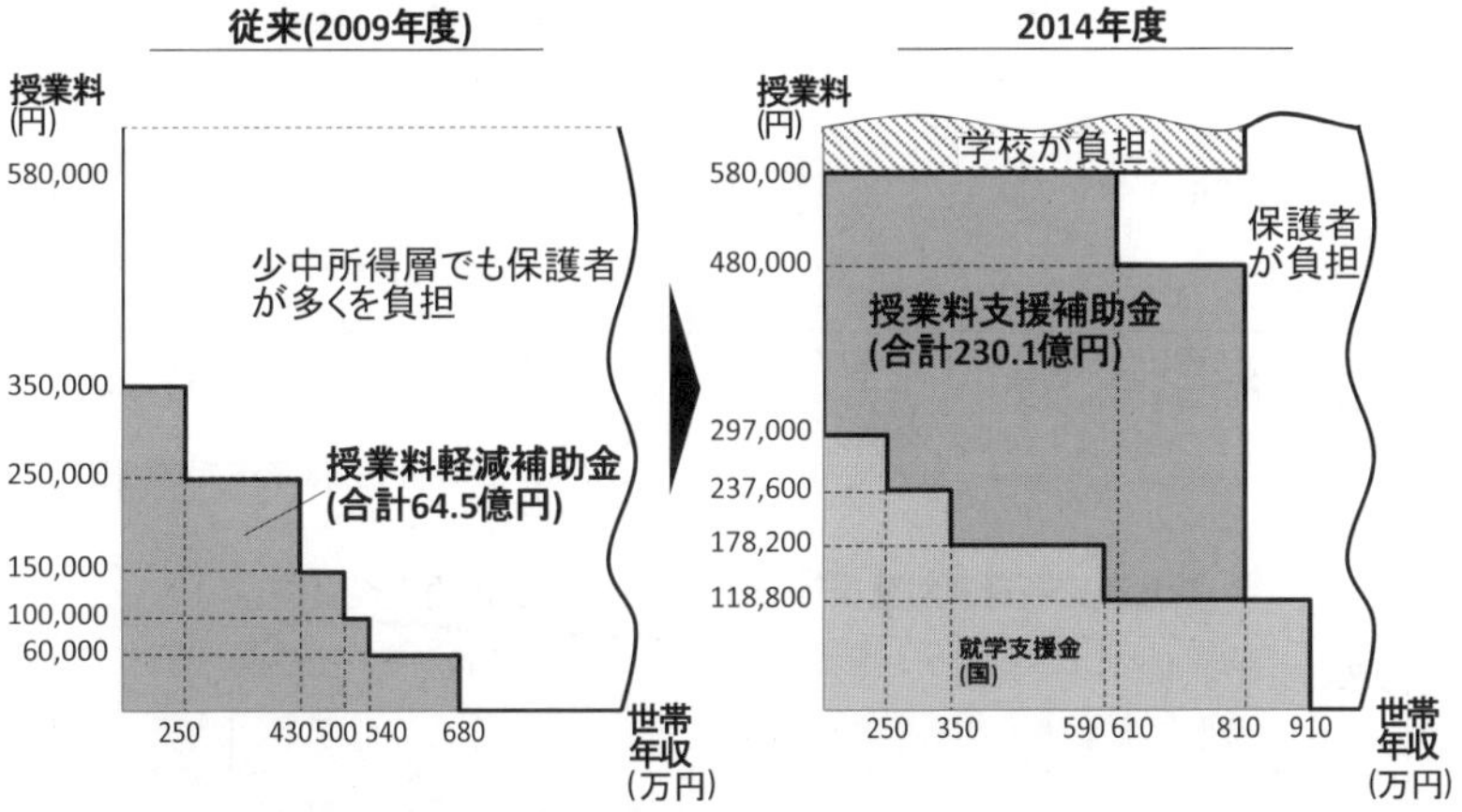

（注）育英会奨学金及び生活保護の支給金はこの図では除外した
出典：大阪府・大阪市「10年後の大阪を見すえて」

人の割合は28・5％だった。それが無償化制度がスタートした２０１１年度には32・2％、２０１４年度には32・9％にまで増えた。

次に府の私学助成の予算額の推移をみてみよう。生徒・保護者向けの授業料支援の補助金は、２００７年には66・8億円だったが、２０１４年度には２３０・１億円まで増加した。同じく府が全日制私立高校に支給する経常費補助金は、２００７年度には２３６億円だったのが２００９年度には２２０・４億円までいったん削減し、その後、パーヘッドの原則を導入することで２０１３年には２５６・８億円まで増強した（図表７―７）。

(3) 学校間への競争原理の導入

維新改革では教育分野にさまざまな形で競争原理が導入されてきた。図表７―８にその全体構造をまとめた。図の下半分は競争の基盤、いわば必要条件である。ここには学区制の廃止や学校選択に必要な成績情報の開示などが入る。図の上半分の右は先述の学校長のための補助金制度である。

図表 7-7　大阪府の私立高校への私学助成予算額の推移（億円）

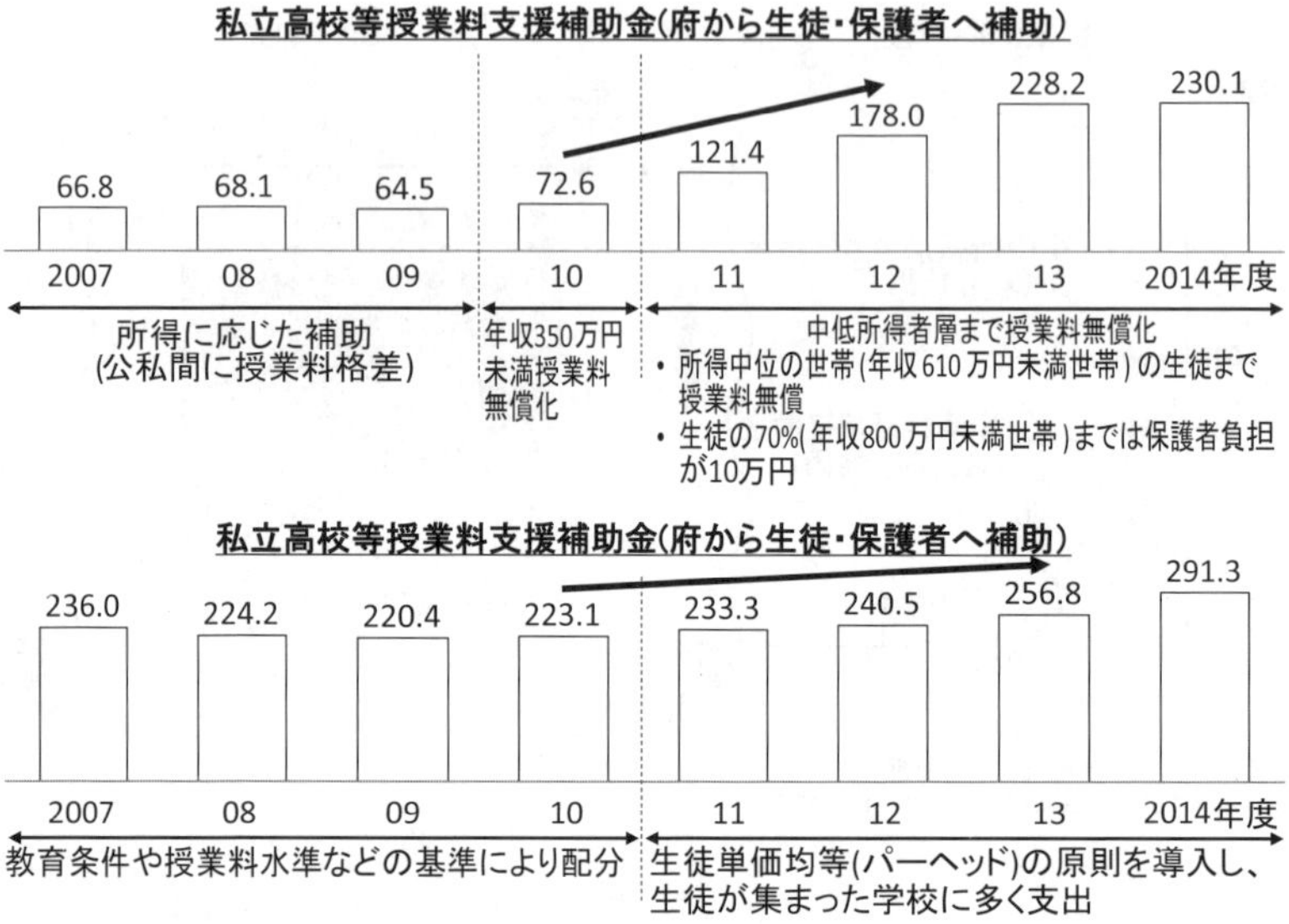

出典：大阪府・大阪市「10年後の大阪を見すえて」

図表 7-8　維新改革における学校レベルの切磋琢磨と競争促進の仕組み

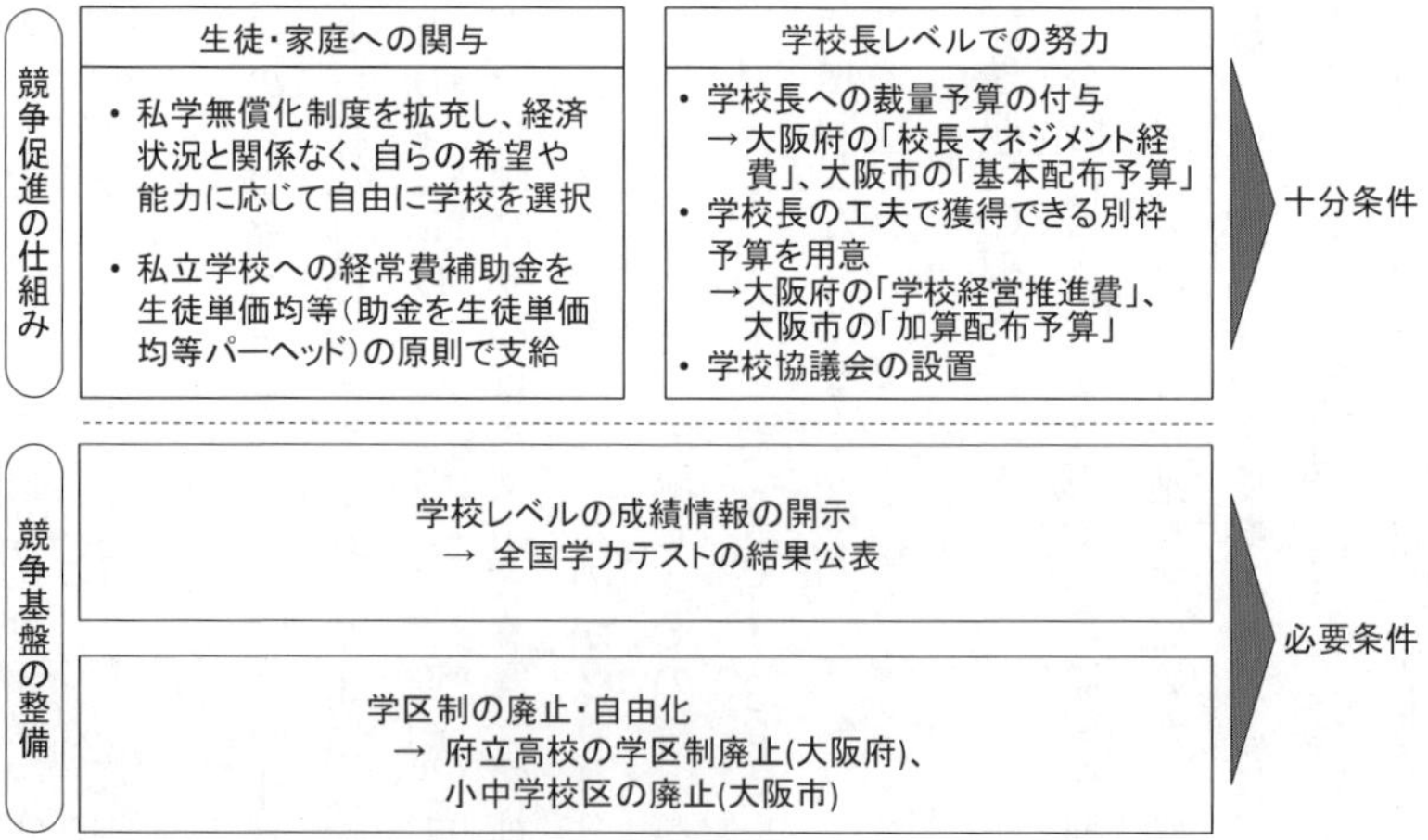

出典：筆者作成

校長の裁量で使える予算を確保した上で学校の実態に合わせた創意工夫を促す。

学校別補助金についてはさらにコンペによる上乗せの仕組みが用意され、予算獲得をめぐって学校間の創意工夫の競争に磨きが掛かる。

一方、究極の学校間競争は生徒の獲得をめぐる競争である。どこの学校もできるだけ優秀な生徒を数多く入学させたい。そのためには全ての子がどの学校にでも行ける完全自由競争の環境を作る必要がある。そこで維新改革では、公立校の学区制をまず廃止した。しかし私立高校については、家の経済的事情から授業料の高い学校に行けない子もいる。この状況を救うのが私学無償化の制度である。また、従来の制度では、私立高校が生徒を多く獲得しても府からの補助金の獲得には必ずしもつながらなかった。それをパーヘッドの原則で是正し、インセンティブを付与した。

図表7―8で表現される以上のような競争促進の仕組みは、維新改革の2つの考え方に基づいている。第1は教育の機会均等を保障するという考え方である。活力ある社会をつくるためには、個々人が切磋琢磨して競争する環境づくりが大事だ。しかし、スタートラインの教育のところは機会均等であるべきだ。競争による活力で躍動する社会を作るためにこそ、子どもたちの教育機会は均等にすべきと考えた。

第2は、学校間の競争の促進である。幅広い所得階層から学生を集めることができると、受験者数が増え、それだけ学校間の競争がダイナミックになる。まずは公立校の学区の廃止で地域の壁を消した。高校についてはさらに私学補助で所得の壁も小さくした。それによって、誰もが入学試験に受かりさえすれば希望する学校に行ける環境を作った。そして同時に学校間の自由かつ平等な競争（顧客獲得競争）が促されることを狙った。

3　教育行政制度の改革

維新改革による教育改革の第3の領域は、全国に先駆けて行った教育行政制度、特に教育委員会制度の改革である。本章の冒頭でも述べたが、従来の教育行政の仕組みには大きな問題があった。首長は教育委員会に関与できない上に、教育委員長や教育委員は非常勤で、責任が明らかではない。また、首長には事務執行の責任者である教育長を任命し、チェックする権限がない。その結果、教育行政の方針は非常勤の教育委員長や教育委員が決め、住民から選ばれた首長は教育の予算しか決められない。

こうした問題を重視し、維新改革では、首長と教育委員会がお互いに協力し、それぞれの責任を果たしながら教育の振興を図る考え方を条例化した。まず大阪府は2011年度に「教育行政基本条例」と「府立学校条例」を制定し、さらに「教育振興基本計画」を策定した。また、大阪市でも2012年に「教育行政基本条例」と「大阪市立学校活性化条例」を制定した。

府と市の「教育行政基本条例」では教育の振興に関する基本的な目標や施策の大綱、施策を総合的、計画的に推進する必要事項を策定した。また、「大阪市立学校活性化条例」は、各校が3か年の学校経営計画を策定し、PDCA（Plan〈計画〉—Do〈実行〉—Check〈評価〉—Act〈改善〉）サイクルによる学校経営を推進するためのものである。そこでは生徒と保護者の意向を考慮した自己評価を実施し、それを踏まえて、学校協議会から学校関係者の評価や第三者の評価を受けることになった。

なお、大阪府は大阪市以外の府下の市町村についても、各市町村の教育委員会が切磋琢磨し、良い意味で競い合う環境づくりを始めた。その一環で、各市町村が教育に関する行政の権限・責任・財源をセットで持つべきだと考え、教員の人事権を府から市町村に移して小中学校教員の人事権と服務監督権の所在を一致させることを目指した。そしてその手始めに豊能地区の市町村に働き掛け、教員人事を共同で行う受け皿機関（教職員人事協議会）を作ってもらい、２０１２年４月から権限を移譲した。

○予算も大幅に拡充

一連の教育改革を経て、教育関連事業予算（物件費のみ）は府でも市でも大きく伸びた。大阪市の教育予算は２０１２年度の57億円が、２０１４年度には１００億円になった。一方、大阪府の教育関連事業予算も、２０１０年度の83・２億円が、２０１４年度には２３６・７億円に拡充された（図表７―９）。

以上のように、維新改革における教育の改革では、従来の自治体による教育改革に見られない深度と広がりが見られる。この努力が学力向上として表れるまでには、まだまだ時間がかかる。だが、２００８年と２０１４年の大阪の生徒の学力テストの結果を分析す

図表 7-9　教育関連の事業予算*の拡充（億円）

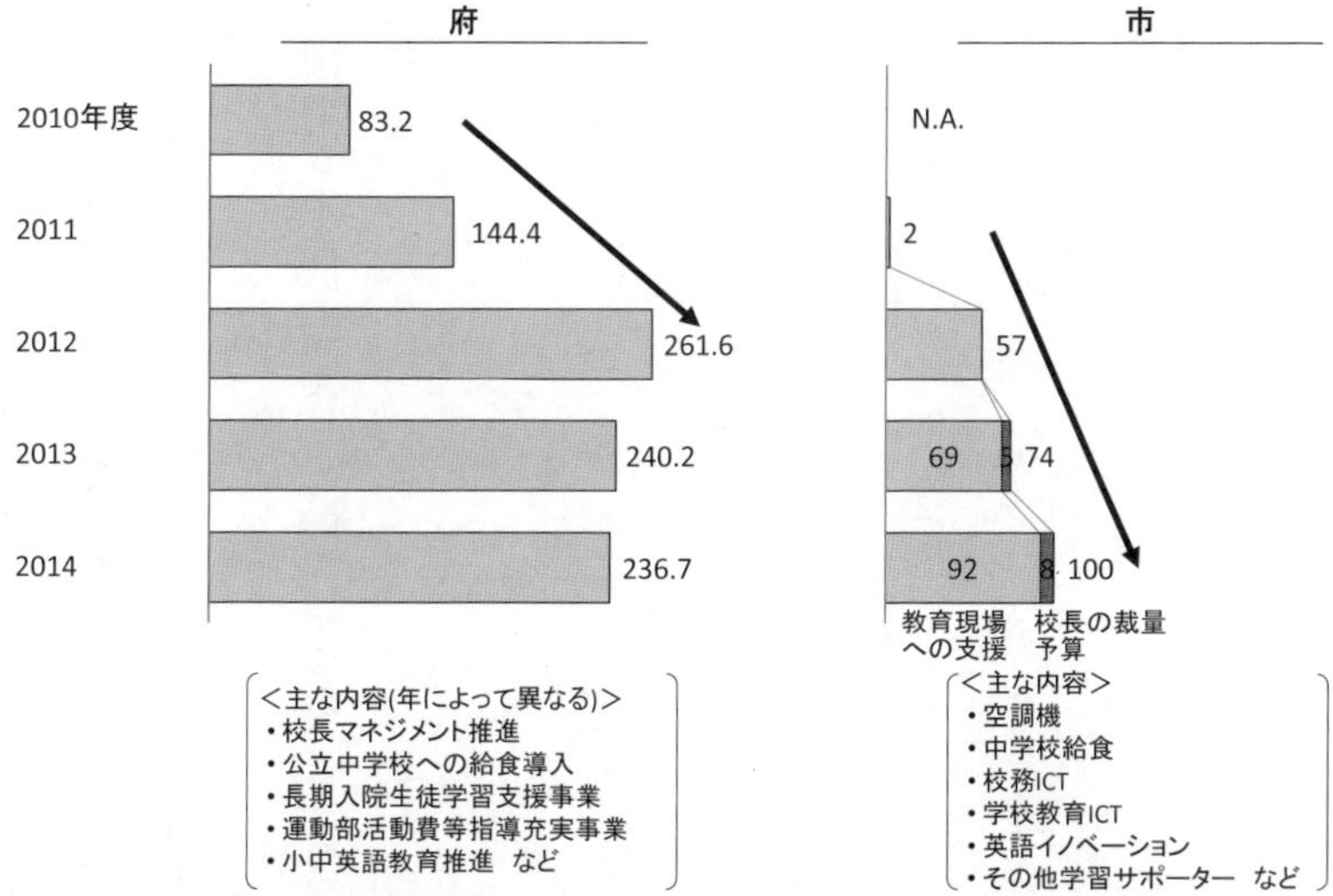

（注）府は知事重点事業の中の教育関連事業を抽出
　＊ 事業費のみで、職員給与や建設費などを含まない

ると、他都市と比べて依然低い水準にあるものの、改善傾向がみられる。例えば、大阪市の小中学生の国語や算数は、依然として全国平均より低い数値にある。しかし、やや上昇基調にあって差が縮まり始めた。大阪府も同様の傾向である。特に小学校の算数と国語については、京都、兵庫、神奈川がいずれも全国平均との対比で下がっているのに対し、大阪のみが上昇した。

なお、子どもたちの学習と成長のスピードは早い。小学生も10年もすれば成人し、働き始める。維新改革では早くから教育改革に着手したが、ここにも戦略性が感じられる。

第8章　財政再建への足取り―民間の財務マネジメント手法を導入

前章までは、維新改革のうち「インフラ戦略」「成長戦略」「社会政策のイノベーション」の３つの分野の改革評価の結果を紹介してきたが、数多くの政策を積極展開するには、財源の手当てが必要となる。ところが大阪府市は全国でも有数の厳しい財政状況にある。そこで維新改革では４つ目の分野の「いわゆる行政改革」の分野でも、従来の発想を超えた切り口から出費を見直し、また、人と組織の生産性を上げる業務刷新を行ってきた。この分野の改革項目は府が34、市が41で合計75あるが、府市それぞれについて5項目は府市連携によるものなので実質は70項目となり、府市の改革評価項目の総計１６４のうちの43％を占め、４つの分野の中でも最大である。なお、70項目の内訳は府単独の改革が29、市単独の改革が36、府市連携によるものが5となった（項目のリストは第1章の図表1―2および図表1―3を参照）。

大阪市の場合、「いわゆる行政改革」の分野の項目は全体の１００の改革項目のうち41となった。これら41項目は、さらに大きく11の領域に分かれる。第1は財政再建の分野、第2は民間企業にならった財務マネジメントの分野、第3が人事・給与制度の見直し、第4が幹部人材の公募制度、第5がサービス改善、第6が区役所への権限移譲、第7が補助金などの見直し、第8が市民利用施設の見直しである。加えて、維新改革ならではの項目があと３つある。第9の地下鉄、バスなどの経営形態の見直し、第10の市民病院や博物館、美術館などの独立行政法人化、そして第11の府市の連携による事業の共同化（各種研究所、信用保証協会など）あるいは移管（府営住宅の市への移管など）である。内容的には橋下徹氏が知事の時代に府が先行着手し、同氏の市長就任後2012年以降に市でも始まったものが多くある。

大阪府については全部で34項目ある。内容は財政関係、人事・公募関係、サービスや施設の見直し、補助金の見直し、独立行政法人化、府市の連携による事業の見直しなどだが、大阪市と似ている。また、市町村への権限移譲を行っている。

以上述べたとおり、「いわゆる行政改革」の項目は広範にわたる。これらのうち本章では、財政再建と財務マネジメントについて、次章で公務員制度の改革を紹介する。

1　大阪府市の財政危機の背景

大阪府も大阪市もこの20年間、税収の落ち込みによって深刻な財源不足に陥ってきた（図表8—1）。毎年の赤字に対して、歳出削減と資産の売却で対応してきたが限界があ

図表 8-1　大阪府市の経常収支比率*の推移（%）

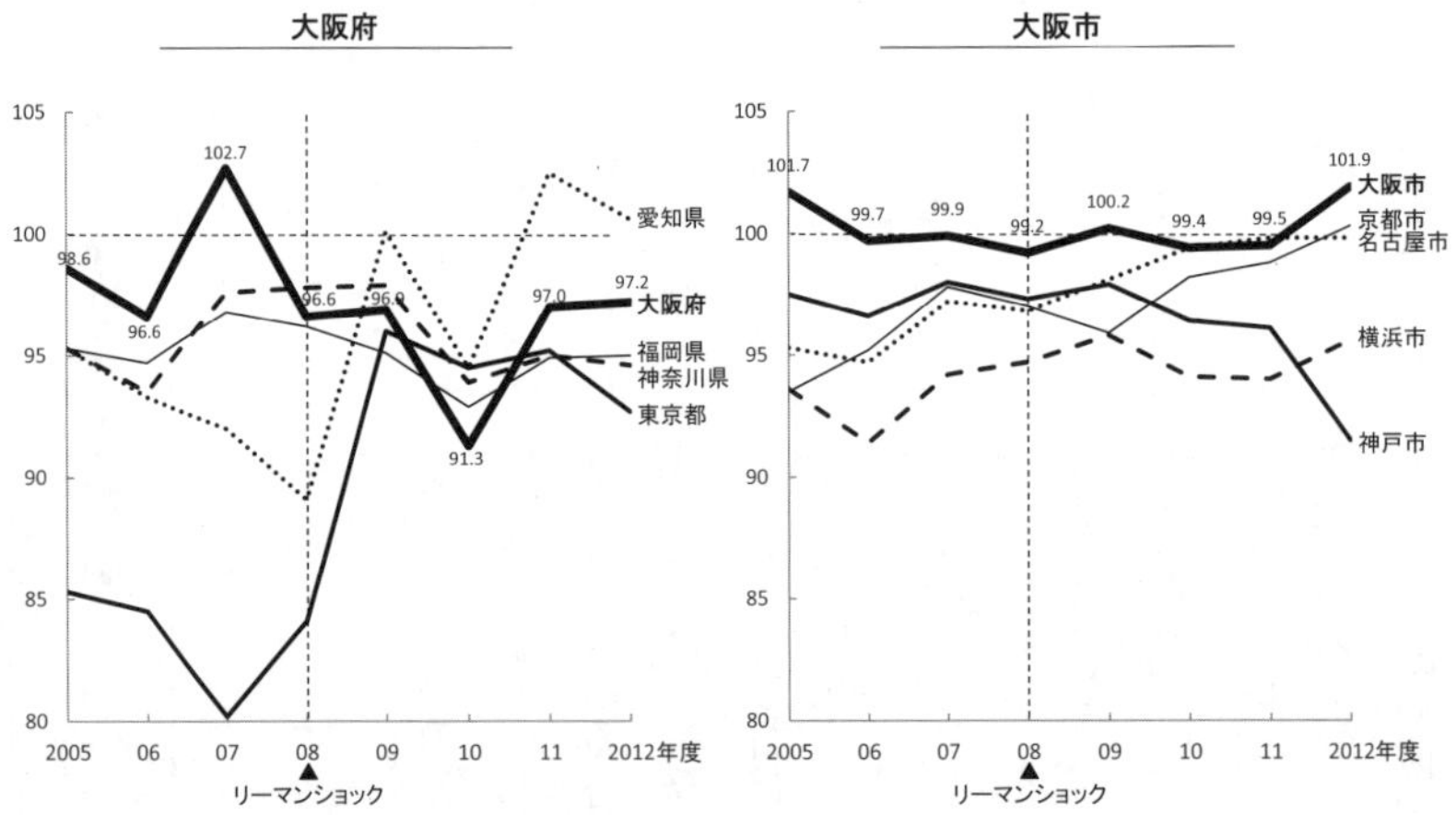

* 経常収支比率：地方税や地方交付税等の自由に使える一般財源に対して必ず支出しなければならない経費（人件費や生活保護等の扶助費、公債費等）が占める割合。100%に近いほど財政にゆとりがないことを示す

り、住民1人当たりの債務残高は、拡大してきた。

もちろん他の自治体と同様に、府市も維新改革以前（府は2008年以前、市は2012年以前）から予算・人員の削減を行ってきた。しかし、まだまだ踏み込みの足りない分野が残っていた。特に大阪市では、人口当たりの公務員数が福岡市の約2倍にも上るなど他の政令市よりも圧倒的に人員数が過剰だった。民営化や民間委託も進まず、各種手当を含む人件費も高かった。こうした中で2005年にはいわゆる職員厚遇問題で市民からはもとより全国から批判された。そこで当時の關淳一市長の下、労働組合との不適切な関係の見直しや本格的な予算や人員の削減が始まった。しかしこの改革では、補助金等の既得権益の見直しでは限界があった。

大阪府の場合、財政状況は市よりもさらに厳しかった。そんな中で、減債基金を取り崩して毎年の経費を賄うほどの厳しい状況に陥っていた。そこで維新改革では「収入の範囲内で予算を組む」という原則の下、従来、手が付けられてこなかった補助金や人件費等の問題への切り込みがなされた。

2　財政再建の基本原則

維新改革の財政再建には、次の3つの基本思想がある。第1に「予算は収入の範囲内で組む」という収支原則を徹底すること、第2に民間企業の財務マネジメント手法を可能な限り導入すること、第3に教育を筆頭とする大都市大阪の将来の成長と域内総生産（GDP）拡大のための投資は惜しまないということである。

(1)　収入の範囲内で予算を組む

「収入の範囲内でしか支出できない」というのは官民を問わず、また個人の家計でも当たり前の原則である。しかし、政府の場合は、企業や個人よりも容易に借金（公債発行）ができる。それに加えて大阪府の場合は、2001年度から2007年度までの間、本来はやってはならないはずの減債基金からの借り入れ（合計5202億円）を続けていた。2008年度から始まった維新改革では、まずこれをやめた。同時に支出と収入の総点検を行った。

具体的には、2008年2月、橋下氏は知事就任の直後に、すでに組みかけていた2008年度の予算案をいったん凍結する。そして「財政再建プログラム」の下、半年かけて全支出項目を見直し、1100億円の収支改善を行った。さらにその後も「財政構造改革プラン」の下で努力を続けた結果、一般会計の歳出は2010年度をピークに、2011年度、2012年度と毎年減り続けた。また2008年度から実質収支が黒字化し、その後も5年連続で単年度の黒字決算となった（図表8―2）。

図表 8-2　大阪府の実質収支*の推移（億円）

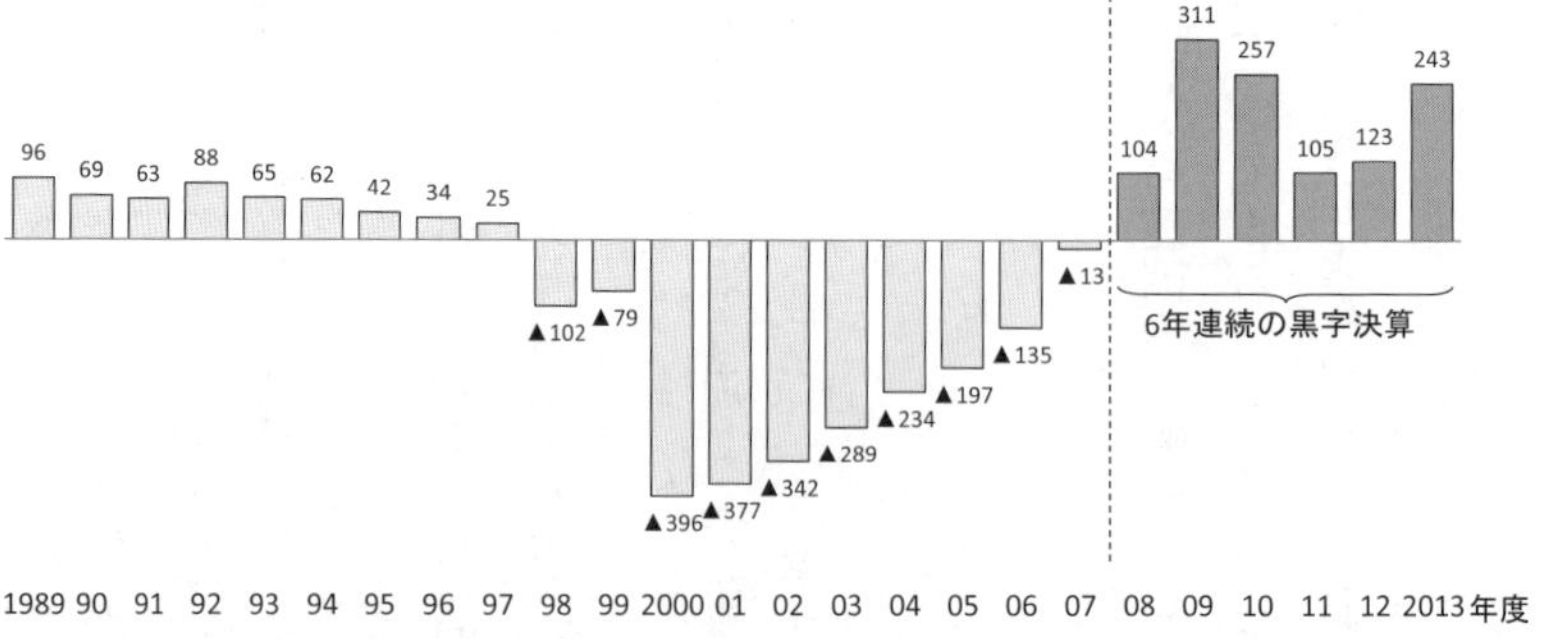

＊実質収支：決算上の形式収支（歳入・歳出の差引）から、さらに翌年度に繰り越すべき財源を引いたもので、その年度の実質的な黒字・赤字を示すもの

(2) 民間企業の財務マネジメント手法の導入

財務の本質は資金のやりくりであり、その手法は官も民も大きくは違わない。しかし、常に市場競争にさらされる民間企業の場合、常に収入増や支出減のチャンスを見つけ出しては実行に移し、また収支だけでなく資産や債務の状況に目配りし、資産の現金化や少しでも有利な資金調達の方法を考え、リスクの最小化とリターンの最大化を図っている。また、民間企業の財務マネジメントでは、期間損益が赤字に陥ると、まずは各種経費を削る。その次に資産売却で現金を得る。それでも赤字の場合に人件費を削り、最終的にどうしても資金が足りない場合に事業投資を抑制する。つまりモノの削減が先で、ヒトに関する削減は後に、そして成長のもととなる投資はなるべく削らない。この順序には合理性がある。このように民間企業の財務マネジメントでは損益計算書だけでなく貸借対照表もにらんだ上で、常に資金と資産の最適運用を行っていく。

ところが政府や自治体の行政改革では、年度単位、つまりわずか1年間の期間損益に一喜一憂しがちだ。そして期間損益よりも重要な資産と負債の状態にはあまり関心が向かない。すなわち、資金が不足すると経費節減に終始し、足りない場合は安易に借金（公債を発行）する。また、すぐに新規事業（投資）を凍結し、全事業について一律でサービスを削ることが多い。それでいてなかなか人件費には手をつけない。それでもこれまでは、日本経済に力があり、待っていれば景気が良くなり税収が回復した。しかし、これからの自治体は受け身のやりくりだけでは回らない。そこで維新改革では民間の金融機関や事業会社で財務リストラクチャリングを経験した専門家を特別参与に招聘し、こうした行政機関の財務慣行にメスを入れた。そして制度上の制約を勘案しつつも、民間企業の財務マネジメントの手法を導入した。

(3)　都市経営を見据えた将来投資

維新改革では、予算の見直しとともに、インフラや成長戦略への投資を積極展開してきた。また、自立した市民を増やすことが都市の安定と繁栄の基盤と考え、教育と子育て分野への予算を拡充し、大阪市は現役世代に重点投資し、大阪府は教育予算を拡充してきた。さらに域外からの企業誘致のために、特区制度を使った地方税の免税（第5章参照）も行ってきた。これらはいずれも、目先の収支には貢献しないが、将来のGDP拡大と税収増につながる。また自立した市民が増えると、福祉や生活保護などの将来支出も減る。維新改革では、これらの出費は都市再生のための投資と位置付け、重視してきた。

3　大阪府の財政再建への努力

以上は基本方針だが、実際にどのような形で予算が組まれ、施策に反映されたか。まず大阪府についてみていく。

(1)　2つの財政再建計画

大阪府については、2008年度から3年間「財政再建プログラム」の下で年平均約1000億円分（年度平均予算約3・1兆円の3・3％）の収支改善が行われた。3年間の合計の改善額は3054億円だが、その約8割の2441億円は歳出の削減、残りの2割の613億円は歳入確保によるものだった。さらに、2011年度以降についても「財政構造改革プラン」（2011～2013年度）の下で、年平均655億円（年度予算の平均額約2・9兆円の2・2％に相当）の改善を行った。削減の中身で特徴的なのは人件費の削減である。大阪府では2008年度から2013年度までの間、給与を3%から最大14%カットしたが、このカット率は全国の自治体の中で最も高い領域に属する（図表8―3）。

また、従来の行政改革にはなかった視点から補助金支出の抜本的な見直しも行った。削減対象となった事業を図表8―4に列挙したが、これまで見直しはタブーとされてきたものが多い。削減に当たっては、使途が不明確、単価が極めて高い、地方側のコントロールが利かない国の団体等への分担支払い等の観点から洗い出しがなされた。その結果、2008年度から2013年度の6年間の総額で約772億円に上る事業群が見直し対象となり、最終的に約348億円分（年平均では約58億円）を削減した。

(2)　財政運営基本条例の制定

また大阪府は財政再建の基本理念を条例で明文化するために、財政運営基本条例を制定、2012年2月

図表 8-3　都道府県・政令市による一般職の給与カットの状況
（2012 年 4 月 1 日現在）

カット率の区分	団体数	自治体(かっこ内はカット率)
8%～	8	北海道(9～4%)　群馬県(8～2%) 岐阜県(11～3%)　三重県(15～3%) **大阪府**(14～3%)　岡山県(10～7%) 千葉市(9～0.5%)　大阪市(14～3%)
5%～8%未満	9	青森県(5～3%)　福島県 (5%) 茨城県(5～3%)　栃木県(5%) 滋賀県(7～1%)　兵庫県(7～2.5%) 山口県(6～5%)　徳島県(5～1%) 鹿児島県(6～2%)
3%～5%未満	4	富山県(3～2%)　山梨県(4～3%) 愛知県(3%)　奈良県(3～0.5%)
2%～3%未満	4	京都府(2%)　和歌山県(2%) 香川県(2.5～0.5%) 名古屋市(2～1%)
2%未満	1	愛媛県(1～0.5%)

出典：総務省公表資料

図表 8-4　大阪府の補助金の見直し

見直しの観点	項目（補助対象）	削減額	削減率	見直し時期	見直し内容等
透明性の低い団体運営費補助から施設対象に確実に効果のある事業費補助に転換	大阪府人権協会補助金（(財) 府人権協会）	３億円	62.1%	2008.8	運営補助を事業費補助に転換。人権協会を活用するメリットが明確な事業に絞り込み（2012 年度より実施主体を公募により選定）
	小規模事業経営支援事業費補助金（府内商工会議所等）	11 億円	14.4%	2008.8	人件費補助中心となっている状況等を踏まえ、小規模事業者等のニーズを踏まえた事業として再構築
	運輸事業振興助成補助金（府トラック協会、大阪バス協会）	４億円	35.6%	2011.4	2010 年度補助金廃止 2012.9 補正から施策目的（交通安全・環境等）に沿った事業補助に再構築
１件当たりの補助コストが極めて高いため廃止・再構築（費用対効果の観点）	人権相談推進事業費補助金 （府内市町村）	２億円	100% 交付金化	2008.8	補助金を廃止し、他の市町村に対する相談事業補助金と併せて交付金制度を創設
補助金廃止によって団体の自立化を促進	文化関係事業 （大阪センチュリー交響楽団等）	13 億円	42.0%	2008 年度から順次	大阪センチュリー交響楽団に対する補助金の段階的廃止等
	大阪府青少年活動財団運営補助金（(財) 府青少年活動財団）	11 億円	100%	2011.3	2010 年度末に法人自立化 ※見直し前の相談件数に対する補助コスト約 2.4 万円／件
府の役割分担の再整理による	地域見守り・コーディネーター関係事業（府内市町村等）	23 億円	69.2%	2008 〜	地域における相談支援体制を強化する事業については、2008 年度末で府の役割は終了
	観光振興事業（(財) 大阪観光コンベンション協会）	３億円	60.2%	2008 〜	各主体（府・市・民間）の役割分担を整理するとともに、より高い効果が見込める事業に重点化
府施策全体の経費削減・見直しによる	私学助成【幼稚園振興助成】（私立幼稚園）	11 億円	2.5%	2008 〜	経常費助成（運営補助金）2.5%カット 2014 当初から 0.5%カットに変更
	私学助成【小中高及び専修学校経常費】（私立学校）	106 億円	12.1%	2008 〜	経常費助成（運営補助金）小中：25%カット、高・専修：10%カット。2014 当初から高：2%カットに変更
国関係法人等への賛助会費等（団体への運営費的なもの）の見直し	中央労働災害防止協会会費（中央労働災害防止協会）	38 万円	100%	2011	廃止
	（社）日本観光協会負担金 （(社) 日本観光協会）	170 万円	100%	2011	廃止

（注）削減額は単年度当たりの平均額

に施行した。具体内容は図表８―５のとおりだが、この条例では財政規律の確保、計画性の確保、透明性の確保の３つを掲げた。これらは文字で読む限り、いかにも当たり前のことが書いてある。しかしあえて条例で再建の方針を明確化した意義は大きい。

○国の失敗に学ぶ

なぜならわが国には財政構造改革法の骨抜きという失敗例がある。国はかつて１９９７年、橋本龍太郎内閣のときに、「財政構造改革の推進に関する特別措置法（財政構造改革法）」を制定した。そしてこの法律には同内閣の財政構造改革会議がまとめた歳出削減策に沿って、２００３年までの赤字国債発行を毎年度削減するなどの策が盛り込まれた。しかし、早くも翌年には赤字国債発行の毎年度削減の一時停止を可能とする「弾力条項」が入れられ、また目標年が2年延期された。さらに１９９８年に発足した小渕恵三内閣では、景気回復を優先して同法の条文のほとんどを停止する法律が制定され、いわゆる骨抜きがなされた。こうした歴史に照らせば、大阪府

図表 8-5　大阪府の財政運営基本条例の概要（2012 年２月施行）

3つの基本理念	主な項目・内容
1. 規律の確保	● 収入の範囲内で予算を組む ・新規施策実施時には、安定的な財源確保に努める ・適切な府債発行 ・反復・継続的な単年度貸付の禁止 ・基金からの借り入れ禁止を明確化 ● 財政のリスクマネジメント ・環境変化に伴う事業の見直し・撤退への適切な対応 ・将来負担につながる新たな損失補償等の原則禁止 ● 権限・責任・受益に応じた適切な費用負担 ・他の当事者との適切な役割分担・費用負担 ・国の制度・施策に対する適正な費用負担等に向けた必要な提言 ・使用料・手数料など受益者による適正負担　など
2. 計画性の確保	● 中長期の財政状況の試算・公表 ・予算審議や計画的な財政運営のため、10年以上の中長期試算を公表 ● 府独自の財政指標を公表 ● 減債基金・財政調整基金への計画的な積み立て ・減債基金への計画的な積み立て ・財政の環境変化に備え、財政調整基金に新たな積立目標額等を設定 ・決算余剰金の1/2ずつを減債基金・財政調整基金に編入 ● 府内で財政の現状・目標について認識を共有
3. 透明性の確保	● 予算編成過程など財政情報の積極的な公表 ● 将来の財政リスクの把握と公表 ● 新公会計に基づく財務諸表の公表

があえて財政規律を本条例で明示した意義は極めて大きいと言える。

(3)　国直轄事業負担金の廃止

大阪府の維新改革に端を発し、全国、そして国に大きな影響を与えたのが国の直轄事業負担金の見直しである。今まで国は国道、国管理の河川などを整備、維持管理する場合に、道路法や河川法などに基づき、その一定割合を自治体に負担金として支出させていた。これに対して維新改革では、国と地方の役割分担の明確化と権限・財源・責任の3つの一致を求め、国に制度の見直しを迫った。その結果、大阪府では例えば2009年度分の場合、道路関係で288億円分や、その他河川、公園、港湾、空港などで合計376億円分の国直轄事業負担金のうち27億円（7・1％）を廃止することができた。

(4)　財務マネジメント

先述の財務マネジメントの手始めは、大阪府の場合、府有財産の活用と売却だった。都市部に立地する他の都府県よりも早くに着手し、また金額実績も多い（図表8―6）。また、黒字の第三セクターである「大阪府都市開発株式会社（ＯＴＫ）」を民営化して株式を売却し、367・5億円の資金を得た。

また、広告事業やネーミングライツ（命名権）も拡充した。これは太田房江知事の時代に始まったが、橋下知事の時代には歩道橋や府立体育館などにも広げ、2012年度の実績で年間8374万円の収入を得た。

○債権回収にも着手

また、債権管理も強化した。大阪府は、従来は毎年約200億円から300億円前後の滞納債権を抱え、

２０１０年度期首でも３４２億円の滞納債権があった。これらについては、２０１１年度から毎年債権回収・整理計画を策定し、それに沿った処理が始まった。具体的には債権回収・整理の専属グループとして７人が配属され、各部局への指導助言をした。その結果、３か年で75億円を圧縮することができた。

さらに、資金調達方針も見直した。２０１１年４月から財政課内に公債企画グループとして８人を配属し、府債の発行時に長期金利と短期金利を複合活用することで公債費を抑制する仕組みを導入した。

4　大阪市の財政再建への努力

(1)　財政構造改革への取組

大阪市は、他の政令市よりも経常収支比率が高く、極めて厳しい財政状況にある。橋下市長就任後の２０１２年度からは「市政改革プラン」に沿った財政構造改革が始まった。具体的には、事務事業の見直しによって、一般財源1億円以上の施策・事業４４５項目のうち１０９項目を見直した。その

図表 8-6　大阪府による不動産（土地・建物）売却額*（億円）

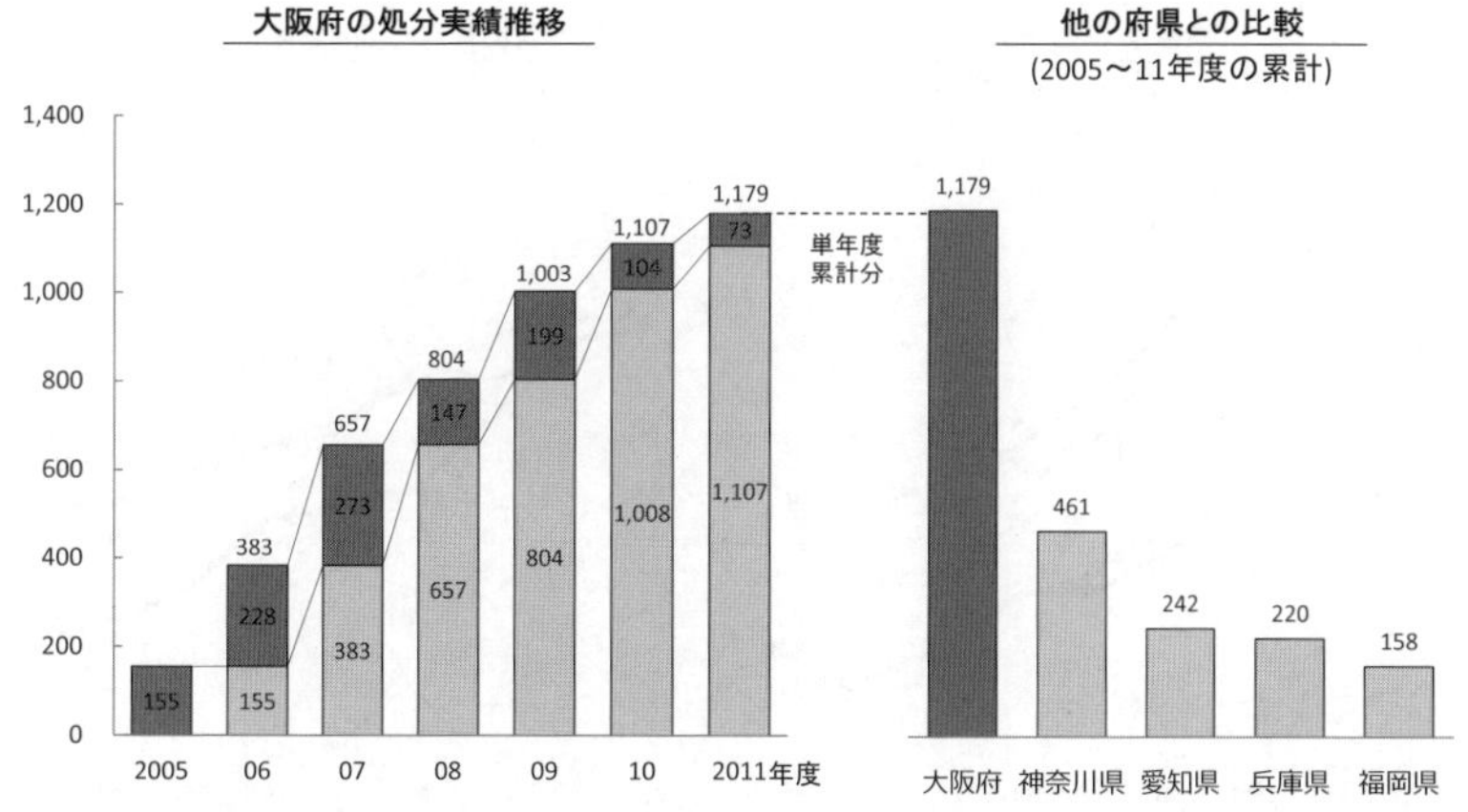

＊普通会計

結果、２０１２年度ベースで、一般財源１億円以上の事業費見込み額の約４・７％分に当たる約２２６億円の削減を行った。具体的な中身は次のとおりである。

①　人件費および職員数の削減

大阪市はかつて、政令市の中でも最も人件費の高い都市として知られていた。しかし、２００５年以降のいわゆる關改革で、職員の平均年収は五大都市の平均を下回るレベルにまで抑制されてきた（図表８—７）。人員数も退職者の不補充や外注化によって２００５年度から２０１３年度の間に約25％（約１万２０００人）削減した（図表８—８）。こうした努力で、２０１２年度の市民１万人当たりの職員数は他都市を少し上回るレベルにまで減った（ただし大阪市は地下鉄とバスの事業を抱え、また海抜が低いため下水道事業の規模が他都市よりも大きく現業職員が多い点には留意が必要）。

②　事務事業の見直しと経費の削減

予算の見直しについては、先述のとおり一般財源１億円以上の施策・事業（４４５項目、計４７６７億円）の検証を行い、見直しの対象とする事業（１０９項目、計１４１０億円）を抽

図表 8-7　大阪市の人件費推移

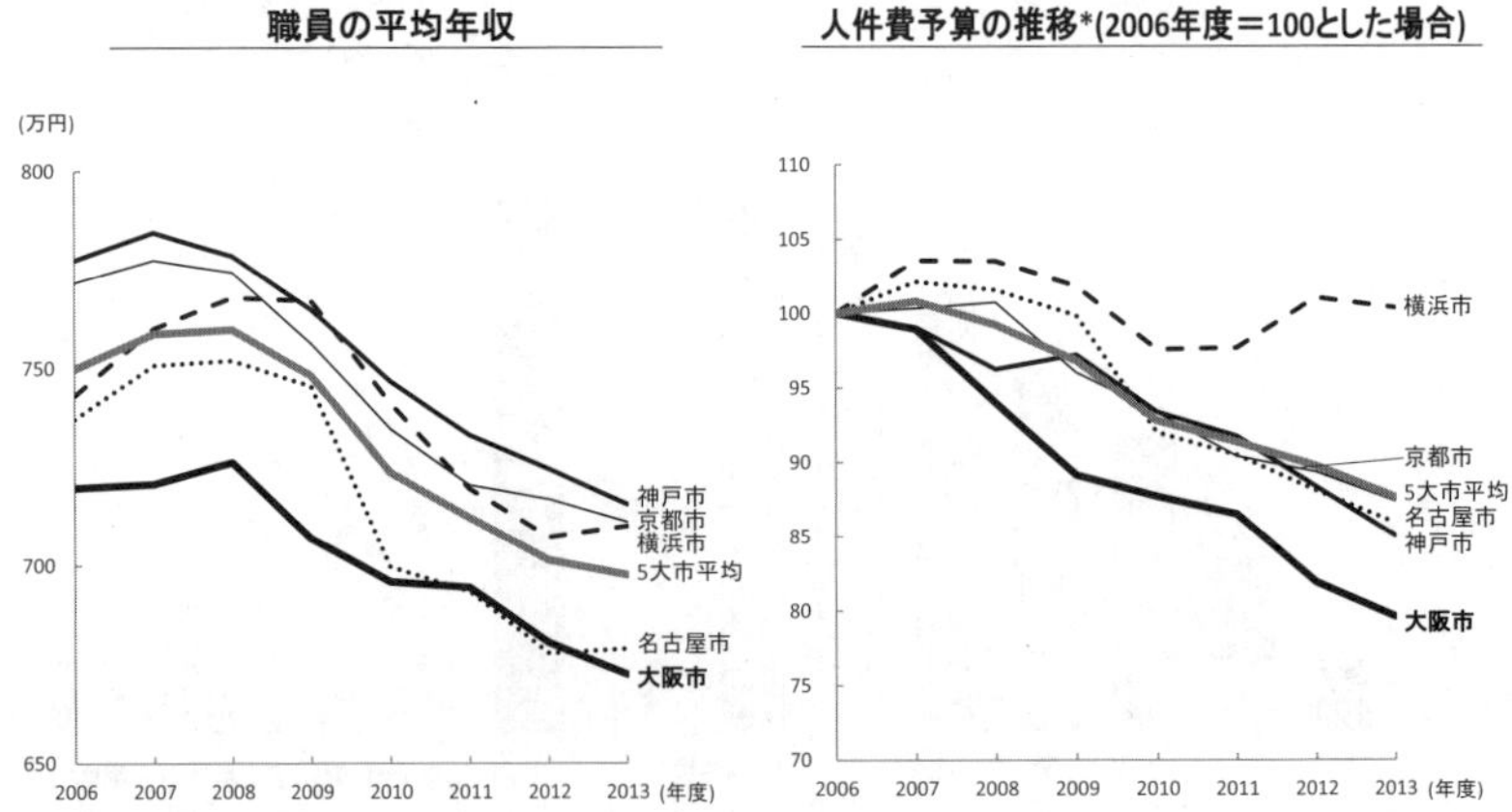

＊一般会計予算額

出した上で個々の事業の必要性やその中身を見直した。

図表８―９は、大阪市が「市政改革プラン（２０１２年７月策定）」に基づいて見直した補助金の主要事例である。見直しの観点は、図表８―４で解説した大阪府の場合と同じく、団体運営補助、施設運営補助、国関係法人への支出や分担金等である。今回は合計80項目が対象とされ、大半が廃止（71項目）とされ、残りは他制度への移行（１項目）、団体補助から事業補助への移行（２項目）、補助率の見直し（２項目）等となった。これらの削減効果額は、２０１２年度から２０１４年度の累計で９億３３００万円である。ちなみに２０１４年度の補助金等予算額は総額３９４億円だが、同年度の削減効果額（３・87億円）は全体の約１％に相当する。

○敬老パスも見直す

その代表例が、市営の地下鉄とバスの敬老パスへの利用者負担制度の導入である。従来は高齢者の地下鉄、バス利用は完全無料だった。維新改革ではそれを見直し、２０１３年７月から３０００円の利用者負担制度を導入、さらに２０１４年８月からは１回50円の利用者負担制度とした。また、保育

図表 8-8　大阪市の職員数の推移

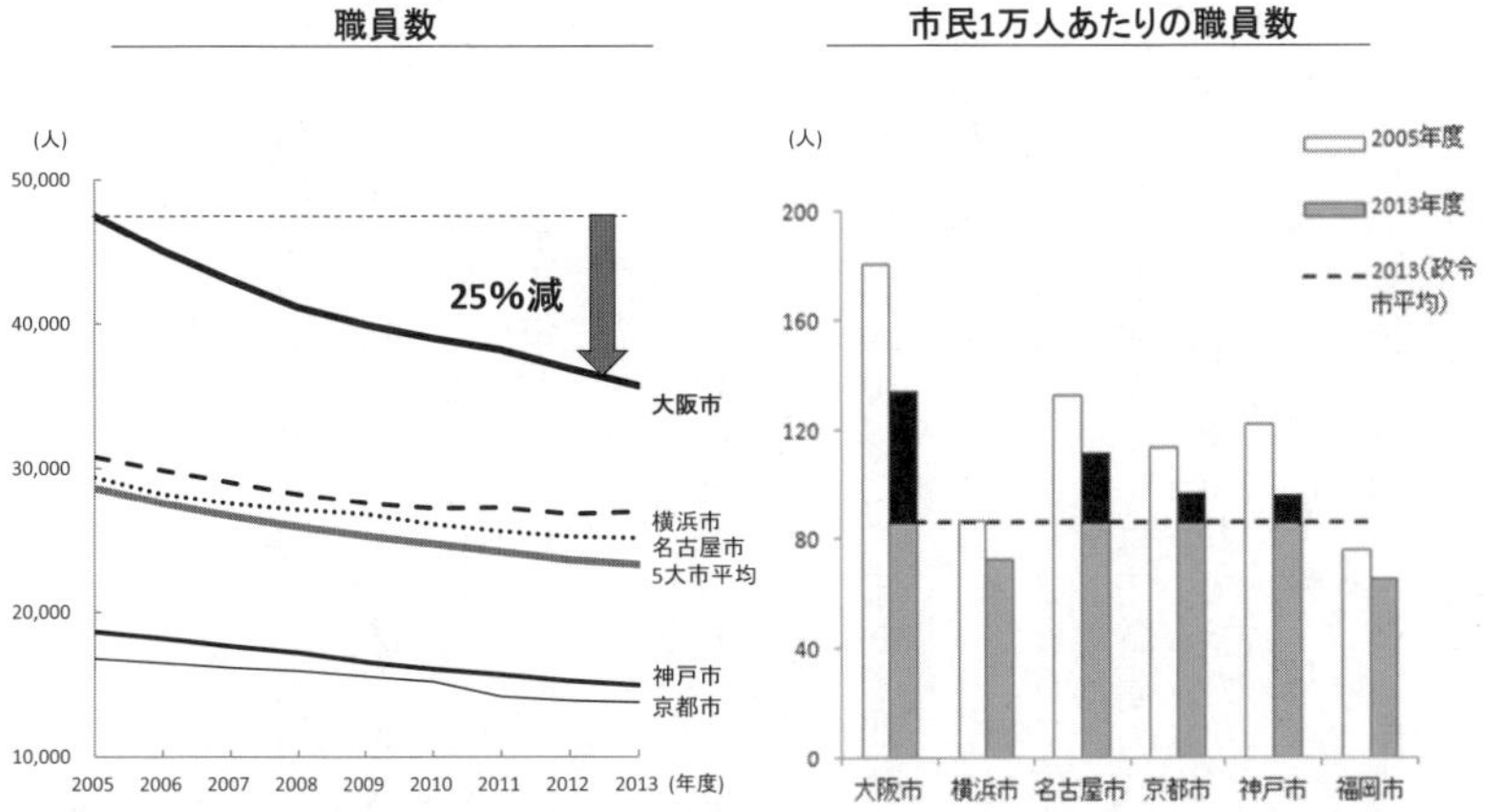

図表 8-9　大阪市の施策・事業のゼロベースの見直し（例）

主な項目	結　果	
市営交通料金福祉措置（敬老パス）への利用者負担導入	3,000 円の利用者負担導入	2013 年 7 月
	1 回 50 円の利用者負担の導入	2014 年 8 月
市営交通料金福祉措置（母子家庭等）の見直し	廃止	2013 年度末
高齢者世帯等への上下水道料金福祉措置（減免）の廃止	重度障がい者世帯、高齢者世帯等に対する基本料金相当額の減免を廃止	2013 年 10 月
社会福祉施設に対する上下水道料金福祉措置（減免）の廃止	減免率を 40% から 20% へ縮小	2013 年度
	廃止	2013 年度末
保育料等の軽減措置の見直し	保育料徴収基準額を 69.4% から 70.5% に変更	2013 年度

料も見直した（図表8―9）。

(2)　財務マネジメント

財務に関する大阪市の維新改革は府よりも約4年遅れ、２０１２年度から本格的に始まったが、そこでは大阪府での経験が随所で生かされた。まず未収金回収策の強化については、２００８年度には７５７億円の未収金があったが、２０１２年度には６１０億円にまで減った（図表8―10）。

広告事業収入の確保については、図表8―11のとおり、陸上競技場や球技場のほか歩道橋などにもネーミングライツを導入し、２０１３年度の実績で年間４・37億円の収入を得た。また、闕改革から始めていた不用資産の売却も続けた。

資金調達のやり方も刷新した。大阪市はもともと、２００７年度から超長期債を発行していたが、２０１２年度からは主幹事方式を導入するなど、投資家からの評価を高める努力を重ねてきた。その結果、国債のスプレッド幅が縮小してきている（図表8―12）。

さらに、大阪市は主に１９９０年代の各種土地信託事業に由来する財務リスクを抱えている（図表8―13）。これらの処理も進めてき

図表 8-10　大阪市による未収金回収の強化（億円）

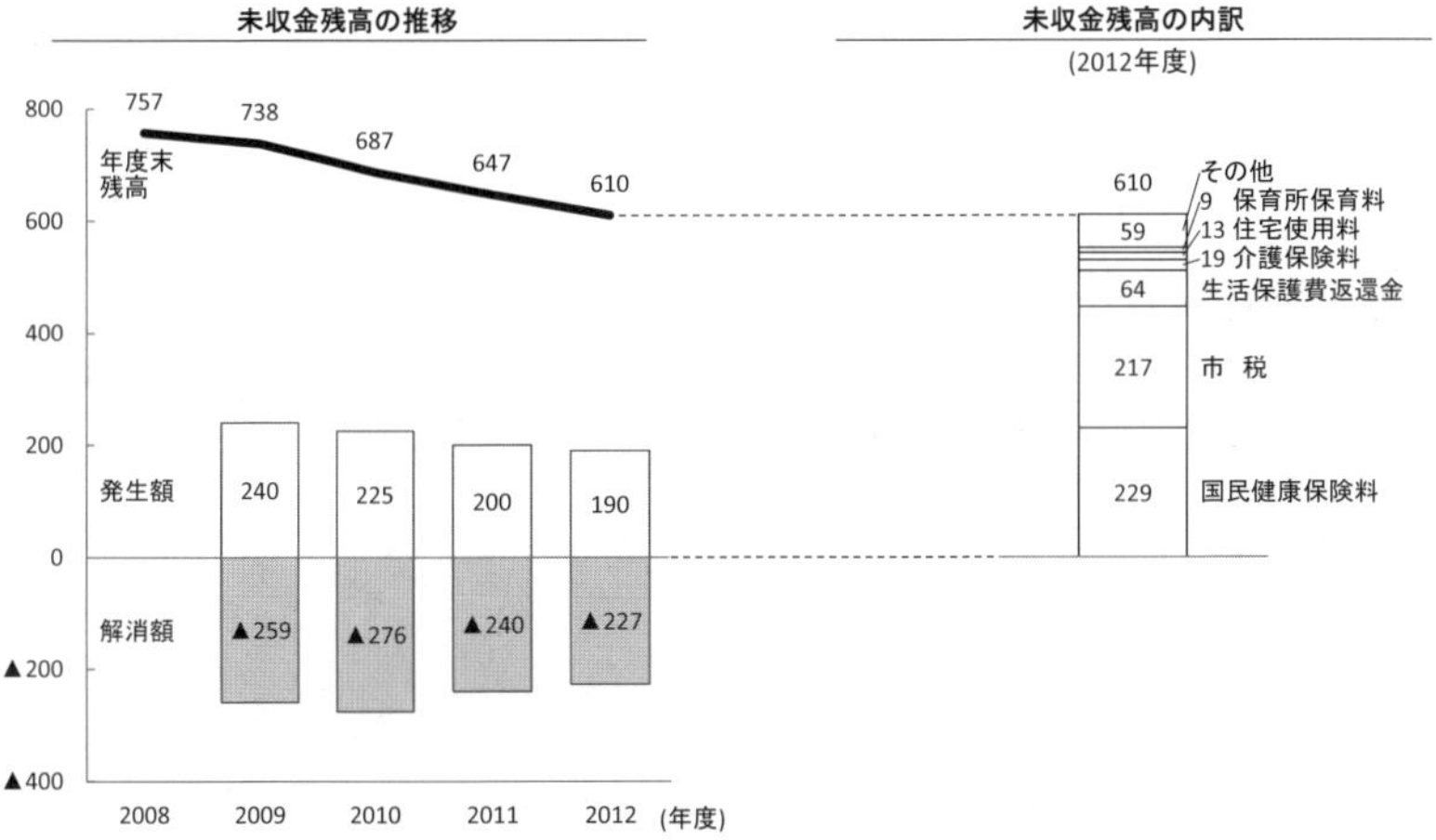

（注）未収金発生額の下の(　)は、徴収すべき額に対する発生額の割合

図表 8-11　大阪市の広告事業の効果額

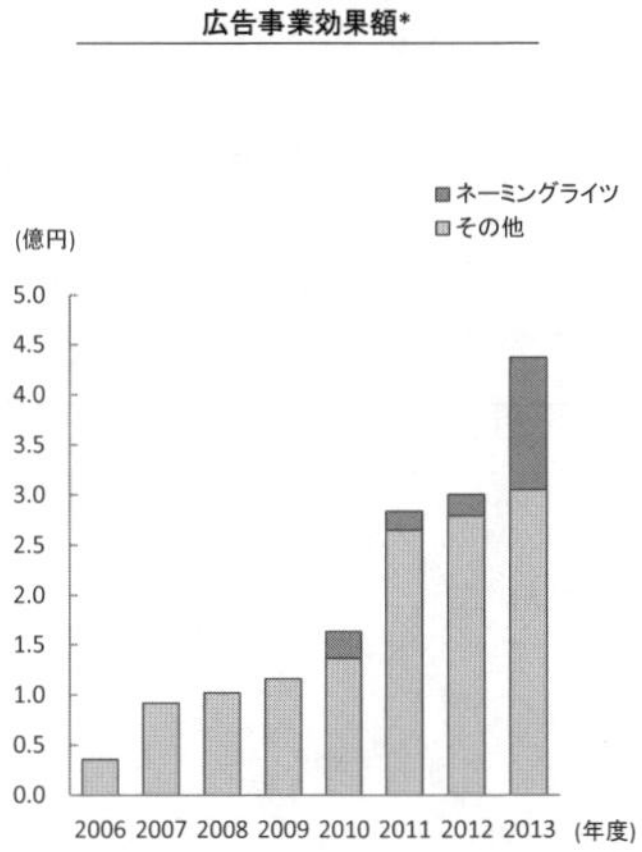

主な契約事例
(百万円、年額、税別)

施設名	ネーミング	パートナー	収入金額	契約期間
長居陸上競技場	ヤンマースタジアム長居	ヤンマー(株)	両施設で100	2014.3.1～2019.2.28
長居第2陸上競技場	ヤンマーフィールド長居			
長居球技場	キンチョウスタジアム	大日本除虫菊(株)	18	2010.8.1～2013.12.31（当初）2014.1.1～2016.12.31（更新後）
梅田新歩道橋	ROHTO よろこビックリ梅田新歩道橋	ロート製薬(株)	6.1	2013.6.1～2016.5.31
阿倍野歩道橋	鮨屋萬助・阿倍野歩道橋	(株)小鯛雀鮨鮨萬	3.6	2013.11.1～2016.10.31

＊ 決算額(歳出削減額を含む)

図表 8-12　市債の対国債スプレッド*の推移（市場公募 10 年債）

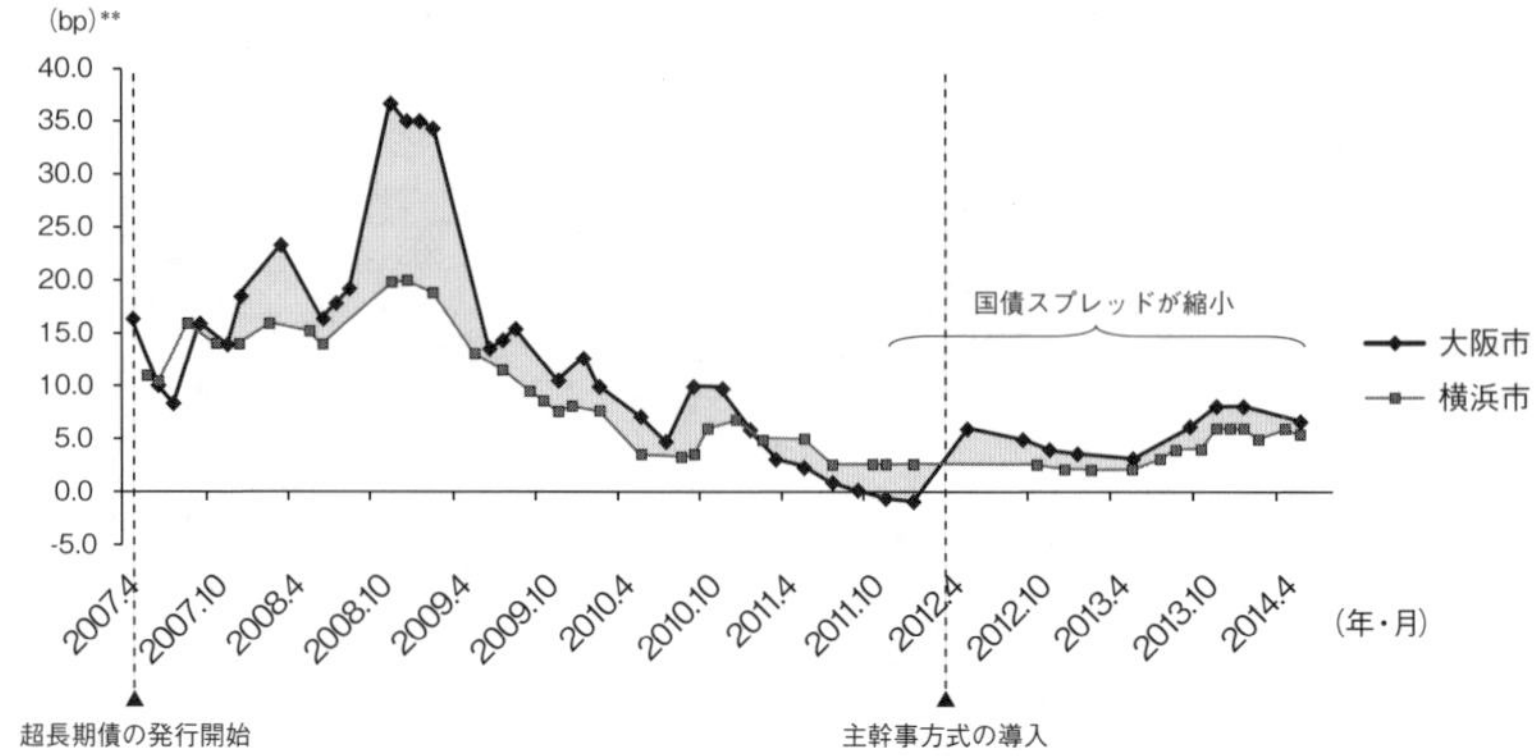

* 国債スプレッド：同条件の国債と地方債を比較した場合に生じる金利差のことであり、これが小さいほど、その地方債発行体はより少ない利息で資金を調達できる
** bp(ベーシスポイント)：債券の利回り等に用いられる単位(1bp=0.01%)

図表 8-13　大阪市の財務リスクの処理

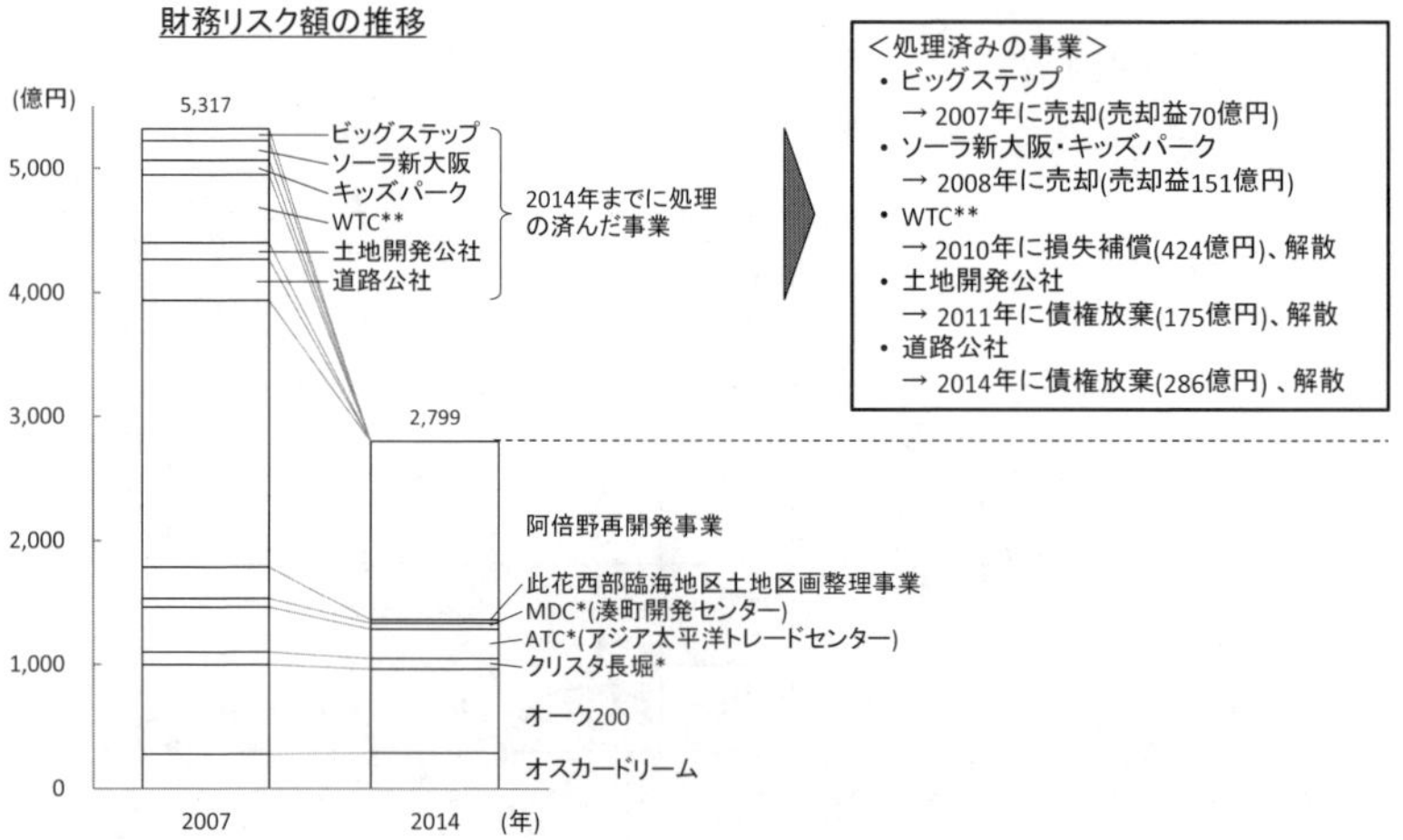

* 特定調停を行った団体　　**ワールドトレードセンター

ており、その状況を公表している。

以上のように維新改革では、従来の自治体の緊縮財政の域を大きく超え、タブー視されていた補助金を見直し、また民間企業の財務マネジメント手法を随所に取り入れた。

第9章　公務員制度の抜本的な見直し

府市合わせて164項目の維新改革のうち、公務員制度の在り方に関するものは15個（府が6項目、市が9項目）で全体の9％を占める（図表9―1）。府の場合、橋下徹氏が知事に就任した直後の2008年度から公務員の在り方への問い直しが始まった。見直しのテーマは、当初の職場での喫煙の是非や上司へのメールの出し方といった日常の事柄に始まり、やがて労使関係、採用試験、人事評価制度、給与決定の仕組み、人事委員会制度や給与勧告の在り方などに及んだ。知事の問題提起は、総じて今まで役所で当たり前とされていたことでも一般市民の感覚や民間企業の常識という物差しに照らすとおかしいのではないかという点に根差していた。一連の問題提起の多くは、マスコミ報道も交え、賛否両論を招いたが、次第に公務員制度と人事制度の抜本改革につながっていった。

さらに2012年度以降は大阪市でも同様の見直しが始まった。かくして維新改革において公務員制度改革は7年越しの一大テーマとなった。

1　4つの基本方針

維新改革における公務員制度の見直しの基本方針は、①公務でも職員同士がお互いに切磋琢磨する競争原理を導入し、質と効率を上げる、②幅広く組織の内外から有能な人材を登用する、③政治と公務を峻別する、④透明性を確保する——という4点に集約できる。

第1の「競争原理の導入」では、職員の業績評価を従来の絶対評価方式から相対評価方式に変えた。また幹部ポストの多くを庁内外からの公募とし、庁内と庁外の人材を競わせた。

第2の「幅広い有能な人材の登用」の典型例は、職員採用試験の抜本的見直しである。従来の公務員試験では、法律など専門知識の有無を問う設問が多かった。維新改革ではそれを民間企業と同様の人物本位の選抜に変えた。また、社会人経験のある人材の中途採用を強化した。さらに府と市の人事交流を拡大した他、市役所の中でも区役所と市役所本庁間の人材の流動化を進めた。また、先述の民間からの幹部職員の登用（公募）も、広く優秀な人材を求める動きの一環である。また特別顧問や特別参与を多数登用し、外部の専門家の知見や客観的な市民の目線を経営判断に取り入れた。

図表 9-1　公務員制度に関する改革評価項目

大阪府	大阪市
●府独自の職員の給与制度改革	●人件費の削減等
●職員採用試験の抜本的見直し	●職員数の削減
●職員の人事評価における「相対評価」の導入	●職員の政治的行為の禁止、服務規律の厳格化
●職員の再就職のあっせんのあり方の見直し	●人事評価への相対評価等の導入
●職員の政治的行為の禁止、職員とOBとの関わりの見直し	●区長の公募
●公募による職員の登用	●局長の公募
	●校長の公募
	●交通局長の民間人材登用
	●外郭団体数の削減、OB再就職の適正化
合計6項目	合計9項目

○条例で政治との距離を明確化

第3の政治と公務の峻別は、職員の政治的行為へのコミットや不適切な労使関係の温床となる組織風土を一掃しようというものだ。特に大阪市役所では、かつて労働組合が市長や市議会議員の選挙に影響力を行使したといわれる。維新改革では、こうした行政の公平性をゆがめるリスクを重視し、府も市もこれらを規制する条例を制定した。すなわち府は「政治的中立性を確保するための組織的活動の制限に関する条例」「労使関係における職員団体等との交渉等に関する条例」「職員の政治的行為の制限に関する条例」の3条例を制定し、いずれも2014年4月に施行した。大阪市も2012年度に「職員の政治的行為の制限に関する条例」と「労使関係に関する条例」を制定した。

第4の透明性の確保は、主として天下り問題に関するルールづくりに反映されている。

○他の自治体を凌駕するスケールの改革

以上の4つの基本方針に沿って、府と市は人事・給与制度のあらゆる分野で足並みをそろえ、全国に先駆けたさまざまな取組を実践している。今回の改革評価の作業では、その先進度を他の自治体と比較分析した(図表9―2)。これを見ると大阪府市は、採用から育成、評価、処遇、退職の流れの全てにおいて従来にない大胆な改革を行ってきたことが分かる。

以下ではこの流れに沿ってその内容を見ていく。

2　公務員人事制度の抜本的な見直し

(1)　採用試験の見直し

行政の最前線で要求されるスキルはもともとかなり幅が広いが、近年はさらにＩＴ関連や営業など、一般企業と同様のスキルが求められるようになった。また、中途採用による社会人経験者の雇用も拡大してきたが、これは世の中一般の雇用の流動化に合わせた動きでもある。また維新改革では、一般の雇用市場の競争の中で優秀な人材を確保するべく、府も市も採用試験のやり方と内容を毎年見直している。

①　中途採用が4割に

大阪市の場合は、２０１１年度から社会人経験者区分の採用を開始した。社会人経験者区分は、２０１１年度は27人の採用実績だったが、２０１２年度には１０１人に拡大し、新規採用者に占める割合は42・１％にまで上った。また、２０１２年度から事務行政（22～25歳）の採用に民間企業で導入されているエントリーシート方

図表 9-2　大阪府市の人事・給与制度の先進度チェック

◎は全国初（府）、政令市初（市）
○は他府県（市の場合は他の政令市）よりも先進的な取組を示す

		大阪府		大阪市
採用	◎	・新たな試験制度の実施（2011年度） ＊求める人材像の明確化 ＊エントリーシートの導入 ＊「択一式」「記述式専門」の廃止	◎	・新たな試験制度の実施（2012年度） ＊求める人材像の明確化 ＊エントリーシートの導入 ＊教養試験等の廃止
育成	○	・人的資源マネジメント及び組織戦略を策定（2009年度） ・異動や研修等による人材育成を強化（2010年度） ・大阪版市場化テストを経て、職員研修業務を包括的に民間事業者に委託（2008年度）	—	・人材育成基本方針を改訂（2013年度）
評価	◎	・人事評価に相対評価を本格導入（2013年度）	◎	・人事評価制度に相対評価を本格導入（2013年度）
給与の処遇	◎	・府独自の給与制度改革（2010年度） ＊1つの役職に1つの職務の級を割り当てることを基本として給料表を再編 ＊部長級、次長級について定期昇給を廃止し「定額制」を導入 ＊役職間の給料月額の「重なり幅」を縮減 ＊技能労務職給料表を導入	○	・給与制度改革（2012年度） ＊幹部職員（局長級、部長級）への「定額制」の導入 ＊役職間の給料月額の「重なり」幅の縮減 ＊住居手当の見直し ＊技能労務職の給与水準の見直し
退職	◎	・職員基本条例による退職管理の強化（2012年度） ＊再就職禁止法人（指定出資法人等）への再就職を原則禁止 ＊職員による再就職のあっせんを禁止	◎	・職員基本条例、職員の退職管理に関する条例による退職管理の適正化（2012年度） ＊外郭団体等への再就職を原則禁止 ＊職員による再就職のあっせんを禁止 ＊再就職者による働きかけの禁止

式を導入し、また、全ての試験区分で教養試験を廃止した。さらに、試験実施日程を民間企業の採用活動のスケジュールに合わせて前倒しした。いずれも政令市としては初めての制度変更である。なお、これによって２０１２年度の申込者数は前年度に比べ約１割増えた。合格者数は約2倍に増え、新卒の入庁者数も、前年度が41人だったのが１００人にまで伸びた。

②　女性登用も拡大

女性職員の比率も積極登用策によって２００８年度の８・６％が２０１３年度には12・４％に上昇した。これは五大都市中、横浜市の12・６％に次ぐレベルで、名古屋市、京都市、神戸市を上回る。

府も同様である（図表9―3）。２０１１年度の実施試験から大卒程度区分の試験のタイミングを前倒しするとともに、試験科目が改定され、1次の択一式試験を廃止し、代わりにエントリーシート制度を導入した。また、見識を問う記述式試験の代わりに論文を導入した。その結果、見直し前に比べて申込者数が約3倍に増加した。

(2)　評価制度の見直し

官民を問わず人事評価では通常、よく頑張った人を最上位に、頑

図表 9-3　大阪府の職員採用試験の見直し（行政職）

	2010年実施試験まで	2011年実施試験～
試験区分	①高校卒程度（18～21歳） ②大学卒程度（22～29歳） ③社会人採用（30～34歳）	①18～21歳 ②22～25歳 ③26～34歳
試験科目	①1次　択一式、作文 ②1次　択一式 　2次　記述式（見識・専門） ③1次　択一式、記述式（見識）、経験論文	①1次　（変更なし） ②1次　小論文、エントリーシート 　2次　論文 ③1次　小論文、エントリーシート 　2次　論文
面接等の種類	①2次　個別面接 ②2次　個別面接 　3次　個別面接、集団討論 ③2次　プレゼン面接 　3次　個別面接、集団討論	①2次　（変更なし） ②2次　個別面接 　3次　個別面接、グループワーク、適性試験 ③2次　プレゼン面接 　3次　個別面接、グループワーク、適性試験
試験実施時期	①9月下旬 ②6月下旬 ③6月下旬	①（変更なし） ②5月上旬へ変更 ③10月中旬へ変更

張らなかった人を最下位に置き、その間をいくつかの成績区分に分けて評価することが多い。成績区分は4つから5つとすることが多い。そしてこの成績区分を基に賞与を決め、昇任させるのが通例である。

このように個々人を成績区分に位置付けて評価する場合に、評価のやり方には絶対評価と相対評価の2つがある。絶対評価の場合は、基準さえ満たしていれば何人でもその区分に評価して位置付けることができる。しかし相対評価では、各区分に評価して位置付けられる人の数が全体の割合に沿ってあらかじめ決められている。この場合、個々人は他の人と相対的に比較評価された上で、成績区分が決まる。

①　絶対評価は形骸化のリスク

全国の自治体はこれまでほぼ全てが絶対評価を採用してきた。しかし多くの場合、最上位もしくはその次の上位区分とされる人がほとんどで、下位や最下位に区分される人はごくわずかでしかない。例えば、2013年度の実施結果を大阪府（図表9―4）と市（図表9―5）に

図表 9-4　大阪府の人事評価における絶対評価と相対評価の割合分布比較（2013 年度結果）

相対評価／絶対評価	第1区分	第2区分	第3区分	第4区分	第5区分	合計	割合（%）	
S	65	8	1			74	(0.9)	際立って優れている
A	390	1,247	621			2,258	(26.0)	非常に優れている
B	30	481	4,470	831	258	6,070	(70.0)	良好
C			6	81	143	230	(2.7)	やや劣る
D				5	38	43	(0.5)	劣る
合計	485	1,736	5,098	917	439	8,675	(100.0)	
割合（%）	(5.6)	(20.0)	(58.8)	(10.6)	(5.1)	(100.0)		

ついて見ると、府の場合、絶対評価でC、Dの人は合わせて約3%しかいない。市の場合でも、総人数1万8123人のうち「期待レベルを下回った」というところに位置する人は1割以下である。たまたま多くの職員が極めて優秀でこういう結果になった可能性は否定しきれないが、全体的には甘い評価といわざるを得ないだろう。

② 全国の自治体で初めて相対評価を導入

一方、民間企業の中には相対評価を取り入れることで、社員の切磋琢磨を促す例がある。そこで今回の維新改革では、公務員にも競争意識をもって目標に向けた努力を促すべきと考え、府も市も相対評価に改めた。例えば府の場合、第1区分は上位から5%、第2区分は20%、第3区分は60%、第4区分は10%、第5区分は5%とあらかじめ定めた。

③ 問題領域のあぶり出し

こうして行った相対評価の結果を絶対評価の結果と対比させてみたところ、大きな乖離が生まれた。大阪府は図表9―4、大阪市は図表9―5のそれぞれ網を掛けた

図表 9-5　大阪市の人事評価における絶対評価と相対評価の割合分布比較（2013 年度結果）

絶対評価＼相対評価	第1区分	第2区分	第3区分	第4区分	第5区分	合計	
4.0以上	34	9				43	期待レベルを上回った
3.75以上4.0未満	189	85	3			277	期待レベルに達した
3.5以上3.75未満	557	1,744	532	3		2,835	
3.25以上3.5未満	108	1,624	5,248	66	7	7,053	
3.0以上3.25未満	3	99	4,936	1,025	174	6,238	
2.75以上3.0未満			170	688	419	1,277	期待レベルを下回った
2.5以上2.75未満			6	45	225	276	
2.25以上2.5未満				5	64	69	
2.0以上2.25未満				2	35	37	
2.0未満					18	18	期待レベルを大きく下回った
合計	891	3,561	10,895	1,834	942	18,123	

部分が問題領域である。ここに入った人たちは、絶対評価では良好とされたにもかかわらず、相対評価では下位に位置付けられた人たちである。また大阪府の場合は、ここに入る人が１０００人強（約８％）も出てきた。大阪市でも、同様の結果が出た。これらの人については、これまで実力よりも甘く評価、処遇されていた可能性が高く、相対評価の有効性が認められた。

○相対評価に基づき分限処分も

なお、大阪市は２０１２年成立の職員基本条例に基づき２０１３年度と２０１４年度に連続して相対評価で最低ランクに位置し、指導や研修を受け、警告書を交付されていたにもかかわらず改善がみられなかった職員2名を、２０１５年9月30日付で免職にした。

ただし、今回の相対評価による評価結果を給与や処遇にどう反映するか、あるいは区分の切り方や分布の比率が今のものが果たして最適といえるかはまだ定かではない。また評価結果がいい方向の行動変革につながるかどうかは未知数である。さらに、財政や企画分野の職員を相対評価の対象とすべきかか疑問がある。このように今後の検討課題は多い。だが、少なくとも現業部門では相対評価の妥当性が明らかになった。また、組織全体に緊張感をもたらした。

(3)　給与の見直し

給与制度についても、府と市がそれぞれ同様の観点からの見直しを行った。まず第1が、わたりの廃止である（図表9―6）。

①　わたりの廃止

「わたり」とは何か。公務員の給料は、給料表で規定される。給料表は、横軸に部長、課長、係長といった職務や責任の重さに沿った「級」を並べ、縦軸には経験の度合いを示す「号級」を並べ、両者の組み合わせで構成される。

号が上がると給料は増えるが、各級の号には上限があり、級が上がらないといずれ頭打ちになる。ところが「わたり」では、この原則に従わずに給料を支給する。例えば主査の職務に当てはまる級に「困難な業務を行う主事の職務」を規定する。すると主事から主査へ昇進しない人にも主査クラスの級の給料が支払える。また最高号級を超えた「枠外号」を想定して給与を支払うケースもあった。

○昇任へのインセンティブを付与

「わたり」の弊害は、第１に職員が昇任の魅力を感じにくくなること、第２に給与水準全体を押し上げて自治体財政を圧迫することである。そこで維新改革では「わたり」を全廃した。すなわち１つの役職に１つの職務の級を割り当て、役職間の給料月額が重ならないように号級を割り当てて給料表を設計した。これによって「昇任しないと給料月額も上がらない」という仕組みができ、頑張った職員が報われるよう

図表 9-6 「わたり」および「一律昇格」の解消、幹部職員への「定額制」の導入

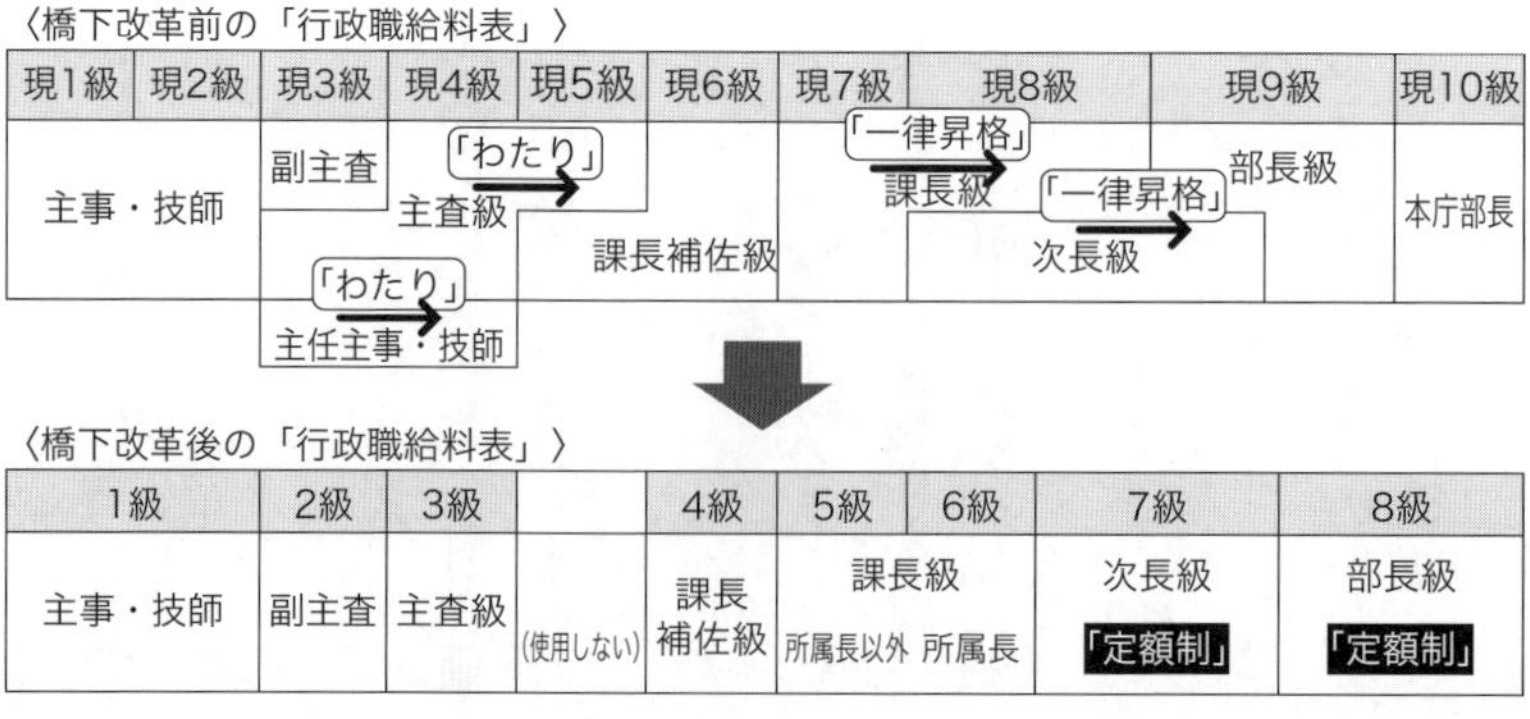

になった。

② 給与月額の重なりの縮減

第2の問題は公務員によくみられる「給与月額の重なり」の問題である。維新改革ではこれを縮減する給与システムの改革を行った。例えば図表9—7の主事や副主査は役職を示す。また縦軸はそれぞれの役職における給料の幅を示す。

主事の役職にある職員の給料は、13万5600円から30万9900円までの幅に入っている。最初の13万5600円から始まって、年を追って自動的に昇給する。その上限が30万9900円となっている。しかし、図の縦の帯の左右で重なっている幅が非常に多い。

○昇級へのインセンティブを付与

これはすなわち、昇級しても給料があまり増えない状況を意味する。例えば主事・技師級のままで止まっていても、年数を重ねれば自動的に30万9900円まで給料は増える。一方、せっかく副主査に昇級しても22万2900円からスタートするので、主事のときに比べると給与は

図表 9-7　新旧の行政職給料表における給料月額の比較

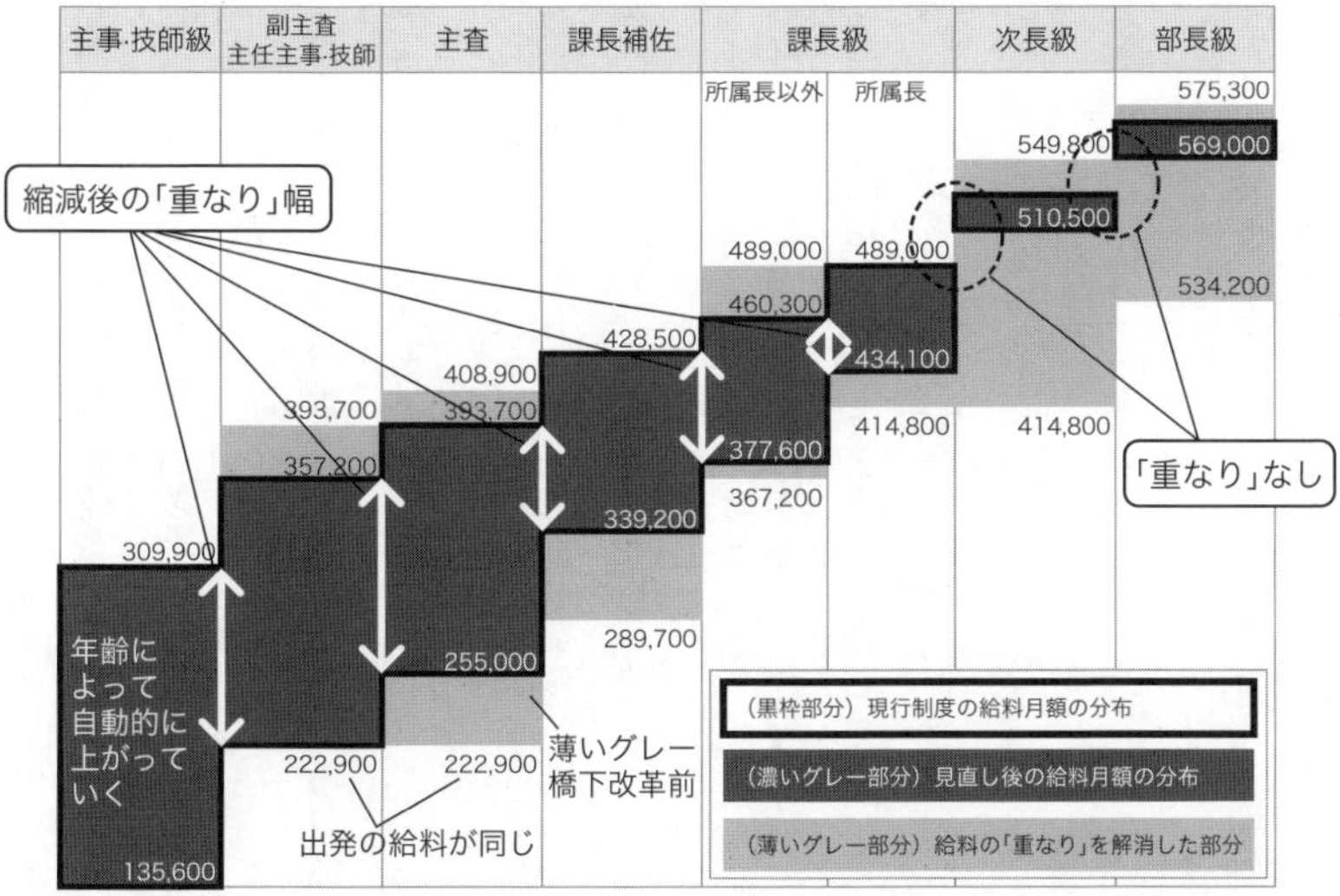

目立っては増えない。つまり昇級で役割は重くなるのに、給料にあまり反映されないため、昇級へのインセンティブが働かない。図表９—７では従来の給与の仕組みを薄い網掛けで示した。維新改革ではこれを濃く矢印のある幅に縮めた。改正後は重なりの部分がかなり縮減され、次長級や部長級では完全になくなった。この結果、若い部長よりも年長の次長の方が高いといった現象はなくなった。

そして、例えば大阪市の行政職給料表４級（係長級）と５級（課長代理級）との重なり幅は、横浜市、名古屋市、京都市、神戸市のいずれの重なり幅より小さいところまで、是正がなされた。

③　賃金センサスを基に給与を是正

さらに大阪市では、技能労務職員の給与水準を見直し、賃金センサスに照らした民間の同一職種、あるいは相当する職種の水準に合わせた技能労務職員表に切り替え、割高になっていた給与レベルを見直した。

④　各種手当の見直し

また、大阪市では幹部職員について、職務、職責をより明確に反映させた給与体系にするために、昇給を前提とした号給構成を撤廃し、給料月額の定額制を導入した。さらに大阪市では、今まで家を持っていた人たちに出していた手当区分を廃止して、合計17億円の予算を削減した。旅費制度も見直し、日当と食卓料を廃止し、宿泊料も減額した（ちなみに横浜市、名古屋市、京都市、神戸市は日当を廃止していない）（図表９—８）。

(4)　天下りと再就職の規制

大阪府では、２０１１年３月に「職員の退職管理に関する条例」を制定し、２０１４年度から運用を開始した。この条例では、府の再就職支援の方針を明記した上で、退職後に再就職した職員が現職職員に対して

図表 9-8　大阪市の各種給与制度改革

○は実施済、×は未実施

項目	大阪市の改革内容	他都市との比較※2
職員の給与カット率の拡大	カット率は政令市最大（給料（▲14%～▲3%）、管理職手当（▲5%）、退職手当（▲5%）等） 効果額：▲136億円（さらに交通局は別途カット等拡大）	横浜市：× 名古屋市：給料（▲4%～▲2%） 京都市：× 神戸市：×
幹部職員への「定額制」の導入	部長級及び局長級について、職務・職責をより明確に反映させた給与体系とするため、昇給を前提とした号給構成を撤廃し、給料月額の定額制を導入	他の政令市は全て×
役職間の給料月額の「重なり」幅の縮減	「職務給の原則」の徹底を図るため、各級の最高号給をカット	大阪市の行政職給料表4級（係長級）と5級（課長代理級）との重なり幅は、横浜市・名古屋市・京都市・神戸市のいずれの重なり幅よりも小さい
住居手当の見直し	「持ち家」にかかる手当区分を廃止（効果額：▲17億円）	横浜市：○ 名古屋市：× 京都市：× 神戸市：×
技能労務職員の給与水準の見直し	民間の同一の職種又は相当する職種の水準との均衡を考慮した大阪府の技能労務職給料表に切り替え。その後、民間の給与カーブを考慮した改定を実施	他都市は全て× （賃金センサスは考慮なし）
旅費制度の見直し	日当・食卓料の廃止、宿泊料の減額	横浜市・名古屋市・京都市・神戸市は全て日当を廃止していない

※1 国家公務員については時限的な（2年間）給与改定・臨時特例法による給与減額措置がないとした場合の値を使った
※2 他都市の状況は、2014年4月1日現在

働き掛けることを禁止する。また再就職の届け出を義務化し、管理職退職者などの再就職情報を公表する。そして規制違反に関して人事委員会が関与する、といった内容である。

次いで、２０１２年7月には「職員基本条例」を施行し、勤続20年以上の職員または職員であった者たちが出資法人などに再就職することを原則禁止とした。また、職員による再就職のあっせんを禁止した。さらに、規制違反に関しては外部委員で構成される人事監察委員会が関与する、といったルールを決めた。

職員の天下り規制と密接な関係にあるのが外郭団体の問題である。外郭団体の数が多ければ多いほど、天下り問題が発生する。これについては大阪市の改革が著しい。２００５年には、大阪府は53、大阪市は１４６もの外郭団体があったが、２０１４年度には、府が27（49％減）、市が37（75％減）と著しく減った。

3　外部人材の積極登用

維新改革では、従来の行政の常識にとらわれない改革を進めるために、広く民間から常勤あるいは非常勤のスタッフを登用した。第1は幹部職員の公募制度、第2は外部人材の特別顧問、特別参与への起用である。

(1)　幹部職員の公募制度

府も市も近年、幹部職員を積極的に公募している。

①　大阪市は18人の区長を外部から登用

大阪市では2011年度に24の区役所の区長を公募した。その結果、公募24区長のうち18人が庁外（民間）から就任した。また、2012~2013年度には9つの局長（危機管理監、福祉局長、健康局長、港湾局長、行政委員会事務局長、経済戦略局長、都市計画局長、都市整備局長、建設局長）を公募し、そのうち2人が庁外から就任した。また同年度に119校の小中学校長を公募し、翌2013年度には高校も加えて、23人が外部から就任した。

これらを他都市と比べてみる。政令市の区長については、新潟市が4区長の公募を実施し2人の外部人材を登用、堺市も2人の区長の公募を実施した例がある。しかし庁外から区長を大量に公募した例は今回の大阪市が初めてだった。局長では、他の政令市には例がなかった。学校長については、横浜市、新潟市、浜松市、堺市、福岡市などで先例がある。

②　新機軸と同時に不祥事も

これらの公募区長や公募校長の実績については図表9―9のとおりだが、学校長についてはインターンシップ事業など、さまざまな新しい授業を提案している。一方で、3人の公募区長と2人の公募校長が不祥事を起こし、分限免職や減給などの処分を受けた。以上からの教訓は、一時期に大量の公募をすると、必ずしも適切な人材が得られないということ、そして人選は慎重に行うべきということだろう。

不祥事を受けて大阪市は、2013年12月に市長を座長とする「公募制度のあり方検討プロジェクトチーム」を設けた。そこでの検討を経て改善策をまとめたが、そこでは例えば、選考方法の改善や面接スキルの向上のほか、適格性を欠き現職にふさわしくない場合には解任する、といった方針が決められた。

大阪府の場合は、今までに4人の部長ポストを公募し、2人（商工労働部長、健康医療部長）が就任した。そのほか、福祉部長と住宅まちづくり部長についても、府の職員が公募で選ばれている（図表9―10）。

図表9-9　大阪市の公募区長・公募校長の主な実績例

	主な実績例	取組内容
区長	訪問型病児・病後児保育支援事業（淀川区）	保護者の就労により、家庭で病気の子どもを保育できない場合に、事業者から派遣された保育者が子どもを家庭で保育できるよう保育料相当額を補助
区長	小中学校特別支援学級等応援事業（西区）	小中学校特別支援学級に在籍する児童・生徒等の放課後課外活動や校外活動等に対して有償ボランティアを配置
区長	未来の“てんのうじ”を担う社会起業家育成事業（天王寺区）	中高生インターンシップ事業 小学生社会体験プログラム事業
学校長	梅香小学校（此花区）	英語力向上のため全学年で英語授業の実施、ICT（電子黒板機能付き液晶プロジェクター）を活用した授業の実施
学校長	敷津小学校（浪速区）	基礎学力定着のため、細かいステップを踏まえたチャレンジプリントを活用し、それぞれの子どもに応じた学習の推進に取り組む

図表 9-10　大阪府の部長公募の選考経過（合格者数）

（　）内は府職員の数（内数）

	商工労働部長	福祉部長	健康医療部長	住宅まちづくり部長
就任時期	12年4月	13年4月	14年4月	14年4月
1次	13名	30名（2名）	2名（1名）	11名（3名）
2次	8名	10名（2名）	2名（1名）	6名（3名）
3次	2名	4名（2名）	2名（1名）	3名（2名）
最終合格者の属性	外部(元　雇用・能力開発機構常勤理事　等)	府職員	外部（元厚生労働省職員）	府職員

(2)　特別顧問、特別参与の登用

維新改革では、2008年度当初の大阪府の改革、2011年度末からの大阪市役所の改革のいずれにおいても、外部の有識者を特別顧問もしくは特別参与として、採用してきた。特別顧問の主な役割は、府市統合本部の会議に出席し意見を述べ、また市長、知事に助言することである。一方、特別参与は、教育やITなど専門分野の知識を発揮し、主に部局に対して助言する。特別顧問や特別参与の肩書は以前からある役所内の各種の会議体の委員にも与えられるために見かけ上の数は多く、府と市の特別顧問、参与は2015年2月13日現在で81人いる。しかし、従来の各種委員とは異なる役割を期待される人たちはその約半数である。こららの方々のリストを図表9―11に掲げた。

○専門知識と民間の知見を駆使

ちなみにこれらの特別顧問や特別参与の役割は従来の各種委員とはどこが異なるのか。第1には、専門分野の知識や民間企業の発想を駆使し、何が府民、市民の利益になるかを考えながら、首長の視点から助言を行う点である。第2には、既存の政策や施策の執行段階での助言ではなく、従来当然とされていた政策や施策のおかしさを指摘する点である。第3に、単に問題点を指摘するだけではなく、実務的にどのようにそれを解くか、という点に立ち入って助言する。例えば、条例案を一緒に作る、現場の実態調査を一緒に行う（ヒアリング、

図表 9-11　専門知識や民間の知見を活用して維新改革を支援する府市の特別顧問・参与のリスト

2015.1.20現在

	担当	氏名	役職等
特別顧問	府市両方	堺屋　太一	作家、元経済企画庁長官
		橋爪　紳也	大阪府立大学21世紀科学研究機構教授
		余語　邦彦	ビジネス・ブレークスルー大学大学院教授
		原　　英史	株式会社政策工房代表取締役社長
		上山　信一	慶應義塾大学総合政策学部教授
		金井　利之	東京大学大学院法学政治学研究科教授
		佐々木信夫	中央大学大学院経済学研究科教授
		土居　丈朗	慶應義塾大学経済学部教授
		赤井　伸郎	大阪大学大学院国際公共政策研究科教授
	市のみ	高橋　洋一	嘉悦大学ビジネス創造学部教授
		山中　俊之	株式会社グローバルダイナミクス代表取締役社長
		北岡　伸一	国際大学学長、政策研究大学院大学教授

	専門分野	氏名	役職等	市のみ
特別参与	公共政策／経営改革／会計等	池末　浩規	株式会社パブリックパートナーズ代表取締役	
		大庫　直樹	ルートエフ株式会社代表取締役	
		大嶽　浩司	昭和大学医学部教授	
		木谷　哲夫	京都大学産官学連携本部寄附研究部門教授	
		佐々木文平	マチオリ株式会社代表取締役	
		曽根岡由美子	株式会社コムファクト代表取締役	
		高瀬　孝司	株式会社ジオ・アカマツ顧問	
		福田　隆之	NPO法人政策過程研究機構理事	
		丸山　　孝	経営コンサルタント、丸山孝事務所代表	
		吉川　富夫	大阪経済大学経済学部客員教授	
		小幡　寛子	公認会計士	
		蓮生　郁代	大阪大学大学院国際公共政策研究科准教授	
		真鍋　雅史	嘉悦大学ビジネス創造学部　准教授	
	大学経営医療	矢田　俊文	公立大学法人北九州市立大学 前学長	
		大嶽　浩司	昭和大学医学部教授	
		森下　竜一	大阪大学大学院医学系研究科教授	
	文化施設	河﨑　晃一	甲南女子大学教授	○
		鈴木　隆敏	慶應義塾大学大学院講師	○
		建畠　　晢	京都市立芸術大学学長	○
		山梨　俊夫	国立国際美術館館長	○
		柳沢　秀行	公益財団法人大原美術館学芸課長	○
	鉄道	和田　真治	南海電気鉄道　グループ事業室部長兼経営企画部長	○
	建築・施設運営	清水　義次	株式会社アフタヌーンソサエティ　代表取締役	
		古澤　靖久	（株）プロジェクトアドバイザリー　マネージングディレクター	○
	畜産	橋本　　剛	大樹リサーチ＆コンサルティング株式会社特別研究員	○
	ICT	川島　宏一	株式会社公共イノベーション代表取締役	○

（注）府市両方の特別顧問は9人、特別参与は28人、また府のみの特別顧問は0人、参与は5人、市のみの特別顧問は10人、特別参与は30人いる。肩書は当時。また、この表はこれらから筆者が抜粋して作成。

アンケートの設計やブレーンストーミング）など、職員と密着して仕事を行う。

大阪府市には以前から首長のブレーンとなる特別顧問や特別参与の制度があった。また、コンサルタントを雇っての調査も頻繁に行われてきた。しかし、今回はそのどちらでもなく、首長の意を受けた上で第三者的視点から現場の仕事のやり方や政策をチェックし、かつ具体的な助言をする。そして彼らの知見は特に医療戦略会議、規制改革会議などの提言を通じて、成長戦略などの政策に影響を与えた。

第10章　従来にない改革手法を駆使―ニュー・パブリック・マネジメントの探求

第4章から第9章までは、維新改革の4つの分野（「インフラ戦略」「成長戦略」「社会政策のイノベーション」「いわゆる行政改革」の〝4つのＷＨＡＴ〟）の主な改革の中身と成果を紹介してきた。本章ではこれらを支える手法を解説する。維新改革はその分野の広さに加え、手法の新しさが特徴的である。筆者はそれを〝4つのＨＯＷ〟（「競争原理の導入」「権限移譲」「府市の連携」「国への問題提起」）と名付けた。これに沿って解説したい。

○わが国初の本格的なニュー・パブリック・マネジメントの導入

ニュー・パブリック・マネジメント（日本では「新公共経営」ともよばれる。）とは、1990年代に英国を中心とする欧州、米国、さらに世界各国に普及した行政改革の手法で、行政サービスに可能な限り民間企業の手法を導入し、競争原理の導入と権限移譲によってサービス改善と効率化を目指そうというものである。維新改革では明示的にニュー・パブリック・マネジメントに学ぶとは言わなかったが、実質的に随所でこれが導入された。

ニュー・パブリック・マネジメントの基本原理は、第1に「顧客志向」（手続よりも目の前にいる利用者の利便性を重視する）、第2に「競争原理の導入」（民営化、民間委託、成果主義による業績評価など）、第3に「現場への権限移譲」（上層部や本部の指示を待たずに顧客近くの現場が可能な限り即断即決する）、第4に「徹底した情報公開」（類似サービスを提供する民間企業や同様の行政機関との業績の比較を通じた切磋琢磨を促し、また不正を抑止する）というものである。

このようなニュー・パブリック・マネジメントは「行政評価」や「行政経営」の導入という形でわが国にも広く普及してきた。また、ＰＦＩ（民間資金活用による社会資本整備）やＰＰＰ（官民パートナーシップ）、指定管理者制度、市場化テストなどもこの延長線上に出てきた考え方である。だが、わが国のニュー・パブリック・マネジメントは手法としては広く知られ制度も整備されたが、現実にはあまり活用されず、目立った成果につながっているとは言い難かった。背景には公務員の雇用維持への配慮や比較的簡単に公債が発行できてしまうこと、そして規制が強過ぎて民間からの参入が難しいこと等があった。

しかし、維新改革では、２００８年に橋下徹氏が府知事に就任した当初から、民間企業の経営改革に学ぶと宣言した。その意味で、大阪の維新改革は、わが国の自治体がついに本格的なニュー・パブリック・マネジメントの導入を決意した第1号ということもできる。こうした観点に立って、以下では維新改革の〝4つのＨＯＷ〟について解説する。

1　競争原理の導入

維新改革では、大阪府庁と大阪市役所のさまざまな階層に競争原理が導入されてきた。

(1)　官民さまざまなレベルで競争を促進

第1には、役所の直営業務を民間企業との競争にさらす改革である。典型的な手法は民営化（地下鉄、バス、水道など）だが、一般の公務についても、業務の部分的な民営化や一部外注化を進めてきた。その結果、例えば府の監査委員事務局の監査業務の一部を監査法人に委託したり、大阪市立の中学校の放課後の運動部の指導を民間委託するなど、他の自治体には前例のない領域でも民間委託が進んだ。第2は、公務を請け負う民間企業同士の競争を促進することである。例えば、補助金を受け取る私立学校同士の競争の促進や、公共工事の請負業者を指名競争入札ではなく一般競争入札で選ぶ、といったことである。第3は、役所内での部門間の競争を促すことである。例えば、大阪市は各区役所の窓口業務を格付けしてサービス改善の競争を促している。また学区制の廃止により公立学校も生徒の獲得をめぐって競争するようになった。第4は、幹部間の競争意識の喚起である。例えば府市ともに部長、局長、校長など幹部のポストには可能な限り内外から人材を公募した。そのことが幹部公務員にも外部との競争を意識させた。また内部の人材登用でも、公募を取り入れて競争環境にさらしている。第5には、職員間の競争意識の喚起である。これについては前述したとおり、人事評価を絶対評価から相対評価に変えることで、職員の競争意識を刺激している。

(2)　官と民の競争を促進

維新改革では官と民の競争を促す事例が数多い。維新改革における競争原理の導入を整理すると、民営化、指定管理の拡大、公募拡大、入札改革の4つに大別できた（図表10―1）。

手段の第1は民営化である。ただし、ここで言う民営化は、必ずしも現行の事業部門を丸ごと株式会社化することを意味しない。独立行政法人化（博物館、病院等）や、設備を役所が保有したまま運営権を民間に委ねる、いわゆるコンセッション方式によるもの（大阪市の水道および下水道など）など手法はさまざまである。民営化の対象事業は大阪市に多く、全部で9つの事業が対象となっている（図表10—2）。図表10—1に戻るが、手段の第2は指定管理者方式の適用拡大である。これについては、2014年4月の時点で全施設のうち府は91・5％、市は90・5％について公募で民間から管理運営者を選定している。第3はすでに解説した幹部職員の公募である。そして第4は、いわゆる入札改革（透明化と競争促進）だが、これらについては府も市も維新改革の前に一般競争入札を中心とする体制に切り替えている。

(3)　大阪市は民営化が課題

民営化については、先述のとおり、大阪府が泉北高速鉄道（運営主体は外郭団体の大阪府都市開発株式会社）の株式を売却し、完全民営化（府の持ち分は全体の49％）し

図表 10-1　維新改革における官と民の競争の促進

手法	視点				実施例	実施時期
民営化	官	⇒	民	府	大阪府都市開発（OTK）の（株式売却）	2014 年度
				市	地下鉄、バス、水道、幼稚園、保育所など	未定
指定管理の拡大	官	⇒	民（運営）	府	導入 59 施設中、公募による選定 54 施設（91.5%）【2014 年 4 月】	2005 年度～
				市	導入 370 施設中、公募による選定 335 施設（90.5%）【2014 年 4 月】	2003 年度～
公募の拡大	官	⇒	官・民	府	部長職、校長	2012 年度～
				市	区長・局長・校長	2012 年度～
入札改革	民	⇒	民	府	電子入札により指名競争入札から一般競争入札中心に	2007 年度～
				市	指名競争入札から一般競争入札中心に	2008 年度～

たほか、伊丹空港のターミナルを運営する大阪国際空港ターミナル株式会社（府市のほか他の自治体や企業等も出資）を新関西空港会社に売却した実績がある。

しかし、民営化の対象事業が多いのは何といっても大阪市役所である。しかも同市は、維新改革以前は他都市に比べ民営化への取組が大幅に遅れていた。例えば、他の6政令市は市民病院を以前から独立行政法人化していたが、大阪市はできていなかった。幼稚園についても、横浜市、川崎市、千葉市ではもともと公立で設置しておらず、福岡市は市立幼稚園を全廃していた。ところが、大阪市は幼稚園の民営化にまったく手を着けていなかった。ごみの収集輸送についても同様である。他都市のほとんどが民間委託をしている中で、大阪市は家庭用ごみについて全てを直営とし、事業系ごみの収集だけを許可業者に委ねてい

図表10-2　大阪市の民営化の取組状況

事業	現状	民営化の形態（方式）	計画策定状況	議会における検討状況	他の先行事例
病院	実現	地方独立行政法人化	《2014年10月1日に地方独立行政法人化》		6政令市が地方独立行政法人化済み
幼稚園	部分実現	原則廃園又は民間移管	2013年8月に「民営化計画案」を策定。2014年4月に「見直し案」を策定	第1期計画の5園について可決（2013年11月）	福岡市は全てを廃園する方針
地下鉄	否決	新会社設立、上下一体経営	「民営化基本プラン」を策定（2013年5月）	5回の継続審議の後、条例案を否決（2014年11月）	国鉄、営団地下鉄、泉北高速鉄道（大阪府）
バス	否決	民間事業者に事業譲渡			17都市（2014年当初）で公営廃止
水道	否決	コンセッション方式*の活用	「民営化基本方針」を策定（2014年5月）	否決（新会社の設立準備予算案を削除）（2014年5月）	新潟東港臨海水道事業
博物館	否決	地方独立行政法人化	「基本プラン」を策定中	否決（地方独立行政法人の設立準備予算案を削除）（2014年5月）	（三重県が検討中）
ごみ収集輸送	否決	民間委託化の早期拡大	「経営形態の変更に係る方針」を策定	否決（移行準備予算案を削除）（2014年5月）	民間委託への切り替えが主流
保育所	計画策定済み	原則民間移管・統廃合・休廃止	「新再編整備計画」を策定（2013年4月）	今後審議（民間移管に関する条例案を上程）（2015年2月）	横浜市、神戸市等で民間移管
下水道	計画策定中	コンセッション方式*の活用	「基本方針」を策定中	今後審議（関連予算案を上程）（2015年2月）	浜松市、大津市で検討中（上水を含む）

＊コンセッション方式：わが国では公共施設等運営権制度といわれる。施設の所有権を公的機関に残したまま、運営を民間事業者が設立した特別目的会社SPCが行う

た。

こうした状況に対し、維新改革では大阪市の全ての事業をゼロベースで見直した。その結果、9つの事業（地下鉄、バス、水道、下水道、ごみ収集輸送、幼稚園、保育所、病院、博物館）を民営化する方針を決めた。（図表10―2）。そして7つについて、すでに民営化の具体計画の策定を終え、残り2つもほぼ策定済みである。

地下鉄、水道、下水道の3つは、他都市では民営化の検討すらされていない。そんな中で大阪市の方針は極めて革新的といえる。

(4)　市議会の反対で民営化は進まず

ところが図表10―2に示すとおり議会の反対により、わずか2つしか実現できていない。順にみていくと、病院は予定より遅れたが独立行政法人化された（2014年10月）。幼稚園は全19園のうち4園の廃止と1園の民営化だけが可決された。しかし、地下鉄とバスの民営化は条例案が過去に5回も継続審査となり、2014年11月、6回目に否決され、さらに2015年2月にも再否決された（地下鉄・バスについては、第12章、第13章参照）。

水道については、設備とインフラは市役所が所有したまま、運営のみを新たに設立する株式会社に業務委託するという、いわゆるコンセッション方式を採用する案を作ったが、これも否決された。

○水道は府の改革が先行

ちなみに、水道事業については、大阪市よりも府の改革が先行した。大阪府の維新改革では、2011年4月から大阪府の水道部が大阪広域水道企業団に改組され（大阪市以外の市町村も参画）、府から水道用水供給事業と工業用水道事業を引き継いで事業を開始している。

（注）企業団とは、地方自治法に基づき、複数の地方公共団体が行政サービスなどの一部を共同で行うことを目的として設置する一部事業組合のうち、地方公営企業の経営に関する事務を共同で行うもの（地方公営企業法第39条の2第1項）。企業長などの執行機関のほか、議会を設置してその運営を行う。構成団体は大阪府内42市町村である。

その後、橋下氏の市長就任後に大阪市水道局は同企業団との経営統合案を検討したが調整がつかず、大阪市単独によるコンセッション方式（公共施設等運営権制度）を活用した上下分離型の民営化の現行案に至った。なお、運営会社については、早期に民間からの出資受け入れを念頭に、設立当初は市が100％を出資する計画である（府市の水道事業の改革については第14章参照）。

○博物館の独法化も課題

また博物館については独立行政法人化の方針を決めた。博物館は従来は、地方独立行政法人法施行令の対象外だった。そのため多くの自治体が、指定管理者制度による委託の形式をとってきた。しかし2013年に同法施行令が改正され、地方独立行政法人による設置および管理が可能となった。実はこの改正は大阪市が国に働き掛けて実現した。同市は、筆者も参画した關淳一元市長の時代の行政改革の中で博物館、美術館の独立行政法人化の必要性を感じ、構造改革特区提案などを通じて2006年度から国に対して博物館施設の地方独立行政法人化を求めてきた。この制度改正が7年を経てようやく実現した（ただし大阪市議会は直営の維持を主張し、条例案を否決）。

(5)　エンドユーザー（利用者）による選択制

先述のニュー・パブリック・マネジメントの考え方による競争促進の方法の典型は民営化だが、民営化できない事業、あるいはすでに民営化されている事業についてはどうか。「バウチャー制度」などエンドユーザー（利用者）による選択制という手法が有効である。これは民営化のように事業や商品を直接的な市場競争にさらすことなく、公的サービスのままでエンドユーザーにどの事業提供者のサービスを選ぶか選択する自由を与える。そして事業提供者間の競争を促すものである。

(6)　いわゆるバウチャー制の導入

典型例が学校の授業料のバウチャー制である。生徒は自由に行きたい学校を選んでよい。授業料は、選ばれた学校に対して政府が肩代わりして支払う。従来、各校は政府の資金をもらっていた。そのため補助金を獲得するためには生徒や保護者に対するよりも政府に対して熱心に自らの優位性をアピールした。だがバウチャー制では、各校は生徒にアピールしなければならない。すると生徒のニーズに対応した授業の改善が始まる。また生徒獲得をめぐって、他校との競争も意識し始める。このように、必ずしも民営化できない事業についても、エンドユーザーに選択権を与えることで、事業提供者に切磋琢磨を促すことができるのである。

維新改革では私立高校向けにバウチャー制を取り入れた（第7章を参照）ほか、経営相談でもエンドユーザーが中小企業診断士を選ぶ仕組みが導入された。その他、さまざまな分野でエンドユーザーによる選択制を取り入れた（図表10―3）。

図表10-3　エンドユーザー（利用者）による選択制を導入した例

項目（主な事例）		エンドユーザー	改革による選択環境の変化			実施時期
私立高等学校等生徒授業料支援補助金	府	生徒・保護者	公立・私立高校で授業料に格差	⇒	家庭の経済的事情によらず、公立・私立にわたる自由な学校選択を保障	2011年度～
小規模事業対策	府	中小企業等	無料で経営相談できる先は、商工会等に限られる	⇒	無料で経営相談できる先を、商工会等と民間専門家（中小企業診断士、税理士等からエンドユーザーが選択	2011年度～
府立高校通学区域	府	生徒・保護者	全日制普通科には府内4区の通学区域があり、居住区域内の府立高校を選択	⇒	通学区域が府内全域になり、すべての府立高校の中から、行きたい高校を選択	2014年度～
区役所業務の格付け	市	区民・来庁者	各区の窓口サービスを評価・比較する仕組みがない	⇒	格付け結果を公表し、区役所同士の競争と切磋琢磨によるサービス向上を促進	2012年度～
学校選択制の導入	市	保護者	学校ごとの通学区域（校区）により、就学校を指定	⇒	あらかじめ保護者の意見を聞いたうえで、就学校を指定	2014年度～（一部区で実施）

2　権限移譲

府では、従来、市町村からの申し出を受けて権限移譲を進めてきた。しかし維新改革では「住民に身近な行政サービスは基礎自治体である市町村が担うべき」という市町村優先の原則に基づき、府が主導して市町村に特例市並みの権限移譲を進めてきた。

一方、大阪市も、本庁から区役所への権限移譲を実施した。区役所は従来は市役所の出先機関の位置付けにすぎなかった。これを地域の実情に即して自主的に施策を考え、自ら決定、実施する機関に変えていく方針とした。

(1)　府から市町村への権限移譲

まず府から各市町村への権限移譲については、まちづくり、土地利用規制など多くの事務が移管された（図表10―4）。その結果、大阪府から市町村に移管された条項の数は1955条項（2013年4月1日現在）になり、大阪府は全国都道府県のランキングで2009年に15位

図表 10-4　大阪府から市町村への「特例市並みの権限移譲」の実施状況

分　野	提案事務数	移譲率（※）
1．まちづくり・土地利用規制	42	90.1%
2．福祉	19	86.9%
3．医療・保健・衛生	5	81.6%
4．公害規制	13	64.3%
5．生活・安全・産業振興	10	79.6%
計	89	83.3%

※移譲率：府から提案した延べ2,762事務に対し、市町村が移譲を受けた延べ事務数（2013年度末延べ2,302事務）

図表 10-5　府から市町村への権限移譲条項数状況

【2009年4月1日現在】

順位	都道府県	条項数
1	広島県	1960条項
2	静岡県	1677条項
3	岡山県	1383条項
4	埼玉県	1222条項
5	北海道	1093条項
6	栃木県	1075条項
7	新潟県	1010条項
：		
15	大阪府	779条項

→【2013年4月1日現在】

順位	都道府県	条項数
1	大阪府	1955条項
2	広島県	1934条項
3	静岡県	1768条項
4	岡山県	1515条項
5	埼玉県	1391条項
6	新潟県	1344条項
7	北海道	1204条項
8	栃木県	1072条項

（注）条項数とは、事務処理特例制度を活用した条例による権限移譲を行った場合の法律等の条項数

出所：移譲条項数状況

（一社）行財政調査会「市町村への事務移譲の実施状況調べ」の調査結果を基に各都道府県の条項数のカウント方法が異なることから、大阪府のカウント方法に補正し条項数を比較

だったのが、一躍1位へ上昇した（図表10―5）。

(2) 複数市町村が共同で受け皿組織をつくる

ただし、市町村の中には、自治体としての規模が小さ過ぎるといった理由のもとで、単独での権限移譲には二の足を踏むところがある。そこで大阪府は、2011年10月から複数市町村が共同で権限移譲の受け皿組織を作る方法を導入した。例えば、池田市、箕面市、豊能町、能勢町の4市町から成る豊能地域については、4市町が共同で福祉やまちづくり、公害規制、生活安全、子育てなどの事務処理を行う機関を設置した。また、南河内地域（富田林市、河内長野市、大阪狭山市、太子町、河南町、千早赤阪村）でも、福祉、まちづくり、公害規制の事務処理機関ができた。さらに、泉州北地域（岸和田市、泉大津市、貝塚市、和泉市、高石市、忠岡町）や泉州南地域（泉佐野市、泉南市、阪南市、熊取町、田尻町、岬町）でも、それぞれ福祉についての受け皿が共同設置された（図表10―6）。

図表10-6　府が市町村への権限移譲のための受け皿機関の設置

	地域	時期	構成市町村	分野
機関等（内部組織）の共同設置	豊能	2011年10月	池田市、箕面市、豊能町、能勢町	・福祉（社会福祉法人の設立許可等） ・まちづくり（都市計画法に基づく開発行為の許可等） ・公害規制（大気汚染防止法に係る規制等）、生活安全（ガス用品販売事業場の立ち入り検査等）、子育て（児童福祉施設設置の許可等）
	南河内	2012年1月～	富田林市、河内長野市、大阪狭山市、太子町、河南町、千早赤阪村	福祉（社会福祉法人の設立認可等）、まちづくり（都市計画法に基づく開発行為の許可等）、公害規制（大気汚染防止法に係る規制等）
	泉州北	2012年4月～	岸和田市、泉大津市、貝塚市、和泉市、高石市、忠岡町	福祉（社会福祉法人の設立認可等）
	泉州南	2013年4月～	泉佐野市、泉南市、阪南市、熊取町、田尻町、岬町	福祉（社会福祉法人の設立認可等）
教職員人事協議会	豊能	2012年4月～	豊中市、池田市、箕面市、豊能町、能勢町	小中学校の教職員の任命権に係る事務処理を開始

また、第7章でも紹介したとおり、教育分野でも、2012年4月から豊能地域の5つの市町（豊中市、池田市、箕面市、豊能町、能勢町）が豊能地区教職員人事協議会を設置し、小中学校の教職員の任命権などの事務処理を始めた。いずれも全国初の改革である。

(3)　大阪市の局から区への権限移譲

維新改革では、現行の1つの大阪市役所では約260万人もの市民に対してきめ細かな対応はできないと考え、本庁の局から各区役所に対して大幅な権限移譲を行った。

第1に、区長を局長より上位に位置付け、局長を区長の補助組織とする制度変更を行った。これは政令市で初めてである。また、区長の人事・組織、予算編成の権限を拡大し、区役所に分掌されていない事務のうち区長に決定権を持たせる事務を、各区の単位で各局横断的に処理する「区シティ・マネージャー」を設置し、区長をこれに充てた。

(4)　区長に組織編成権を付与

第2に、区長の組織編成権を強化した。従来の区長には、区役所の中の組織を編成する権限が全くなかった。それを改め、2012年の夏からは、区長が係員の配置権の他、課、職（ポスト）の新設・改廃や名称・事務分担の変更、そして人事異動（昇任や所属間異動は除く。）の権限を持つようになった。

第3に、区の自主予算の比重を上げた。市役所の一般予算に占める割合は2012年度で0・101％だった（横浜市の0・159％に次いで全国主要都市中第2位）。これをさらに引き上げ、2014年度には0・

338%となった。

3　府市連携

大阪府と大阪市の対立の歴史は長い。戦後ずっと連携の必要性が議論されてきた。しかし、ともに深刻な財政危機に陥った2006年ごろから連携機運が高まった。例えば、当時の關淳一市長と太田房江知事のトップ会談で中小企業支援のための組織（信用保証協会や中小企業支援センター）の統合や事業連携を議論したほか、消費者政策、水道、男女共同参画、文化・芸術支援などの一部で事業レベルの連携が始まった。

しかし、しょせんは別々の組織である。首長は乗り気でも、議会もそうとは限らない。また政令指定都市と都道府県はもともと制度が異なる。そのため施設や組織の統合には、議論が深まらなかった。

(1)　外郭団体の統合から着手

維新改革ではこれに挑戦した。突破口になったのは府と市の中小企業信用保証協会の統合問題（2014年5月に実現）だった。そして都構想をめぐる議論が深まるにつれて、大学、病院、さらに府の公衆衛生研究所と市の環境科学研究所などの統合が検討され始めた。

(2)　ダブル選挙の後、一気に進展

その後、2011年11月のダブル選挙を経て主に議会の議決を必要としない案件について一元化、共同化が一気に進んだ（図表10―7）。例えば事務所の統合では、東京事務所（2012年）や上海事務所（2013

年）が先行し、府と市の職員が同じ部屋で机を並べて仕事をし始めた。

(3) 府市が合同で大都市局を設置

また、二重行政の見直しのために、2013年には府市が合同で大都市局を設置した。業務の移管や一本化も進んだ。河川管理、医療法人認可、府営住宅は府から市へ移管され、逆に大阪市の特別支援学校と高等学校は府に移管された（府市連携については第24章で解説）。

4 国への問題提起

大阪の衰退は深刻であり、都市再生に向けた総力戦が展開されている。維新改革では、府も市も国に頼る前に大阪の中でできることはまず何でもやる、そして使える手段は全て使うという発想に立っ

図表 10-7　維新改革による府市連携や事業統合の実績（主なもののみ）

	事業レベルの連携	組織・機関の統合や共同化
組織* 事務所 関係団体	・府による大阪市のWTC（ワールドトレードセンタービル）の購入と第二庁舎化[10年]	・大阪府市大都市局の設置[13年] ・戦略会議の共同設置・運営[12年] →（医療戦略、規制改革、新大学構想等） ・東京事務所の共同化[12年] ・上海事務所の共同化[13年] ・大阪観光局の設立[13年] ・消防学校の一元化[13年] ・港湾管理の一元化（行政委員会共同設置）[15年(予定)] ・信用保証協会の統合[14年] ・府市文化振興会議設置[13年] （2014年度からアーツカウンシル部会設置）
人事		・人事交流の拡充強化（財務部長等）
施策 事業	・消費者施策 ・産業技術支援（研究所共同運営会議） ・公営住宅申込用紙の相互配布 ・公立大学の産学官連携共同オフィス	・消費者施策[12年] （共同機関紙の発行、センターの隣接等） ・税務事務連携協議会の設立[12年]
イベント	・大阪マラソン、御堂筋KAPPO、水都大阪イルミネーション（御堂筋&光のルネサンス）などの共催	
権限移譲	・府から市への権限委譲 ー薬局等許可及び監督指導[08年] ー医療法人認可[10年] ーNPO法人設立認可[10年] ー市街地再開発認可、指導監督等[10年]	・特別支援学校の市から府への移管 ・市内の府営住宅の市への移管 ・市立高校の府への移管（都構想の実施時期が目途）

* このほか大阪産業振興機構と大阪市都市型産業振興センターの統合 及び府立産業技術総合研究所と市立工業研究所の統合が予定されている（2016年度）

て、政策の刷新に取り組んできた。

具体的には、第1に大阪府庁、大阪市役所のそれぞれが今、自らできる改革にはいち早く全力で取り組むという方針である。そこで業務の外注化や補助金の見直しなどのいわゆる行政改革には早くから取り組んできた。第2に、府と市が連携して今までバラバラにやってきたインフラ投資や無駄な二重行政の見直しを始めた。第3に、府民、市民や地元の企業の協力や参画を募り、自助努力に必要な権限と責任の移譲を進めてきた。それによって、地域のことはなるべく地元でやってもらい、個人と地域の自立を促してきた。つまり、地域の自立を目指して自治体主導でできるメニューには何でも取り組んできた。

一方で大阪は、状況の深刻さに加え、悪化のスピードも速い。国の改革を待って他地域と同じペースでやっていては、手遅れになる。また全国一律の制度の下では再生できない。そこで維新改革では、国に対して種々の制度の見直しを働き掛けてきた。

(1) 制度改正

国への働き掛けの中身は、大きく2つに分かれる。第1は制度改正である。これは、全国一律の硬直的な制度を地域の実態に合わせた形に柔軟化する、あるいは特区制度による例外処理を認めてもらうというものである。図表10―8に具体項目のリストを掲げたが、国から地方に対する画一的な義務付けや予算の枠付けの見直しなどが典型である。

○国直轄事業の負担金の廃止

制度改正の典型例が国直轄事業の負担金を法改正によって2011年度に廃止に持ち込んだこと、そして東京都と同じような特別区の設置を政令市にも認める政令市制度の見直し（「大都市地域における特別区の設置に関する法律」の制定〈２０１２年〉）を実現したことである。

特区制度については、国際戦略総合特区、地域活性化総合特区、国家戦略特区の３つの制度を駆使した結果、例えば混合診療や健康食品の表示、公立学校の民営化などが実現しつつある。また、教育委員会制度についても、大阪での改革の実地体験をもとに、あいまいな教育長や教育委員会の役割の明確化や、首長の関与の明確化を国に働き掛け、地方教育行政法の改正が実現した（２０１４年）。

(2)　運用面での見直し

国への働き掛けの第2のカテゴリーは、制度の運用面での見直しである。例えば、ハローワークの業務を大阪府に移管することを働き掛けた結果、ハローワークと一体運営する「ＯＳＡＫＡしごとフィールド」が設置できた（２０１３年）。また、医薬品の承認許可権限を持つ独

図表 10-8　国への問題提起

	国への提案の内容	提案の結果
制度改正	国と自治体の関係の見直し	
	国直轄事業負担の廃止	政府においてワーキングチームで見直し検討 2011年から 維持管理費負担金廃止（法改正）
	国による画一的な義務付け・枠付けの見直し	地域主権戦略大綱（H22閣議決定） 国から地方への権限移譲、都道府県から市町村への権限移譲、条例制定権の見直し、規制緩和（第1次～第4次地方分権一括法制定）
	新たな大都市制度の創設	強い財源と権限を持つ「特別区」の設置が可能に（大都市地域特別区設置法制定）
	特区制度の創設・活用、特区での税特例措置の実現	
	国際戦略総合特区・地域活性化総合特区	特区創設、税特例措置盛り込み（特区法制定）、地域指定
	国家戦略特区	地域指定 規制緩和 雇用における規制緩和（外国人労働者、労働時間）／保険外療養制度の拡充（混合診療）／いわゆる健康食品の機能性表示／公立学校運営の民間開放／外国人医師の医療活動
	義務教育における権限と責任の所在の明確化	教育行政の責任明確化、教育への首長関与を明示（地方教育行政法改正）
	統合型リゾート（IR）法制化	統合型リゾート推進法成立に向け国会で審議
運用面での見直し	ストックの組換え・既存ストックの有効活用	
	空港問題の抜本的解決（関空・伊丹経営統合）	新関空会社法（法制定）
	万博記念公園の有効活用（国から府への移譲）	（独法）万博機構の解散、公園運営の府への移譲（機構廃止法）
	国の河川整備計画策定への自治体の関与	淀川水系5ダムに関する4府県知事合意（国へ意見提出）
	医薬品等承認許可権限を持つPMDAの関西拠点の設置	PMDA-WESTの関西拠点設置（特区関連）
	労働行政の地方一元化（ハローワークの府への移管）	「おおさかしごとフィールド設置」（ハローワークとの一体的運営）
	都市圏高速道路の一体的運営（ハイウェイオーソリティ構想）	阪神圏について、国と地方の検討会にて2017年実施に向け検討

立行政法人医薬品医療機器総合機構関西支部（ＰＭＤＡ—ＷＥＳＴ）の大阪への誘致に成功した（２０１３年）。河川行政では、淀川水系の大戸川ダムの事実上の建設中止が実現した（２００９年）。また、日本万国博覧会の跡地を利用した公園について、国に関連独法の解散を要請し、公園の運営が府に移譲された（２０１４年）。

(3) 大阪発、全国初の改革が多数

なお、これらの他にも、直接国に対して制度の見直しを提案したわけではないが、大阪が自ら全国に先駆けて改革したために、国の制度改革の議論に影響を与えたものがいくつかある（図表10—9）。その代表例が違法ドラッグ対策だろう。

このように、維新改革では「競争原理」「権限移譲」「府市連携」「国への問題提起」という従来の自治体の行政改革にはあまりみられなかった手法が駆使されてきた。

図表 10-9　全国に先駆けて行った大阪発の改革（主なもの）

タイプ	内容	概要
全国初のもの	特区地域への「地方税ゼロ」の実現	特区の実行力を高めるため、国際戦略総合特区の指定地域で、固定資産税等の地方税減免を実施（府市をはじめ府内の特区指定市町村が連携して税を減免し、全国初の『地方税ゼロ』を実現）
	公務員制度改革	・職員採用試験制度の見直し ・人事給与制度改革の実施 ・人事評価における相対評価の導入
	役所の機関等（内部組織）の共同設置	・福祉、まちづくり、公害規制等の事務処理を複数市町村が共同で実施（府内４地域） ・教職員人事協議会を設置し、小中学校の教職員任命権事務処理を実施（府内１地域）
	大阪府市大都市局の設置	新たな大都市制度の実現に向けた戦略・ビジョンの検討、組織体制の調整、二重行政の解消などに取組む、府・市職員からなる組織を市役所内に設置。
全国の先行モデルとなるもの	自治体による教育政策への関与	・教育に関する権限、財源、責任が国・府・市町村で不一致であること、住民の声を教育行政に反映させる必要があるとの課題認識から、知事、市長が全国に先駆けて教育委員会と共同作業で「教育振興基本計画」を策定 （地教行法改正(2014.6)により教委制度改革。教育委員長と教育長を一本化して責任の所在を明らかにするとともに、首長が設置する総合教育会議で、教育の振興に関する施策の大綱を策定する等、民意を反映する仕組みをビルドイン。(2015.4施行)）
	違法ドラッグ対策	・2012年　「大阪府薬物の濫用の防止に関する条例」を全面施行（東京都に続き２番目の全面施行） ・知事指定薬物の使用者に罰則を導入（全国で唯一）、知事指定薬物指定（国より迅速）、警察職員に立ち入り権限付与（全国で唯一）
	新公会計制度の導入	東京に次いで全国に先駆け、貸借対照表と行政コスト計算書を作成・公表。さらに東京都と連携して制度を構築し、2012年度から本格導入。

第2部　個別事業の改革事例

第1部では維新改革の主な改革項目164個の全体を概観した。すでに触れたが、その内容には他の自治体に前例のないものや新手法によるものが多い。背景にはもちろん大阪維新の会や橋下徹氏の強力な政治力があるが、もう1つ注目すべきは、民間企業の経営分析手法の導入である。それによって府市の個々の事業の在り方と組織運営が〝見える化〟され、課題の見直しが始まり、さらに民営化、業務委託、府から市へ（あるいは逆）の事業の移管、府市の事業統合あるいは廃止などの方針が示されていった。

なお、個別事業の改革のもととなる経営分析に当たっては、第三者を積極的に登用した。行政内部には経営分析や民営化などの作業に長けた人材が少ない上、職員だけではどうしても市民目線による客観的な評価は難しい。そこで知事と市長は、経営コンサルタント、会計士、研究者らを特別顧問や特別参与に起用した。彼らはデータに基づく分析によって各事業、組織の課題を明らかにし、その結果が統合本部会議等の場で次々と情報公開された。

特別顧問や特別参与は、行政から独立した第三者の視点から課題を指摘し、また解決策を提案した。行政機関はどうしても前例主義や行政の無謬性を前提としやすい。また、自ら課題を見つけて公表し、自力で改革を進めるインセンティブに欠ける。そこで第三者が、データを使って分析するとともに、内部にくすぶる疑問や改革のアイディアを引き出す。そして職員とともに解決策を練り上げていった。

第2部ではこうした改革の具体事例をいくつか紹介する。

第11章　経営分析と情報公開による行政改革

経営分析の手法は、地下鉄などの現業事業にとどまらず、維新改革の4つの分野、すなわち「インフラ戦略」「成長戦略」「社会政策のイノベーション」「いわゆる行政改革」の随所で使われた。

その特徴は、第1にいわゆる事務や事業よりも1つ上位の施策レベルに着目し、ヒトとカネの使われ方をデータで明らかにすることである。第2に「このまま何もしないでいるとどうなるか」を予測する（これは「馬なりの予測」「ホラーストーリーの可能性チェック」と呼ばれる。）。そして第3に将来を少しでも良い方向に変える戦略の選択肢を出す。第4に、戦略の選択肢を出すに当たっては民間企業の改革手法に学ぶということである。

1　経営改革手法の実際

経営分析手法による個別事業の改革の流れは図表11―1のとおりで、「1．状況把握」「2．問題解決」「3．改革実践」の順に課題が解決されていく。以下では市営地下鉄を例に解説する。

(1) 状況把握

まず最初は図表11―1の「1．状況把握」だが、これは「(a)改革の対象の特定」から始まる。

○まずは対象部門を特定

「改革の対象」とはその事業を実質的に担当する部門のことである。民間企業では多くの場合、その事業や業務とそれを担当する組織（部門）の名前が一致する。ところが行政機関の場合は、組織名を一見しただけでは何を担当しているところか分かりにくい場合が多い。また、1つの事業に複数の部門がかかわったり、たくさんの事業を1つの部門が担当したり、あるいは実質的には外郭団体が担当している場合などいろいろなパターンがあって、分かりにくい。なかには意図的に分からなくしているのではないかと思われる場合すらある。そこでまずここを明らかにする。

○資金と仕事の流れを解明する

さらに資金の流れを見ると、組織図に出てこないファミリー子会社（行政機関の出資法人）や外注事業者が業務を受託し、実務を担っていることもある。ここでは資金（補助金、料金収

図表 11-1　経営分析手法の展開プロセス

1. 状況把握	2. 問題解決	3. 改革実践
(a) 改革の対象の特定 (b) ステークホルダーの抽出 (c) 問題の把握と利害構造の理解 (d) 制度、法規制等の制約の理解	(e) 事実とデータの収集 (f) ベンチマーキングと分析 (g) 課題の構造化 (h) 解決策（選択肢）の抽出	(i)改革案の選択 (j)ステークホルダーの同意取り付け (k)実行計画作り (l)実施

入など全て）がどこから入り、どこに流れているかを、きっちり押さえる。形式ではなく実質を把握するために資金と仕事の流れを押さえる。そして、どこの部門を実質的な改革の対象とすればよいのか把握する。

市営地下鉄の担当組織は大阪市交通局で明確である。交通局長は市長の指揮下にあるが、特別会計事業なので独立性が強く、局長が民間企業の社長のように局全体を管理する。ただし、交通局には地下鉄部門とバス部門の両方があり、局内には両方の事業を担当する部署がある。会計上も必ずしも2つの事業は明確に分離されていない。また独立性が強いとはいっても、独立行政法人の理事会や、企業の株主総会のようなチェック機関がなく、市議会が全般的な監視をするだけである。さらに交通局の下には定期券発行などの現場のサービス業務を担当する外郭団体（株式会社大阪メトロサービス）があり、保線工事や清掃などは民間企業に外注している。ここまでが「(a)改革の対象の特定」の作業である。

○ステークホルダーの抽出

「(b)ステークホルダーの抽出」とは何か。ステークホルダーとは、利害関係者のことである。企業の場合、社員のほか、株主、取引先、顧客、工場など事業所の周辺住民、監督官庁である。行政の場合も基本は同じだが、企業に比べるとステークホルダーの数が多く、関与の領域が広い。また個々のステークホルダーの関与の度合いも深い。市営地下鉄の例でいえば、まず国土交通省と総務省の監督を受ける。また、市議会が企業の株主総会とは比較にならないほど細かなことまで関与する。制度上は毎年の予算と決算、運賃に関する条例改正などが中心だが、個々の議員の関心はそこにとどまらず、設備投資から組織の再編までの質問や意見が公式、非公式のやりとりで出てくる。支持者たちも議員に対し、サービス改善から新線建設、駅の設置まで陳情してくる。そして最大のステークホルダーは市民だ。利用者の視点からの意見が多いが、タックスペイヤーの視点からの合理化や民営化を促す意見も来る。

○何が課題か

「(c)問題の把握と利害構造の理解」とはどういうことか。市営地下鉄の場合、収支は黒字である。国鉄民営化の直前のような事故の続発やサービス劣化で苦情が続出しているわけでもない。しかし、運賃は高く、終電はほとんどが午後11時台であった。そのほか汚いトイレや不便な売店、気の利かないサービスなど改善の余地はたくさんあった。加えて、乗客数は毎年減り続け、一方で人件費は私鉄はもちろん他都市の公営地下鉄よりも高く、人員配置も過剰だった。つまり、生産性を改善しなければ将来の赤字転落、そして設備投資資金の捻出に苦労するリスクがみえていた。

○安易な答えを出さない

この段階ではこの程度の理解でよい。むしろここで大事なのは、ろくな分析もしないうちに、思い付きでいきなりの解決策を出さないことである。もちろん課題はあるから改革が必要なのだが、公共セクターの場合、ことは単純ではない。例えば、行政改革では多くの場合「効率化」や「人減らし」が主たる課題とされるが、最初からそこに絞るのは禁物である。それは財政当局や行革部門からの要請ではあっても、戦略上の最優先課題とは限らない。首長や市民はむしろサービス改善を切実に求めているかもしれない。ならばむしろ投資や人員増が正解かもしれない。また、行政改革ではしばしば「全部門一律に○○%のコスト削減」がテーマとされる。だが、本当に全ての部門が非効率で、しかもきっちり同じパーセント分のコストを削減すべきとは限らない。例えば、むしろスタッフを増員した方が全体の効率が上がる業務もある。このあたりは具体的にデータで調べてみないと分からない。そうしたことは「2．問題解決」のところではまずはデータを分析する。とりわけ「(f)ベンチマーキングと分析」を経ないとよく分からない。この段階で重要なのは「(c)問題の把握と利害構造の理解」である。例えば、労組の主張と財務当局の主張はたいてい対立する。議会でも会派によって合理化へのスタンスは異なる。これらの対立の構図をよく把握しておく。このあたりは、物事が経済原則、つまり「儲かるかどうか」で決まる企業経営よりも複雑である。さらに「(d)制度、法規制等の制約の理解」が必要だ。一見、合理的とみえる改革案を作っても、今の法律の下ではできない、あるいは訴訟や住民監査請求のリスクがあることなどをあらかじめ理解する必要がある。これは、企業の経営分析では必ずしも必要とされない作業である。

「1．状況把握」では以上の全ての作業を経て問題を構造的に理解する。そしてさまざまな現象の背景にある真の課題をあぶり出し、どこから解決すべきか着眼点を明らかにする。また課題解決に向けて、各ステークホルダーにどう対応すればよいかあらかじめ見当をつけておく。行政機関を取り巻く環境は民間企業よりも複雑である。「1．状況把握」には十分に時間をかけるべきである。

(2) 問題解決

「2．問題解決」の段階に入ると、順次「(e)事実とデータの収集」「(f)ベンチマーキングと分析」「(g)課題の構造化」「(h)解決策（選択肢）の抽出」と進んでいく。これらは民間企業の場合は日常の経営改善である程度やっている作業であり、特段に目新しいものではないかもしれない。

しかし行政組織では、普段から生産性指標を取ったり、管理会計の手法で各部門の目標を管理する習慣が希薄である。そのためデータ収集の段階から作業が難航し、あるいはそもそもすぐに使えるデータが存在しない場合も多い。

○トレンド分析が重要

「(e)事実とデータの収集」の基本はデータをピックアップし、売り上げや収益の推移をきちんと把握することである。公営事業の場合でも、それくらいはもともとできている。データ自体は存在し、公開もされている。しかし、経年のトレンド分析や課題の図示化がされていないことが多い。

○図表による「見える化」が効果的

図表11―2は維新改革の初期に、筆者が参画する改革チームが市営地下鉄の事業の変遷を図示化したものである。ここでは、トレンド分析によって地下鉄事業の将来性を「見える化」した。これをみると、1990年代以降は新線開業で営業キロが延び続けたのに、乗客数は減り続けてきたことが分かる。この1枚の図だけで、一部の議員が強硬に主張するこれ以上の新線建設の必要性への疑問が湧く。しかし行政機関の場合は、こうした基本的な事実やデータが開示されていないことが多い。私鉄の場合はもともと路線別の収支分析がなされ、どこに改善の余地があるかもだいたい分かっている。だが、公営事業では複数事業の収支がどんぶり勘定で処理されていることがままある。あるいは赤字が出ても一般会計から補塡される構造にあるため、事業内の区分会計によって収支をきめ細かく管理する発想が薄い。このように公営の事業でも民間企業とは収益改善に向けた心構えが異なるため、何でもあえて「見える化」してみる必要がある。

○過去と、他の団体と比べる

次の「(f)ベンチマーキングと分析」だが、ベンチマーキングとは、〝椅子の高さを合わせる〟という意味に由来し、業界内の進んだ企業のデータと自社のデータ、あるいは過去の実績と現状値を比較して、改善の余地を探し出す手法である。行政機関の場合、前例重視の文化もあって、過去との比較はよく行われる。しかし、他の自治体や類似の仕事を行う民間企業と比較する発想はあまりない。それでも政令指定都市間では、他市とデータを比較する慣行があり、分野にもよるが職員1人当たりのコストや住民1人当たりのコスト比較まではできる。しかし、一般の市町村や都道府県では同一基準でよそと比較できるデータは少ない。そうなると、過去と比べてコストやサービスがどう変わったかを分析するしかない。

例えば市営地下鉄の職員の数と給与を、私鉄や他の公営企業と比べたところ、給与は他都市の公営とほぼ同じレベルだが、私鉄平均よりは約2割高く、営業キロ当たりの職員は約1・75倍もいた（ただし2008年データ、現状値はもっと改善）。また、図表11—3のとおり市営地下鉄の運賃は東京都営や東京メトロと比べて突出して高い（ただし2014年4月に一部値下げ）。いずれも、ベンチマーキングから分かったことである。

○複数の案を示す

「(h)解決策（選択肢）の抽出」は、文字どおり改革案を作る作

図表 11-2　大阪市営地下鉄の変遷

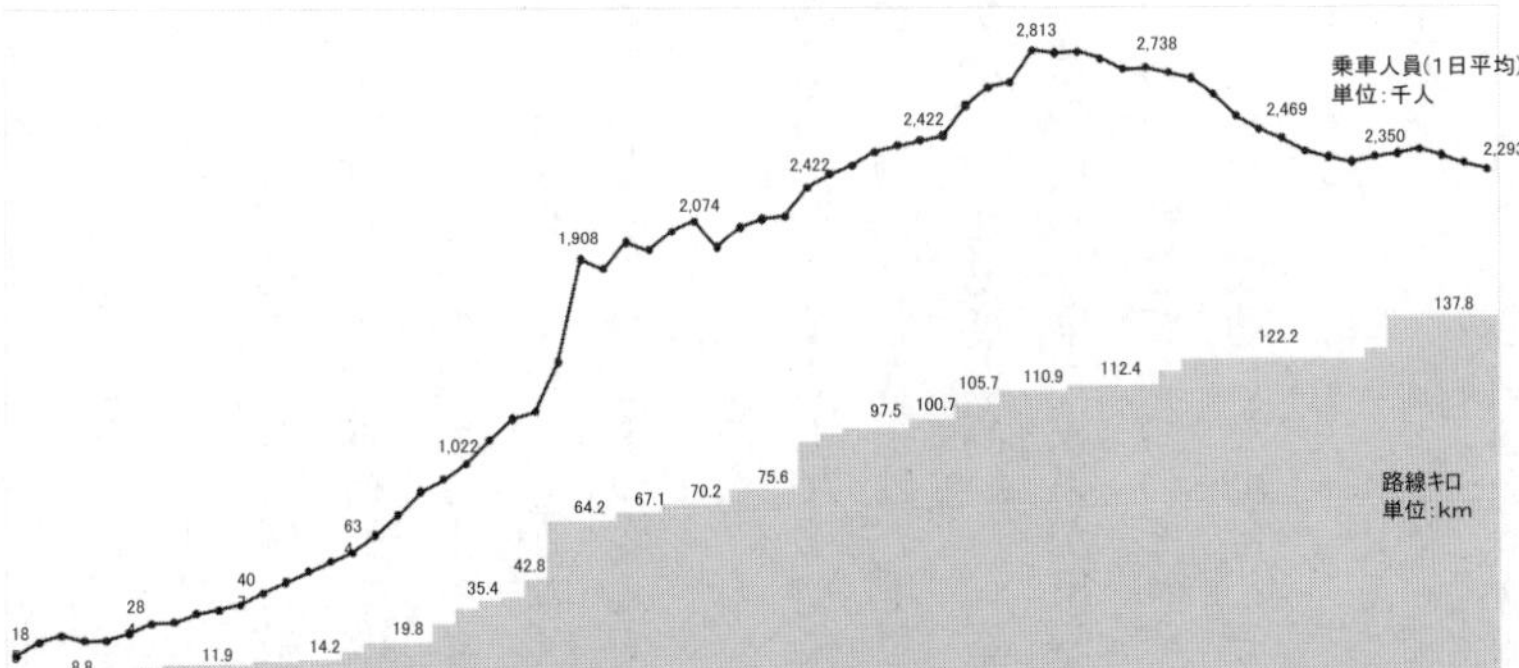

（注）営業開始は戦前の1933年5月
出典：第 14 回大阪府市統合本部会議資料３－１「地下鉄事業について」（最終報告）

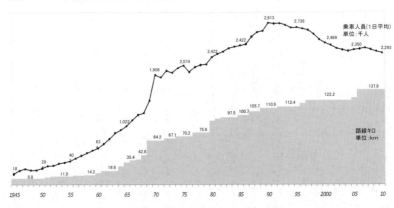

図表 11-3　東京と大阪の地下鉄の運賃比較（2010 年度、円）

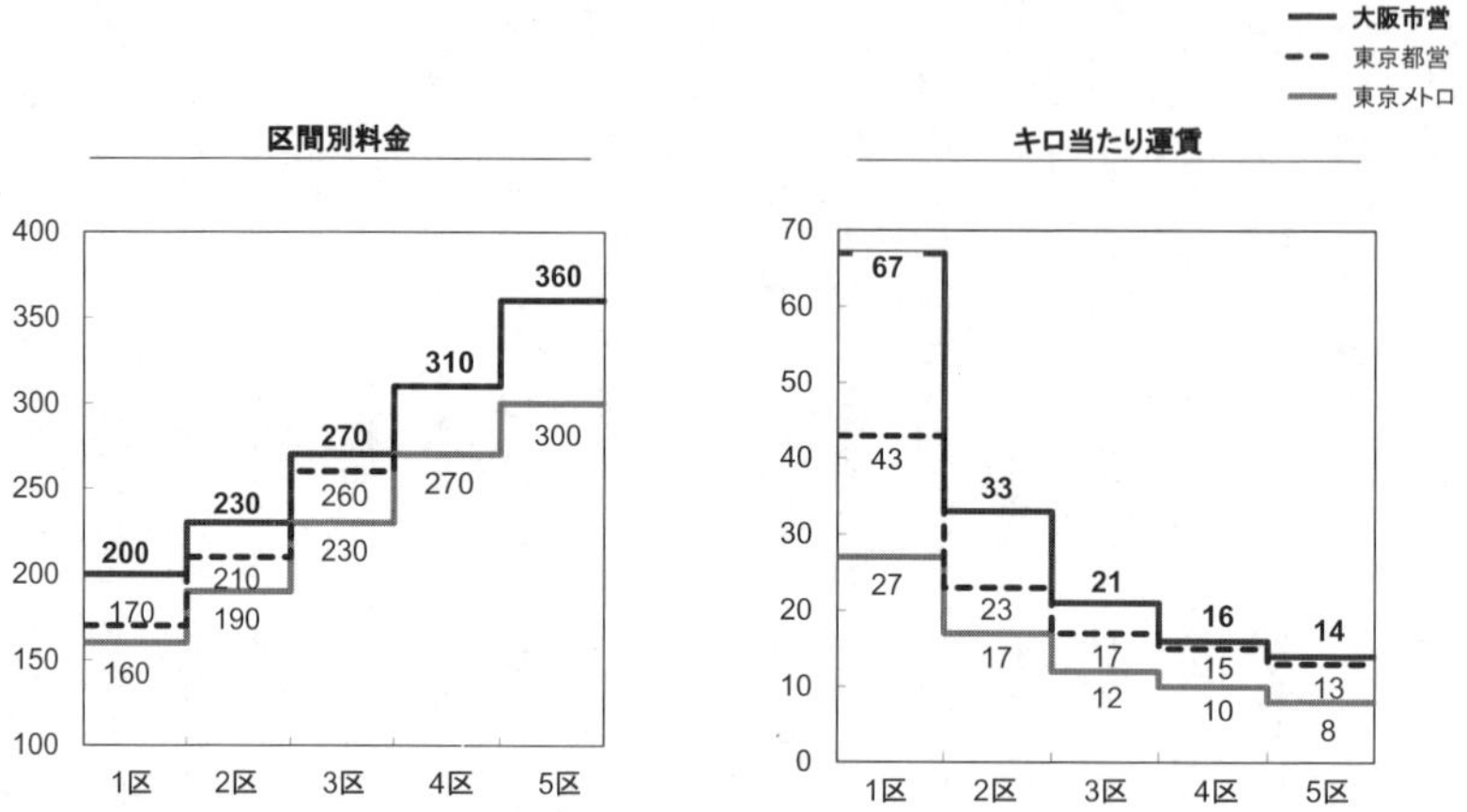

（注）2014年4月に大阪市営の1区料金は180 円に値下げされた
出典：筆者分析

業である。解決策はもちろん、事実とデータの分析に基づいて出す。だから解はおのずと合理的に絞られてくるのだが、公共サービスの場合は議会等のステークホルダーが多い上に、規制等の制約もあって、理想的な1つの案に絞り込むことが難しい場合が多い。その意味では、本格的な改革を目指すには完全民営化するしかないと思われることも多い。しかし現実には、段階的に物事を動かしていくしかなく、ステークホルダー間の利害を調整しながら少しずつ変えていく場合が多い。

ちなみに民間企業の場合は、改革案として3つくらいの選択肢を用意することが多い。例えば、A案は、理想を追求するがリスクも高く時間がかかり難易度が高い、C案はリスクも低いが効果も小さく、その代わり早く成果が出る、B案はその中間といった具合である。そして3つのそれぞれについて投資対効果を洗い出す。また、成功した場合とそうでない場合について収支の予測をする。

○段階的に案をレベルアップ

行政の場合は、いきなり3つの案を並べるよりも、C案か

図表 11-4　市営地下鉄の改革と民営化による収益改善シミュレーション
（億円、2011 年度ベース）

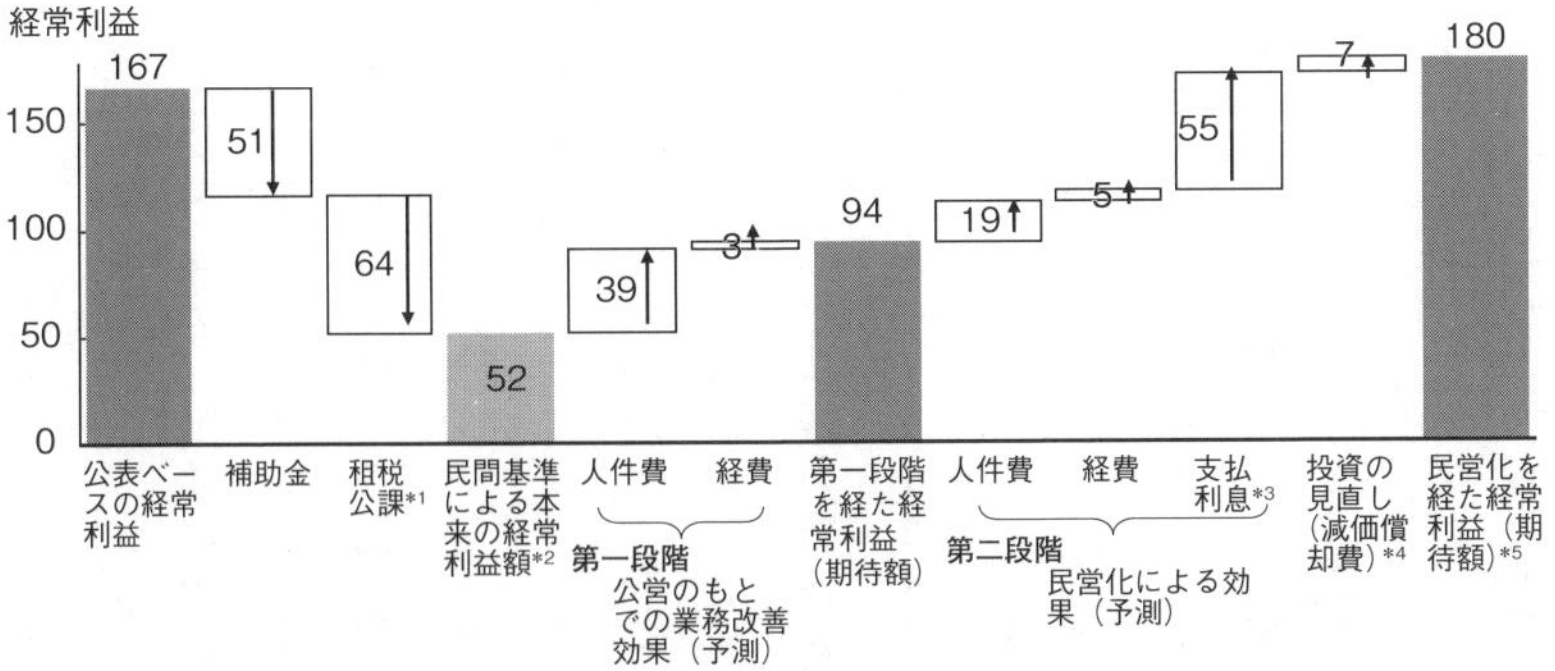

*1　固定資産税、都市計画税、事業所税、事業税
*2　民間企業会計基準換時に退職給与引当金（過去分）が別途発生　（2012 年 3 月試算 841 億円）
*3　2010 年度企業債残高 6,502 億（平均金利 2.7%）を長期 2.0%短期 1.0%に借り換えたと仮定
*4　投資額に占める改善余地の比率を減価償却費に掛けて試算
*5　別途、当年度利益に法人税がかかる
出典：第 14 回大阪府市統合本部会議資料 3 － 1「地下鉄事業について」（最終報告）

ら始めて時間をかけてA案に移行していく段階的アプローチが多い。図表11―4は、市営地下鉄の改革の期待効果をシミュレーションした結果である。この図の左部分は「(e)事実とデータの収集」「(f)ベンチマーキングと分析」の作業の結果から分かった真の収益の姿を示す。市営地下鉄の2011年度の経常利益は公式発表数値で167億円だった。しかし民営化され株式会社になると、原則として補助金はもらえなくなり、収入が51億円減る。また、固定資産税や事業税などの租税公課が64億円発生し、支出が増える。これらのマイナスを加味すると52億円の経常黒字となるが、これが民間企業の会計基準を適用したときの、市営地下鉄の真の収支の数字である。

図表11―4の右の部分は、ここを出発点として当面の公営の形態のままでの業務改善（第1段階）、さらに民営化による改革（第2段階）で収益がどれくらい改善するかを示す。第1段階の公営のままでの業務改善の効果額は人件費が39億円、その他経費が3億円となった。これを先ほどの52億円に加えると、経常利益は94億円に増える。

しかし、民営化しなければできない改革もある。第2段階の改革でそれを行うと、さらに人件費と経費、設備投資計画が見直せる。また、支払利息の圧縮効果も55億円見込める（詳細は第12章を参照）。

以上の分析を経て、民営化後の新会社は各年180億円の経常利益を出せるという見通しを得た。

この地下鉄のケースの場合、先述の選択肢のC案に相当するのが第1段階の公営の下での業務改善、A案に相当するのが第2段階の民営化による効果となる。

(3) 改革実践

解決策が明らかになれば、あとは「3．改革実践」だが、いきなりの実行は無理で、調整の手続を要する。すなわち改革チームが「(h)解決策（選択肢）の抽出」を終えた後も、首長と担当部門で、より現実的な改革案を練り上げていく。議会で各会派への根回しもする。このプロセスが「(i)改革案の選択」であり、この過程で同時に「(j)ステークホルダーの同意取り付け」をする。

ちなみに改革案の選択の作業自体は簡単だ。首長とその部下の行政パーソンだけでできる。担当組織は首長の方針やこだわりを念頭に置きつつ、難易度や人材、組織の在り方を考えて執行機関としての改革案を作っていく。その上で、役所としての正式な機関決定をする。これは大阪府や大阪市の場合、それぞれの戦略会議（部局長が集まる首長主宰の会議）で行う。

○議会の同意を取り付けるタイミング

ところが、案件によっては、さらに議会の議決、総務省など国の省庁の許認可が必要となる。議決を必要としなくても改革案への議会の理解が得られない場合は、作業が滞る。例えば改革案を本格的に詰めていく際には、監査法人や会計事務所、コンサルティング会社を入れて詳細な事業分析や価値評価をする必要があるが、その調査費の予算計上に議会が反対することがある。こうなると詳細調査自体ができない。したがって、ステークホルダーの同意の取り付けは、実務上は「2．問題解決」の時期に始める必要がある。第10章の図表10―2の中に水道事業やごみ収集輸送事業の民営化に関して「議会が予算を否決」という記載があるが、これらはその例である。

「(1)実施」というのは、こうしたプロセスを経て実際に改革案が実行されることをいう。

ところで、改革の成果はいつ出てくるのか。制度の変更（各種手当の見直しなど）なら即日で成果が目に見える。しかし、民営化や執行のやり方の見直しの場合は、成果が出るまで数年を要することもある。

2　情報公開の重要性

以上、解説してきたとおり、行政機関の経営改革には民間企業よりはるかに多くのエネルギーと時間を要する。だが、民間企業よりもやりやすい面もある。それは「何でも情報公開ができる」、そして「公開によって改革の意義を世論に訴えられる」という点である。

例えば今回の維新改革では、大阪府立および市民病院の経営分析の作業をした結果、早い段階でかなりの問題があるということが分かった。そこで、私を含む特別顧問と特別参与で記者会見を行い、経営分析から分かった事実と数字を情報公開した経緯がある。この情報公開は、「特別顧問、特別参与の活動の実態をもっと開示すべし」という一部議員からの要求に対応するという意味も帯び、記者会見を開くことで行った。

また、年に数回開かれる府市統合本部会議も公開の会議である。府市の事業統合に関しては、そこで発表がしばしば行われてきた。例えば、地下鉄民営化、府立中之島図書館と市中央公会堂の連携、文化施設の運営の在り方等もここで発表された。なお、情報公開は事業分析の初期に「特別顧問、特別参与が分析した結果このような発見があった」という形で行う場合、すなわち図表11―1の「(f)ベンチマーキングと分析」や「(g)課題の構造化」「(h)解決策（選択肢）の抽出」の段階のほか、首長と担当部門でおおよその実施方針を決めた後に行う（「(i)改革案の選択」の段階）場合もある。いずれにせよ、「(j)ステークホルダーの同意取り付け」「(k)実行計画作り」「(l)実施」を待たず、なるべく早い段階から情報公開することを心掛けてきた。その方が、ステークホルダーの意向が早めに反映されやすく、また関係者の課題に対する理解も深まる。ちなみに情報公開すると課題が白日の下にさらされ、首長以下の行政組織が課題を放置できなくなり、改善に向けた努力を始めるという効果もある。また、既得権益勢力の抵抗も弱まる。また、一部改革の成果が明らかになると、もっと難しい改革もやりやすくなる。この意味で維新改革では、情報公開を大変重視してきた。

○外部委員の活動も情報公開

ちなみに、特別顧問や特別参与は非常勤だが公務員と同様の守秘義務がある。しかし、税金を使って仕事をする以上、作業の様子を情報公開する必要がある。報道機関へのインタビューには進んで対応し、重要案件については記者会見をしたり記事を寄稿するなど積極的な情報発信を行った。

ちなみに、筆者は、2005年から2007年の關淳一市長（当時）の下での大阪市役所の改革にも携わった。その際に行った主要事業の事業分析の結果は、時事通信出版局から単行本『行政の経営分析』として出版した（大阪市役所との共著）。この本の出版は2008年11月であり、大阪市長が次の平松邦夫氏に交代した後となった。そこで出版について同氏に相談したところ、過去の改革の経過を明らかにすることは大変重要、と快諾をいただいた。おかげで關市長時代に明らかにされた事業課題が市役所の庁内、そして庁外で広く共有化され、平松市政にも一部は受け継がれ、さらにその後の維新改革にも反映された。首長の交代で改革を一過性に終わらせないためにも、事業分析の結果や一連の改革プロセスは広く情報発信していくべきだろう。

第12章　市営地下鉄の民営化—国鉄、郵政改革に次ぐ大改革

大阪市営地下鉄（以下「地下鉄」）は、営業収益が約1557億円（2013年度）、職員数約4900人（2015年度）を擁する巨大事業である。この事業の存在が大阪市役所をさまざまな意味で強力にし、また過去には普通の自治体とは異なる政治的存在にしてきたといってよい。したがって、地下鉄の民営化は大阪市改革の最大のテーマである。

地下鉄の民営化は、2004年の職員厚遇問題をきっかけに始まった一連の市政改革ではじめて議論がなされた。以来、ずっと検討されてきたが、まだ実現していない。

維新改革ではダブル選挙の直後の2012年2月に、大阪府市統合本部が地下鉄とバスの経営形態を見直すべく、「地下鉄民営化・成長戦略プロジェクトチーム」と「バス改革・持続戦略プロジェクトチーム」を作った。そして、それぞれ同年6月にプロジェクト提言書を発表した。その後、大阪市交通局は、提言内容に基づき民営化基本方針を策定し（2013年2月）、民営化に関する条例案が2013年2、3月の市議会に上程された。しかし条例案はこれを含め合計5回（2013年3、5、12月及び2014年3、5月）にわたって継続審査となり、6回目の2014年11月には否決され、7回目の2015年2月に再上程された際にも再度否決された。大阪市役所では公営の地下鉄とバスは、本件のような条例で定める特に重要な公の施設とさ

れており、それを廃止する条例案の可決には市議会の3分の2以上の賛成が必要とされ、ハードルは高い。

○世論調査では民営化賛成が多数

しかし、自民、公明、維新の各会派は原則民営化には賛成しており、かつて反対の中心にいた民主は今は議席を持たない。現在のこう着状態は主として政治的対立によるものであり、世論もおおむね民営化を支持している。

例えば２０１３年から２０１４年にかけて３度にわたって新聞各社が行った世論調査ではいずれも賛成が55～66％を占めた。さらに交通局が２０１３年１～２月に行ったアンケートでも地下鉄・バスともに民営化への賛成が60％を超えた。いずれは可決されると見る向きが多い。

そこで本章では、上記プロジェクトチームの提言書をもとに、民営化に向けた検討内容とその後の動きを解説する。

なお本章の内容は、大阪府市統合本部会議の地下鉄民営化・成長戦略ＰＴの中間報告（http://www.pref.osaka.lg.jp/attach/15336/00097458/02shiryou01.pdf）および最終報告（http://www.pref.osaka.lg.jp/attach/15336/00101638/03-02-0_shiryou-chikatetsu_syusei.pdf）に基づく（そのためデータは一部に古いものがある。）。

1　大阪市営地下鉄の事業概要

(1)　東京メトロに次ぐ事業規模

地下鉄は、営業キロは１３０㎞、駅数は１２３駅、在籍車両数１２７０両（２０１０年度末。２０１５年度では１２７４両）で、1号線（御堂筋線）、2号線（谷町線）のほか8号線（今里筋線）まで計8本あり、大阪市のほぼ全体をカバーする（図表12―1）。中心部の路線密度は高く、緊密なネットワークを形成する。

地下鉄は全国の地下鉄では東京メトロに次ぐ存在で、東京都営を上回る事業規模を誇る（図表12―2）。ちなみに、東京メトロはもともと営団の経営形態をとっていたが２００４年に民営化され、現在は株式会社である。地下鉄は民営化されると、全国の公営地下鉄の中でも最初の民営化のケースとなる。

(2)　黒字体質だが物足りない

地下鉄は２０００年代には年間２００億～３００億円の黒字が続いてきた。しかし、これは公営企業会計に基づくもので、民間企業の会計基準とは異なる基準で算出された数字だった。

例えば、地下鉄はさまざまな補助金をもらっており、それを収入に計上していた。まず70歳以上の市民の乗車料金を減免する「敬老パス」の見返りに「特別乗車料繰入金」という補助金を市の一般会計から得ている。また、事業資金調達のために発行する企業債の金利の補塡や駅の補修費用などにも市役所から補助金が出ている。さらに経費面では、固定資産税などの税金が免除され、法人税も払っていない。また、公営企業会計では、トンネルや駅の建設・改修のコストが、資本的収支に繰り入れられている。

プロジェクトチームでこれらを精査した結果、見掛け上は２０１１年度には経常利益が年間１６７億円出ているが、民間企業と同じ基準に直すと、約52億円分でしかなく、決して高収益事業とは言えないことが分かった。

図表 12-1　大阪市営地下鉄の路線網

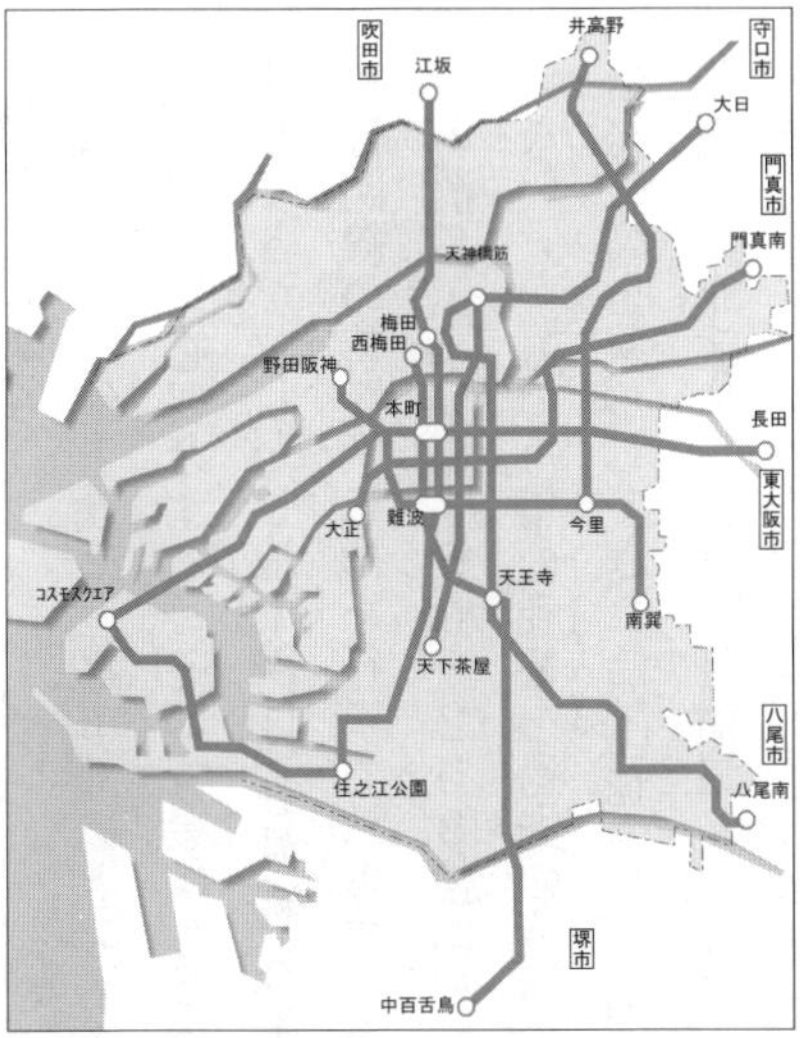

【路　線　名】		【区　　間】
第1号線	御堂筋線	江坂～中百舌鳥（24.5km）
第2号線	谷町線	大日～八尾南（28.1km）
第3号線	四つ橋線	西梅田～住之江公園（11.4km）
第4号線	中央線	コスモスクエア～長田（17.9km）
第5号線	千日前線	野田阪神～南巽（12.6km）
第6号線	堺筋線	天神橋筋六丁目～天下茶屋（8.5km）
第7号線	長堀鶴見緑地線	大正～門真南（15.0km）
第8号線	今里筋線	井高野～今里（11.9km）
ニュートラム	南港ポートタウン線	コスモスクエア～住之江公園（7.9km）

図表 12-2　他都市の地下鉄との事業規模比較

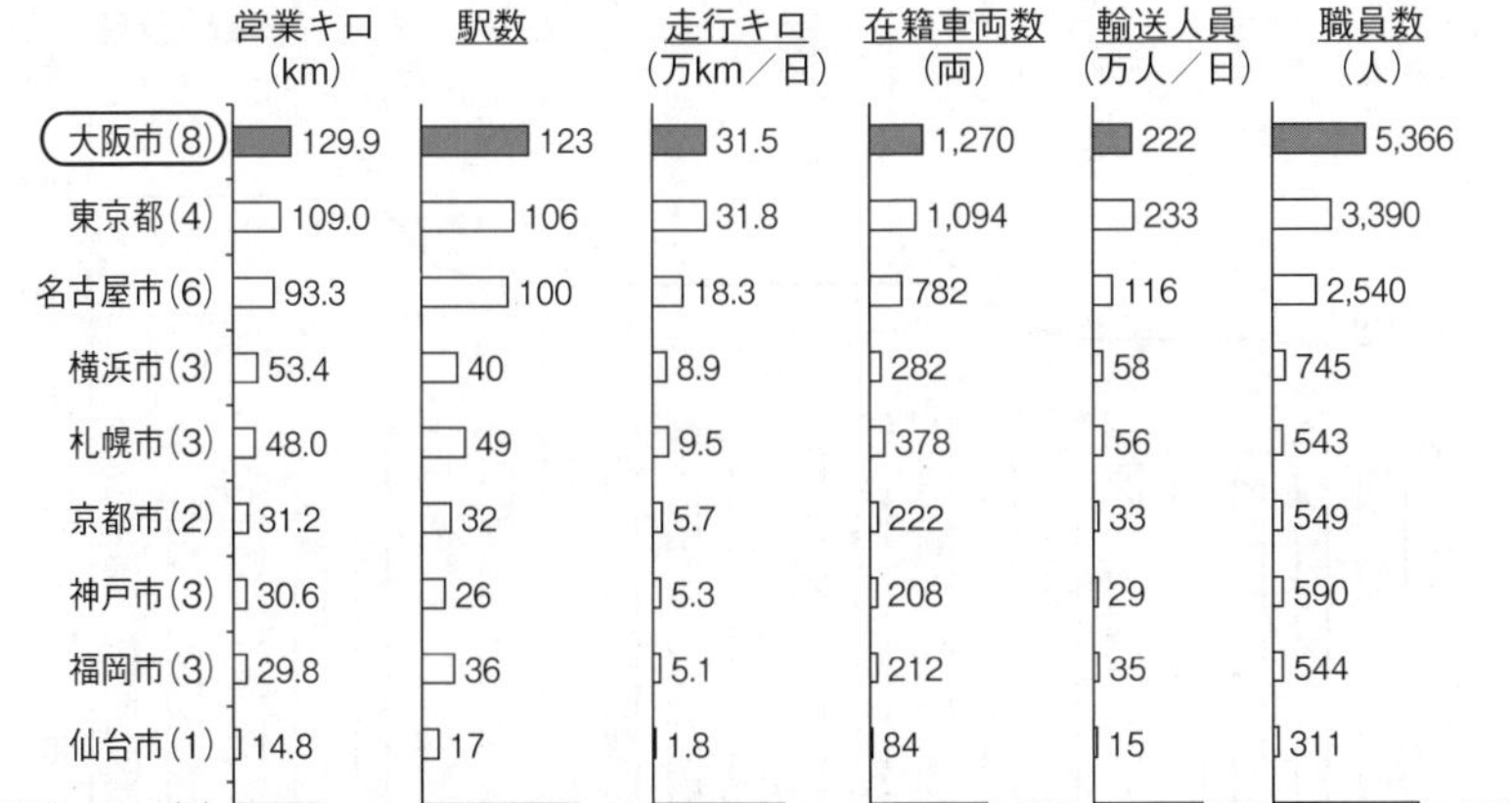

＊2010年度末現在。都市・会社名のあとの（数字）は路線数
＊数字は全て概数。職員数は、公営は損益勘定のみ。東京メトロは全従業員数
＊大阪市はニュートラムを除く。

出典：2010年度公営交通事業決算調、東京メトロハンドブック2011

(3) 企業債残高は減少

債務の方はどうか。地下鉄は、都市部にトンネルを掘るなど巨額の資金を必要とする。その資金は企業債を発行して調達してきた。しかし地下鉄は、8号線（今里筋線）を造った後は路線の新設・延伸を行っておらず、企業債は毎年建設の改良工事分の150~200億円程度しか発行していない。一方で毎年の利益を過去の債券の償還に充てて債務残高を減らしてきた（図表12—3）。加えて、2007年度から企業債を繰り上げ償還し、2010年の段階で債務残高を6502億円にまで減らしてきた。

(4) 乗車人員の減少で運賃収入も減る

先述のとおり、地下鉄の事業収支はずっと黒字だが、運賃収入は2007年以降、減少傾向にある（図表12—4左）。1日の平均乗車人員も、今里筋線開通直後の2007年は前年比微増となったが、その後は微減傾向で2010年は229万人となった。背景には人口減少と高齢化があると考えられる。一方、平均客単価の方は

図表 12-3　市営地下鉄企業債残高の推移

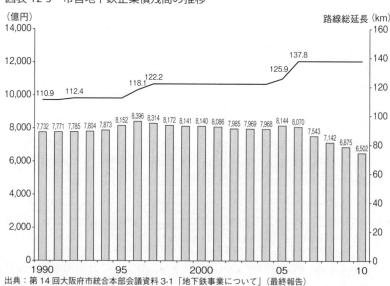

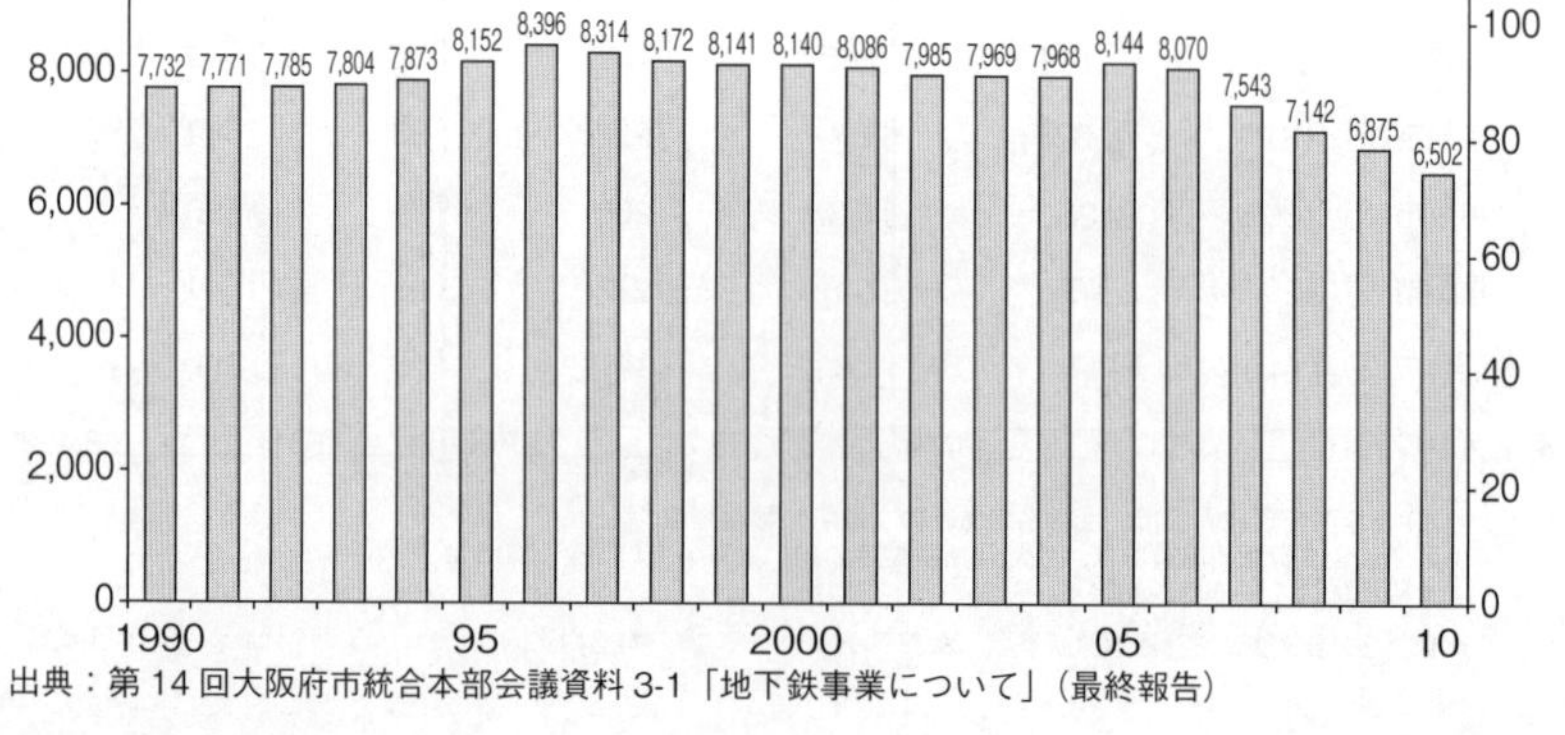

出典：第 14 回大阪府市統合本部会議資料 3-1「地下鉄事業について」（最終報告）

毎年、微増傾向にある（図表12―4中央の下）。ＩＣカードによる決済サービス「ＰｉＴａＰａ」が普及して、乗客が気楽に地下鉄に乗れるようになったことなどが作用したと思われる。したがって、乗車人員の減少が近年の運賃収入減少の最大の要因といえる。

ちなみに乗車人員の減少は、在阪の私鉄・ＪＲでも起きており、私鉄・ＪＲの乗車人員は２００６年の約16万４０００人から２００９年の15万８０００人にまで減少した。地下鉄は都心を走ることもあって比較的恵まれている。乗車人員の減少はこの2、3年はおさまっているが、マクロトレンドに沿ったものであり、経営へのボディーブローとして徐々に効いてくるだろう。

(5)　乗車人員のピークは１９９０年

地下鉄は１９３３年5月、梅田―心斎橋間で営業開始した。戦後は路線を新設・延伸し乗車人数が増加した。しかし、乗車人数は１９９０年の２８１万人がピークで、この年以降は新線開通で路線キロが延長されても、乗客

図表 12-4　市営地下鉄の運賃収入の推移

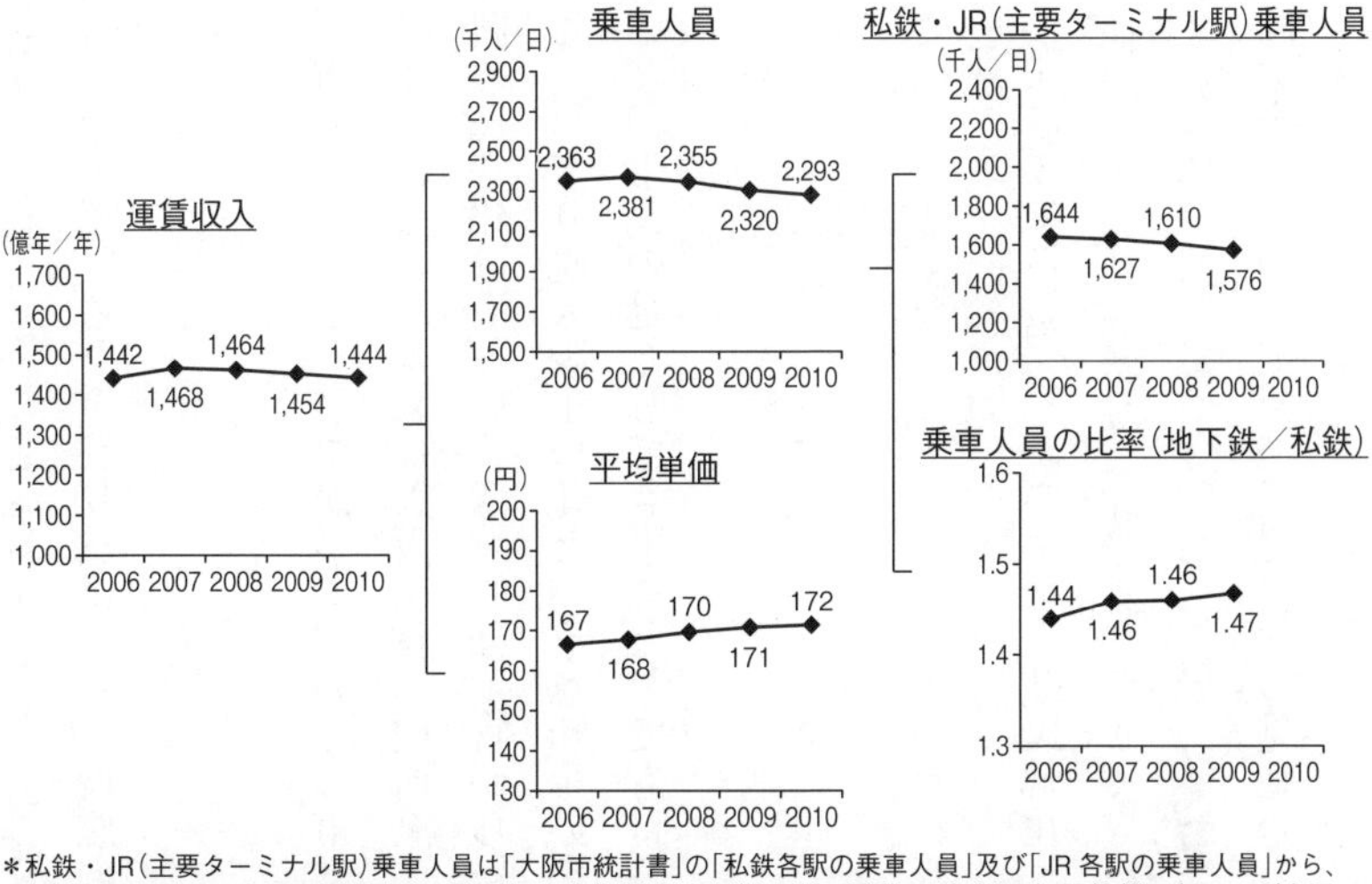

＊私鉄・JR（主要ターミナル駅）乗車人員は「大阪市統計書」の「私鉄各駅の乗車人員」及び「JR各駅の乗車人員」から、近鉄（大阪上本町、大阪阿部野橋、大阪難波）、南海（難波）、京阪（淀屋橋、京橋）、阪急（梅田）、阪神（梅田）、JR西（大阪、天王寺、京橋）の各駅乗車人員を抜粋

出典：第14回大阪府市統合本部会議資料3-1「地下鉄事業について」（最終報告）

の減少は止まらなかった。車両の冷房化100％の達成やICカードの導入などで利便性を向上させても、減少傾向に歯止めはかかっていない。したがって、今のまま何もしないでいると、ジリ貧に陥り、最悪の場合は「第2の国鉄化」するおそれがある。

○大阪市域を超えた視点が必要

なお、地下鉄は経営母体こそ大阪市だが、乗客の6割強は大阪市域外に住む。したがって、いくら市営だといっても、地下鉄の将来戦略を、大阪市役所だけで描くのは適切ではない。本来は大阪全体、関西全体の広域的な都市計画と都市経営の視点から考えるべきである。今回の民営化はそういう意味では、官から民への経営の改革のみならず、市域から広域へと経営の領域を広げる、つまり脱大阪市域化という意味合いをも帯びている。そしてまた、市域外から乗客を呼び込む戦略がないと、市民の足としても事業としても持続可能ではないのである。

2　改善の方向性

(1)　6つのワーキンググループの提言

府市統合本部は、2012年2月、地下鉄事業の今後の在り方を考えるに当たって、「地下鉄民営化・成長戦略プロジェクトチーム」を作った。メンバーには、職員の他、府市の特別参与（非常勤）として、私鉄5社の部長級の専門家が参加した。具体的にはプロジェクトチームに、6つのワーキンググループ（WG）を置き、それぞれの分野で職員と民間企業出身の特別参与が共同調査を行った上で、民間経営の見地から改善の余地を探り、各グループが改善課題を提言した。

具体的には「総務WG」では、主に間接部門の在り方と資金調達金利について検討した。「運転WG」では、乗務員の実働時間を中心に検討した。「駅務WG」では、駅務員の配置基準、有給休暇補充率、管理単位などを検討した。「電気WG」では、保守拠点の集約や夜間の保守態勢などを、また「車両WG」では、車両・機器更新の周期や定期検査を、そして「工務WG」では、保守態勢、発注形態を中心に検討した。

なお、各WGでの検討に当たっては、「新基準」と「民営化」という2つの段階に分けて目標を設定し、具体的な取組課題を洗い出した。まず現状をベースケースとしたその上で、民間のレベルを参考にしながら公営の経営形態のままでも改善できるレベルを第1段階とし、これを「新基準」と位置付けた。さらに公営企業の形態では実行できない改善課題を第2段階の「民営化」のテーマとした。こうした上で、現場部門にはまず第1段階に取り組んでもらうことにした。

(2)　民営化が収支に与える影響

一方、プロジェクトチームは次に、民営化の方式を考えた。その結果、今の交通局の地下鉄事業はバス事業と分離した上で、国鉄やNTTと同様に上下一体型の株式会社とし、かつ市役所が全株式を持つ方式が最適と考えた。その上で民営化で収支がどの程度改善できるか分析した。その際にはプラス要因だけではなく、例えば株式会社になると税の支払いが生じるといったマイナス要因も分析した。

これらに加え、公営企業会計と民間企業会計の違いを補正した上で、地下鉄には、今後どのくらいの合理化ポテンシャルがあるか、そして民営化会社ではどのくらいの収益が上がるかを分析した（図表12―5右部分、ただし図表11―4の再掲）。

その結果をみていく。

２０１１年度の経常利益は公式発表では１６７億円だった。しかし民間企業になると、補助金がもらえなくなり、収入は51億円減る。また、固定資産税や事業税などの租税公課で支出が64億円増える。これらを加味すると、先述のとおりわずか52億円の黒字でしかなく、民営化後はここにさらに法人税の支払いがマイナス要因で加わる。

経営努力による改善効果はどうか。民営化以前の努力による先ほどの「新基準」の導入による業務改善効果（合理化ポテンシャル）が加わる。これによって人件費が39億円、その他経費が３億円圧縮できる。これを先ほどの52億円に加えると、経常利益は94億円に増える。

さらに第２段階の民営化後の努力で、人件費が19億円、経費が５億円ほど削減できる。また設備投資計画の見直しで減価償却費が７億円ほど削減できる。加えて支払利息の圧縮効果が55億円も見込める。これは企業債の残高６５００億円に対するものだ。過去の企業債の中には、

図表 12-5　市営地下鉄の改革と民営化による収益改善シミュレーション（億円、2011 年度ベース）

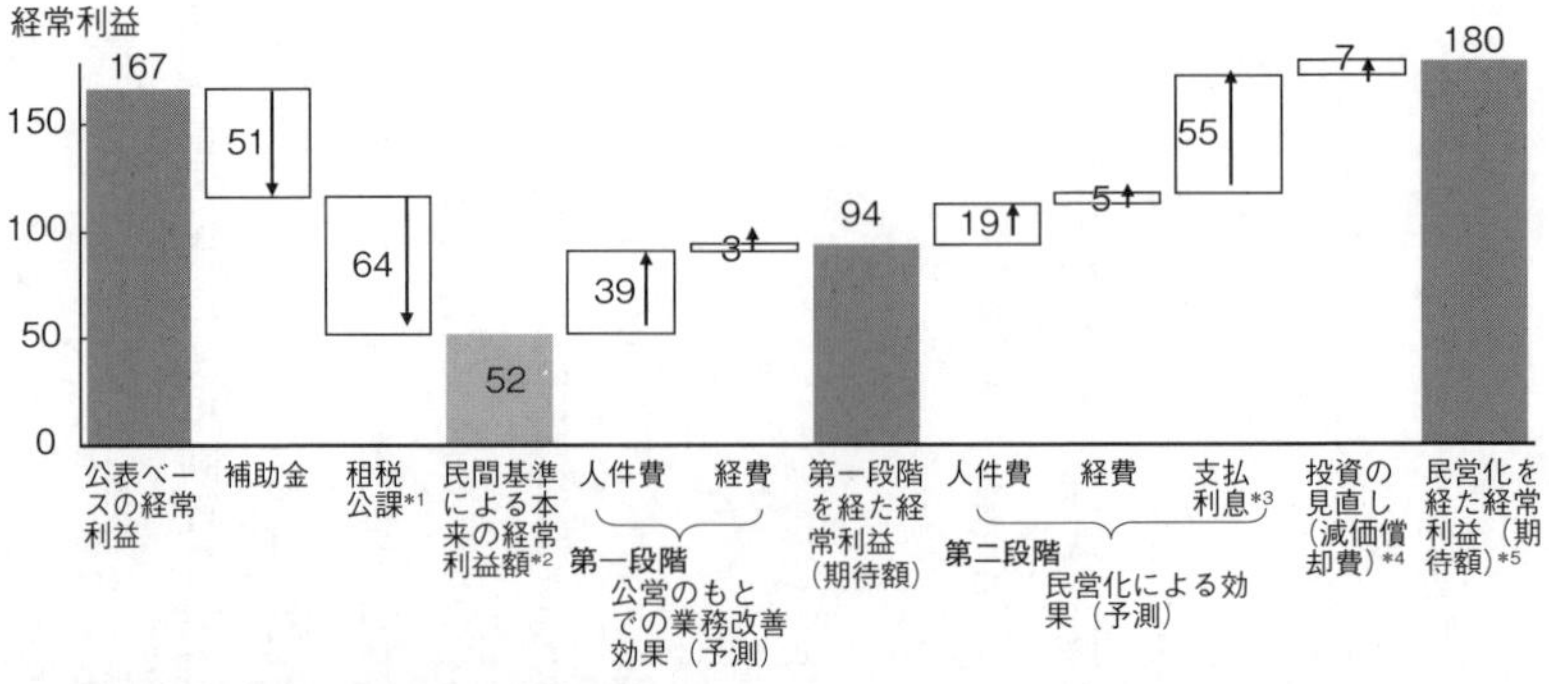

*1　固定資産税、都市計画税、事業所税、事業税
*2　民間企業会計置換時に退職給与引当金（過去分）が別途発生　（2012 年 3 月試算 841 億円）
*3　2010 年度企業債残高 6,502 億（平均金利 2.7%）を長期 2.0%短期 1.0%に借り換えたと仮定
*4　投資額に占める改善余地の比率を減価償却費に掛けて試算
*5　別途、当年度利益に法人税がかかる
(注）図表 11-4 の再掲
出典：第 14 回大阪府市統合本部会議資料３－１「地下鉄事業について」（最終報告）

昔の金利の高い頃のものが残っている。これを現在の低金利の下の民間からの融資に借り換えると、かなりの金利が浮く。もちろん民間金利は今後、上昇するかもしれず不確定ではあるが、今は明らかに金利を払い過ぎている。企業債の金利の圧縮が民営化による大きな効果だということが分かった。

これらの民営化によるアップサイド要因も総合すると、地下鉄は民営化で約180億円の経常利益を生み出す会社になる、という結論を得た。

(3) その他の課題の要因分析

しかし、以上は現在の経営環境を前提とした議論である。収支を悪化させる要因を目の前に控え、実際の収支見通しはもっと厳しい。

第1に敬老パス制度の見直しがある。敬老パス費用は、従来は市役所が利用実績に応じて一般会計の予算の中から補助金を青天井で出して交通局に払っていた。しかし市役所は一連の市政改革の取組の中で敬老パス制度の見直しを決め、全額免除から部分免除に変えた（毎年の更新費用3000円、一回の利用ごとに50円の自己負担）。これによって、市の一般会計からの補助金（約37億円強）が減額され、地下鉄にとっては収入減となる。また、今後の人口減に伴う乗客数と収入の減少の影響も大きい。現状の減少率が続くと、2020年ごろまでに合計100億円ぐらいの減収が見込まれる。以上を総合すると、先述の民営化後の経常利益180億円という数字がもっと小さくなる可能性は否めない。

(4)　市民の足を守るためには民営化が必須

以上の分析の結果、地下鉄は今のところは儲かっているが、公営のまま放置すると、市民の足としての持続可能性が危うくなり、公営のままでの合理化には限界があると分かった。したがって、民営化によって持続的な収入増とコスト減を同時に達成し、収益体質を改善する必要があり、そのことがひいては市民の足を守ることにつながると考えられた。つまり、持続可能性を追求するためにこそ、早急に民営化し、経営体質を転換する必要があると結論づけることができた。

３　業務改善の具体策

プロジェクトチームの検討作業は広範囲にわたった。膨大なデータを集め、細かな分析を積み上げながら、業務改善策を提案した。そのうちいくつかの例を紹介する（図表12―６）。

(1)　合理化の余地

①　運転分野

地下鉄の運転手の１日平均の業務時間は３５０分と私鉄等に

図表 12-6　市営地下鉄の生産性改善の方策（事例）

	部門	課題と内容	改善の方向性	期待改善効果		
				分類	「新基準」導入の場合	「民営化」した場合
例①	運輸	乗務仕業数の削減〔運転〕 • 1日平均作業時間が短い 駅務配置基準の見直し〔駅務〕 • 乗降客の少ない駅でも泊まりの駅員を配置 • 遠隔システムや交代要員の他駅巡回等が活用されていない • 車椅子介助要員が必要	〔運転〕 • 現在1日平均350分の作業時間を30分延長 〔駅務〕 • 閑散駅等、個別駅の状況に応じて必要ポストを算定する方式に変更する • 改札口の省人化：投資を伴い、改札や駅長室の無人化を進める等	人件費	〔運転〕▲ 90人 〔駅務〕▲105人	
例②	電気	一般競争入札制度〔経費〕 • 調達方法の制約により、同じ設備でも複数メーカーの機種がある	• 民間事業者における契約手法の導入	経費		▲234百万円
例③	車両	機器更新周期の見直し • 機器更新周期が民鉄と比較して短い	• 車両寿命を40⇒60年と変更する前提で、各種機器の更新周期もこれに併せて見直す	投資	▲881百万円	
例④	工務	発注形態 • 分割発注による費用増	• 発注単位をまとめ、契約数を減少	経費		▲265百万円
				投資		▲1,076百万円

出典：第14回大阪府市統合本部会議資料３－１「地下鉄事業について」（最終報告）

比べて短かった。精査を経て、業務時間が30分延長できると分かった。また駅務では、乗客数の少ない駅にも大きな駅並みの泊まりの駅員が配置され、遠隔システムや交代要員による他駅の巡回などが活用されていなかった。そこで、各駅の実情に応じた人員配置に変え、閑散駅の駅員数を減らした。また改札口の省人化案も提言した。これらで運転士90人、駅員１０５人の人員削減が可能と分かった。

②　電気分野

現在は市役所直営の公営企業なので資材調達にはかなりの制約がある。例えば一般競争入札制度に縛られ、同じ設備を複数のメーカーから調達しなければならない。例えば、駅の自動改札機には、いろいろなメーカーの機器が使われ、業界内では「ショーウインドー」と揶揄されていた。また、さまざまなメーカーの機材があるとメンテナンスに余計なコストがかかる。ところが私鉄の場合は、効率性を考え1～2社のメーカーに絞っている。民営化して普通の契約に変えるだけで、年間2億円あまりのコスト削減ができると分かった。

③　車両分野

地下鉄では40年ごとに車両を更新してきた。しかし、民間事業者では60年が標準であり、しかも最近は車両品質が向上し、安全等の問題もないので、見直しを提案した。また、車両以外の各種機器の更新周期にも見直しの余地がある。全部で約9億円の合理化が可能と判明した。

④　工務分野

この分野も市役所直営なので、公平性を確保するため、多数のメーカーに発注しなければならない。駅の券売機の上に掛かっている路線図の表示板なども駅ごとに業者が違う。民営化すれば普通の企業と同様に発注単位をまとめ、契約数を減らせる。これで経費レベルで3億円弱、投資ベースでも11億円弱の合理化ができる。

(2) 事業面の改革余地

プロジェクトチームは、コスト削減以外にも、さまざまな課題の検討を行った。

① 値下げ余地

第1は料金値下げの可能性である。大阪市営地下鉄の初乗り料金は200円で、東京メトロの160円、都営地下鉄の170円と比較してかなり高い。そこで、民営化による収益体質の改善を前提に、どのくらいの料金値下げの余地があるかを試算した。その結果、民営化をすれば初乗り料金を180円ないし190円に引き下げられると分かった（これについては、民営化を待たずに2014年4月から初乗り20円の値下げを実施）。

② 終電延長

第2に終電の延長についても検討した。地下鉄の終発電車は他のJRや私鉄に比べて30～40分程度早かった。例えば、梅田駅の御堂筋線上り（千里中央行き）の終発は23時54分。東梅田駅の谷町線上り（大日行き）は23時53分だった。難波駅をみると、四つ橋線下り（住之江公園行き）が23時48分で、千日前線上り（野田阪神行き）が23時49分、千日前線下り（南巽行き）が23時48分で、ほとんどが午後11時台に終電が出てしまう。これに対して私鉄やJRでは、午後11時台の終電はほとんど例がなかった。

また、ニューヨークやパリでは、公営地下鉄が深夜までまたは夜通しで走っている。都市機能の高度化の点からは、公営交通の早じまいは問題である。

もちろん終電後の線路や施設のメンテナンスの作業との兼ね合いの問題はある。そこで第1段階として、始発電車用の回送電車を活用する案が出た。その結果、梅田駅の御堂筋線上りを25分延長して0時19分に、難波駅の千日前線上りを11分延長して0時00分にできた（2013年3月に実施）。さらに第2段階で、相互乗り入れする阪急電車との協議を経て２０１３年12月には堺筋線も終発延長し、全線で達成した。

③　ネットワークの広域化

「ネットワークの広域化」とは従来の大阪市内を中心とする考え方から大阪全体の利便性に視野を広げようというものだ。その一例は新大阪駅と関西空港のアクセスの改善の案である。

第１の案は、新たに大阪市内の西部を南北に走る道路「なにわ筋」に新線を掘って、難波駅からＪＲ福島駅付近を通り、その北は梅田（大阪）駅でＪＲに乗り入れ、新大阪駅につなぐ案である。第２の案は、南海電鉄を既設の地下鉄四つ橋線に乗り入れ、西梅田駅につなぐ。さらにその先を阪急電鉄で中津駅、十三駅を経由して新大阪駅につなぐという案である。両案とも一長一短があり、特に後者は技術的課題があり、まだアイディアの域を越えない。しかし、ともに民営化に伴うネットワークの広域化の案として積極的に検討すべきと提言した。

④　現行組織の丸ごと民営化

ところで、全国レベルでみると、今回の地下鉄民営化は、国鉄改革以来の大改革である。なぜならこれだけ大きな自治体の直営事業を株式会社にするというのは、全国初のケースである。もちろん国鉄やＮＴＴの方が巨大である。しかし、これらは一応独立した公社公団だった。ところが、今回は役所の一部門を切り出して会社にする。しかも規模が大きい。従来の自治体の事業の民営化には売却や譲渡が多かった。それに比べると、今回は巨大な組織と事業の経営形態の変更であり、国鉄やＮＴＴの改革に似ている。

そのため、民営化までにやらねばならないことは数多い。

例えば、資産評価（デュー・ディリジェンス）である。これまでは公営企業会計でやってきたため、バランスシートを作るという概念自体がなかった。そのため、昔、修理したものがきちんと資産計上されていない、あるいは減価償却されていない等の問題があった。これについては、2013年度から2014年度にかけて、財産価額の試算が行われ、資産は約9100億円、正味資産は3713億円となった。

「組織」面でも、作業は多い。今の地下鉄事業は市役所の中の交通局の中の一部門でしかない。民間企業なら普通に存在する人事部や経理部などの組織は今は市役所の本庁にあって、交通局にはない。また民間企業の運営ノウハウは、民間企業から人を招いて吸収する必要がある。

⑤　維新改革での改善効果

以上のように、プロジェクトチームは早々に民営化提言を出したが、その後、約2年、5回にわたる議会の継続審査を経て、2回否決され、民営化はまだ実現していない。

しかし、民営形態をとらずとも可能な現場改善活動は民間出身の局長（藤本昌信氏）の手によって進められた。その結果、毎年地道な合理化を実現し、2014年度には2011年度比で約93億円、補助金縮減もあわせると約134億円（経常損益ベース）の収支改善を達成し、過去最高の黒字となる見込みである。また積極的な増客対策で、乗車人員がこの3年間で年間約3500万人増加した（図表12―7）。この間に先述の終電延長やトイレ改修、売店の改革なども実現した。さらに2014年4月には初乗り運賃を20円引き下げた。また2015年6月には地下街の管理運営を行う大阪地下街株式会社の大阪市保有分の株式を交通局の所管に移し、地下鉄と駅だけでなく地下街もあわせてリニューアルできる体制にした。

しかし、こうした改革もたまたま橋下徹市長が就任し、民営化を進めるという改革方針の下、異例の人事によって民間企業出身者を交通局長に招聘し、さらに私たち外部の特別顧問や特別参与が助言するという今までにはあり得なかった環境のもとでやっと実現したものである。今後、何らかの理由で民営化への動きが頓挫すれば、こうした改革もトーンダウンする。ややもすれば売上げが減り始め、再投資の原資にすらこと欠く状況に陥りかねない。

民営化は「第2の国鉄化」を防ぐラストチャンスである。地下鉄民営化が産業競争力強化法に基づく税制優遇措置の適用を受けるためには、2015年度末までに民営化の事業計画の認定を受ける必要がある。また、今の低金利のうちに民営化して企業債を民間融資に切り替えることができれば、それだけ市民の資産の目減りが防げる。世論が強く民営化を支持する中で既存政党の野党各会派も政治的理由をよりどころにいつまでも反対し続けるわけにはいかないだろう。地下鉄の改革、そして民営化は今まさに佳境に入りつつある。

図表 12-7　維新改革による地下鉄事業の収支改善

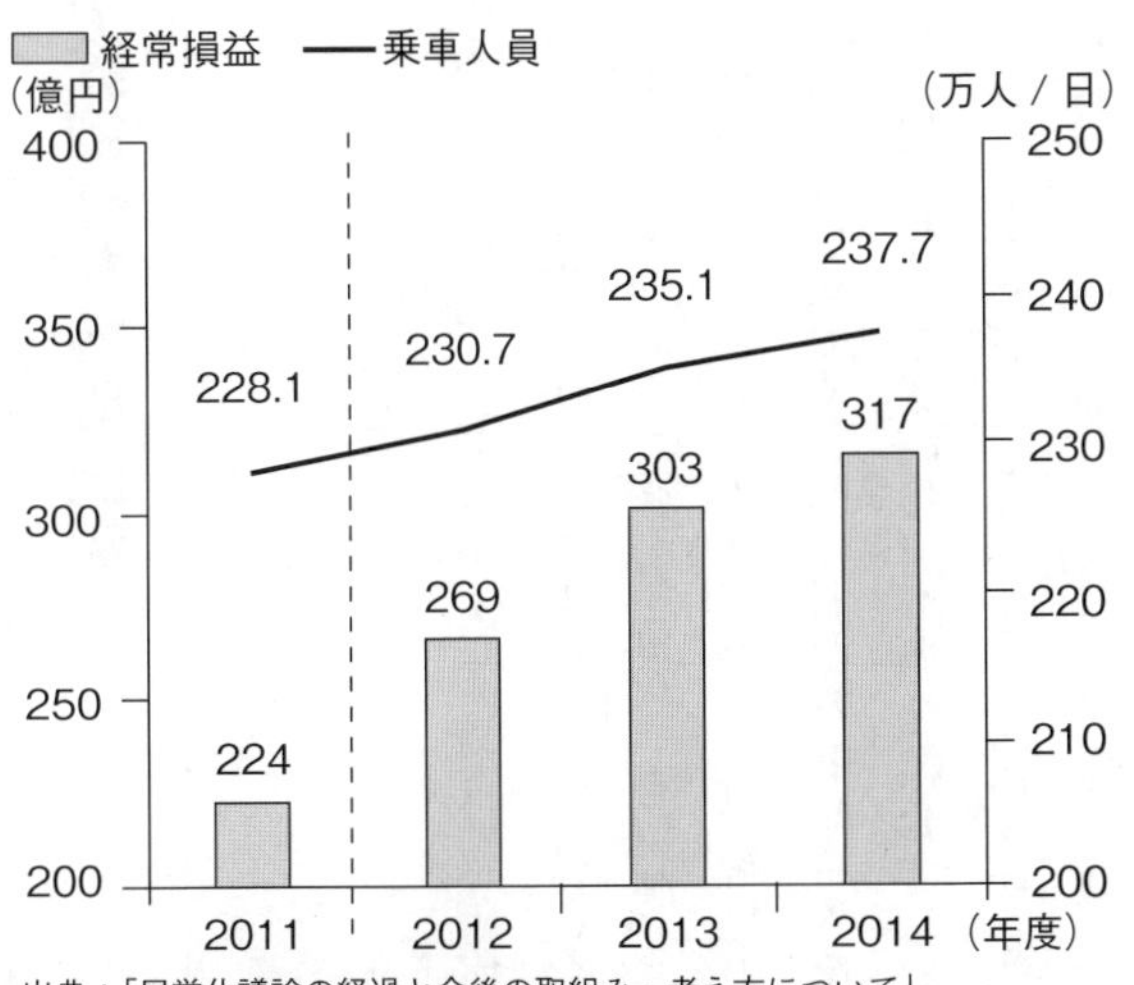

出典：「民営化議論の経過と今後の取組み・考え方について」
(2015年8月、大阪市交通局)

第13章　市営バス事業の改革と民営化―地下鉄依存からの脱却

大阪市営バス（以下「市バス」）は長年５００億円超の累積赤字を抱えた上に、２０１１年までは毎年実質的に20億円以上の赤字を出し続けていた。全国の公営バスのほとんどは赤字だが、中でも市バスは特に合理化が遅れていた。維新改革では、大阪市としては初めて民間企業出身の交通局長（藤本昌信氏）を招聘して、バス事業の合理化を進めるとともに、地下鉄事業からの分離による独立採算意識の確立、そして民営化の方針を打ち出した。だが、地下鉄とバスの民営化条例案は地下鉄と同様に市議会で5回にわたる継続審査を経て、2回否決された。本章では、主になぜ民営化が必要なのか。また民営化の事案の検討経過を紹介する（府市統合本部の「バス改革、持続戦略プロジェクトチーム報告」（２０１２年6月19日）http://www.pref.osaka.lg.jp/attach/15336/00101638/03-02-1_shiryou-basu.pdf をもとに解説する。なおデータは原則として同報告から記載）。

1　大阪市営バスの概要

大阪市の市域は２２０㎢と狭い。しかし市バスの営業キロは６２５㎞にも及び、面積に比して長い。市バスはこの距離を１３８路線、在籍車両７１９両（ともに２０１０年）で広く薄くカバーし、全国の公営バスの中で第５位の大きさを誇ってきた（ただし２０１５年現在は４４５キロ、87路線、５３０両に削減）。

○輸送人員の推移と収支状況

市バスの需要は、地下鉄の整備や自家用車の普及を背景に低迷し続けてきた。市バスは1965年には市内の輸送人員数の13％を分担したが、1995年以降は約2％に落ち込み、昨今では1日平均の輸送人員は21万人（2013年）にすぎない。

市バスは83年度以来ずっと赤字で、収支ギャップも広がる一方だった（図表13―1、ただし、2012年以降は最終損益ベースで黒字化）。すなわち、年間181億円の経常収入（一般会計からの補助金および地下鉄からの補塡を含む。）に対し、経常支出は205億円に上り、毎年赤字を出してきた（データは2010年）。かつては全国の公営バスのほとんどが軒並み赤字だったが、合理化や民営化が進み、東京都営バス、名古屋市営、横浜市営、京都市営などは黒字である。そんな中で市バスは取り残されてきた。市バスは各地の公営バスに比べ、運行キロ当たりの収入は多い。それにもかかわらず、支出が大きいため、トータルでの赤字幅が大きいのである（図表13―2）。

2　プロジェクトチームによる改革案

ダブル選挙後の2012年2月、府市統合本部は「バス改革・持続戦略プロジェクトチーム」を立ち上げた。メンバーは、市の職員と特別顧問、特別参与で構成した（なお、地下鉄の場合は私鉄出身の参与の参画を得たが、バスは一部路線の民間譲渡を想定していたため、将来的な利害相反の可能性を考え、民間事業者の参画は要請しなかった。）。

図表 13-1　市営バス事業の財務・収支トレンド（単位：億円）

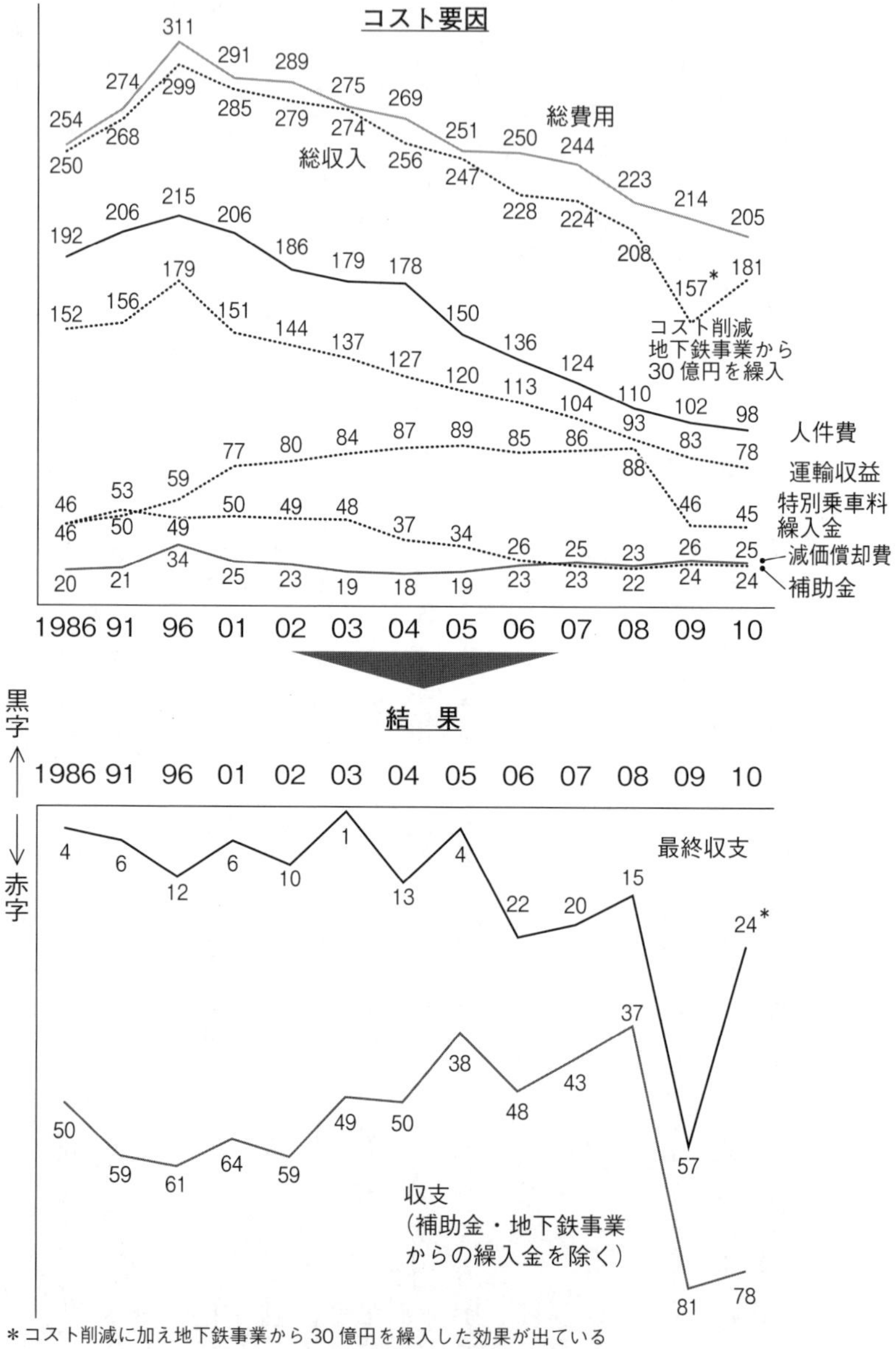

＊コスト削減に加え地下鉄事業から 30 億円を繰入した効果が出ている

出典：第 14 回大阪府市統合本部会議資料 3-2「バス事業について」

図表13-2　大阪市営バスと他都市の生産性比較（2010年度ベース）

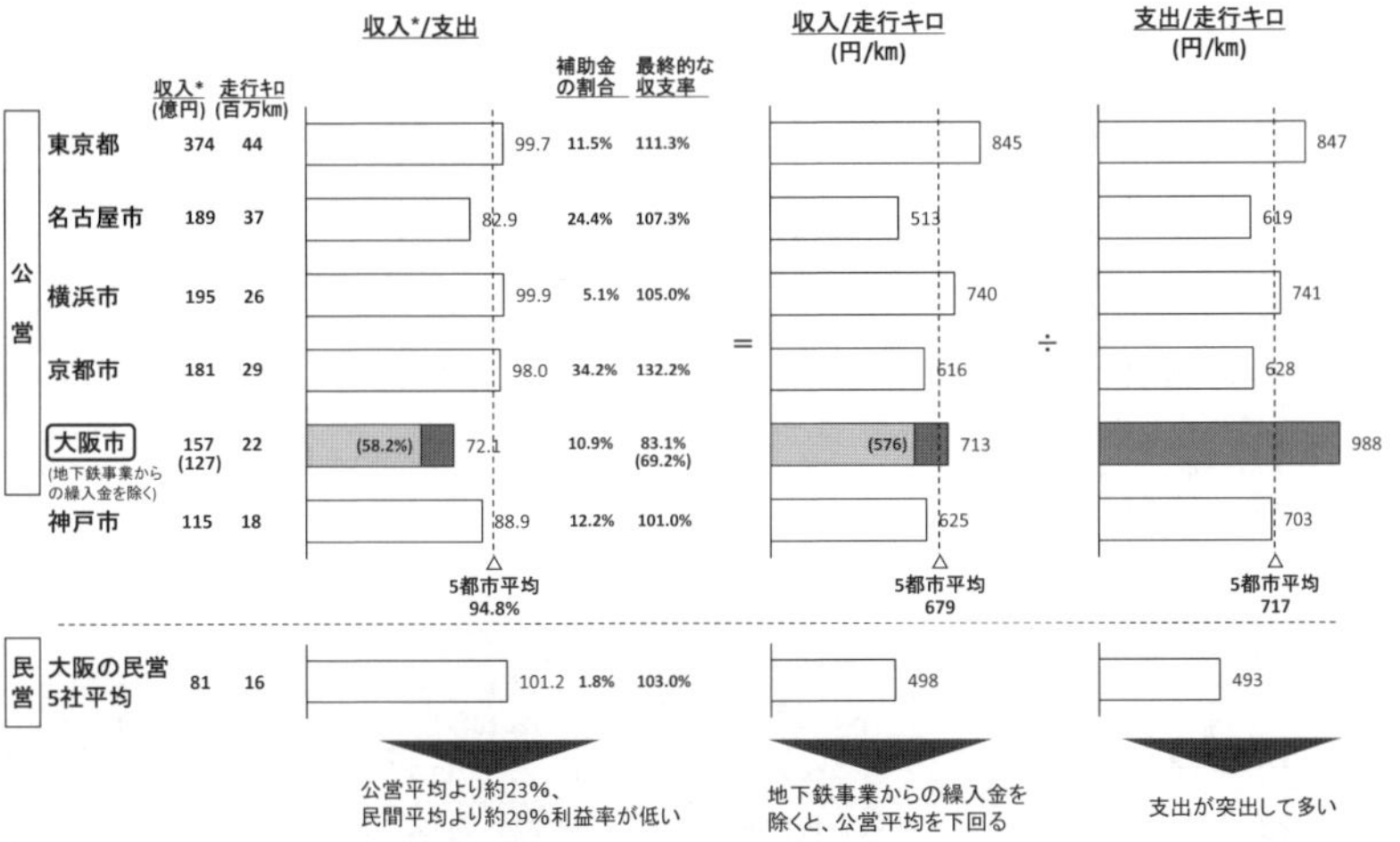

* 補助金除く
（注）データは毎年、国土交通省へ提出している一般乗合旅客自動車運送事業要素別原価報告書による。
出典：第14回大阪府市統合本部会議資料3-2「バス事業について」

(1) 民間の約2倍の高コスト

市バスは、２０１０年現在、全部で１３９系統の路線バスを走らせていたが、そのうち営業損益ベースでの黒字は３系統にとどまり、残りは全て赤字だった。しかも赤字の系統の半分は「営業係数」が２００以上の深刻な赤字を計上していた（図表13—3）。

市バスの収支の悪さは、他都市の公営バスや民営バスと比べても際立っていた。赤字体質の主因は高コストにあり、例えば「支出／走行km」をみると、在阪の民鉄バス５社が４９３円／kmに対して大阪市営バスは９８８円／kmで、約２倍もコストがかかっていた。

(2) コスト削減の方法

もちろん市バスと周辺部を走る民営バスでは経営環境が異なる。大阪市内は停留所数が多く、交通渋滞も多い。チームは、こうした事業環境の違いを考慮した上で、民間バスとの比較分析を行った。そして、それをもとに人件費や各種経費、そして投資の削減余地を検討した。

図表 13-3　大阪市営バスの路線別収支（2010 年度ベース）

営業係数			系統数	構成比（%）
100 未満（黒字）			3	2.2
100 以上（赤字）			136	97.8
	うち	100 ～ 199	70	50.3
		200 ～	66	47.5
計（全体平均　157）			139	100.0

（注1）営業係数＝(営業費用÷営業収益)×100
（注2）臨時系統を除く
出典：大阪市交通局決算資料

図表 13-4　民間バスとのベンチマーキング

ベンチマークの対象項目

●人件費
・人件費単価
・労働生産性
・保守外注状況　など
●経費
・本社経費
・金融費用
●投資
・停留所施設の設置状況
・バスロケーションシステム
・電照式標識　など

項　目		市営バス (2010年度)	今後の改善余地
人件費・経費	運転手の年収	739万円	▲40%
	運転手の勤務日数(出勤率)	226.5日/365日 (62.1%)	+9%
	運転手の1日当たり運転時間	350分/525分	+7%
	保守にかかる要員・経費	105人	保守はすべて外注
投資	バスロケーションシステム(設置率)	714基/2,896箇所 (24.7%)	–
	電照標識(設置率)	845基/2,896箇所 (29.2%)	–
営業外費用	本社経費	本市共通経費分担金	–
	金融費用(支払利息)	356百万円	自己資金で投資

（注）ベンチマークによらず、削減できる経費（車両の更新周期の見直しなど）については別途見直す。
出典：第 14 回大阪府市統合本部会議資料 3-2「バス事業について」

○人件費は民間より4割高

その結果、市バスの運転手の年収は民間より40％も高く、削減余地が大きいと分かった。また、運転手の勤務日数（出勤率）は9％増やす余地があり、1日当たりの運転時間も7％増やせることが分かった。保守は外注化し、バスロケーションシステムや電照式標識の設置などの投資のやり方も見直すべきとした。

こうして民間企業に近づけていくための工夫を重ねると、現状の988円／kmの「支出／走行km」数値は704円／kmにまで下げるめどが立った（図表13―4）。

図表13-5　路線別シミュレーション結果

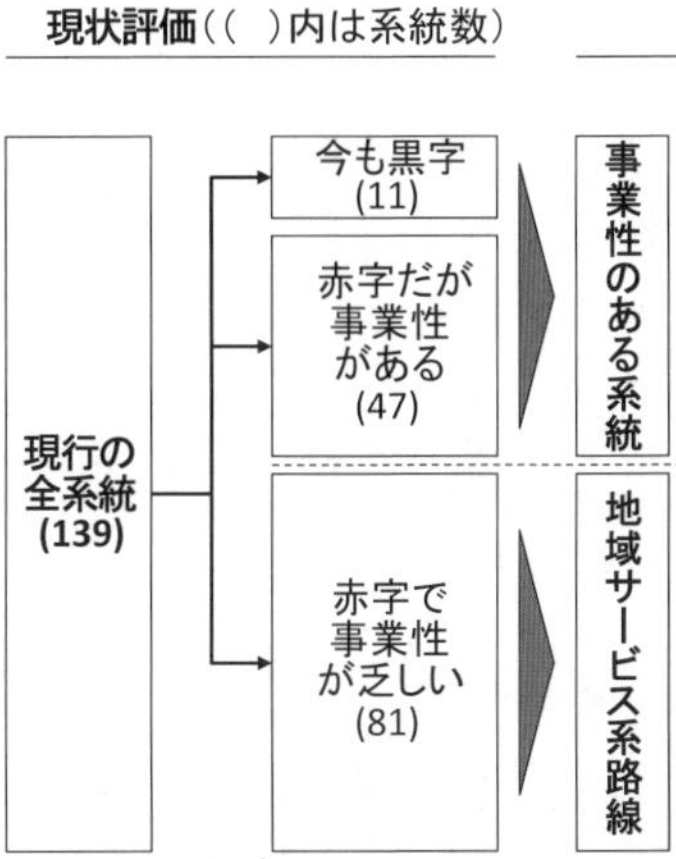

タイプ分類		系統数	車両数（台）	乗客数（万人）
事業性のある系統		58 (42%)	486 (68%)	約15.23 (81%)
地域サービス系路線	一般バス	54 (39%)	150 (21%)	約2.85 (15%)
	赤バス	27 (19%)	83 (11%)	約0.68 (4%)
	小　計	81 (58%)	233 (32%)	3.53 (19%)
合　計		**139**	**719**	**18.76**

（注）シミュレーションの前提として、704円/kmでの運営と、特別乗車料繰入金の見直し効果(▲19.69億円)を見込んだ。
出典：第14回大阪府市統合本部会議資料3-2「バス事業について」をもとに筆者作成

(3) 路線を2つに分類

こうした前提のもと、チームは路線ごとにコスト削減のシミュレーションを行い、収支改善の余地を洗い出した。これだけでは残り139系統のうち黒字化できるのはわずか11系統だけで、残り128系統は赤字のまま残ると見込まれた。しかしそのうち47については、赤字幅が小さいので企業努力による黒字化が期待できる。そこで最終的にこれら47系統と黒字の11系統を合わせた計58系統を「事業性のある系統」と分類した（図表13—5）。

その上で赤字が残る残りの81系統を、「地域サービス系路線」と分類した。これらについては、区域内にできるだけ最寄駅やバス停が遠くなる空白地区が生じないように配慮しつつ、路線を見直していく。すると、最終的に41系統に再編できることが分かった。そしてこれらについては市バスの形態ではなく、一般会計からの補助を前提に、NPOや民間事業者への委託を含む新たな運営体制をとるべきとした。

(4)　両路線のそれぞれの事業見通し

こうした検討をもとに、プロジェクトチームは「事業性のある系統」「地域サービス系路線」の事業収支をシミュレーションした（2010年度決算の乗車人員ベース）。それによると、1日当たりの乗車人員18万7604人のうち、「事業性のある系統」の乗車人員が全体の81・2％、「地域サービス系路線」が18・8％を占める見込みと分かった（乗車人員は敬老パスの見直しによる乗客数の減少も加味）。また、収支については「事業性のある系統」で約12億円の赤字、そして「地域サービス系路線」で約34億円の赤字が見込まれた。

（注）「事業性のある系統」について、赤字が出る見込みとなっているのは定義に矛盾するが、民間への路線譲渡や民間企業への管理委託の下で路線や運行回数が見直され、事業者間の競争原理が働くようになると十分に黒字転換が可能なレベルと見込んだ。

(5)　住民の利便性の確保

先ほど「地域サービス系路線」については、現在の81系統を41系統に再編すべきとしたが、その際には、自宅から350m以内にバス停がなくなる人たちが極力出てこないように、住民の利便性を損なわずに路線数を大幅に減らす方法を考えた。例えば港区の例では、今の8路線の赤字路線を新たな2路線に代替させることで、利便性を保ったままでコスト削減できると分かった。

(6) バス以外の手段への転換も考える

再編後の「地域サービス系路線」の41系統の営業損益はどうなるのか。シミュレーションをすると、1便当たりの乗車人員が4人超になると見込めるのは20系統、4人以下と見込まれるのが21系統と分かった。収支については、前者で約2億6400万円、後者で約3億7400万円、合計で約6億3800万円の赤字が見込まれた。

前者に対しては1系統当たり1300万円程度を一般会計から補助すれば、通常のバスを走らせることができる。この場合は、民間の事業者を公募して運行委託する。後者は利用人数が少ないため、バスではなくバンタイプの車による福祉タクシーなどを活用する。事業者は、地元企業やNPO、社会福祉団体から公募、助成する。

以上のような工夫で、現在の市バス利用者の99・0%の利便性を保つことができると分かった。

(7) プロジェクトチームによる収支見込み

プロジェクトチームは、こうした改革によってバス事業の全体収支はどうなると考えたのか。図表13―6にまとめた。

かつて2010年度決算では72億円の赤字（営業収支）が出ていた。この補塡のために、市の一般会計から24億円、地下鉄から30億円の合計54億円が拠出されていた。今回の案では、現在72億円の赤字を18億円に減らし、さらに将来は民間事業者を入れて「事業性のある系統」の12億円の赤字をゼロにする。一方、「地域サービス系路線」については、現状の34億円の赤字を、路線の見直し等で6億円に減らしていく。つまり最終的には年間6億円の「地域サービス系路線」の赤字（この6億円分は一般会計で補塡）にとどめる。これがプロジェクトチームの提言が目指した収支見込みだった。

なおプロジェクトチームは、大阪市周辺の民鉄バス各社の市バス・エリアへの参入意欲は旺盛とみていた。周辺部よりも大阪市内の方が収益性が高いのに、今までは大阪市交通局が独占してきた。事業性のある路線については、民間参入を促せば、今の市バスを上回るサービス水準を確保し、かつ黒字化すると見込んだ。

3　地下鉄とバスの分離

ところで、交通局は先述の地下鉄とバスの両方を事業として営んでいる。しかし、プロジェクトチームでは地下鉄とバスはもともと性格の異なる事業であり、収支構造に照らしても、民営化する理由も手法も大きく異なると考えた。

地下鉄の場合は、今は黒字である。しかし公営形態のまま非効率な経営を続けると、赤字転落する可能性が高い。そこでいっそうの合理化と増収策で、今から収益体質を作るため

図表 13-6　バス事業改革による収支シミュレーション（億円）

	改革前	路線タイプ別収支シミュレーション結果	路線再編後	改革の効果見込み
営業損益	▲72	▲46	▲18 (後に▲6)	少なくとも54億円の改善
財政支援	54 〔一般会計24、地下鉄30〕	N.A.	6	48億円の削減
路線のタイプ別内訳		①事業性のある路線	▲12	0
		②地域サービス系路線	▲34	▲6

出典：第14回大阪府市統合本部会議資料3-2「バス事業について」をもとに筆者作成

に民営化するべきと考えた。手法は、国のJR、NTTの民営化と同じく現行組織体の分離・独立、別法人化である。そして、経営形態は市役所が100%出資する株式会社とすべきとした。一方、市バスは、この数十年ずっと赤字を計上してきた。またその原因は人件費と非合理な路線編成にあった。そしてバスはもともと大きな設備や検査を必要としない。だからバス事業の民営化では、まず運営主体を地下鉄事業から切り離すことが先決と考えた。

○バスは既存の事業者に委ねるべき

プロジェクトチームは、その上でバス事業はなるべく民間企業に全部または一部を経営譲渡すべきと考えた。これが無理な場合には地下鉄と同時に100%市が出資する株式会社、もしくは地下鉄の子会社にする。

ちなみに、これまで市バスが赤字でもやってくることができた背景には、バス事業の赤字を地下鉄の黒字で補填する交通局特有の仕組みがあった。地下鉄とバスは一体として市民の足を支えるネットワークだとか、市電の路線が地下鉄に転換されたからバスも地下鉄も元は同じだ、といった理屈で、これまで両者の区分会計はあいまいにされてきた。しかし民間企業の場合、他の事業部が黒だからうちの事業部は赤でいいといった理屈は通らない。また、民営化の第一歩は独立採算志向である。甘えを残したままでは厳しい経営はできない。赤字削減に向けては、まずバス事業を独立経営の企業体のもとで運営すべきである。そこでプロジェクトチームは、交通局を丸ごと市役所から分離して民営会社化せず、バス事業は地下鉄事業から分離独立させるべきとした。

府市統合本部では、当初からこうした考え方に沿って地下鉄事業とバス事業を別物として扱い、プロジェクトチームも別のメンバーが改革案を検討した。

4　その後の展開―外郭団体への事業譲渡案へ

２０１２年６月の第14回府市統合本部会議では、地下鉄およびバスのプロジェクトチームがそれぞれ改革と民営化の提言を発表した。その後、大阪市は、この提言に沿って、まず地下鉄事業とバス事業を完全分離して運営し、かつ民営化する方針を打ち出した。また、「民営化基本方針」をとりまとめ、２０１３年２月の市議会に地下鉄とバスの民営化の条例案を上程した。しかし、先述のとおりこの条例案はこれを含めてその後５回も継続審査となり、２０１４年11月および２０１５年２月に２回にわたって否決された。

○市が１００％出資する会社への事業譲渡

なお、地下鉄についてはほぼプロジェクトチーム提言に近い形で民営化が準備されているが、バスについてはその後の検討で民間事業者への事業譲渡を前提とせず、市が１００％出資する大阪シティバス株式会社（以下「シティバス」）に事業を譲渡する案に変わった。これは、主に民間企業に譲渡すると事業撤退の際には、路線が維持されなくなるといった懸念に対応した妥協案である。交通局は従来から大阪運輸振興株式会社という１００％出資の子会社を設立し、そこに一部路線の運行を委ねて人件費等のコストダウンを図ってきた。シティバスはこの会社を前身とするものだが、いわゆる外郭団体的な経営を改め、ＪＲ西日本等から人材を招聘したほか、今後も民間のノウハウを入れて経営スキルを高めていく予定である。

5　民営化を待たずに合理化

一方、交通局は民営化を待たずに、プロジェクトチームの考え方を受け入れた抜本的な路線の再構築を行い、２０１３年４月で全体で１０３路線（事業性のある路線59、地域サービス系路線44）、車両数５６０両にまで整理し、２０１４年10月にはさらに全体で87路線への再編を行った。
また２０１３年度から給与を平均19・４％カットし、職員数も19％削減し、総人件費を前年比で21・１億円削減した。また、２０１２年度は26億円の経常損失を計上していたのが、２０１３年度には経常損益が約４億円となり、31年ぶりに黒字を達成した。また２０１４年度も８億円の経営黒字を達成し、２０１１年度と比較すると34億円の収支改善ができた。大阪市のバス事業は人件費が民間の４割も高く、路線網も非合理なため大きな赤字を出してきた。プロジェクトチームはその問題を指摘し、そのために民営化が必要と考えた。しかし、橋下市長と藤本局長のリーダーシップにより公営のままで人件費を約２割も下げ、また路線の大幅な削減も実現できた。そのため、収支が大幅に改善したが依然乗客数は減り続けており、今後に向けては予断を許さない。その意味でやはり一刻も早い民営化が待たれる状況にある（図表13—７）。

図表13-7　維新改革によるバス事業の収支改善

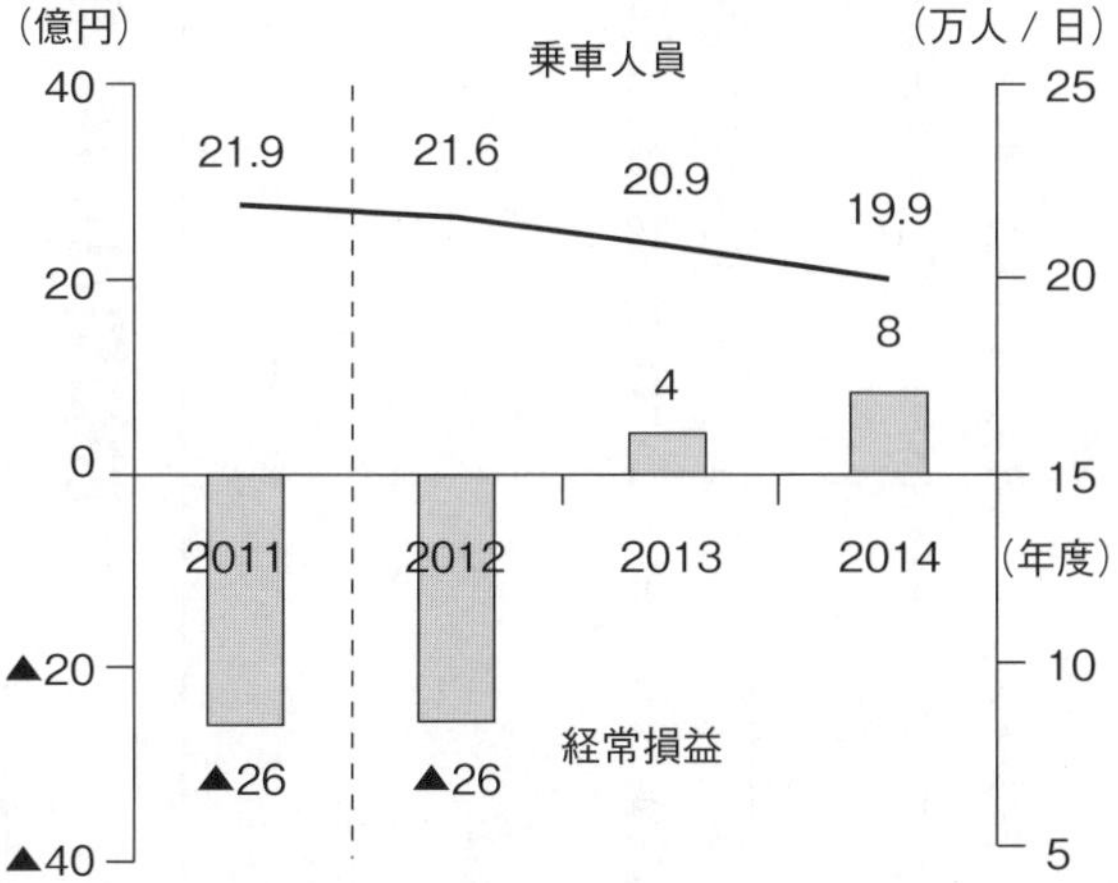

出典：「民営化議論の経過と今後の取組み・考え方について」（2015年８月、大阪市交通局）

第14章　府市の水道事業の一元化—民営化統合、そして広域化

1　はじめに

水道は世界中に古くからある公共サービスだが、近年、世界的に改革の動きが著しい。第1は広域化、すなわち個々の自治体別ではなく、河川の流れに沿って1つの大きな事業体が一貫してサービスを提供する方式への変化である。そして第2には民営化である。

例えば英国の場合、1974年には1600もの水道事業者（地方公共団体や企業）があった。しかし、今や主要河川の水域ごとに10の事業者に再編された。例えばロンドンのテムズ川流域は、テムズ水管理公社に一元化され、サッチャー改革で1989年に民営化された。

一方、わが国では、水道事業のほとんどがいまだに市町村営で規模も小さい。だが、そんな中でも東京では、東京都が23区と26市町について取水・浄水から給水までを一貫して担当する（ただし、一部の市に対しては供給のみ）。また、神奈川県では県市の間で連携ができている。神奈川県と各市町村が神奈川県内広域水道企業団を設立し、取水と浄水を一括して分担し、その水を使って神奈川県営水道、横浜市営水道、川崎市営水道、横須賀市営水道の4つの水道事業者が、各家庭向けの給水をしている（横浜、川崎、横須賀の各市営

は各市を管轄、それ以外の市町村は神奈川県営水道が管轄)。

○ここでも二元行政の弊害

ところが大阪の場合、他分野と同様に、水道分野でも府市の二元行政のために非効率な水道事業の運営が残されてきた。すなわち大阪府は、水道部（以下「府水道」）が淀川から取水して浄水した用水を府内42市町村に提供し、各市町村が住民に給水する体制をとる一方で、大阪市は水道局が淀川からの取水から末端給水までを自市で一貫して賄う体制をとってきた（図表14―1）。

しかし、どちらも取水は同じ淀川を利用している。隣り合わせに立地する浄水場すらある（庭窪浄水場）。しかも近年は浄水設備が老朽化しているが、水は余ってきている。このままでは府市それぞれが現存の施設を更新することになり、非効率である。理想的には、府市の浄水事業を統合した上で民営化し、あわせて各市町村の給水事業もそこに参加すれば広域化と民営化が同時に実現できる。合理的に考えれば、これが理想解で、維新改革では橋下知事の就任直後からさまざまな努力を重ねてきた。

その結果、２０１１年度以降は、大阪府水道部が廃止され、大阪市を除く42市町村と構成する大阪広域水道企業団（以下「企業

図表 14-1　大阪の水道事業の運営体制

2009年度*					2013年度				
企業者名	事業規模			職員数	企業者名	事業規模			職員数
	総収益（億円）	総支出（億円）	取水量（千㎥／日）	（人）		総収益（億円）	総支出（億円）	取水量（千㎥／日）	（人）
大阪府水道部	487	426	1,499	375	大阪広域水道企業団	400	341	1,458	372
大阪市水道局	679	630	1,274	1,866	大阪市水道局	685	563	1,256	1,756
大阪市を除く府内市町村の水道事業者	1,290	1,233	2,044	2,213	大阪市を除く府内市町村の水道事業者	1,274	1,174	2,001	1,944

＊府水道部としての業務の最終年度
出典：地方公営企業年鑑（2009年度および2013年度）

団」）が大阪市以外の浄水事業を担うようになった。しかし、大阪市水道局（以下「市水道」）の浄水・給水事業との統合はめどが立っていない。企業団は行政機関そのものではないが、特別地方公共団体（一部事務組合）の一種であり、〝企業〟という名称に反して経営の自立度が低い。つまり民営化ができたわけではない。そして市水道の民営化も、市議会の否決で進まない。本章では、こうした一連の改革の経過を時系列に沿って紹介する。

2　府市の水道事業の現状と課題

水道事業は取水・浄水という上流部分と各家庭への給水の下流部分の2つから構成される。大阪ではこのうち後者は各市町村が個々に行っており、大阪市以外のほとんどの市町村では事業規模が小さいために非効率という問題がある。上流については、府と大阪市が分担してきた。しかし需要の低減と老朽化の中で府市それぞれが3つの浄水場を持ち続ける意義が薄れてきている。

大阪府と大阪市内には、市水道の柴島《くにじま》、庭窪、豊野の3つの浄水場と、府水道（現在は企業団）の庭窪、村野、三島の3つの浄水場の合計6つもの浄水場がある。これらは高度経済成長期には右肩上がりの水需要の成長に首尾よく対応してきた。しかし、実需は1994年に記録した1日当たり404万㎥をピークに減り続けてきた（図表14―2）。一方で府と大阪市を合わせた合計給水能力は1日当たり476万㎥に達する。そのため、大阪府域全体としては、給水能力が過剰になりつつある。今後もこの傾向は変わらず、推計では2020年には府市合計で1日当たり297万㎥、2030年には270万㎥の需要しか見込めず、浄水場の能力の6割程度しか必要とされない。一方で、浄水施設の老朽化が進みつつある。例えば最も老朽化が進

図表14-2　大阪府の水需要の推移（億㎥）

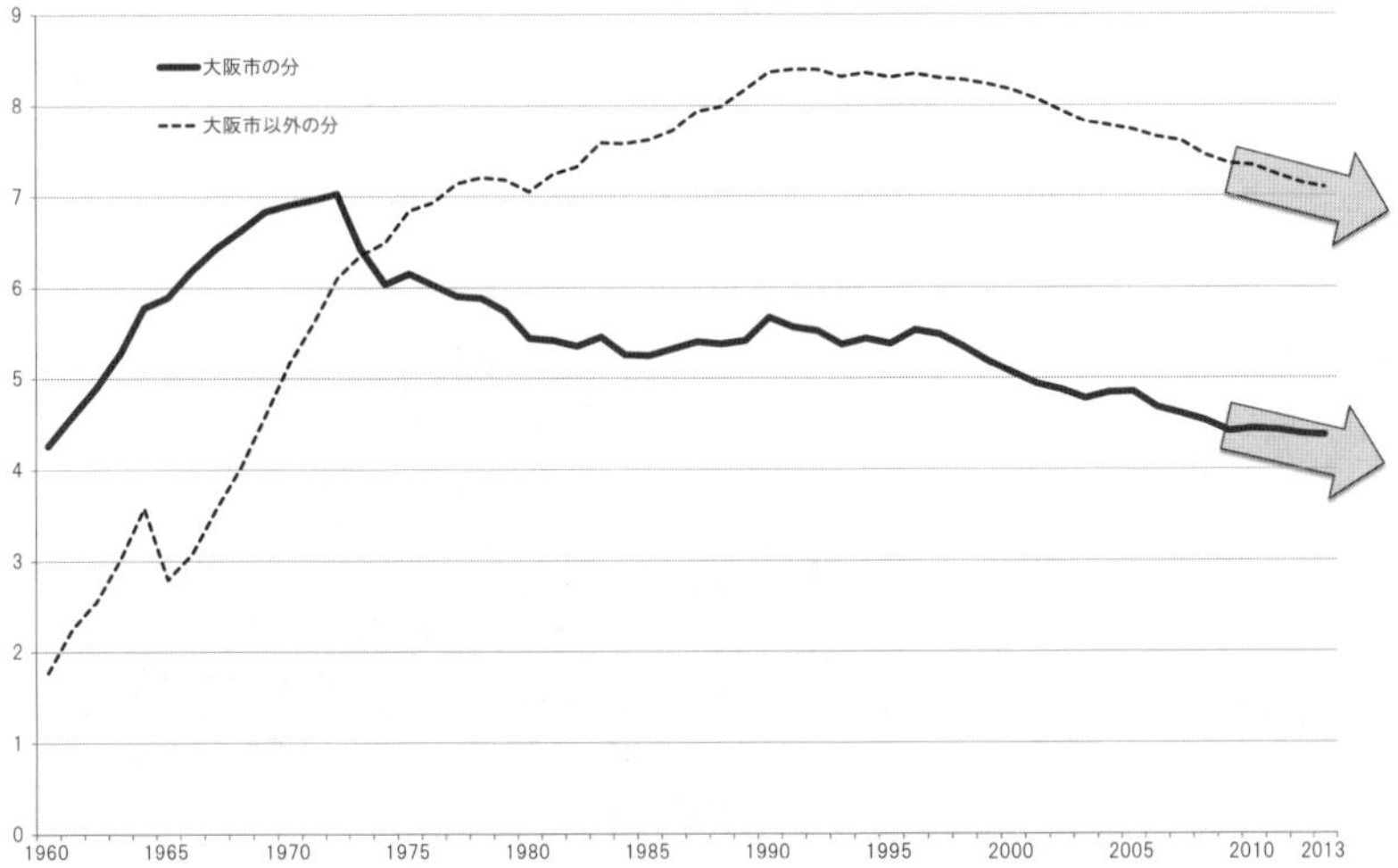

出典：ＨＰをもとに筆者作成

んだ柴島浄水場の単位当たりの生産コストは、最新の三島浄水場に比べて32％も高い。

こうした実態を図表14―3に示した。図の縦軸は単位当たりの水の生産コストを、横軸は水の需要と供給の量を示す。合理的に考えると、府と市の区別なくコストの安い浄水場の水を使っていくべきである。すると、この図の左から順番に水を使っていくことになり、柴島浄水場は運用しなくてもよくなる。つまり、大阪市にも府の水を融通すればやっていける。しかし、上述のとおり大阪市は取水から浄水、末端の給水までを一貫して自市で賄う政策をとってきている。そのため、老朽化していた柴島浄水場の設備更新を予定していた。同時に府も市との水の融通を想定しない設備更新を計画しており、両者を合わせると大きな無駄が生じるリスクがあった。府市の水道事業を統合すれば設備再編が可能となり、こうした無駄な更新投資を避けられる。

図表 14-3　大阪府と大阪市の浄水場の単位当たりコスト比較

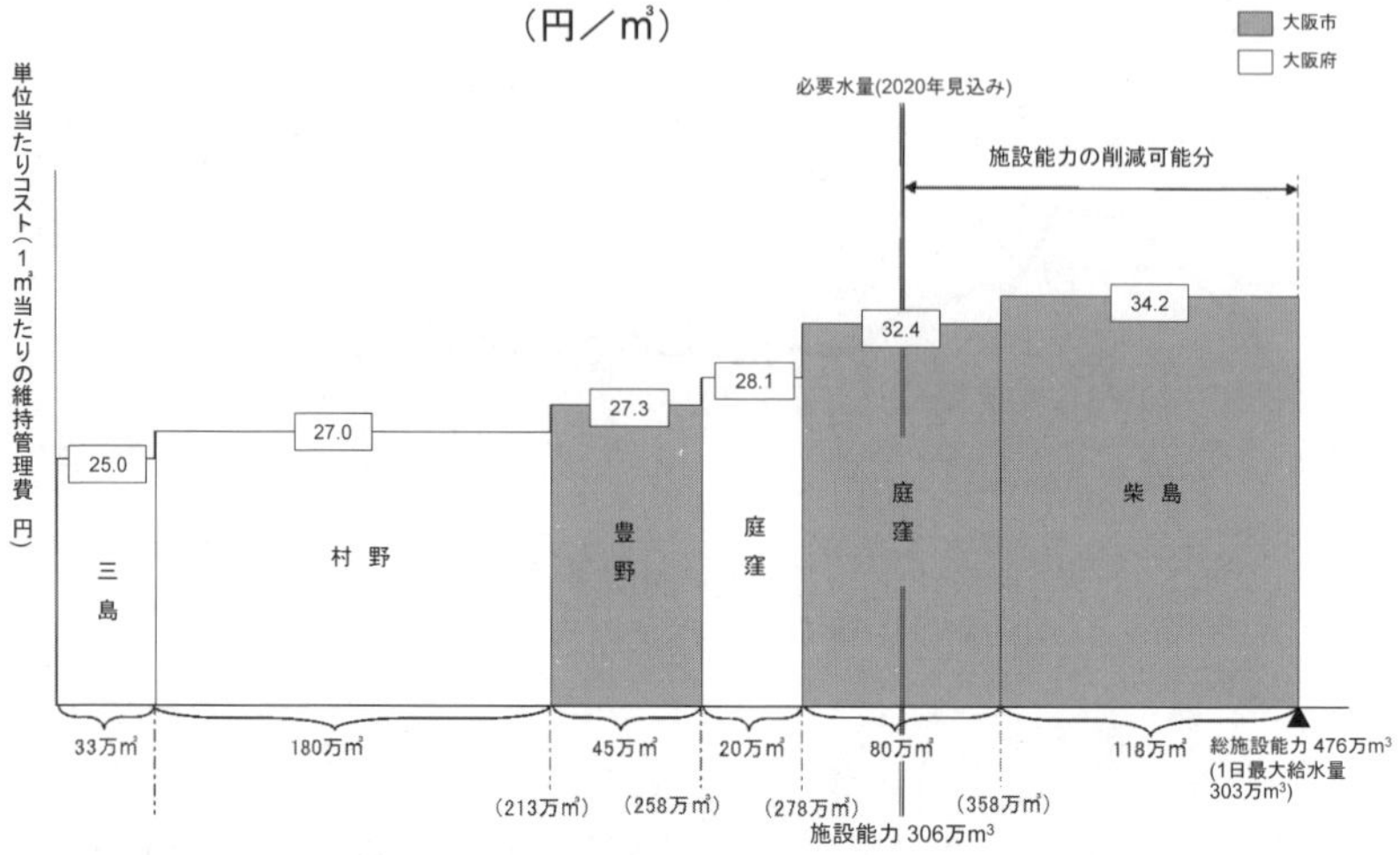

（注）2006年度データをもとに大阪府が試算。
今後の水需要のトレンドを基に推測すると、府市合計(1日最大給水量)で2020年には297万m³、2030年には270万m³となる見込み

出典：ＨＰをもとに筆者作成

3　維新改革以前の統合に向けた動き

こうした状況は以前から分かっていた。早くも太田房江知事、關淳一市長の時代に水道の府市連携に向けた動きがあった。すなわち、２００６年２月の第38回府市首脳懇談会では「中長期的な展望に立って、互いの経営資源を有効に活用し効率化を図っていけるよう、連携方策について、事業者間で協議の場を設け検討を行っていくこと」が確認された。さらに次の第39回の府市首脳懇談会（同年９月）に向けた府市連携協議会（副知事および副市長（助役）レベル）では「府市の事業者間の協議の場を設け、お互いの利害にとらわれることなく、大きな視点で協議を進めていくこと」が確認された。しかし、その後（同年４月～11月、計７回）の現場レベルの実務協議では初回に「経営（組織）統合を前提としない」「市域外給水などお互いの事業領域を侵害しない」という原則を決めるなど、現場は消極的だった。

それでも第39回府市首脳懇談会の「（府市水道の）連携

方策及び課題について、引き続き詳細な検討を行う」という合意を受け、２００６年12月には府市水道連携協議会を設けて府市で実務協議を重ねた。その結果、大阪市の巽《たつみ》配水場から府の配水管がある長吉という地点の間に府市の連絡管を３５０億円かけて新設する案が浮上した。もともと、府は村野浄水場を１０００億円かけてダウンサイジングした上で、同浄水場から長吉までのバイパス送水管を８００億円で整備して、南大阪地域への送水ルートを二重化する計画を立てていた。だが、長吉の近隣には大阪市の巽配水場があり、給水能力にも余裕があった。そこで府が同配水所から水を得て府が南大阪地域へ送水すれば、遠い村野から送水するよりも効率がよく、府市ともにメリットがあると思われた。

しかし、２００８年2月の橋下氏の知事就任とともに「新たな起債は認めず、全ての府の事業をゼロベースで見直す」という知事の方針のもと、この計画はいったん中断した。そして、同時に、橋下知事から平松市長に、部分的連携ではなく府市の水道事業の全面的統合を求める申し入れがあり、抜本的な水道事業統合への議論が始まった。

4　維新改革での本格的な府市水道統合交渉

その後の２００８年4月と6月の知事と市長の意見交換会では、話が一気に進み、将来的な事業統合を目指した協議を行うと合意され、府市それぞれが統合案を提案した。

大阪府案は、独自の議会を備える企業団（一部事務組合のうち、地方公営企業の経営に関する事務を共同で行うものを企業団という。）を大阪府、大阪市、そして賛同する市町村で設立するというものだった。これまで府水道の料金は供給先市町村から選出された議員を含む府議会の議決で決定されてきた。この案はそうした事実をふまえ、各市町村の住民意思を反映するための制度的な担保を重視した。

一方、大阪市案は、大阪市が大阪府の水道事業の無償譲渡を受け、府の事業を承継するというもので、住民の民意の反映については大阪市と水の供給先の市町村で地方自治法に基づく協議会（地方自治法第252条の2の2に基づく。）を設けるという方式を提案した。また、かつて中断した連携協議で考えられていた市の水を府南部に送水して府の設備投資を削減するプランも含まれていた。ちなみに大阪市は、大阪府提案の企業団方式に対しては、府下全域の水道料金の平準化が求められるため大阪市など一部市町村の水道料金の値上げが避けられなくなるという問題を指摘した。また、企業団を作るとなるとその議会の定数が最大30名と法定されているため、府域の43市町村の全てから議員が選出できないといった問題点を指摘した。

一方、府側は大阪市案に対して、府全体の料金など重要事項の決定を大阪市議会が決める制度では、残りの市町村の意思が十分に反映されないこと、府の資産を市に無償譲渡することへの懸念などを提示した。

そこで２００８年９月から府市水道事業統合検証委員会が設置され、これらの案を４回にわたって具体的に検討した。また２００９年１月には、知事・市長と検証委員会の意見交換会も開催された。しかし、府市の水道事業をうまく統合する組織形態の結論は得られず、他の市町村も含めた三者協議で引き続き検討することになった。

そこで、市町村側の意向を把握するアンケート調査が行われ、２００９年３月に結果が公表された。ほぼ３分の２に当たる27市町村が大阪府案の企業団方式が妥当と回答した。議員総数が参加市町村より少なくなる課題については、輪番制の導入や将来の法改正で解決可能といった意見が多く、あまり重視されなかった。

○大阪市によるコンセッションの提案

この結果を受け、大阪市は協議会方式を撤回し、今度はコンセッション型の指定管理者による用水供給事業の包括受託を軸とした案を提案した。

コンセッションとは、受託者と契約を締結し、所有者（この場合は大阪府）が資産を保有したまま受託者に事業の運営権を付与する方法である。大阪市の提案では、水の供給に関する元の府水道の資産は府が所有したまま、大阪市が水道法上の事業認可を受け、地方自治法上の指定管理者制度を活用して用水供給事業の運営を府から全面受託するというものだった。この制度のもとなら、料金はこれまでどおり府議会で決定できる。また、府から市に資産を無償譲渡する必要もなくなり、市町村や府議会の同意も得られやすいと思われた。

5　府下42市町村の反対

２００９年10月、大阪府と大阪市は、各市町村の水道事業管理者等を集めコンセッション型の指定管理者制度の導入に向けた事業統合プランを説明した。

しかし反応は芳しくなかった。すなわち、第1に、全体の3分の2を占める27の市町村が支持した企業団方式ではなく、あえて大阪市が新たに提案するコンセッション方式を提案した理由を明らかにしてほしい。第2にコンセッション型では府の関与が希薄となり、ゆくゆくは府域全体を1つの水道事業で担当していく体制を作る上で必要となる市町村の水平連携が困難になる可能性がある。そして第3に、府と大阪市だけでなく、当事者である各市町村も参加した形で議論を重ねるべきであり、現状の進め方は拙速だというものだった。

２０１０年1月には42市町村の首長会議で、コンセッション方式は選択しないこと、そして府域の水道事業は２０１１年４月の企業団設立を目標に検討を進め、将来的に大阪市を巻き込んだ府域一水道を目指すことが決定された。

こうなると、府としては各市町村の総意をないがしろにできない。そこで2月には大阪市以外の市町村と企業団方式の設立に取り組むことを決め、その旨を大阪市に通知した。こうして、1年をかけた府市の水道事業の統合交渉は頓挫した。

ちなみに、この水道統合の頓挫は橋下知事と平松市長の蜜月関係を終わらせるきっかけとなり、この直後の大阪都構想の提案、そして4月の大阪維新の会の結成に連なる伏線となった。

6　大阪市抜きで広域水道企業団を設立

こうして、２０１０年11月に大阪府内の37市町村から構成される企業団が設立された。翌年1月には構成団体が追加され、大阪市を除く府域の42市町村が揃った。そして２０１１年４月１日には、府水道から企業団に事業の承継と資産の譲渡が行われ、府職員の約76％の身分が企業団に移された（図表14―4左部分）。

7　今度は企業団と大阪市の事業統合を検討

こうしていったん頓挫した府市の水道事業統合だが、大阪市長が橋下氏に変わったダブル選挙後に、今度は企業団と市水道の統合に向けた新たな工夫が始まった。２０１２年3月、企業団と市水道を事務局とする「水道事業統合検討委員会」が発足し、全５回の委員会の検討を経て、２０１３年４月に企業団と市水道の統合案がまとまった。

その内容は、第1に、耐震化されていない古い施設を廃止して、今の476万㎥／日～156万㎥／日をダウンサイジングして320万㎥／日の生産体制にする。第2に、大阪市域の水道事業と府域の用水供給事業は別会計とし、統合により発生するメリット（市221億円、府4億円）はそれぞれの事業で活用する。第3に、市水道の資産、資本、負債は無償で企業団が承継する。水道事業で使用しない土地は企業団が売却するが、跡地利用の計画立案のイニシアティブは大阪市がもつ。第4に統合時の市水道の職員（技能職員を除く。）は身分移管または大阪市からの派遣とする。ただし企業団が現に行っている類似業務に従事する技能職員はプロパー職員として受け入れ、給与や手当等は基本的に企業団の制度を継承する。第5に、企業団の首長会議において、末端給水事業の重要事項（会計統合や料金改定等）を審議する際には、原則として当該市町村長の賛成を必要とする。ただし、当該市町村長

図表14-4　大阪の水道事業の経営形態

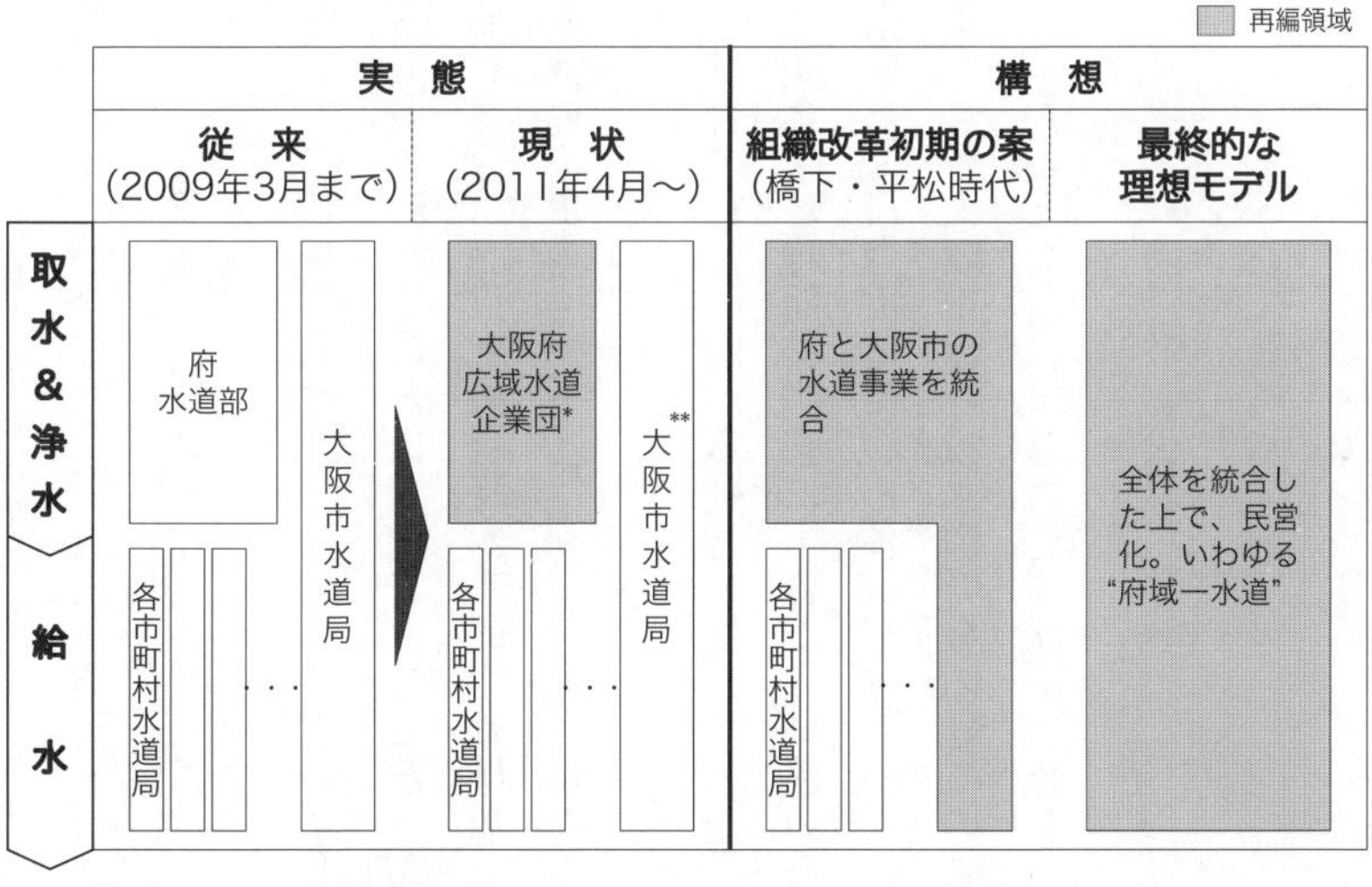

* 地方自治法284条および地方公営企業法39条に基づく特別地方公共団体
** 今後目指すべき経営形態として、上下分離方式(この場合はコンセッション方式)による民営化を掲げている
出典：ＨＰをもとに筆者作成

の一部による反対があった場合でも、再議による3分の2の賛成が得られた場合は承認することができる。第6に、企業団議会の定数30人に大阪市分の7人を追加して37人とする。第7に、大阪市工業用水道事業についても企業団に統合し、一体的に事業運営する（ただし、会計は当面分離）、というものだった。

○大阪市議会で否決

この統合案は2013年5月の大阪市議会の審議に付されたが、以下の点が問題だとされ、結局否決された。理由としては、大阪市民の財産である資産を全て企業団へ無償譲渡することは問題であること、大阪市の水道料金の値上げ案が出てきた場合に、大阪市長が反対しても3分の2以上の首長が賛同すれば値上げとなるおそれがあること、大阪市にとっては、資産に見合った経営権（企業団議会の過半数の確保）が得られずメリットがないこと、といった事項だった。

また、市議会は「府域一水道の将来の姿が見えない」とし、統合の根幹に関わる疑念を抱いていた。そこで市長は、企業団に対して、他の市町村の給水事業と企業団と統合する時期を明確にするように求めた。しかし、企業団は府域を1つの水道にするという目標を目指す上で最も重要になる各市町村の給水事業と企業団への統合時期を明確にできなかった。そこで2013年6月、大阪市は「市水道料金の維持の制度的担保がない」という理由、および企業団との合意が得られなかったことなどにより統合協議を中止し、市水道の単独の民営化を先行させることにした。

8　大阪市の水道事業の単独民営化案も否決

5か月後の2013年11月、大阪市水道事業の民営化基本方針（案）が公開される。内容は、水道事業を上下分離した上で、公共施設等運営権制度（コンセッション）の活用による民営化を目指すものだった。

○コンセッション方式を検討

市水道を丸ごと民営化、つまり上下一体方式による民営化を採用しない理由としては、第1に民間事業者が経営破たんに陥った場合に、市が水道施設を所有していない状態では水の継続供給が難しくなること、第2に民間事業者に対する極端な税負担を回避できること、第3に公共性や危機管理面において、市や議会による一定のガバナンスが担保できること、第4に現行法の改正も含めた制度構築が必要なことなどが挙げられた。

そして、2014年11月に水道事業民営化の実施プラン（案）が策定された。すなわち民営化の受け皿として大阪市が株式会社（運営会社）を設立する。運営会社への当初出資は、市水道事業会計から現物出資を含め適正額を算出（110億円～140億円程度）し、運営会社については、事業開始後3～5年をめどに、公共性の確保を前提に、市民の意見等、諸状況を見極めて市が株式の一部売却を検討するとした。あわせてダウンサイジングや人員削減などの経営改革もセットとした。また、市域事業を担う運営会社と国内外の事業展開を担う子会社または関連会社の一体的なグループ経営体制を構築することとした。

また、市水道の民営化を実現した後には、企業団の府域の水道事業の運営と一元化する方針が打ち出された。

こうして、2015年2～3月に水道事業の民営化条例案が大阪市議会に提出されたが、大阪維新の会以外の全会派が反対して否決され、今日に至っている。

9　まとめ

このように、府と市の水道事業の統合は部分的に実現したものの、大阪市部分については何も変わらず、全体としてはあまり進んでいない。

今さらだが、先に府水道と市水道の事業統合を実現させ、それを民営化した上で、他の市町村の水道事業も順次民営化させて、府市合同の水道企業に統合していれば、もっと早く広域化と民営化が実現した可能性が高い（図表14—4右部分）。しかし、現実には民営化のメリットよりも、府市の主導権争いや市議会の維新以外の会派の改革案に対する不信感、各市町村の大阪市や大阪市議会に対する疑念が先立ち、話がまとまらなかった。また、府水道部の企業団移行を先行させたために生じた、府域市町村の足並みがそろわないと何も決められないという企業団のガバナンス体制の限界や議会における大阪維新の会の影響力の低下という要因もあった。

治水と水の配分は古来、政治の要である。水利権も給水

図表 14-5　大阪府内各市町村の水道料金（家庭用）

（2013年度，円／10㎥当たり料金（口径13mm））

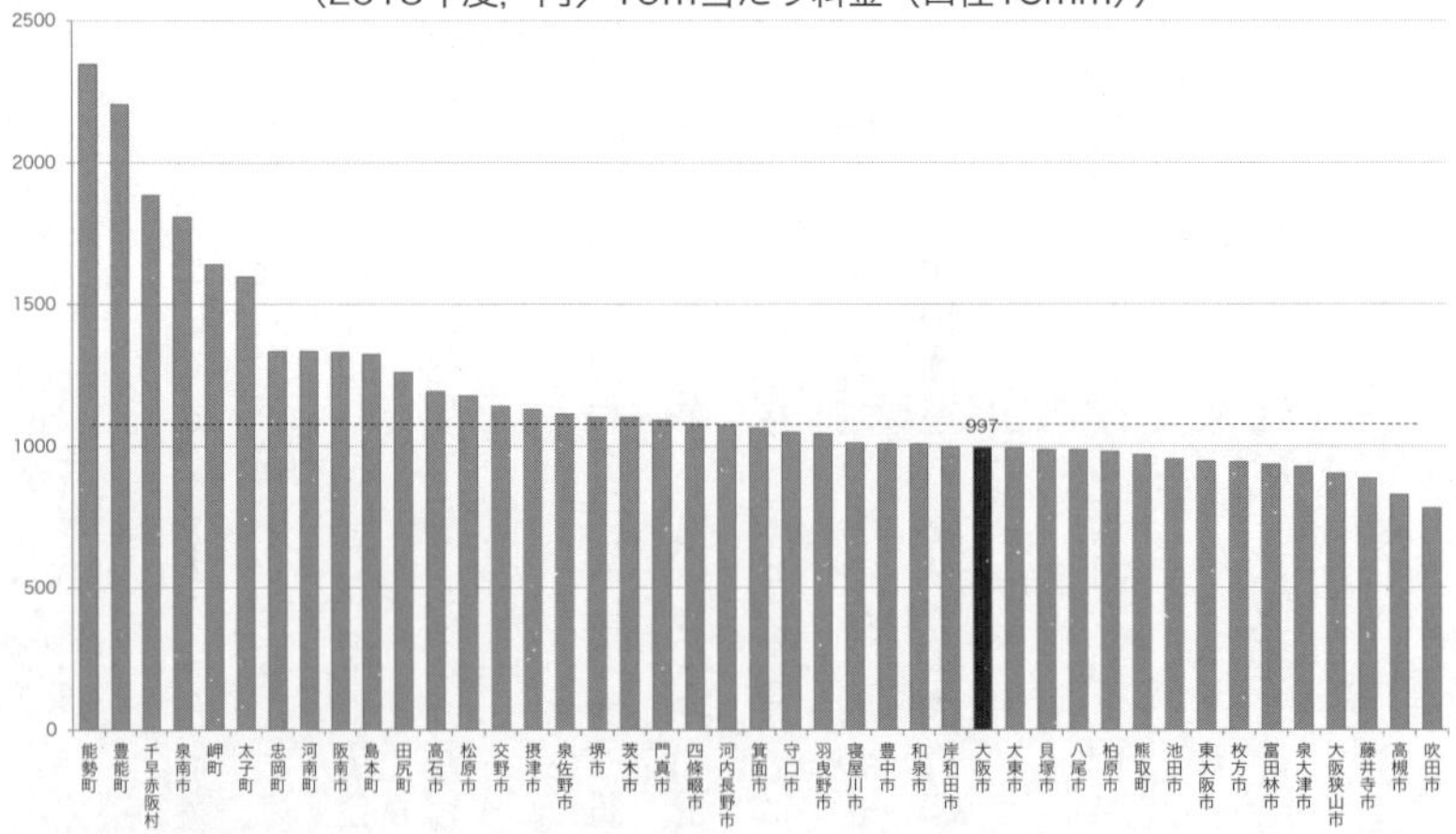

出典：ＨＰをもとに筆者作成

事業も長い時間をかけて形成されてきた歴史的産物である。もともと時間のかかるものかもしれない。今回の維新改革で課題の存在は明らかになった。財政危機の中で水の需要は減っていく。取水も浄水も給水も現在の施設を今の経営形態のまま更新し続けて使うことは考えられない。早晩、大きな見直しが避けられない。また、市町村ごとに料金にかなりのばらつきがあることも、いずれ問題視されるはずである（図表14―5）。今後については、都構想による解決、あるいは各市町村が水道事業の将来を見据えて、合理的な経営形態を考え直す中から、新たな動きが出てくるだろう。

第15章　府立と市立の大学統合―公立大学の本格再編と広域化

「九州立大学構想」というものがある。九州各県の合計11の公立大学を１つの公立大学法人の下で一体運営しようという案で、九州経済連合会が発表している（詳細はhttp://www.kyukeiren.or.jp/files/topics/suggestion/120424090034845.pdf）。九州だけではない、全国各地で域内の国公立大学の連携や統廃合が進んでいる。維新改革でも大阪府立大（以下「府大」）と大阪市立大（以下「市大」）の統合問題が、二元行政の象徴的テーマとされた。両大学はともに全国の国公立大学の中でも上位に位置し、数々の著名人を輩出してきた。しかし教員数も学生数もほぼ同じである上に、メインキャンパスが近隣にある。府大には生命環境科学域（農学部を再編）があり、市大には医学部がある。両者を統合すると生命・医学系に強く大きさでは神戸大に匹敵する全国で最大の公立の総合大学が作れる。こうした利点に着目し、両大学の統合案が以前から議論されてきた。

だが維新改革以前の府市では、両大学の統合が正式課題とされることはなかった。両大学は全国的な評価も高く定員を上回る志願者がいた。府市の浄水場のように、稼働率が低い中で府市がそれぞれを維持し続ける意義が問われる状況ではなかった。しかも統合には教員や卒業生の反発が予想され、府市両議会の同意取り付けや文部科学省への説明などの手続も難航すると思われた。また、関西には京都大、大阪大、神戸大など一流の国立大学が多数あって、地元の公立大学の停滞が地域全体の機能不全につながるという切迫感もなかった。

○東京都を上回る交付金を投入

だが高度人材の育成や有為な若者の域外からの獲得は、都市戦略上の大きな課題であり、公立大学の戦略的意義は大きい。また府と市は、府大と市大に年間、合計213億円の運営費交付金を投入しており、その額は東京都の首都大学東京への投入額135億円を約78億円も上回る（いずれも2012年度）。両大学はかねてから合理化を進め、さらに公立大学法人化を機に独自の改革に着手していたが、交付金に見合う成果を出しているかどうかは定かではなかった。

こうした視点から維新改革では、まず、2009年に橋下知事の下で府大の改革に着手（詳細は http://www.pref.osaka.lg.jp/attach/9461/00000000/212201siryo.pdf および http://www.pref.osaka.lg.jp/attach/9461/00000000/212701siryo.pdf を参照）した。

さらに2012年度からは橋下市長の下で市大の改革が本格化した。さらに2012年6月には府市統合本部に新大学構想会議（メンバーは図表15―1、会長は元北九州市立大学長の矢田俊文氏）が設置され、両大学の統合と再編の計画作りが始まった。本章では同会議の「新大学構想〈提言〉」（http://www.pref.osaka.lg.jp/attach/16822/00000000/honpen.pdf　2013年1月）に沿って、両大

図表15-1　「新大学構想会議」のメンバー

会長	矢田　俊文	九州大学名誉教授（公立大学法人北九州市立大学　前学長）
副会長	上山　信一	慶應義塾大学総合政策学部　教授
委員	大嶽　浩司	昭和大学医学部麻酔科学講座　教授
委員	尾﨑　敬則	尾﨑総合法律事務所　弁護士
委員	野村　正朗	新日本理化株式会社　取締役会長
委員	吉川　富夫	公立大学法人県立広島大学経営情報学部　教授

（注）五十音順、肩書は当時のもの

学の経営課題、統合と改革の必要性、そして統合に向けた動きを解説する。

１　２つの公立大学の併存

市大は１８８０年に創設された。一方、府大は１８８３年創立の獣医学講習所を前身とし、戦後の１９４９年に大学となり、その後、２００５年に大阪女子大などを統合して今日に至る。市大は１３５年、府大も１３２年の歴史を誇る（図表15―2）。学生数は市大が公立大学の中では首都大学東京に次いで2位に、府大が3位に位置する。メインキャンパスは、市大が大阪市南部の住吉区に、府大はそのすぐ南の堺市にあって地下鉄の最寄り駅でわずか３つである。また府大は都心の南のターミナル、なんば駅の近くに社会人大学院のサテライトキャンパスを持ち、市大は、北部の都心の大阪駅前に同様の社会人大学院用のサテライトキャンパスを持つ。ともに総合大学だが、府大は主として理工系、農学環境系、保健系から構成される（①工学域、②現代システム科

図表 15-2　大阪市立大学と大阪府立大学の比較

	市大	府大
創　立	1880年	1883年
キャンパス	杉本(大阪市住吉区) 阿倍野(大阪市阿倍野区) 梅田(大阪市北区)	中百舌鳥(堺市中区) 羽曳野(羽曳野市) りんくう(泉佐野市) なんば(大阪市浪速区)
学　部	商、経済、法、文、理、工、医、生活科学の8学部	工、生命環境科学、理、経済、人間社会、看護、総合リハビリテーションの7学部
学生数　＊	8,314人	7,931人
教員数　＊	716人	686人
卒業生	開高健(作家) 坂根正弘(コマツ会長) 山中伸弥(京大教授)	藤本義一(作家) 東野圭吾(作家) 吉田淑則(JSR元社長)
年間運営費 (2013年度)	483億円	210億円

（注）市大は 2014 年 10 月 1 日現在、府大 2014 年 5 月 1 日現在

学域、③生命環境科学域、④地域保健学域の4学域)。一方、市大は国立大学と同様の学部構成(法学部、医学部、文学部、工学部、理学部、経済学部、商学部、生活科学部の8学部)の総合大学である。

○維新改革での見直し

両大学では2008年からの維新改革で主に3つの改革が行われてきた。

第1は、橋下知事の時代の府大の改革である。当初は2009年2月に橋下知事から「府大の存在意義は何か」「廃止、もしくは民間譲渡の可能性」などの問題提起がされ、それを機に縦割りの学部構成を4学域制に再構成したり、外部人材を経営に参画させる等のガバナンス改革が行われた。

第2の改革は橋下市長就任後の市大の改革である。ここでも、理事長と学長の一致、教員の人事権を学部教授会から学長直轄の人事委員会に移す等のガバナンス改革が行われた。そして、第3の改革課題が府大と市大の統合と再編であった。

2　両大学を統合再編する狙い

両大学の経営統合の狙いは、大都市のニーズに合わせ、より戦略的に機能を強化することにある。二重行政の打破による効率化は副次目的でしかない。

そこで具体論に入る前に、そもそも戦略的な経営統合の意義について解説しておきたい。

(1)　戦略的な経営統合とは何か

民間企業は、時代の流れや技術革新に合わせて競合他社との合併や買収を行う。長い伝統を誇る企業も例外ではなく、例えば三井グループと住友グループは銀行や化学会社などを統合した。鉄鋼業界でも、新日本製鐵（八幡製鐵と富士製鐵の合併）、ＪＦＥスチール（川崎製鉄と日本鋼管の合併）が誕生し、新日鐵住金（新日鐵と住友金属の合併）ができた。地方銀行の統合も増えた。関西でいうと池田銀行と泉州銀行が合併して池田泉州銀行となり、私鉄の阪神電鉄が阪急ホールディングスの傘下に入った。公的セクターでも平成の市町村合併は記憶に新しいし、大阪都構想もその1つといえる。

大学でも共立薬科大が慶応大と経営統合し、東京商船大と東京水産大も経営統合して東京海洋大となった。その他、県立の複数の大学を統合した事例は多々ある（広島、兵庫など）。要するに官民、あるいは分野を問わず戦略的な統合は広く行われる時代に入っている。

(2)　なぜ両大学を統合するのか？

しかし、今までの公立大学の統合は同一県内の県立大学の統合であり、同一グループ内の複数機関の統合でしかなかった。今回のように市立と府立（都道府県立）の合併は初めてである。しかも今回は、通例は特定分野のみの小さな大学である市立の大学が、府立の大学を凌駕するほど大きな存在であるという点が特殊だった（もちろん、大阪市の大きさの反映だが）。

なお、新大学構想会議の発足に先立って、府市や財界関係者の間では、以下の理由から統合の可能性が議論されていた。

第1に、両大学は得意分野が異なる上に規模が大きい。統合によって本格的な総合大学が作れるという戦略上の期待（「範囲の経済〈スコープメリット〉の追求」といってもよい。）があった。地元では国立の大阪大が規模と分野で他を圧倒する。加えて今回の統合で新大学ができると、神戸大に匹敵する大学が誕生する。また、大阪府は南北に長い。北部の大阪大に対して、南部に新大学ができるとバランスもよい。このように、大学の統合は大阪の大都市としての競争優位性を高めると思えた。

第2に「規模の経済（スケールメリット）」の追求である。関西は首都圏と同様に一流大学がひしめく競争の激しい地域である。特に理系分野では実験装置の高度化が著しく、中途半端な規模では生き残れない。ところが、両大学は、公立大学としては大きいが国立の総合大学に比べると小さい（図表15—3）。特に理工系分野では、今の規模のままでは国際競争や全国競争で地位低下のおそれがあった。

○公立の自由度とスケールを同時に実現

地方の公立大学の多くは、保健・看護、農学、教員養成などの専門人材を育成する。しかし、両大学は普通の総合大学として地方の国立大学並みの規模と陣容、歴史

図表 15-3　学生数の比較

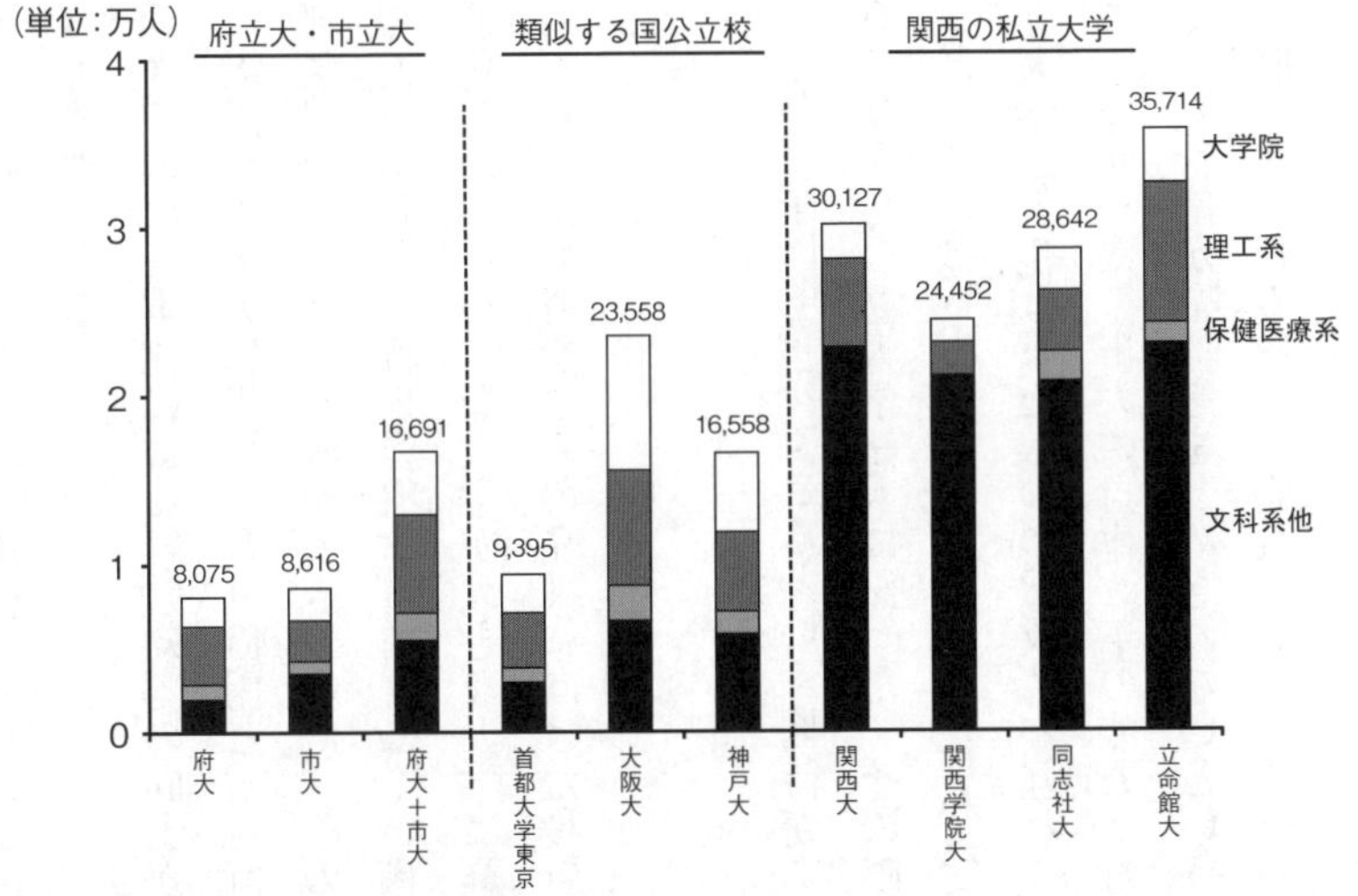

出典：「大阪府市新大学構想会議提言」 2012年5月1日各校HPベース

と伝統を誇ってきた。それを統合すれば一気に日本最大の公立大学が誕生し、本格的な規模の大きさと国立大学にはない自由な環境のもとでユニークな研究や教育ができる可能性がある。

第3に、両大学の一部の学部の重複整理や、管理部門やＩＴシステムの一本化による経営効率の向上が期待できた。２０１２年度の予算では府は府大に年間１０４億円、大阪市も市大に年間１０９億円と、合計約２１３億円の運営費交付金を入れている。だが財政危機の中で運営費交付金は年々減ってきていた。その結果、司法試験合格者を輩出する市大の法学部で専任教員の数が50人を切るなど将来展望すら描きにくい状況に陥りつつあった。全国では隣接する大学同士が事務部門を共通化したり、小さな大学が大きな大学に経営統合される等の合理化が進む。両大学も早く経営統合で合理化し、浮いた原資を強みの発揮に向けた投資に振り向けるべきと思われた。

○統合によって改革を推進

第４には経営統合を機に経営体制を大きく変えることでいっそうの学内改革ができるという期待があった。府大の場合は府立看護大、大阪女子大を統合した上で２００５年から公立大学法人になった。その際には教育組織と教員組織の分離も行われた。橋下知事の時代にはさらに4学域13学類への学部再編も行われた。ところが市大の場合、他の公立大学にならって２００６年に公立大学法人化はしたものの、改革が遅れていた。例えば学生による授業評価や結果の公開がほとんど行われていなかった。市大の自律改革の能力に対する疑問があった。また、その背景には各学部の権限が極めて強く、執行部が全体をまとめきれないという組織構造の問題があった。このままでは全国の大学改革の流れから取り残されるという危惧があった。その打開策としても両大学の統合と再編は有効と思われた。

(3) 大学を統合する2つの方法

○「1法人1大学」か「1法人2大学」か

ちなみに大学の統合にはいくつかの方法がある。現在は、2法人2大学だがそれを1法人にするのは当然だ。しかし、その下を1大学にするのか2大学のまま残すのか、あるいは当初は2大学としておき、後に1大学とするのかについては選択の余地があった。

「1法人2大学」の場合、「公立大学法人○○大学」という新しい経営体（法人格）の下に2つの大学が今までどおりぶら下がる。この場合、理事長は1人だが学長は各大学に置く。この場合、理事会や財務、事務などの法人管理機能以外は各大学に任され、現場の運営は従来のやり方を維持しやすい。統合がもたらす現場の戸惑いや抵抗感を払拭しやすい。反面、大きな改革は一気に進めにくい。

もう1つは「1法人1大学」に統合・再編する方法だ。この場合、学部再編などの大改革を一気に進めやすい。その代わり現場の混乱や抵抗感は払拭しにくい。2つの方式のどちらをとるかは、ケースバイケースである。改革のスピード、学内の自律改革能力、首長の意向などを見ながら決めていくことになる。

(4) キャンパス問題

統合を考える上で重要なのがキャンパスをどう再編するかである。大学の統合でキャンパスも1つになるかというと、実際には難しい。せっかく設備投資をした施設の破棄は無駄だし、大学では同じ時間帯に多数の教室で授業を行うので教室をシステマチックに運用する必要がある。そのため、既存の建物の使用を前提にせざるを得ず、事業会社のような思い切った施設の集約や一元化は難しい。財政上の制約もあって統合しても今の府大の3つ、市大の2つのキャンパスはそのまま残る。その際には、できる限り機能と場所の不一致を避けるべきで科目の統廃合や職員・学生の融合は、どうしても各キャンパスの施設設備の制約の範囲内で追求することになる。

○キャンパスは維持

ちなみに日本でも有名な米国のカリフォルニア大学はバークレー、ロサンゼルスなど全部で10の異なる都市に所在する学校（キャンパス）から形成される。全てカリフォルニア州立大学の各校だが、それぞれが個性を発揮する一方で、全体として「UC（University of California）システム」を形成する。今回のテーマである府大と市大との統合も最終的にはこのような形態を目指すものである。

(5)　タイミング

このように、大学統合はキャンパスや建物の制約等がある上に入学時に府大、市大に入学した学生は卒業するまでは新大学の学生にはなれないという文部科学省の制度の縛りがあって、統合効果はすぐに出てこない。また、統合には文部科学省の審査が必要で準備に時間がかかる。もともと府市の事業統合には時間がかかるが、大学統合にはいっそう長い時間が必要とされる。そのためにも新大学の構想づくりには早く着手する必要があると考えられた。

3　2大学の現状と課題

今回の新大学構想会議では、統合案の作成に際し、まず各学部の幹部教員や職員へのインタビュー、若手教員との懇談会、他大学とのデータの比較などを行い、両大学の現状と課題を整理した。

(1)　経営効率

まず経営効率だが、学生1人当たりの運営交付金をみると（図表15―4）、両大学とも、学生1人当たり約120万円の公費が投入されている。この数字は、文系中心の国立大学よりは高いが、理系中心の国立大学よりは安く、国立大学の平均値に近い。学部別の収支は、図表15―5のとおり、府大、市大ともに理系学部が赤字になっている（このこと自体は国公立・私立を問わず共通の現象）。次に、教員1人当たりの学生数を他大学と比較すると、例えば文学部系の場合、大阪大が7・6人、神戸大が9・5人に対し、市大は11・1人、府大は12・1人で、やや上回るもののほぼ同程度である（一方、関西大、関西学院大、同志社大、立命館大など私立大学は33・6人から46・8人と多い。）。この傾向は、法学や経済学などの文系の他学部、さらには理学、工学、医学などでも同じである。

図表15-4　他大学との比較（学生1人当たり運営交付金）（単位：千円）

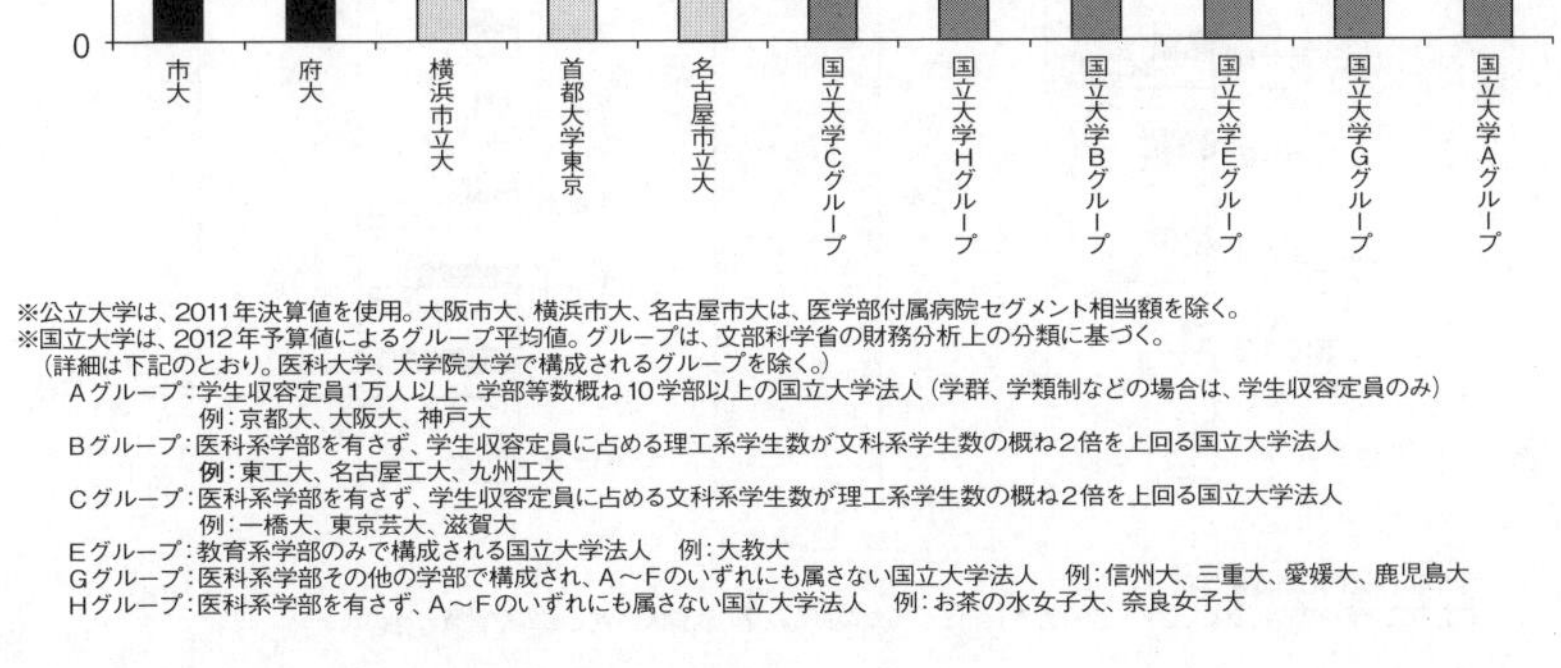

※公立大学は、2011年決算値を使用。大阪市大、横浜市大、名古屋市大は、医学部付属病院セグメント相当額を除く。
※国立大学は、2012年予算値によるグループ平均値。グループは、文部科学省の財務分析上の分類に基づく。
（詳細は下記のとおり。医科大学、大学院大学で構成されるグループを除く。）
Aグループ：学生収容定員1万人以上、学部等数概ね10学部以上の国立大学法人（学群、学類制などの場合は、学生収容定員のみ）
例：京都大、大阪大、神戸大
Bグループ：医科系学部を有さず、学生収容定員に占める理工系学生数が文科系学生数の概ね2倍を上回る国立大学法人
例：東工大、名古屋工大、九州工大
Cグループ：医科系学部を有さず、学生収容定員に占める文科系学生数が理工系学生数の概ね2倍を上回る国立大学法人
例：一橋大、東京芸大、滋賀大
Eグループ：教育系学部のみで構成される国立大学法人　例：大教大
Gグループ：医科系学部その他の学部で構成され、A～Fのいずれにも属さない国立大学法人　例：信州大、三重大、愛媛大、鹿児島大
Hグループ：医科系学部を有さず、A～Fのいずれにも属さない国立大学法人　例：お茶の水女子大、奈良女子大

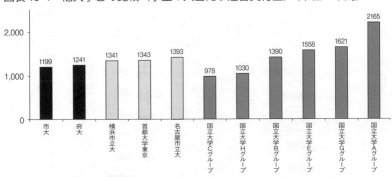

ちなみに、市大の医学部については2・2人で、大阪大の1・7人、近畿大の1・8人、関西医科大の1・2人、大阪医科大の1・8人をやや上回るが、神戸大の3・3人よりは少ない。

○公立の中ではトップクラス

業績評価はどうか。大学の業績はなかなか評価が難しいが、QSアジアン・ユニバーシティ・ランキング2012（QS：クアクアレリ・シモンズ社）によると、市大は62位、府大は107位となっており、アジアの中では一定の位置にある。日本の大学の中では、市大が16位、府大は27位、そして公立大学の中では市大は1位、府大は4位である。文部科学省の科学研究費補助金の取得状況はどうか。第1位が東京大、第2位が京都大というランキング表の中で、市大は32位、府大は33位と横に並んでいる。公立大学では首都大学東京（30位）が上位にあるものの、市大、府大ともに三重大や富山大などの一部の国立大学を凌駕する。

偏差値はどうか。理工系では、偏差値65以上のところ

図表 15-5　府大・市大各学部の財務構造

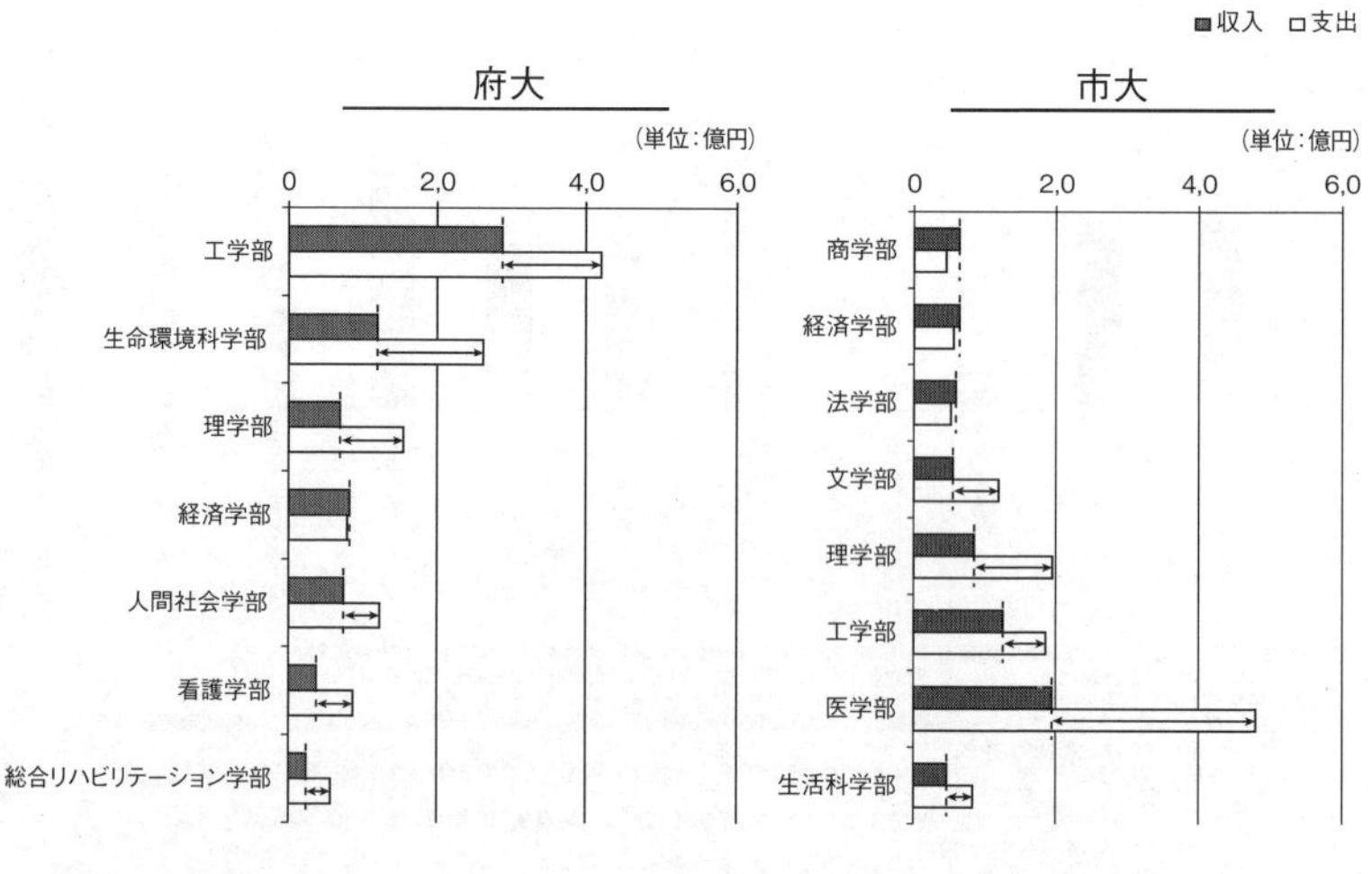

（注）両大学とも2010年度決算額。
市大の文学部と理学部は、全学共通教育を担っているため、その分の教員人件費を含む教育費の支出が多い。

に、京都大、大阪大、神戸大が位置し、次の60～64のところに市大の理系学部が位置する。文科系もほぼ同様で、関西の３つの国立大学の次のランクに位置する。

(2)　ここ数年の予算と人員の縮減

府と市の財政危機を反映し、両大学の予算と人員は近年大幅に減ってきている。運営交付金は、２００６年は市大が１４５億円、府大が１３１億円だったのが、２０１２年にはそれぞれ１０９億円、１０４億円になっている（図表15―６）。人員も一様に減少し、特に経営学、経済学、法学などは一般に円滑な学部運営に必要と考えられる50人を下回ってきており、持続可能性すら危ぶまれる（図表15―７）。特に法学部は教員数が少ないにもかかわらず、司法試験の合格率が高い。しかし、このままでそれが維持できるか疑問だった。また、全体に常勤教員の採用が抑制され、非常勤教員の比率が上昇し、市大では授業時間の14・４％、府大では９・２％を非常勤教員が担当していた。

図表15-6　公立大学への運営交付金の推移

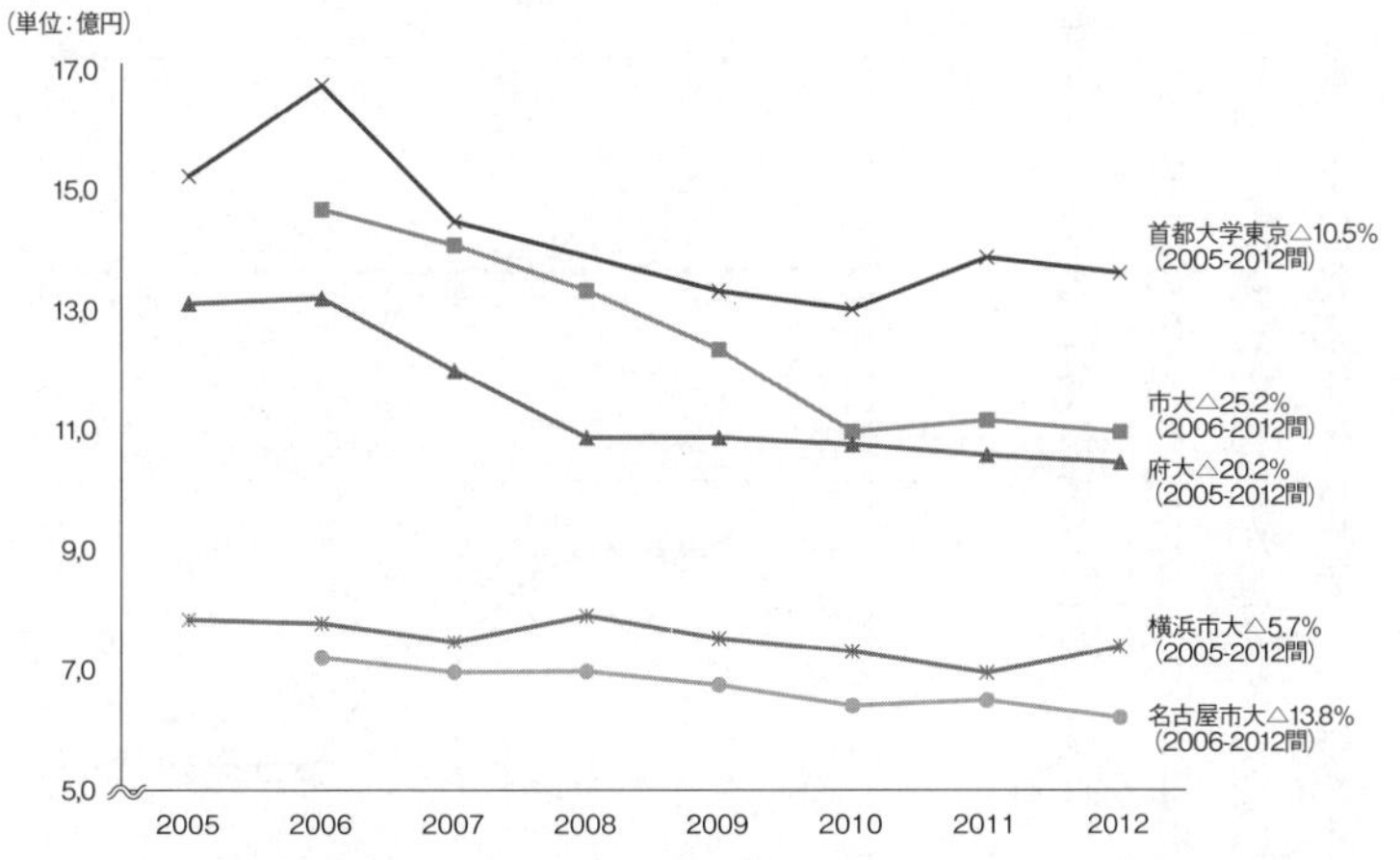

(注) 市大、府大の運営費交付金は、各年度の当初予算額
市大、横浜市大、名古屋市大は付属病院分を除く。首都大学東京の2008年度は高専分等が不明であったためブランクとなっている。

事務組織はどうか。両大学とも、府市からの派遣職員の引き揚げに伴い、大学法人による独自採用の職員が急増している。例えば、府大では、２００５年に２７６人の事務職員のうち２６０人が府からの派遣職員だった。それが２０１２年には職員数が１７０人にまで減った上に、府からの派遣職員もわずか38人となった。市大も同様で、２００６年は２８１人の事務職員のうち２２２人が市からの派遣だったが、２０１２年には職員数が１８１人に減り、市からの派遣職員も29人になった。

(3)　運営上の問題

両大学の教員の問題意識はどうか。市大が実施した教授クラスの教員へのアンケートの結果が図表15—8にある。新大学構想会議の分析と同じように、市大では、学部の再編統合や時代に合わせた組織の見直しが必要だという意見が強い。また幹部職員へのヒアリングでは、設立団体の府市の事務組織に比べ、ＩＴ化などが遅れ、設立団体からの派遣職員が引き揚げる一方で、法人が独自採用した職員の育成が進んでいないと考えていることが分かった（図表15—9）。したがって、統合に向けても、単に効率化を目指すのではなく、事務組織の機能強化策が必須ということが分かった。

図表 15-7　市大の学部別教員数推移

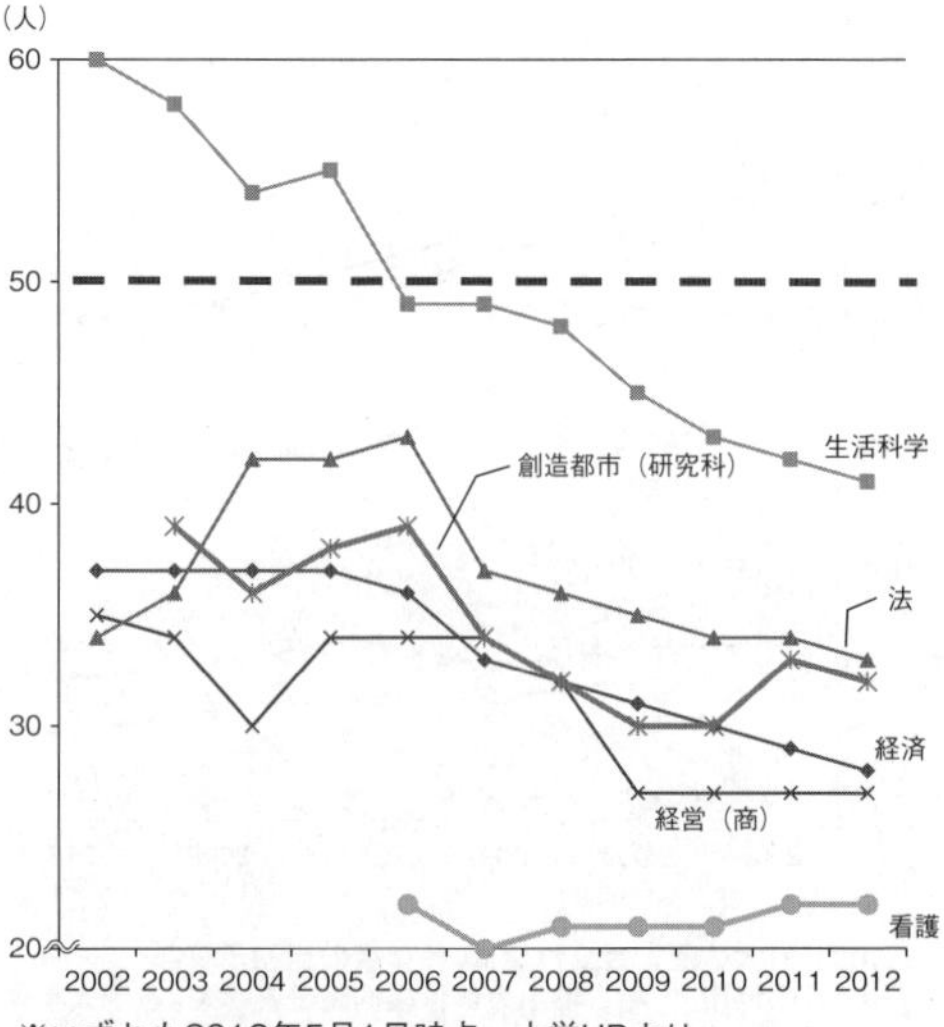

※いずれも2012年5月1日時点。大学HPより。

図表 15-8　改革に関する教員*の意見（市大のみ、抜粋）

現状

・『国立大学の「コピー」ではない』というのが市大建学の精神だったが、いつの間にか、国立大を追いかけつつ、私学のような独自性も出せない大学になっている。
・“総合大学”ならではの共通教育の分厚さが失われ、体系的履修に応えうる体制が教員の削減により崩壊しつつある。
・既成学問分野の組み換えや「選択と集中」は必至である。
・教授会における情報提供や討議の機会が大変少なく、報告として伝えられる。

今後の組織のあり方について

・研究組織は従来の区分を維持しつつも、商学部と経済学部の再編統合など、必要な範囲での再編統合を行う。
・医療系を中心とした再編を行い、包括的地域医療システムの構築をめざす。
・「都市」が名称に含む組織が多数併存しており、再編、統合して新しい研究所を設立する。
・あえて古風な「文学部」「商学部」のような歴史ある名前を温存する。
・介護や福祉ビジネスに関しては、経営学と、生活科学や医学との複合的な教育システムが必要である。
・医師、看護師、弁護士、弁理士、（薬学部を新設できれば薬剤師）等の国家資格の取得に強い大学色を打ち出す。
・府立大の文系教員も含めて、文系教員の編成・再配置を効果的に行う。
・基本を踏まえつつ変化に柔軟に対応できる教員組織にする。
・市立の10余りの研究機関や文化機関との強力なシンクタンク機能の構築。
・梅田、なんばのサテライトキャンパスを社会人大学院の基盤としてより総合化する。
・教授だけでなく准教授や講師で構成された会議を学部の意思決定機関としてはどうか。

（注）教授クラスが対象

図表 15-9　統合に向けての府大・市大幹部職員の課題認識（事務組織について）

テーマ	現状	検討の視点
法人職員の基礎能力の強化	・ルーチン業務担当により、全体業務の把握ができていない ・組織的な働き方、社会人基礎力の向上が課題	・プロパー若手職員の育成、研修内容の工夫 ・ノウハウを共有化、継承する体制づくり ・業務マニュアルの積上げ等による組織的対応力の蓄積
非常勤職員	・非常勤職員に頼った運営 ・専門的業務が非常勤頼み ・契約職員の評価制度がない	・非常勤職員の待遇改善 ・契約職員対象の社会人採用枠の設定 ・非常勤職員への研修 ・評価制度の導入
教員組織との関係	・主体的に判断する意識が希薄 ・教員主導の業務形態	・教員からの信頼が得られる職員の能力向上と意識改革が必要 ・教務、入試、地域貢献を含めた教員支援体制の検討
業務改善	・人事異動時期が決算等の時期と重複 ・会議時間の増加	・時間外勤務の縮減 ・職員の異動時期の変更（4月→7月） ・会議時間の短縮、会議の必要性の精査 ・ボトムアップ型合意形成から理事長・学長を中心としたトップダウン型へ

テーマ	現状	改善の視点
意思決定	・委員会が多く、意思決定システムが不明確である。 ・決定に時間がかかる。	・役員会や会議の権限の明確化と委員会の統合、廃止 ・議事録の公開
各職場の人員配置	・マンパワーが不足。 ・人事異動の周期が早く、半数の職員が配置1年目という職場がある。 ・時間外労働が常態化している職場・職員とそうでない職場・職員との差が大きい。	・各職場の業務運営の継続を配慮した人事異動 ・業務量の精査と所属内での適正な業務配分や年度途中での業務分担の調整
業務運営・手順の改善	・電子決裁や人事給与関係など情報システム化の整備が遅れている。 ・業務マニュアルの整備が遅れている。 ・所属間での縦割りの意識が強い。	・システム化の導入 ・業務マニュアルの整備による業務運営・手順の安定化 ・問題意識の共有化と課題解決への連携強化
職員の育成	・大学専門事務職員のキャア形成システムがない。 ・各職場で知識経験の継承がなく、職員の育成ができない。	・大学職員育成研修制度の構築 ・各職場での業務運営の継続を配慮した事務分担（複数職員での分担等）
キャリアスタッフ（契約職員）制度	・キャリアスタッフに依存した業務運営である。 ・キャリアスタッフが専門業務を担っているが、処遇が業務に見合っていない。	・キャリアスタッフ制度の見直し （役割、処遇等の検討）

（注）府大は幹部職員へのヒアリング結果より抜粋。
市大は幹部教職員向け業務点検調査（2012.4.24 ～ 5.11 実施）より抜粋。

4　改革案の骨子

(1)　基本方針

新大学構想会議は、統合後の新大学の基本コンセプトを次の4つにまとめた。すなわち「研究で世界と戦える大学」「次代を拓く人材を養成する大学」「地域活力の源泉となる大学」「柔軟で持続的に改革する大学」である(図表15—10)。狙いは、両大学の強みと伝統を生かしつつ、統合によるスケールメリットやインパクトを活用し、これまでできなかった改革を推し進め、また、改革が一過性で終わらない仕組みを構築することにある。

より具体的には、両大学の重複分野を見直し、資源を戦略的分野に投入する、すなわち、選択と集中の視点から再編を実施し、4つの基本コンセプトを実現していく。また、学士課程(学部・学域)の統合・再編に合わせてキャンパスの在り方も見直し、キャンパスごとに特徴を出す。そして大阪市内中心部への新たなキャンパスの配置についても、検討すべきとした。

図表 15-10　統合後の新大学の基本コンセプト

1. 研究で世界と戦える大学
- 国内外の優秀な人材を大阪に呼び込むとともに、最先端の研究成果を出して大阪の成長を支える。そのために世界的に評価される研究を目指す。

2. 次代を拓く人材を養成する大学
- さまざまな分野で次代を拓く人材を輩出するために、幅広い教養と専門知識を兼ね備えた人材を養成する。具体的には、教養教育の強化、専門基礎教育の一層の充実などに取り組む。

3. 地域活力の源泉となる大学
- 行政と組織的に連携しつつ、産学連携、地域政策の提言、地域問題の解決など、多分野で地域に貢献する。また、教員の地域活動を活性化し、ビジネス人材育成等に向けた社会人大学院を活用する。

4. 柔軟で持続的に改革する大学
- 世界標準の大学運営を視野に入れつつ、「柔軟で持続的に改革する大学」となるよう、大学の運営・ガバナンスの改革を進める。そのために、教員組織の改革(教員組織と教育組織の分離と柔軟な連携)、採用・昇任・配置転換など革新的な教員人事システムを導入する。また、経営機能の強化、評価制度の充実、事務組織の機能強化などを順次進める。
- プロジェクトや研究所での研究成果を定期的に評価するシステムをルール化するとともに、研究費を重点配分する。

○学士課程(学部・学域)の統合・再編に伴いキャンパスのあり方を見直し、キャンパスごとに特徴を出す。大阪市内中心部への新たなキャンパス配置についても検討する。

(2) 統合の3つの目標

統合に当たっては、単に2大学を1つに統合するだけではなく、両大学が直面する課題も同時に解決することを目指す。そしてその目標を3本柱にまとめた。すなわち、第1は選択と集中による教育組織の再編、第2は新たな教学体制の導入、第3は大学の運営システムの抜本的改革である。以下ではそれぞれについて解説する。

5　統合後の運営の在り方

(1) 選択と集中による教育組織の再編

選択と集中による教育組織の再編のところでは、①重複分野の見直しと新学部・学域、研究科の設置、②ブランド学部・学域の強化、③教養教育の再生・カリキュラムの全学的見直し、④社会人教育の充実および教育系大学院（専攻）の新設、⑤研究・教育の国際戦略の強化、⑥地域活力の強化戦略、の6つの新機軸を打ち出した。

①　重複分野の見直しと新学部・学域、研究科の設置

現行の両大学の学部・学域および学科・学類には、図表15―11のような重複がある。これらの重複5分野（看護系、工学系、栄養・福祉系、理学系、経済・経営系）については、原則として融合させた上で、再編すべきとした。一方、新大学の強みと特徴を明確に打ち出すべく、学部・学域の再編に合わせた新たな学部・学域も設けるべきとした。

なお、教員の専門分野も重複している（図表15―12）。学問分野ごとの分布をみると、府大には理系だけで

図表 15-11　市大と府大の学域・学部の重複状況

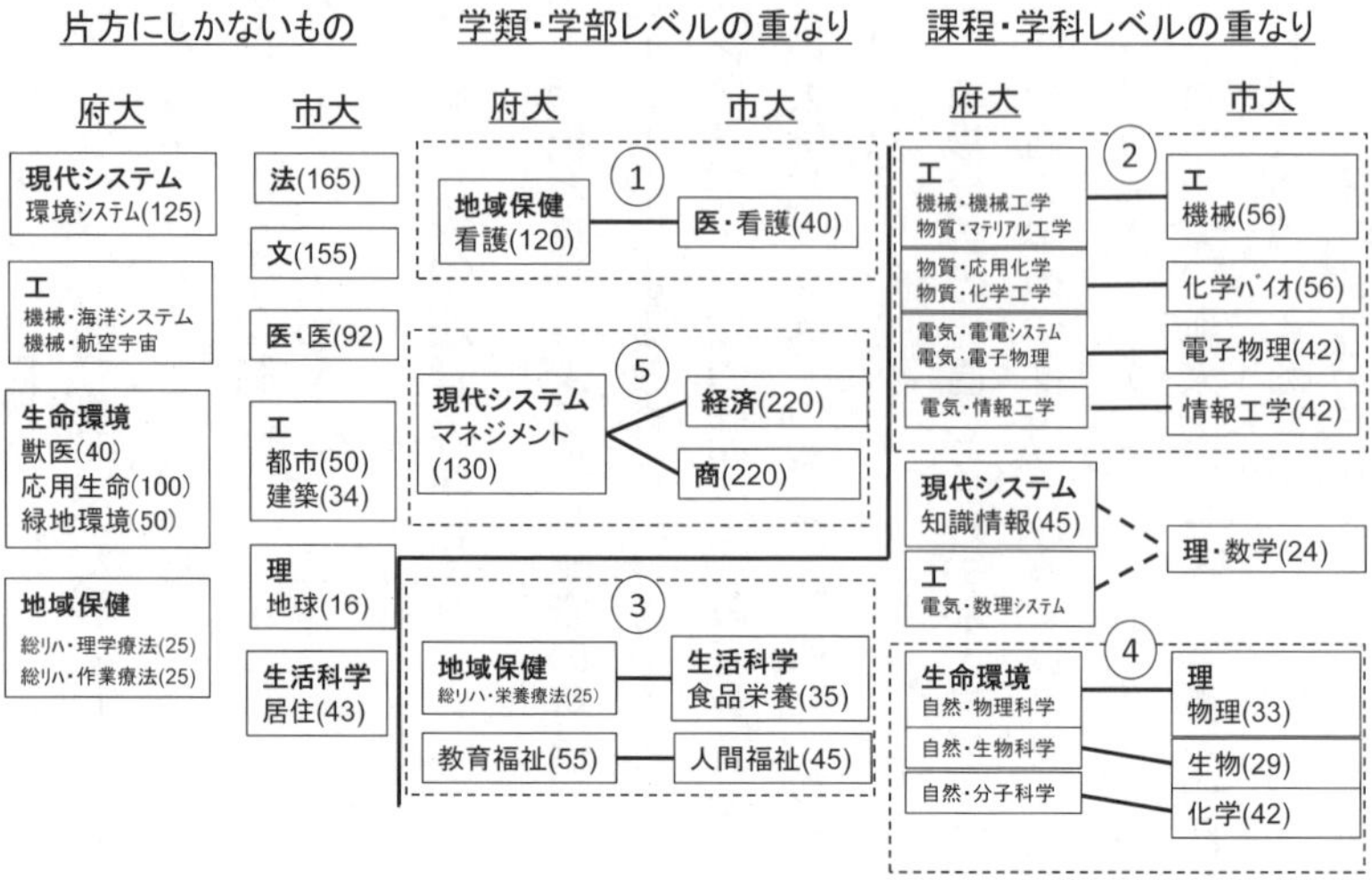

（注）( ) 内の数字は入学定員。なお、府大は地域保健学域総合リハビリテーション学類を除き学類単位で定員設定

図表 15-12　府大と市大の分野別教員分布（人）

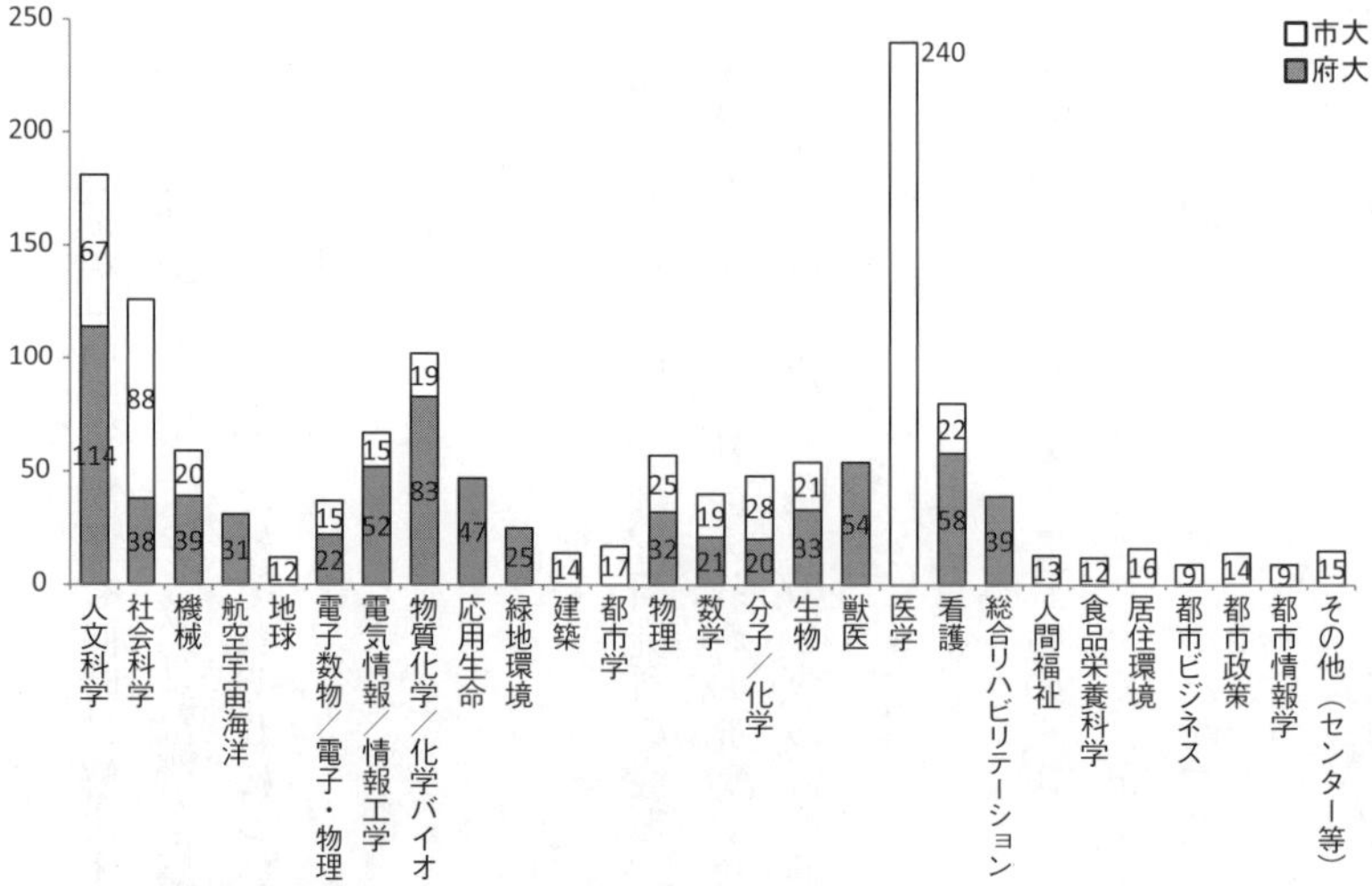

（注）府大は2012年4月1日時点、市大は2012年5月1日時点。

なく人文科学や社会科学の文系分野の教員も一定数いることが分かる。統合によって両大学のシナジー効果を発揮できる分野は理工系が中心と想定されていたが、もっと広いことが分かった。

②　ブランド学部・学域の強化

教育組織の再編のもう1つのポイントは、看板学部となるブランド学部・学域の機能強化である。両大学には、先述の市大法学部など実績を上げているにもかかわらず、全学部が一律的に教員数が削減されるため、苦境に陥っている学部・学域、研究科がある。これらについては、教員増などによって機能強化すべきとした。

③　教養教育の再生・カリキュラムの全学的見直し

新大学では、教養教育、外国語教育の強化にも重点的に取り組むこととし、カリキュラムも全学的観点から定期的に見直すべきとした。また、それを担当する専門組織を設置し、必要な教員は全学内から優先投入すべきと提言した。

④　社会人教育の充実および教育系大学院（専攻）の新設

現在、府大は都心南部（なんばサテライトキャンパス）で、また市大は都心北部（梅田サテライトキャンパス）で社会人大学院を運営している。いずれも社会人の通学に便利な立地で、学生は集まっているが、ＭＢＡなどの専門家養成コースでもなく、あまり特徴が発揮できていない。そこで、新大学では大阪の都市経営のニーズという視点から、ビジネス、公的組織などに従事する社会人の育成を主目的とする大学院に抜本的に再編すべきとした。また、そこには学校教員や社会人のリカレント教育、学校マネジメントに関する専攻も設けるべきとした。

⑤　研究・教育の国際戦略の強化

新大学では、研究費を傾斜配分し、研究で世界と戦える分野を実現し、また外国語教育の強化、派遣留学の大幅増などにより、国際人育成を強力に推進していく方針である。

⑥　地域活力の強化戦略

産学連携を強化し、地域連携を推進し、社会人の生涯教育の強化など地域活力の源泉となる研究・教育を推進していく。

以上の6つのテーマが新大学の事業戦略に相当する項目である。

(2)　新たな教学体制の導入

○教員は学部に所属しない

新たな教学体制の最大の眼目は、研究組織（教員組織）と教育組織の分離である。これは、学部などの教育組織に教員を所属させず、学部は教育だけを行い、教員は研究組織（研究院など）に所属させる仕組みである。研究院には、分野が似た教員を束ねて最低50人以上の教員が所属する。教員は研究院から学部などの教育組織に出向いて実際の教育を行う。一方、教員評価など教員を管理する組織の基本単位は研究院とする。この方式のメリットは、専任教員の都合ではなく、時代のニーズに合わせて学部や学科の再編ができる点である。

もう1つは、専門教育を重視する「学部」と学際教育を重視する「学域」の2つの方式の併存である。現状では、市大は国立大学と同じ学部制を、府大は学際教育を目指して学域制をとっている。新大学では、これをどちらかに統一することもあり得る。しかし、ヒアリングを経て、それぞれの大学の伝統、特性、ブランド力を生かすには、むしろ、両方式を併せ持った方がよいという結論となった。なお、東京大も大きな意味では併存方式である。本郷キャンパスでは法学部や文学部など伝統的学部を維持し、駒場キャンパスや柏キャンパスでは教養学部などが新たな学際領域に挑戦している。こうした例にも照らし、新大学は、両方式を維持すべきとした。

(3) 大学の運営システムの抜本的改革

第3の大学の運営システムの抜本的改革では、次の7つの方針を打ち出した。

① 理事長・学長のガバナンス強化

新大学では、裁量経費の拡大など理事長・学長の権限を強化するとともに、直轄の学内改革プロジェクトチーム（ＰＴ）を設置し、持続的改革を推進する。また、ＰＴには外部人材を積極登用するなど、透明性を確保する。

② 教員人事（採用・昇任、配置転換）の一元化

採用・昇任、配置転換などの教員人事は、各学部の教授会ではなく、大学の戦略に合わせて法人運営部署（人事委員会）が柔軟かつ一元的に行う。

③ 教員配置の定期的見直しによる流動性の確保

教員の所属研究院および担当教育組織は定期的に見直しを行い、評価に基づき必要に応じて適切に配置転換を行う。

④　大学運営における教職協働の原則と事務組織の改革

市大、府大に限ったことではないが、これまでの大学の事務組織は、教員組織とは別の存在と位置付けられてきた。しかし今後は、職員が法人運営や大学運営にも主体的、積極的に携わる体制に変える。また、そのために職員の採用・育成の強化と専門職能集団化を推進する。

○「教職協働」の導入

今後は、事務組織は、教員組織とのイコールパートナーシップという原則に基づき、「専門職能集団」に位置付け、大学運営の企画立案や、カリキュラム編成に主体的・積極的に参画する。こうして、教員と職員が一体となった「教職協働」による業務推進体制を構築する。

⑤　大学ブランド戦略の推進、情報発信の強化

新大学の発足に当たっては、新たなイメージを明確にしたブランド戦略を展開する。また、広報等で実績やビジョンを情報発信して説明責任も果たす。

⑥　目標管理体制の構築、ＰＤＣＡサイクルの定着

ＰＤＣＡサイクル(注)の定着により、教員活動の評価と動機付けを推進する。また、研究所やプロジェクトについては、法人に評価委員会を設置し、評価に基づき一定期間ごとに存続の可否を判断する。

（注）ＰＤＣＡサイクル：Ｐｌａｎ（計画）、Ｄｏ（実行）、Ｃｈｅｃｋ（評価）、Ａｃｔ（改善）の４段階を繰り返すことによって、事業活動における管理業務を継続的かつ円滑に進める手法の一つ。

⑦　キャンパス・ガバナンス体制の構築

新大学は最低でも５つのキャンパスを有する大学となることから、学部を超えたキャンパスごとのガバナ

ンス体制を新たに確立し、法人本部を補佐する。

(4)　改革の基本方針を踏まえた教育組織

以上のような基本方針を踏まえてでき上がった新大学の教育組織は、図表15―13のとおりである。ここには、新しい教育組織の詳細、そうした組織を志向する背景がまとめられている。

6　その後の展開

２０１３年９月に府と市は、新大学構想会議の提言をもとに「新大学ビジョン」を公表した。そこでは、２０１５年度にいったん「１法人２大学」体制に移行した上で、２０１６年度から新大学を発足させる計画とした。この場合、２０１４年３月に文科省への正式な認可申請が必要となる。そこから逆算して、理事長と学長の分離など、法人統合に向けた関連議案が２０１３年11月の大阪市議会にかけられた。しかし、大阪市議会は統合に反対し、否決となった。そのため、

図表 15-13　統合後の新大学の教育組織

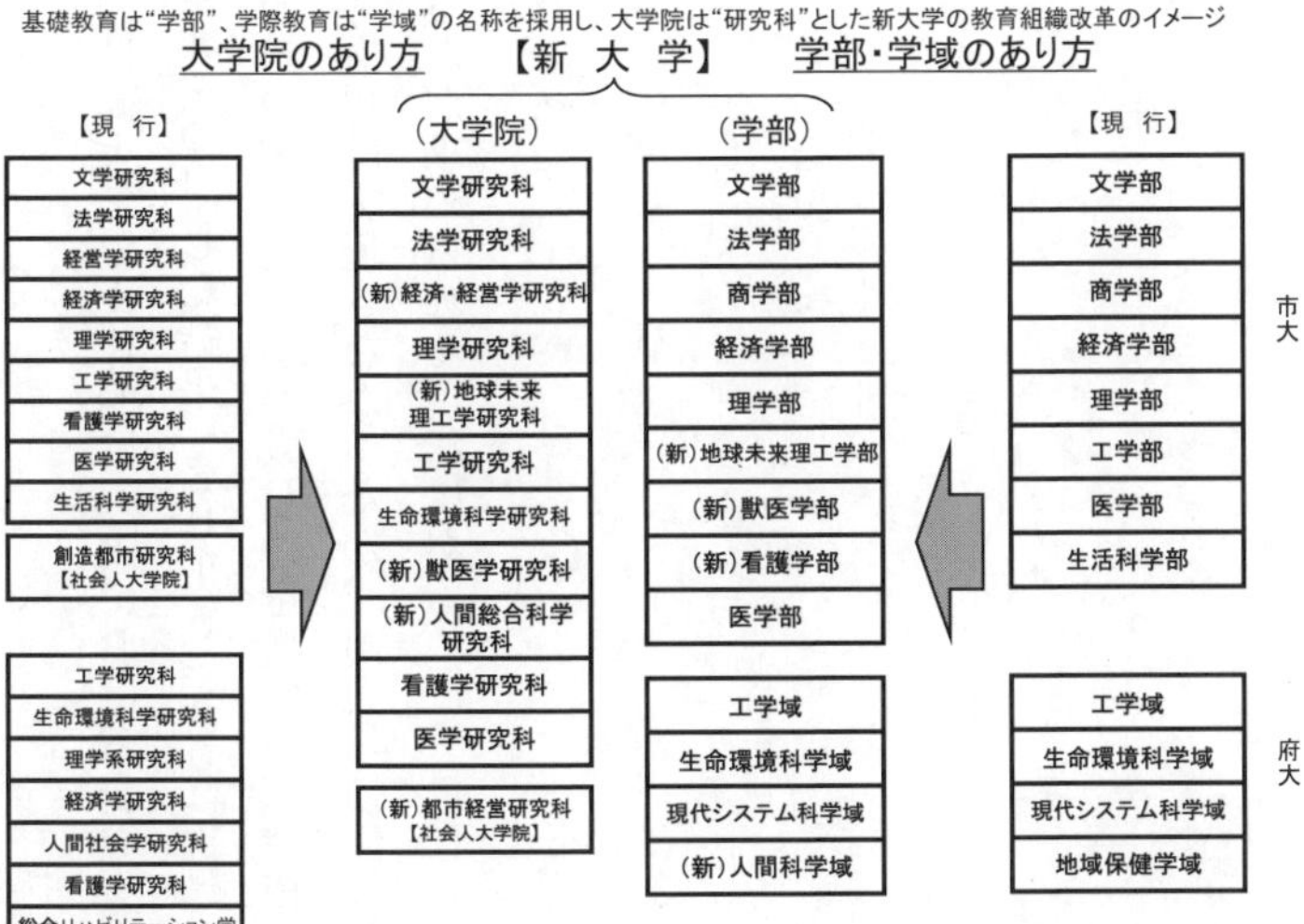

（注）表中の（新）は、新たに設置する組織を示し、名称は仮称。

府も府議会への議案の提出を見送った。

○両大学自身は統合を志向

その後、２０１４年4月に府市は統合の延期を決定し、当面は両大学で主体的に大阪における公立大学の在り方について検討するとした。その後、両大学では統合の是非を検討した結果、２０１５年2月には「新・公立大学」大阪モデルをとりまとめた。そして、そこでは国内外の大学間競争が厳しさを増す中、積極的に両大学を統合したいという大学自身の意思表明が行われた。都構想は実現しなかったが、両大学は法人統合を求めている。これに対して府市および両議会がどう対応するかが求められる現状にある。

第16章　市立近代美術館の建設と天王寺美術館の統廃合問題

首長主導の行政改革では、トップダウンで従来の常識を超えた改革が実現する。維新改革でも、卑近な例では、市立動物園の正月開園、地下鉄の初乗り運賃の値下げやトイレの改修、売店からの外郭団体の一掃などがある。また、各種民営化（府の泉北高速鉄道、市の上下水道、ごみ収集、地下鉄、バスなど）、大学、病院などの府市の法人統合などもそうである。

だが、トップダウンで始まった改革は、当初のトップの指示が従来の行政の常識を超えたものであればあるほど後に軌道修正の必要が出やすい。詳しい調査で技術的な難しさや予想外にコストがかかると判明したり、国の制度との矛盾や、住民の反対などさまざまな事情が出てくる。そして、それにどう対処するかで首長の度量が問われる。

あっさり方針転換すると改革派から「ぶれるな。妥協するな」という牽制球が飛んで来る。反対派からは「拙速、勇み足だった」「朝令暮改」と批判される。いかにしてメンツを捨て、かつ役所の前例主義に妥協せず、可能な限り理想に近い解に導くかが問われる。

○脱ダムや図書館改革に先例

維新改革でも、しばしば大幅な軌道修正の局面があった。典型例は大阪府の槇尾川《まきおがわ》ダムの建設中止問題でである。橋下徹知事（当時）はいったん凍結したのちにゴーサインを出した。だが最終的には方針転換して建設中止とした。第20章の中之島図書館の改革も方針転換の例である。維新改革の特徴はいい意味での朝令暮改、すなわち、即応性と柔軟性である。本章で解説する大阪市立近代美術館（仮称。以下「新美術館」）の建設と大阪市立美術館の統廃合問題もその例である。

1　近代美術館問題の経緯

大阪市にはもともと2つの美術館がある。市南部の天王寺公園内にある大阪市立美術館（以下「天王寺美術館」）と大阪市立東洋陶磁美術館（北区中之島）である。これらに加え、大阪市は１９８３年8月に市制１００周年記念事業として新美術館、つまり「近代美術館（仮称）」を作る構想を発表した。しかし、その後30年以上が経過してもまだ建設できていない。作品収集はほぼ終了し、１９９８年3月には「近代美術館基本計画」も策定された。しかしその後の財政状況の悪化から計画は凍結され、最近やっと平松邦夫前市長の下で２０１０年11月に従前の計画の規模と費用を大幅に縮減した「近代美術館整備計画（案）」が策定され、建設の機運が高まってきた。

だが２０１１年のダブル選挙で市長が橋下氏に交代し、案は再び見直しとなった。橋下市長は新美術館の建設自体には賛成していた。しかし１００億円以上の投資を必要とすることから大阪維新の会は行政改革の視点から「大阪市のみの負担でなく、民間資本や活力を利用した建設、運用を目指し、単なる展示場ではなく、美術を志す人たちが集まる施設とします。民間資本や活力を利用できない場合は、計画を含めて抜本的に見直します」としていた。

① 行革が理由の統合案

やがて2013年1月、大阪市役所は「新美術館を中之島に建設して天王寺美術館を統合、廃止する」と発表した。天王寺美術館は老朽化で維持費がかかるが、統合すれば維持管理費が圧縮できると考えられたのである。

しかし天王寺美術館の廃止と新美術館への統合案が報じられると、各方面から疑問の声が上がった。反対意見の多くは「天王寺美術館は貴重なコレクションを有する上に、建物にも歴史的価値がある。周りの環境も素晴らしく市民が長年親しんできた場所でもある。補修、改修して存続すべき」というものだった。また美術館を廃止しても、建物自体は歴史的価値があるため壊すわけではなかった。新たな用途が見当たらない中での廃止論にも疑問の声が寄せられた。

翌月、大阪市は戦略会議で中之島に新美術館を建設することを決める。だが同時に内容については、天王寺美術館を廃止して中之島の新美術館への統合案と、近現代美術作品を中之島に集約し、天王寺美術館は東洋古美術に特化して残す併存案の2案を提示し、最終的には外部専門家を交えた検討チームの意見を聞いて決定することになった。

② 外部有識者6人を起用

そこで筆者を含む外部有識者（図表16―1）6人と職員が合同調査を行った。具体作業としては、「大阪市の美術館のあり方検討会」を編成し、関係者からのヒアリングや他館の視察、調査を行い、2013年6月19日に検討結果を市長に提出した。以下ではその報告書（「今後の大阪市の美術館のあり方について」http://www.city.osaka.lg.jp/keizaisenryaku/page/0000024027.html）に沿って検討結果を紹介する。なお、報告書は以

図表 16-1 「大阪市の美術館のあり方検討会」メンバー一覧

- 上山　信一（慶應大学総合政策学部教授、（公財）日本博物館協会評議員、東京都江戸東京博物館運営委員、独立行政法人国立科学博物館アドバイザー、みなとの博物館ネットワーク顧問）
- 梶谷　亮治（東大寺ミュージアム館長）
- 鈴木　博之（青山学院大学総合文化政策学部教授、博物館明治村館長）
- 高瀬　孝司（株式会社ジオ・アカマツ　取締役会長）
- 建畠　晢（京都市立芸術大学学長、埼玉県立近代美術館長）
- 柳沢　秀行（公益財団法人大原美術館学芸課長）

（注）五十音順、肩書きは当時のもの

出典：大阪市の美術館のあり方　検討報告書

下の章立てで構成されている。

1章　現状評価
（1）新美術館計画について
（2）天王寺（市立美術館）について
（3）東洋陶磁美術館について
2章　統合案の評価
（1）統合案の概要
（2）シミュレーション
（3）外部有識者の意見
3章　今後のあり方（課題）
（1）基本思想
（2）基本方針
（3）整備計画の検討
（4）今後の検討推進体制

2　検討のアプローチ

新美術館の建設問題は、市役所内では過去からの懸案をいかに実現するかという戦術レベルの問題、特に建設費用をいかに捻出するかが重要課題とされていた。だが、今回の「あり方検討会」の外部有識者は、世界の大都市が、軒並み美術館を都市戦略上の重要戦略施設と位置付けているという事実から出発しようと提案した。特に今後、大阪はどういう街になることを目指すのか。その中で新美術館はどういう役割を果たし得るのか、といった広い視点から課題を捉え直すべきと提案した。また、検討作業は過去の経緯にとらわれず、そもそも真の検討課題が何かを見直すことから始めることとした。

○課題を明確化

検討チームは、これまでの経緯を理解した上で、検討すべき課題を5つに整理した。

① 大阪市は都市戦略上、美術館にどういう役割を求めるべきか？
② 美術館の魅力、集客力を支えるのはコレクションである。どれだけ魅力的なコレクションがあるのか？
③ そもそも当初案のように近現代の作品を集めた美術館を新たに中之島地区に建設する意義はあるのか？ また集客が見込めるのか？
④ もし新美術館を中之島に建設する場合、既存の天王寺美術館は廃止、統合すべきか？
⑤ もし新美術館とは別に天王寺美術館を存続させる場合、展示内容やコンセプトはどうすべきか？ また建物設備などの老朽化にどう対応すべきか？

検討チームはこれらの課題を解くべく、市長、市役所幹部、関係者、外部の専門家へのヒアリングから作業を始めた。

３　美術館の都市戦略上の意義

１９８３年の当初案、１９９８年の基本計画案、２０１０年の改定案はいずれも単に中之島における新美術館の建設のみを提案し、天王寺美術館との関係にはほとんど言及していなかった。一方、２０１１年の大阪維新の会の問題提起は、主に行政改革や投資コスト面から天王寺美術館の統廃合を示唆していた。「あり方検討会」ではこれらの指摘を咀嚼した上で、これまで明示的には議論されてこなかった美術館が都市戦略にもたらす意義を最初に議論した。さまざまな意見が出たが（主な意見は図表16―2のとおり）、結論は以下のとおりとなった。

①　大都市・大阪がその規模と歴史、伝統をもとに都市間競争に対峙し、また観光集客や都市のブランド戦略を展開する上で美術館は重要な戦略施設となる。また、神社仏閣に恵まれた京都、奈良に比べた場合に大阪が誇れる資源は近代以降の芸術

図表 16-2　新美術館と天王寺美術館のあり方に関する有識者の意見

テーマ	コメント
A. 近代美術館のあり方	・『天王寺は、大阪の町衆が作りあげたコレクション』、『中之島は、大阪が培った表現者を見るコレクション』という棲み分け ・中之島の新美術館は、国立国際と「合わせ技一本」の性格にすべきだと思う ・レストランに出かけたら美術館もある、さらには美術館の中のレストランから一部の作品が見られるというぐらいの発想で、特別展に頼らずに集客する ・中之島は、大阪出身の作家の作品を集めた場所。大阪の歴史のある場所でもある ・企画展は、天王寺と棲み分ける。中之島は現代美術の企画展と近代美術のコレクション
B. 併存か統合かについて	・近代美術館と天王寺を統合して総合や通史になっても集客力は高まらない ・天王寺と新美術館の所蔵品をあわせても、時代的に穴も多いし、近代の量が多すぎる。何でもありの総合にしたら、結局、どっちつかず ・統合案は総合大博物館として２つ合わせたら充実するというが、通常は 10 ～ 20 万㎡が必要。現状は非常に中途半端で、この２館の規模で統合してもスケールメリットはない ・大英博物館やルーブルのようなエンサイクロペディア的博物館は、帝国主義的収奪の産物・・・今からは無理 ・最近成功している事例はどれも特化型。例えば、テート・ミュージアムはテート・モダンとテート・ブリテンに特化して成功。オルセー、ポンピドゥー・センター、ケ・ブランリー、金沢 21 世紀も同様 ・建物も、特化型のほうが建築表現も分かりやすくなる。新美術館、天王寺とも、特化にメリットがある ・統合か一体かというよりも、天王寺及び中之島を拠点として、両方を開発していくポリシーがよい。都市戦略としては、拠点が２つあるというメリットは非常に大きい ・天王寺地区は、美術館を中心に「天王寺再生」ができる ・地表面から２～３ｍ浸水のリスクを考えれば、水密性の確保が必要。そのような大きな負担なしに専門化、特化が得策 ・大阪市に美術館戦略がない。例えば新美術館と天王寺を切り離して考えている時点でそもそもおかしい ・行政はたくさん箱モノを建てたということでこれまで批判されてきた。箱モノは数が少ない方がよいという単純な議論があるが、美術館には当てはまらない。美術館はサイト・スペシフィック（場所によって異なる）であり、それぞれの性格も異なる。 ・天王寺にすごいコレクションがあり、中之島もなかなかのもの。コレクションと歴史を掛け算すれば特徴ある並存をめざすのが戦略
C. 天王寺のあり方	・美術館の存在意義は、コレクションに尽きる。天王寺はコレクションを持っており、基礎、財産があるので、残していくべき ・天王寺の館蔵品は近代大阪を担ってきた人々からの寄贈が中心。館蔵品の成立史自体に意味がある。 ・館蔵品だけで様々な分野を網羅できている訳ではないが、手薄い部分は寄託品で補えており、コレクション全体としては国立博物館に並ぶ。約 160 の寺社から、重文、国宝を含めて 650 件もの寄託を受けている ・勧告承認出品館であること、様々な企画展で寄託品をきっちり紹介してきたことなど、信頼関係を保てている部分が大きい ・天王寺は、なにかを付加するよりも固有の資源（所蔵作品、慶沢園など）の磨き直しが必須 ・現在の天王寺美術館は単に集客目当てに所蔵作品とは無関係の企画展を連続させて、美術館のミッションを見失っている ・外国人観光客を集めようと思ったら、「佐伯祐三」より、天王寺のコレクションと慶沢園の方が強い。さらに周辺の賑わいに、あべのハルカスと連携した PR で相乗効果は増すはず ・都心ターミナルのすぐ近くに 28 万㎡（8.5 万坪）もの広大な公園があり、植物園、動物園、そして美術館に本格的庭園まである。緑と美術館は長きにわたって愛されてきており、地域の大きな強み ・慶沢園は６千坪くらいあり、もう少しアクティブにできる。お茶室もあったと思う。奈良や堺とも連携して、慶沢園をメッカとして発信するイベントや催しができれば、美術館を楽しむことと一体になる ・動物園、公園、慶沢園、美術館、駅前広場が縦割りの管理志向になっている。横ぐしで天王寺全体の再生戦略を考えなければならない ・天王寺の建物と庭園については本来のあるべき姿に戻すという方向性で、再生戦略というか復興運動に近く、建物はできるだけ元通りに復元し、庭も植治レベルの職人が維持するべき
D. 経営運営面全般について	・学芸員の専門領域をきちんと埋めて、美術館は機能する。天王寺については国立博物館を参考にしつつ、長期的に事業維持が可能な人材を確保すべき ・地方独立行政法人になると想定されるが、共通収蔵庫の考え方がある

出典：「大阪市の美術館のあり方検討会報告書」をもとに筆者作成

作品の蓄積である。したがって、その価値を具現化する今回の新美術館には投資する意義が大いにある。

②　世界の主要大都市は、複数の美術館を持って芸術資源の豊かさを発信している。例えば、パリにはルーブルとポンピドゥーセンターがあり、ニューヨークにはメトロポリタンとニューヨーク近代美術館（MoMA）がある。大阪も同じである。しかも大阪は府も市も南北に長く、中心地もキタとミナミの2つの拠点を持つ。2つの拠点を代表する中之島と天王寺に性格の異なる2つの美術館を持つことによって、芸術都市としての大阪の魅力を立体的にアピールすることができる。

③　中之島地区の新美術館の建設予定地の隣には国立国際美術館があり、地区の東部には歴史的建物である中之島図書館と中央公会堂、そして東洋陶磁美術館が位置する。このように、中之島地区には文化施設がすでに集積されつつある。ここに新美術館が付加されると、ベルリンの博物館島や東京の上野、京都の岡崎と並ぶ文化集積が形成でき、大きな発信力をもたらす。

④　今後の大阪の経済再生を考えると、都市としてのブランド戦略が極めて重要である。都市としての大阪の知名度はすでに高い。しかしそのイメージは庶民文化に偏っており（阪神タイガース、吉本新喜劇等のお笑い芸能、たこ焼き等の粉もののB級グルメ）、全国、そして海外からの広範な認知や文化と伝統への賞賛や共感を獲得できていない。これらを打破する上でも近代大阪の芸術文化、特に美術品を一定のボリューム感をもって発信することが有効である。

だが、ここで出た議論も結論も、主に都市戦略の視点からの仮説でしかない。実際に新美術館を建設するとなると、投資コストと期待効果、そして集客が見込めるかどうかがポイントとなる。そこでチームは、これまでにまとめられた新美術館の建設案の妥当性の検証、そして代替案の模索、さらに投資コストのシミュレーションを行った。

4　新美術館を建設する意義の検証

(1)　当初案の概要

２０１０年に改定された「近代美術館整備計画（案）」では、コレクション数は約４４００点、延べ床面積は１万６０００㎡（うち展示面積４８００㎡）、職員数は19人（うち学芸員９人）で年間入場者数は約55万人を予定していた。

整備費は１２２億円、年間運営費は６億円強、収入は約２億７０００万円を見込む。予定地の南には国立国際美術館と市立科学館が隣接し、完成すれば3館一体で中之島の文化拠点を形成する予定である。

ちなみに１万６０００㎡という予定の延べ床面積の大きさは国立西洋美術館や東京国立近代美術館本館並みで、隣接する国立国際美術館をも少し上回る規模である。また、すでに収集されたコレクションの数は４４００にのぼるが、この数は東京国立近代美術館本館や京都国立近代美術館には及ばないものの国立国際美術館に次ぐ多さで、国立西洋美術館にも匹敵する。しかもこれらのコレクション群はこれまでにも他館にしばしば貸し出され、件数は過去15年間の年間平均で１７１点に及び、外部からの評価が高いことが分かった。

(2)　建設計画の妥当性

検討チームはヒアリング等を通じて新美術館の建設の妥当性を吟味した。そして「公立美術館として群を抜く価値あるコレクションを有することから、ぜひとも建設すべき」という結論を得た。またその具体的理由としては次の点を挙げた。

第1にコレクションの厚みである。特に西洋近代やアメリカ現代などの個々の作品の価値の高さが評価された。他にも佐伯祐三コレクションは国内トップの規模を誇る。また1950年代に一世を風靡した関西の若手前衛作家たちの「具体美術協会」のリーダー吉原治良の作品を744点所蔵している。さらに、小出楢重や黒田重太郎などの近代日本洋画、北野恒富や島成園などの近代日本画など、大阪の近代史を語る上で重要な作品もそろっている。

第2に中之島の建設予定地は北のターミナルの梅田地区から近く、多くの集客が望める。これまで天王寺美術館が各種展示を一手に担ってきたが、それよりも立地環境に恵まれている。また隣接する国立国際美術館や近隣（中之島東部）の東洋陶磁美術館との連携イベント等による集客も考えられる。さらに近隣にはフェスティバルホールや大阪府立国際会議場などもある。企画内容とプロモーションさえうまく行えば、開館後の集客にはあまり苦労しないという見通しが確認できた。

①　専門家は統合案に否定的

さて、新美術館は計画当初は、単独で中之島に建設し、既存の天王寺美術館は今までどおり存続させる計画だった。今回の検討に参加した外部有識者も全員が、それを支持した。なぜなら天王寺美術館には大阪の財界人が収集した東洋美術が多い。一方、新美術館には、佐伯祐三や吉原治良など大阪ゆかりの作家の作品が多い。この点に着目すると、天王寺美術館は〝大阪の財界人のコレクション〟の美術館、新美術館は〝大阪生まれの作家のコレクション〟と位置付け、また対比させながらお互いの特徴をアピールすべきである。

これに対して今回出された「天王寺美術館を廃止して中之島に統合する」という案では、両方ともに魅力を失うと思われた。

②　立地上の制約

なお検討を進めるうちに、新美術館が立地する中之島地区は集客には好都合だが、美術品を扱う上では制約の多い場所だと分かった。第１に中之島の河畔は標高が低く、上町台地の上にある天王寺に比べ、津波など災害による浸水リスクが否めない。第２に天王寺美術館と新美術館の機能を統合した大規模な総合型美術館を建設するには狭過ぎる。仮にそうする場合は、津波の浸水リスクを回避するため高層ビル化して収蔵庫を上層部に置く必要があり過大なコストが発生する。第３にそもそも寄託品などが数多く含まれる天王寺美術館の国宝や重要文化財の中之島への移転は、あり得ないとする意見が出た。さらに新美術館の所蔵品についても、天王寺美術館の収蔵庫を拡張して保管した方がよいのではないかという意見も出た。以上を総合すると、天王寺美術館を廃止し、中之島に統合して大きな総合型美術館を新美術館として作る案は現実的でないと思われた。

5　天王寺美術館の現状評価

検討チームは新美術館の建設計画の検証と同時に、今回、統合の対象とされた天王寺美術館の現状評価と課題の洗い出しを行った。

①　館の概要

天王寺美術館は大阪市南部の天王寺公園内に１９３６年に開館し、79年の歴史を誇る。土地は、住友家が自らの邸宅の跡地を横の慶沢園とともに寄附した。

② コレクション

天王寺美術館には西洋絵画のほか、仏像や書画を中心に東洋美術の逸品がそろっている。館蔵品は7881点（うち重要文化財13点）、寄託品は約5000点（うち国宝5点、重要文化財103点）に上り、歴史的に貴重なものが多く、美術館というよりも博物館の性格を備えている。

○全国4位の実力

国宝などの収蔵件数は、東京国立博物館、京都国立博物館、奈良国立博物館に次いで全国第4位に位置し（図表16―3）、九州国立博物館や他の公立博物館を凌駕する。

コレクションの多くは明治から大正期にかけて大阪の財界人が寄附した貴重なものが多い。例えば阿部コレクションの中国書画コレクションは、東京国立博物館にあるものにも匹敵する。また山口コレクションは中国の石仏資料として日本屈指の存在である。さらに田万コレクション、尾形光琳資料、葛飾北斎の肉筆画（重文）などはいずれも近世絵画等の資料として非常に優れたものと

図表16-3　主要館での文化財の収蔵状況（件）

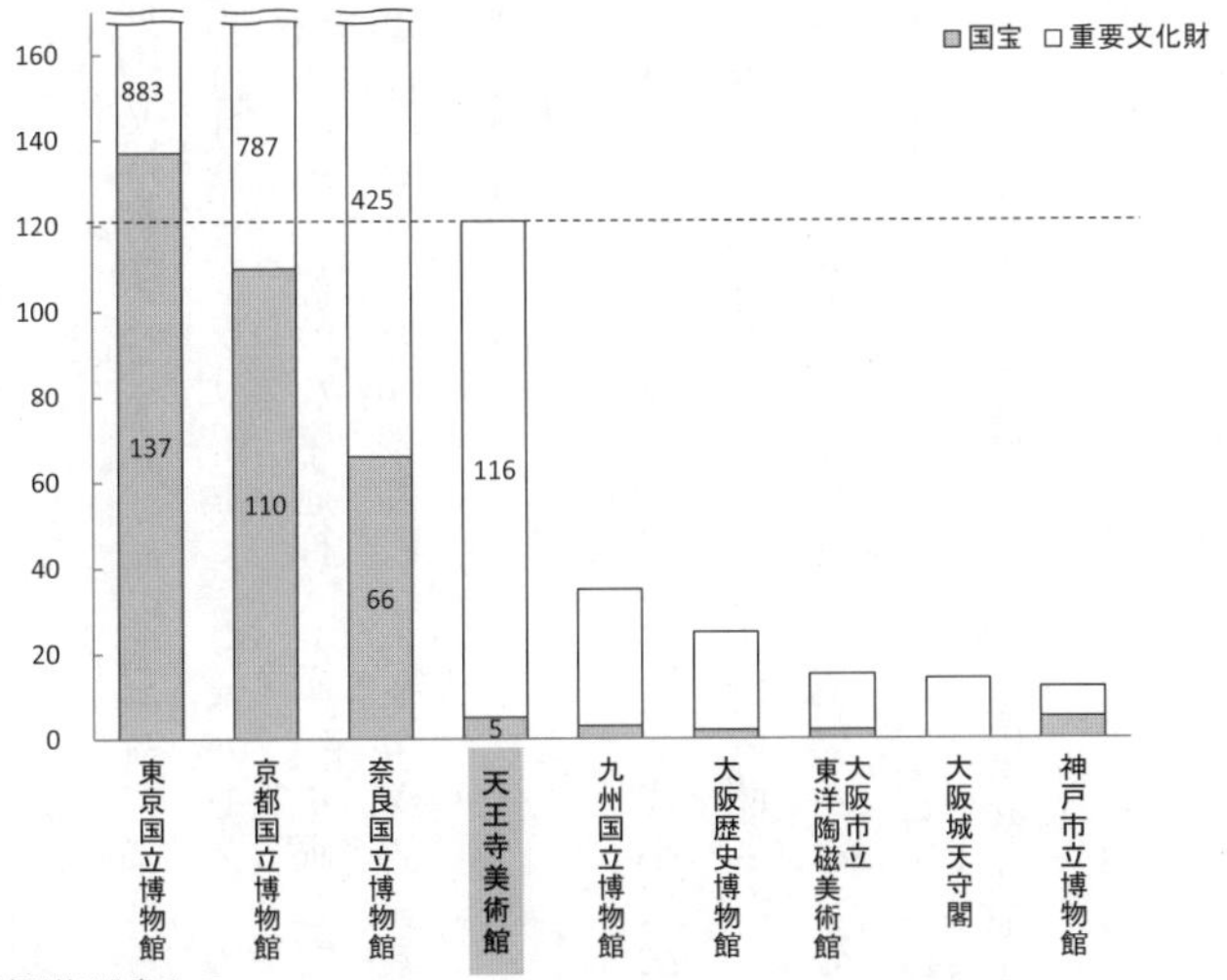

（注）ただし、大阪市以外は公表ベース
出典：大阪市の美術館のあり方検討報告書

評価されている。また住友コレクションなどの近世以降の作品にも一級品がそろう。また、奈良や京都を含む関西一円の寺社からも多くの仏像などの寄託品を預かっている。以上を統合すると、天王寺美術館は建物もコレクションも総じて近代大阪の経済人が力を合わせて作り上げた美術館といえる。

③　建物

天王寺美術館の規模は、延べ床面積が１万７６１１㎡で京都国立博物館（平成知新館の開館前）よりもやや広いが、奈良国立博物館や兵庫県立美術館よりは小さい。建物は鉄筋コンクリートで、日本のモダニズムを代表する建築家の伊藤正文と海上静一が設計した。スタイルは当時の一般的な帝冠様式と一線を画した本瓦ぶきの傾斜屋根を持つ近代日本式のモダニズム建築だが、切妻面や柱型、窓枠装飾には古典主義的要素もみられる。なお、この建物は、２０１５年に国の登録有形文化財に登録された。

○植治の庭

美術館に隣接する庭園は、住友家の茶臼山の本邸庭園として１９１８年に木津聿斎の設計、７代小川治兵衛(注)の設計・施工で建設され、慶沢園と命名された。その後、１９２１年に住友家から大阪市に寄贈され、大阪市指定文化財になっている。近年では、世界的に美術館と庭をセットで鑑賞する動きが顕著である。その意味でもこの美術館の立地環境は、大きなポテンシャルを持っている。

（注）小川治兵衛（１８６０～１９３３年）は、近代日本庭園の先駆者とされる作庭家、庭師。平安神宮や円山公園他を手掛けた。通称「植治」。

④　集客・経営面の評価

天王寺美術館の集客と経営の状況はどうか。美術館の価値は入館者数や売上だけで評価すべきではない。

しかし、これら数値の推移や他館との比較は今後の在り方を考える上で必須である。入館者数は年間57万人で、京都市立や兵庫県立よりもやや劣る（図表16―4）。集客については、過去に2000年のフェルメール展（59万人）や2003年の円山応挙展（26万人）などで大きな実績を上げた。しかし、近年は入館者数が年々減少している。天王寺美術館に限らず美術館の入館者数は、一般に特別展の企画内容に左右されやすい。しかし入館者数の減少の背景には事業費の削減も影響していると思われる（図表16―5）。事業費の推移を内訳別にみると（図表16―6）、事業費総額は2004年には5億6700万円だったものが2011年には3億7700万円と約3割も減った。中でも人件費の削減率が大きい。人数自体も減っており、中でも学芸員の数の減少は企画力の低下に直結するため深刻である。現に天王寺美術館では、近年は自らが収蔵する東洋美術の逸品の企画展示よりも全国を巡回する大衆向けの企画展で入館者数を維持しようとしてきた。それがさらにコンセプトの希薄化や館本来の魅力をますます分かりにくくし、入館者の減少を招くという悪循環に陥ってい

図表 16-4　天王寺美術館の入館者数（万人）

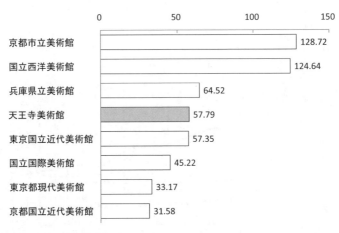

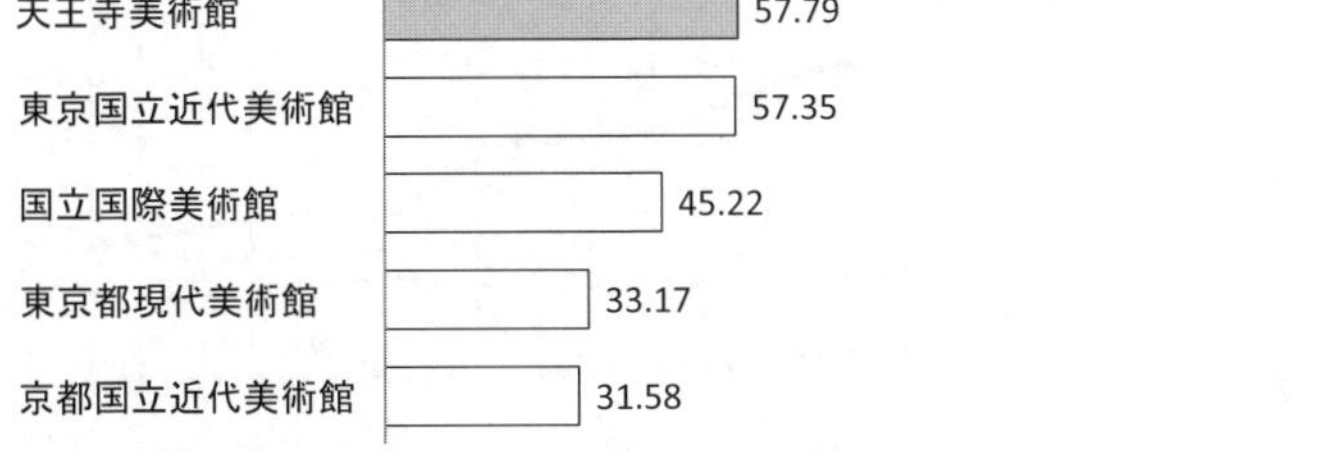

出典：大阪市の美術館のあり方検討報告書

るように思われる。こうした現象の遠因にも学芸員不足の問題が作用していると思われる。

大阪市は近年の財政難に照らし、美術館のみならず大学を含む各種施設の人員を減らしてきた。しかし学芸員や大学教員等の専門職の職員の削減はコスト削減と同時にサービスや品質、ひいてはブランドイメージの低下をもたらすおそれがある。せっかく所蔵する豊かなコレクションの価値を最大限に引き出し、都市の

図表 16-5　天王寺美術館の入場者数と事業費の推移（特別展）

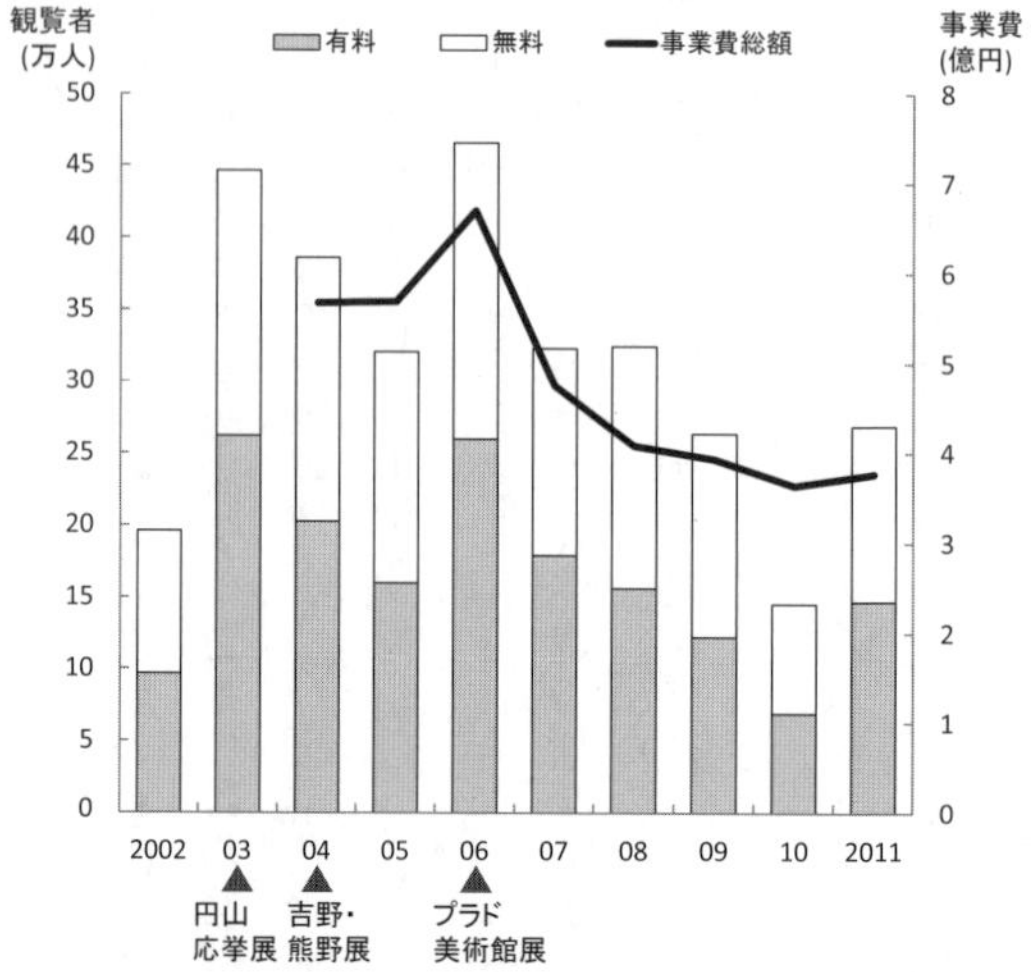

（注）常設展のみの入場者は5万人以下と少ないので、この表では除外した
出典：大阪市の美術館のあり方検討報告書

図表 16-6　天王寺美術館の事業費の推移（億円）

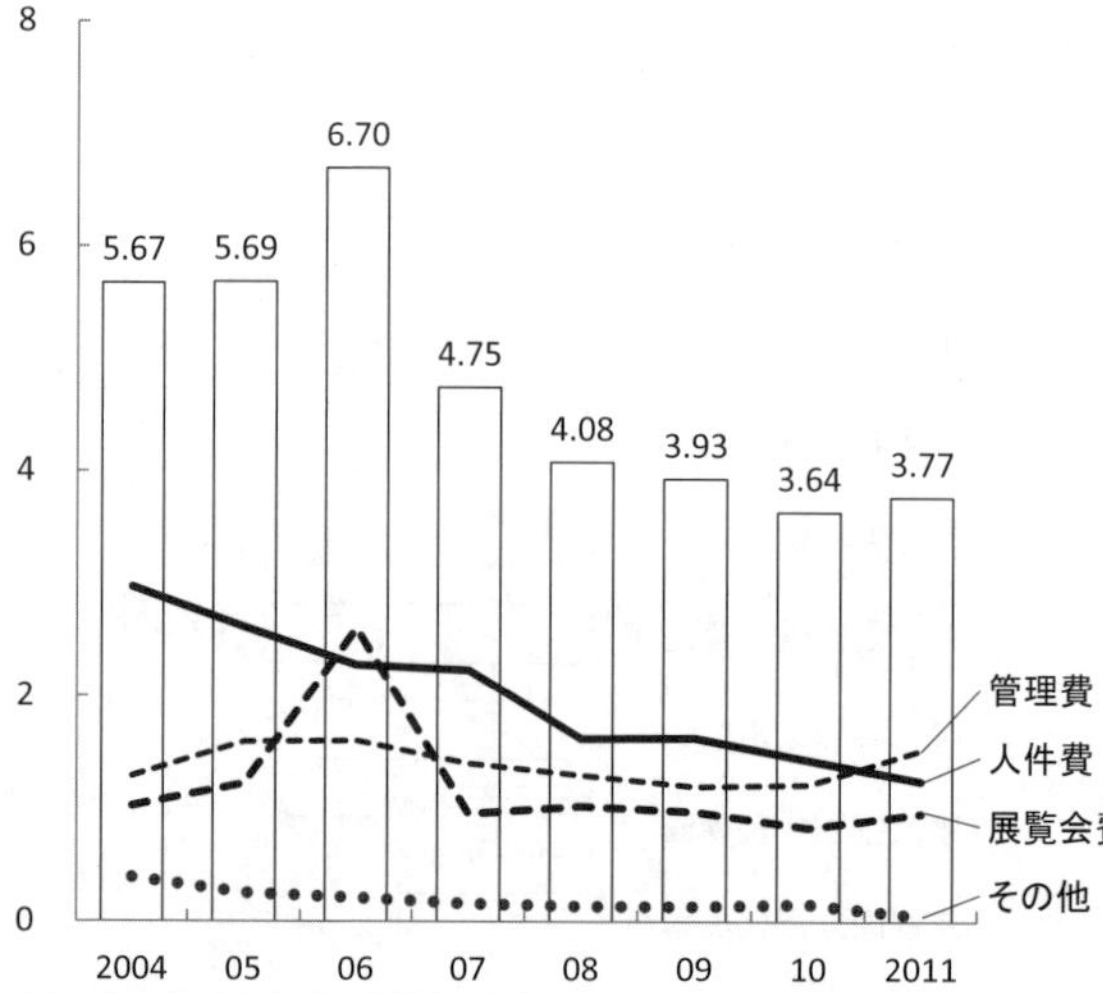

出典：大阪市の美術館のあり方検討報告書

魅力の発信につなげるという意味で、学芸員の増強は今後の重要な課題である。

○老朽化と過少投資

利用者の満足度はどうか。利用者アンケートの内容を分析すると、展示などの満足度は一様に高かった。だがトイレなどの施設の不備、サインなどの案内不足、レストランや売店などの内容とサービスへの不満が数多くあった（図表16―7）。そしてその最大の原因は建物の老朽化に伴った補修や再投資がされてこなかったことにある。

現在の建物は歴史的価値のある魅力的な建物だが、老朽化が著しく耐震補強の必要もある。内部の設備や内装も不備が目立ち作品陳列ケースも古くさい。レストランに至っては、建物の裏手に社員食堂風のものがあるだけである。最近はどこでもミュージアムに行ったらレストランで会食も楽しめる体制が作られているが、天王寺美術館の現状はこうした動向から大きく逸脱している。売店も小さく、駅のキオスクのようなコーナーでしかない。館のオリジナル商品も全く作っていない。総じて利用者サービスについて

図表 16-7　天王寺美術館の改善課題（利用者の声から）

施設運営面	案内・サイン	展　示	付帯サービス
・開館延長日を設ける ・トイレが古く汚い ・洋式トイレ不足、ウォシュレット化 ・バリアフリーの徹底 ・床のきしみ ・休憩場所や椅子を増やす ・空調能力が不足 ・アンケート記載台の不備	・駅から遠い ・天王寺ゲートから先が判りづらい ・園内(ゲートから先)が怖い ・市内での看板設置をすべき ・駅での看板設置をすべき ・公園入口での明確な案内がない ・会場までの距離を明示すべき ・会場への目立つ、見やすい看板が欲しい ・看板等の表示を大きくすべき ・チケットの購入方法が分かりにくい	・ガラスのキズ、汚れ ・室内が暗い ・解説文を平易にすべき ・解説文の文字を大きく ・展示解説に鑑賞ポイントを明記すべき ・常設展を安価にすべき ・音声ガイドの無料化	・ミュージアムショップの品揃えを充実して欲しい ・ミュージアムショップを華やかに ・ミュージアムショップのみの利用を可とすべき ・レストランが分かりづらい ・レストランのメニューが貧弱 ・レストランの整備・充実を ・カフェを綺麗に

出典：大阪市の美術館のあり方検討報告書をもとに加工

は、昭和40年代並みと言っても言い過ぎではない。こうした事情も作用し、客層も中高年が多く、若者があまり来ていない。

〇サービスウイングの建設を

なお、建物の老朽化の下で利用者向けサービスを改善するのには限界がある。そこで今回は、本館の隣にサービスウイングを建設し、イベント、教育、展望レストラン、カフェ、売店、ライブラリーなどを入れる案を提案した。レストランや事務室の機能もサービスウイングへ移し、本館の空いた場所には手狭な収蔵庫を拡張するとともに、新美術館のコレクションも収蔵するという提案である。ちなみにルーブル美術館は元宮殿の歴史的な建物の横にモダンなピラミッドを建て、両者が相まって新しい魅力を醸し出している。天王寺美術館の場合も、古い本館を補修して残しつつ、その横にモダンな建物を併設することで新しい名所としての魅力が演出できると思われた。

〇潜在可能性の高さ

以上のように、天王寺美術館では老朽化と入館者数の減少が同時に進むというジリ貧状態にある。立地環境には恵まれている。天王寺公園は、１日70万人の乗降客があるターミナルの天王寺駅に隣接するにもかかわらず、広大な緑に恵まれ、美術館の横には慶沢園の美しい庭園もある。堅固な上町台地上に位置し、水害などの心配もなく、美術館の立地としては申し分ない。２０１４年3月には大型商業ビルのあべのハルカスも開業した。コレクションも豊富なので、必要な投資さえすれば今後の再生の可能性は高い。

検討チームは、総じて天王寺美術館の今の状態は、文字どおり「宝の持ち腐れ」にあると判断した。そこで、老朽化し、ジリ貧状態だから廃止して統合するのではなく、むしろ中之島に投入する資金をなるべく合理的に使い、別途、天王寺のリニューアルとサービス改善にも資金と人材を振り向けるべきという結論を出した。

6　併存か廃止統合か

市長が検討チームに最も期待していた作業は、天王寺美術館を存続させるか否かの判断材料の提供だった。以上述べてきたとおり、一連の作業で都市戦略上の美術館の重要性や新美術館の意義、そして天王寺美術館の再生の可能性などが明らかになった。しかし大阪市は厳しい財政状況にある。その中で〝大阪市は美術館をさらにもう1つ持つべきなのか〟という疑問に対しては、投資コストと収支の見直しについては具体的な数字に基づく意見を出す必要があった。

①　3つの案のコストを試算

検討チームでは、当初からの建設案、統合案、そして今回の併存案の3つについてそれぞれの整備費用を試算した。図表16—8のとおり当初の単独建設案は中之島の新美術館の建設のみに112億円を投じる計画だった（図表の左端）。一方、天王寺美術館を廃止して中之島の新美術館に移転・統合させる案（単純統合案）では、万が一の津波発生時のことを考え、建物を高層化して収蔵庫を上に置く必要があり、そのためのコストがかさみ、トータルで223～226億円掛かると見積もられた（図表の中央）。それに対して並存案では、中之島の新美術館の建設費に加え、天王寺美術館の再生に65億円を、さらにサービスウイングの建設にも21億円を投じ、合計で198億円掛かると見込まれた。しかし、これは単純統合案よりも安く上がることが分かり、単純統合案は得策でないと思われた。

②　検討チームの最終結論

一連の調査を経て、検討チームは次のような結論を出した。

ⓐ　新美術館建設の意義

大阪市は近現代作品の豊かなコレクションを持っており、それに特化した新美術館を中之島に建設する意義がある。

ⓑ　新美術館の既存計画等の抜本見直し

当初の建設案、すなわち既存の「近代美術館整備計画（案）」は、利用者サービスの発想や満足度への配慮を著しく欠いている。例えばコスト削減のためにレストランは置かれず、カフェやショップなどのサービスエリアはわずか151㎡にすぎない。利用者向けのサービス、顧客満足、そしてエンターテインメントといった視点が極めて弱い。利用者視点に立ち返り、当初の計画は全面見直しすべきである。

ⓒ　天王寺美術館の再生

天王寺美術館は現状では入館者が減り、一見、衰兆にある。しかし立地環境もコレクションの蓄積も申し

図表 16-8　新美術館の整備コストの比較（億円）

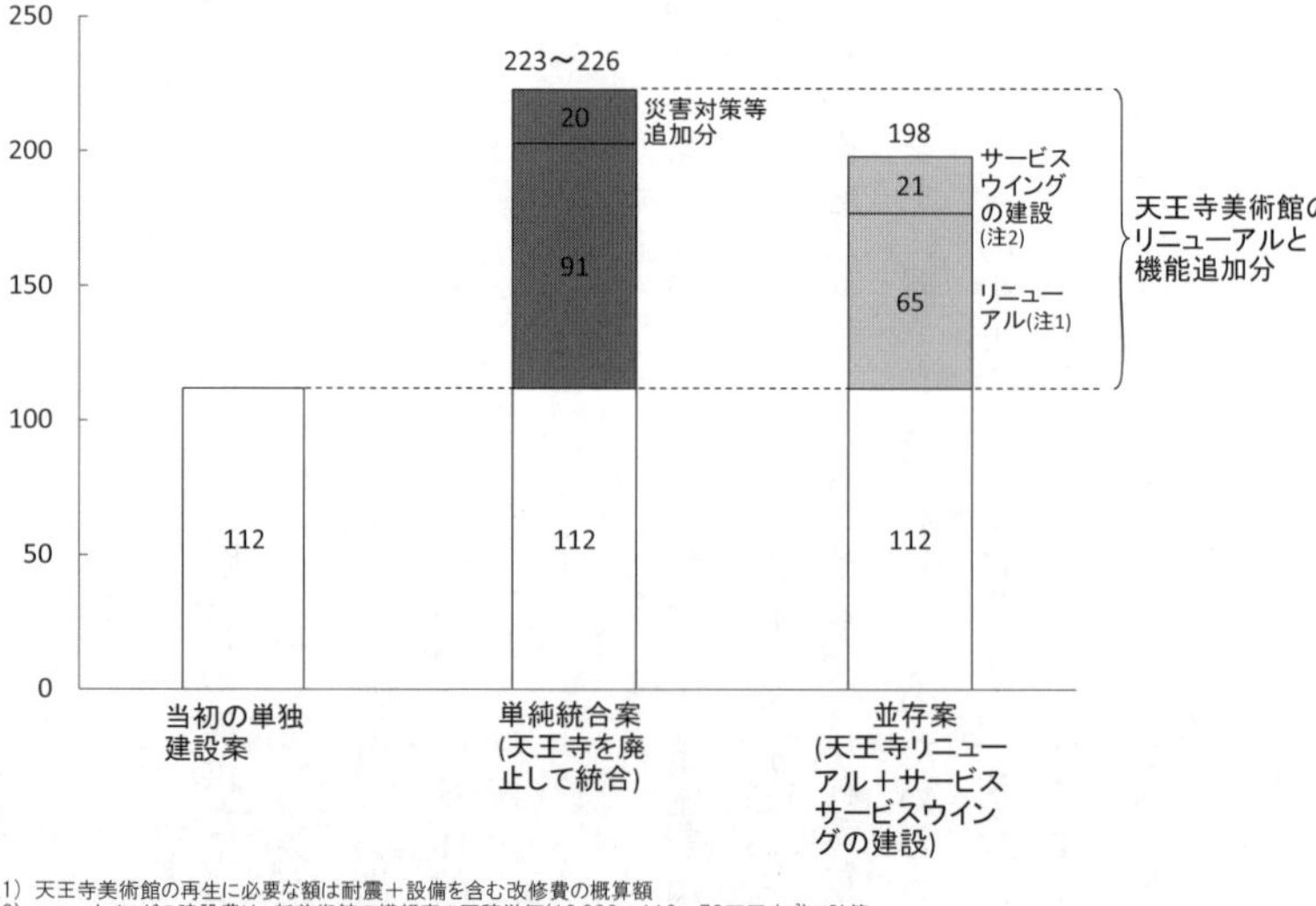

（注1）天王寺美術館の再生に必要な額は耐震＋設備を含む改修費の概算額
（注2）ニューウイングの建設費は、新美術館の構想案の面積単価（16,000÷112＝70万円/㎡）で計算
出典：大阪市の美術館のあり方検討報告書

分がない。加えて近年は仏像など東洋美術への人々の関心が高まり、また近隣の大型商業開発も進んでいる。建物の老朽化を放置せず、投資再生すべきである。その際には、①コレクション、②歴史的建物、③隣接する慶沢園――の3つの素晴らしい文化資産をセットで捉え、トータルとして魅力を発揮できる空間づくりを目指すべきである。また学芸員の補充等、人的な投資も行う必要がある。

ⓓ　民間の参画

中之島の新美術館、天王寺美術館、東洋陶磁美術館の3館は、それぞれがユニークな役割を果たし、トータルとして大阪市の美術館の強みと層の厚さをアピールすべきである。そのために3館の運営は統合し、また設計・施工・企画・運営の全てに民間のノウハウを入れるべきである。また新美術館の建設では設計・施行一体方式（デザインビルド方式）の採用を検討し、レストランやカフェの仕様や規格、集客プランも民間による設計を取り入れるべきである（注・提言後に民間資金活用による社会資本整備〈ＰＦＩ〉方式も検討することになり、現在調査中）。

③　まとめ

以上の提言を受け、大阪市は２０１３年6月の戦略会議で新美術館は単独で中之島に建設し、天王寺美術館も存続させると決定した。

なお、本件では市役所がいったん打ち出した方針を外部の有識者も交えた検討作業を経て覆すことになった。いったん決めた方針に対する疑問の声にいち早く耳を傾け、さっさと見直す臨機応変の対応力は、維新改革の大胆さと表裏一体のものといえるだろう。

第17章　信用保証協会の府市統合──二元行政解消の成功例

中小企業は大企業より経営リスクが大きいために、金融機関から融資を得にくい。信用保証制度は、この問題を緩和するために1953年施行の信用保証協会法に基づいて、国の制度として発足した。なお実際の制度の運用は、各都道府県のほか5つの市（横浜市、川崎市、名古屋市、岐阜市、大阪市）にある信用保証協会（以下「協会」）が行ってきた。

さて、大阪には大阪府中小企業信用保証協会と大阪市信用保証協会の2つの信用保証協会があり、長年、府市の二元行政の象徴といわれてきた。維新改革ではダブル選挙後に両者の統合・再編を手がけ、2014年5月19日に両協会は合併した。この事例は大阪の二元行政解消の先駆け（モデルケース）といえる。

1　信用保証制度と協会

まず信用保証の流れをみておこう。中小企業が金融機関から融資を受ける際に、協会に信用保証を依頼する。すると協会は、対象企業の事業内容や経営計画を審査し、保証を承諾するかどうかを決める。承諾した場合には保証内容が金融機関に通知され、金融機関は保証の範囲内で中小企業に融資をする。融資を受ける中小企業は協会に保証料を支払うが、保証料率は各企業の財務状況等で原則9つの料率区分のいずれかが適用される。その後、融資を受けた企業が何らかの事情で返済ができなくなった場合には、協会は金融機関に対して代位弁済した上で中小企業から資金回収をする。

代位弁済の資金は企業が払う保証料を元手に協会が保険料を支払って加入する日本政策金融公庫の信用保険金で80％が賄われ、残りの20％が協会負担となるが、その一部を自治体が補填しており、大阪の場合、府の場合は60億円、市の場合は、20億円程度を負担してきた。

全国レベルでみると信用保証の利用率と信用保証の債務残高は１９９０年頃から増大傾向にある（図表17―1）。ピークは大規模金融機関の破綻で金融不安が続いた１９９８年から２０００年にかけてで、一時は40兆円を突破した。その後少し減ったものの、２０１１年でも34兆円もある。１９８０年代の数兆円に比べ、急膨張をした。こうして膨れ上がった信用保証制度は当然、自治体の財政を圧迫する要因の１つとなっている。

中小企業への融資は一定の確率で未回収となる。民間金融機関だけではそのリスクを賄いきれない。したがっ

図表17-1　信用保証制度の発展（全国）

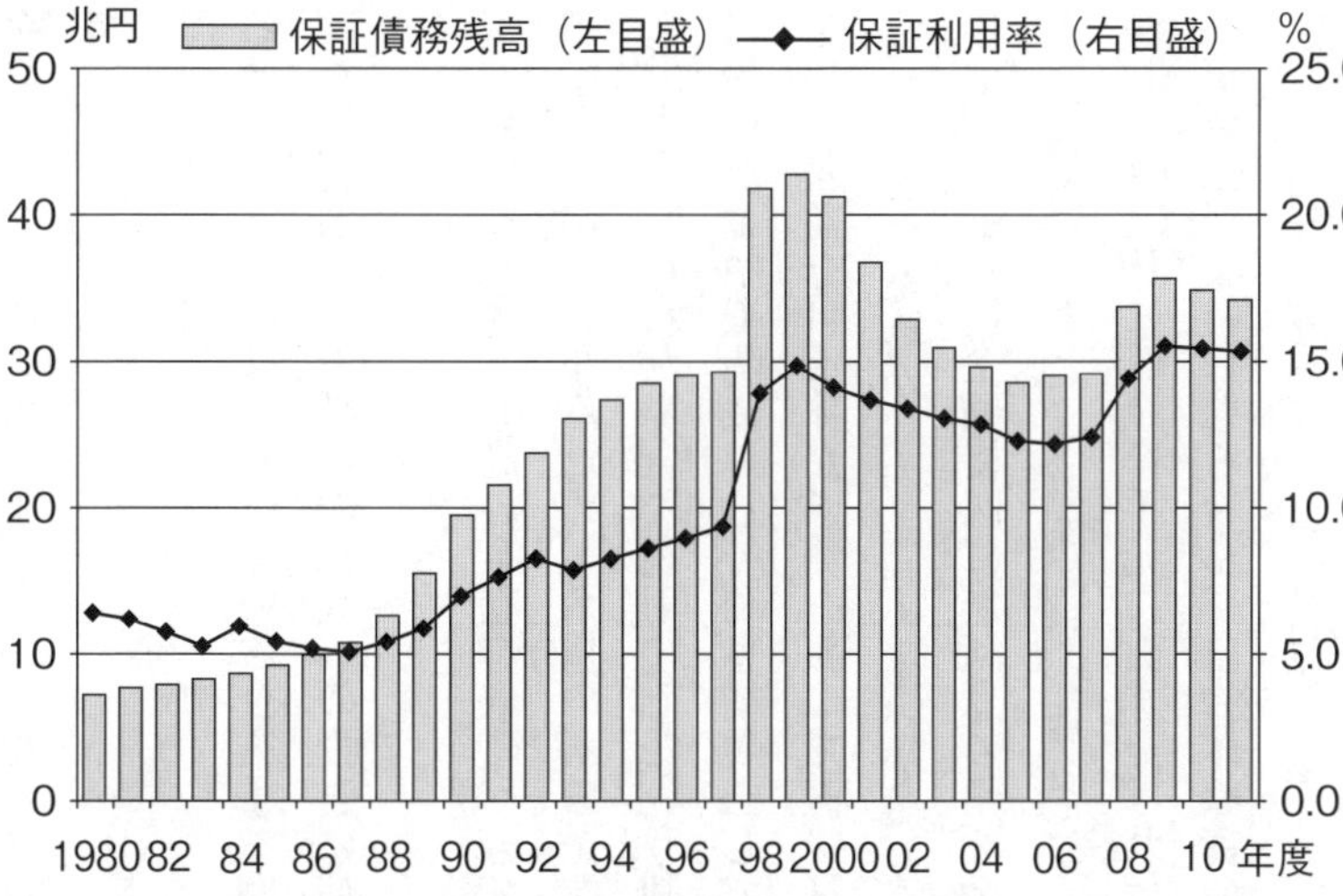

出典：「信用保証制度をめぐる現状と課題」国立国会図書館　調査と情報第794号（2013年6月25日）

て、信用保証に国や自治体が関与する意義は大きい。若干の資金の供与で数多くの中小企業の破綻が防げれば、雇用が守れるし、中小企業が育てばいずれ税収として戻ってくる。

しかし、現行の信用保証制度は以下のような矛盾を抱えている。

第1に、短期間で破綻する企業の率が高い。そこから類推すると、すでに破綻しかけている企業まで融資対象にしてしまっている可能性が高い。第2に、信用保証を受けた低利融資が不動産や株式への投資に使われる可能性を完全には排除できていない。

第3に、信用保証をつけた融資は、リスクの高さに照らすと、本来は通常よりも高い金利を取るべきである。ところが今の制度では、信用保証制度を利用するとおしなべて金利が安くなるため、余裕のある企業も信用保証制度を利用する。これは中小企業が銀行や信用金庫から融資を断られた場合に利用するという制度の主旨から逸脱している。ちなみに、金利を安くできるのは、自治体が金融機関に対して利息補塡をしているからだが、方法は大きく2種類ある。1つは利子補給方式で金利の差額を自治体が予算を組んで直接補塡する。しかしこの方式ではかかったコストがきっちりと公表される。そのためか、あまり広まっていない。多くの自治体はもう1つの預託金方式をとる。この場合、自治体は4月1日に金融機関に無利息の預託金を入れる。金融機関はその預託金で国債などを購入、運用して利ざやを得る。そしてそれを補塡の原資とする。自治体が4月1日に預託金を積むといったんは歳出となる。しかし3月31日に資金を手元に引き上げれば今度は歳入となる。そのため、自治体にとっては見かけ上はコストが発生しない。もちろん、自治体は資金の運用益を失う。違法ではないが不透明である（なお大阪府でも従来から預託金方式をとってきたが、全体の8割を占めるセーフティネット資金について、2011年度以降の新規融資分から利息補塡を廃止した。）。

2　2つの協会の仕事の重複

さて、このように信用保証制度は国の制度自体が矛盾をはらんでおり、それ自体が改革の対象とされるべきである。だが大阪では、それ以前のところに大きな課題があった。それは第1には二元行政の無駄の削減であり、第2にはより非効率な市の協会の改革を経営統合によって一気に進めることだった。

信用保証協会が2つあることの無駄は、かねてより指摘されてきた。例えば2006年、太田知事と關市長の時代に開催された第39回府市首脳懇談会では、「府、市、府市信用保証協会の三者による協議会を設置し、統合も視野に入れて役割の整理に着手」や「外部評価委員会を共同設置し、共同商品の開発、両協会の人事交流、申込書類の統一などの連携事業の実施」も合意された。しかしその後の再編協議はまとまらなかった。なぜなら大阪市内の中小企業からみると、府市の両方の協会を使える現状のままが都合がよい。片方の審査に落ちても他方に望みがつなげるからである。かくして、統合には政治的な反対圧力がかかってきた。そのため組織再編はおろか業務連携すら進まなかった。

今回の維新改革では二元行政の解消を掲げ、協会をダブル選挙後の統合対象の筆頭に取り上げた。府市統合本部で改めて実態を調査したところ、府の協会の利用企業が9万7000社であるのに対し、市の協会の利用企業は3万6000社で、そのうち57％の1万9000社が府の協会も重複利用していることが分かった。

この事実から、府市の協会を統合するメリットが明らかになった。重複利用していた企業の審査や債権回収が一本化されると、運営コストを削減でき、審査精度があがる。ところが両協会はこれまでは、高リスク企業に関する情報交換すらしてこなかった。代位弁済した場合の回収も別々で、要するに競合・敵対関係にあった。

3　府市信用保証協会の統合へ

２０１２年１月25日には、府市ワーキンググループ協議が始まり、統合準備が始まった。そこでまず課題となったのが、府市どちらの協会がイニシアティブをとるかという問題である。どちらが主導するかをはっきりさせずに対等合併すると、経営改革がうまくいかないからである。今回は経営状態が安定している方が統合を主導すべきと考えた。そこで両協会のコスト構造、代位弁済率、代位弁済した場合の回収率などを比較して分析した。

⑴　コスト構造

信用保証協会は公的目的のために存在する。民間企業と同じ物差しで収益性やコスト構造を評価すべきではない。そこで統合本部は信用保証協会が負担するコストに比べて〝社会コスト〟が非常に大きい場合に非効率だとした。具体的には、信用保証協会が代位弁済した金額のうち、利用した中小企業から回収できなかった分に信用保証協会の業務費用を加えたものを〝社会コスト〟とした。これを保証料で割った数字が１であれば、受益者負担で制度を運用できていることになる。しかし１を超えた場合には、超過部分を公的補助で賄っていることになる。両協会の数値は、府の協会が保証料の３倍前後で推移しているのに対し、市の協会は２０１０年度に５・５倍に達し、その後も４倍程度と高い（図表17―２）。府の方が効率がよいと判明した。

(2)　代位弁済

市の協会の高コストの背景には、代位弁済の多さがある。売上の減少などで経営の安定性に支障をきたした中小企業を対象とする『セーフティネット保証制度』の場合を例に見てみよう。

横軸に保証承諾した月、縦軸に「累積代位弁済率」をとったグラフを作ると、全体に市協会の代位弁済率は府協会より高いことが分かった。例えば２００７年の11～12月に市協会が保証承諾した融資の３割近くが、２０１１年９月までに代位弁済となっている。つまり、保証承諾した企業の３割が３～４年で破綻している。大阪市内の中小企業が府全域の中小企業よりもきびしい経営環境に置かれているためという可能性が否めないものの、府に比べると破綻率はあまりにも高い。市協会の審査能力に疑問を抱かざるをえない。

(3)　保証料率別の累積代位弁済率

府協会と市協会の審査能力の差は、保証料率別の累積代位弁済率を比較するともっと明らかになる。保証料率は本来、融資対象の中小企業の信用リスクの高さに応じて高く設定される。

図表17-2　社会コスト／保証料の推移（倍；2007~2011年度）

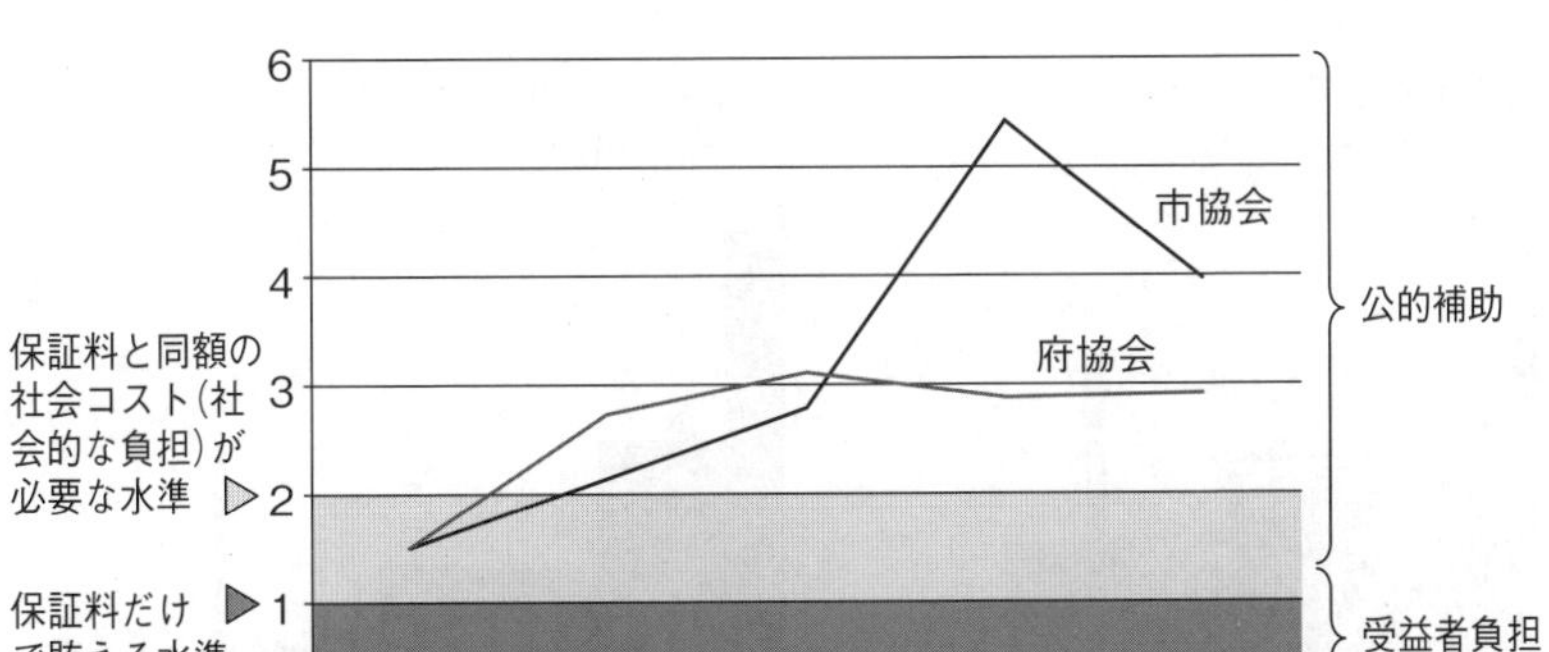

出典：大阪市信用保証協会・大阪府中小企業信用保証協会資料

審査が健全に機能している場合には、保証料率が低ければ代位弁済率は低く、保証料率が高ければ代位弁済率も高くなるはずだ。

大阪の場合について縦軸に累積代位弁済率、横軸に保証料率をとって分析してみたところ、図表17―３のとおり府協会はきれいな階段状となり、審査がうまく機能していることが分かった。一方、市協会は平坦なグラフになり、リスクの高さと代位弁済率の間にあまり相関関係がない。この事実は、市協会ではリスクを見極める審査が不十分である可能性を示す。

(4)　回収部門の生産性

代位弁済後の企業からの資金回収率については、両協会ともに担保が有る場合が70％強、担保が無い場合が10％強と差はなかった。しかし、職員1人当たりの回収額は、担保が有る場合で府協会が４億９０００万円、市協会が４億１０００万円と府の方が大きい。また担保がない場合でも、府協会が１億２０００万円に対し、市協会が９０００万と府協会の方

図表 17-3　府市の協会の保証料率別の累積代位弁済率
～一般・普通（2006 年分）（%）

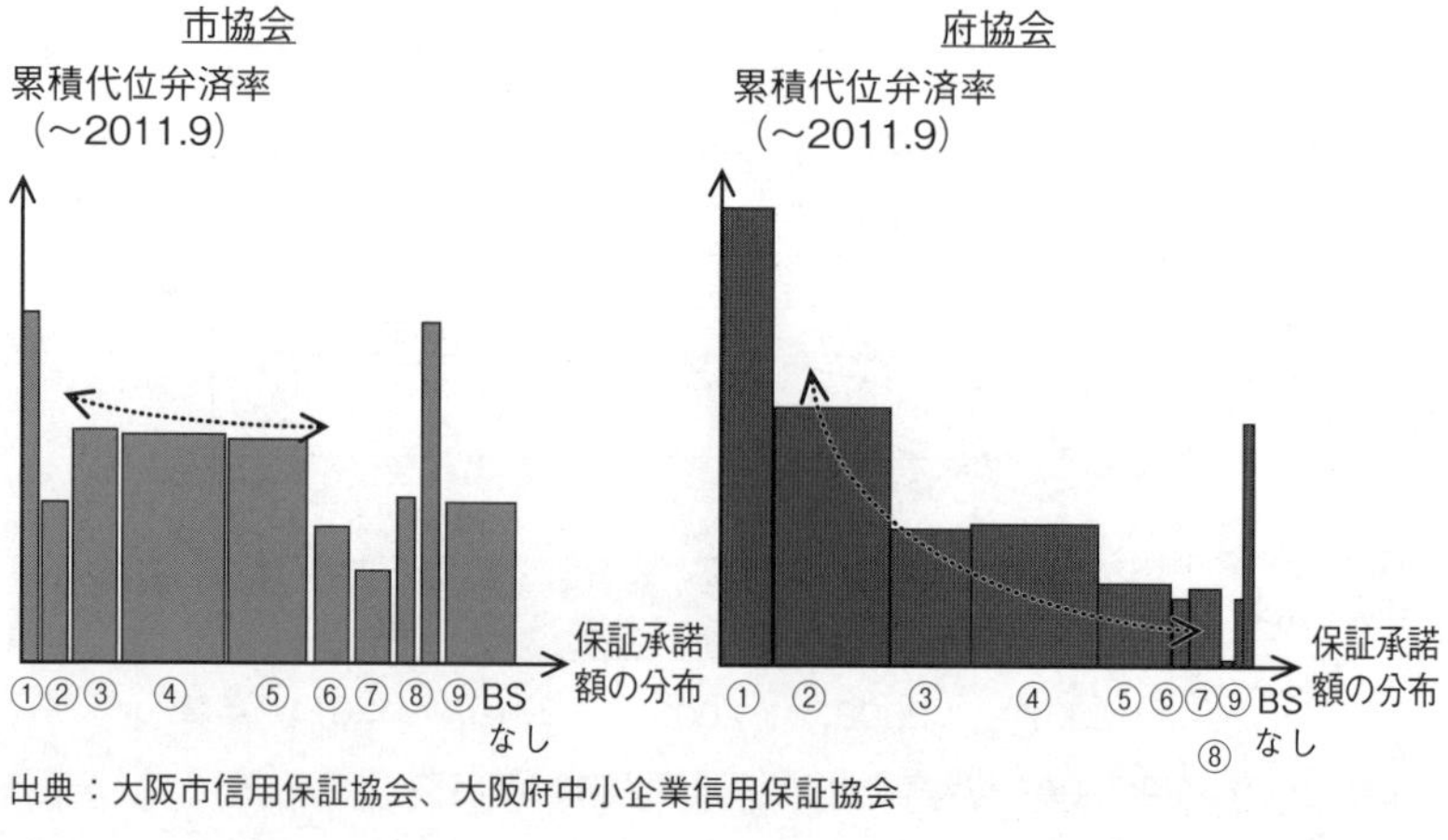

出典：大阪市信用保証協会、大阪府中小企業信用保証協会

が生産性が高い。

　以上の分析結果をもとに、２０１２年６月の第11回大阪府市統合本部会議で府協会が市協会を吸収する形で統合を進める方針が決まり、さっそく準備組織ができた。

4　統合までの流れ

　２０１２年7月に、府、市、両協会の当事者４者に加え、弁護士や公認会計士をメンバーとした「大阪府中小企業信用保証協会・大阪市信用保証協会合併協議会」が設置された。そしてこの協議会を中核に、両協会による資産分析、第三者機関による資産査定の実施や、システム統合、これまで保証承諾した融資を代位弁済した場合の自治体負担の在り方や、主務官庁である金融庁や中小企業庁への合併申請へ向けての調整が行われた。そして、２０１３年10月に合併の基本的な合意事項を定めた合意書を、２０１４年１月には合併契約書を締結し、合併の公告を行い、同年５月に監督

図表 17-4　信用保証協会の統合前、後の姿

		統合前		統合後
組織名		大阪府中小企業信用保証協会	大阪市信用保証協会	大阪信用保証協会
保証債務残高		2 兆 3,900 億円	5,210 億円	2.9 兆円
利用者数（社）		86,715 社	29,766 社	約 10 万社
	うち大阪市内（社）	33,756 社	同上	約 4.5 万社
基本財産		837 億円	201 億円	1,038 億円
役職員数		331	84	407 （府協会327、市協会80）
	常勤役員	5	4	6
	職員	326	80	401

出典：HP をもとに筆者作成

官庁から両協会の合併が認可され、５月19日から「大阪信用保証協会」としての業務が始まった。

こうして本件は長年指摘されながらも解決できなかった二元行政問題を維新改革で解決する皮切りのケースとなった（なお、本件については担当した府市特別参与の大庫直樹氏著『人口減少時代の自治体経営改革―日本のあしたのつくり方』（時事通信出版局）の第４章も参照されたい。）。

第18章　民間経営の発想でモノレールを延伸

維新改革で事業の経営分析を行うと、たいていの場合は効率化や新規投資の見直しに至ることが多かった。ところが経営分析の結果、〝投資不足〟を指摘した例がいくつかある。公立中学校の給食事業、小中学校へのエアコン設置、西成特区に関する一連の政策などがそうだが、大阪国際空港（以下「伊丹空港」）や千里ニュータウンを走る大阪府のモノレール事業（以下「大阪モノレール」）はその典型例である。ダブル選挙の後、２０１２年度早々に行った事業分析の結果、長らく凍結されていた延伸計画を再開すべきと松井知事に提言し、急きょ、延伸に向けた検討が始まった。

以下では、２０１２年第２回大阪府戦略本部会議への提出資料「大阪モノレール（有馬参与作成資料）」(http://www.pref.osaka.lg.jp/attach/2920/00100704/3-2.pdf）に沿って経営分析の結果を紹介する。

1　大阪モノレールの概要

(1)　経営の現状

大阪モノレールは本線と彩都線をあわせて28㎞の路線距離があり、日本一の長さを誇る。本線は大阪空港駅から千里中央駅や万博記念公園駅を通って門真市駅に至る。彩都線は万博記念公園駅から彩都西駅に至る

（図表18―1）。年間の輸送人員は３６４０万人で国内第４位である。営業収入は単体ベースで91・８億円、従業員は子会社の大阪モノレールサービスを含めて３０４人である（２０１３年度実績）。

運営主体は府の第三セクターの「大阪高速鉄道株式会社」（以下「会社」）で、大阪府が65・１％の株式を所有し、残りは京阪電気鉄道、阪急電鉄、近畿日本鉄道のほか豊中市などの近隣自治体が株式を持つ。代表取締役社長、代表取締役専務、常務取締役はいずれも大阪府庁のＯＢや現役職員の出向者であり、事実上、大阪府の外郭団体である。

大阪モノレールは上下分離方式で運営されている。下のインフラ部分は府が道路の上に支柱と桁を整備して線路と駅舎を作る。会社は上の運行の部分を担う。全体の建設費のうち会社の負担は、車両費用や車両基地、信号システム等の整備だけであり、全体の33％未満にとどまる（ただし、彩都線については、彩都の開発者が建設費総額の80％を負担）。

(2)　建設の経緯

大阪の鉄道網は、大阪市を中心に放射線状に整備され

図表 18-1　大阪モノレール路線図

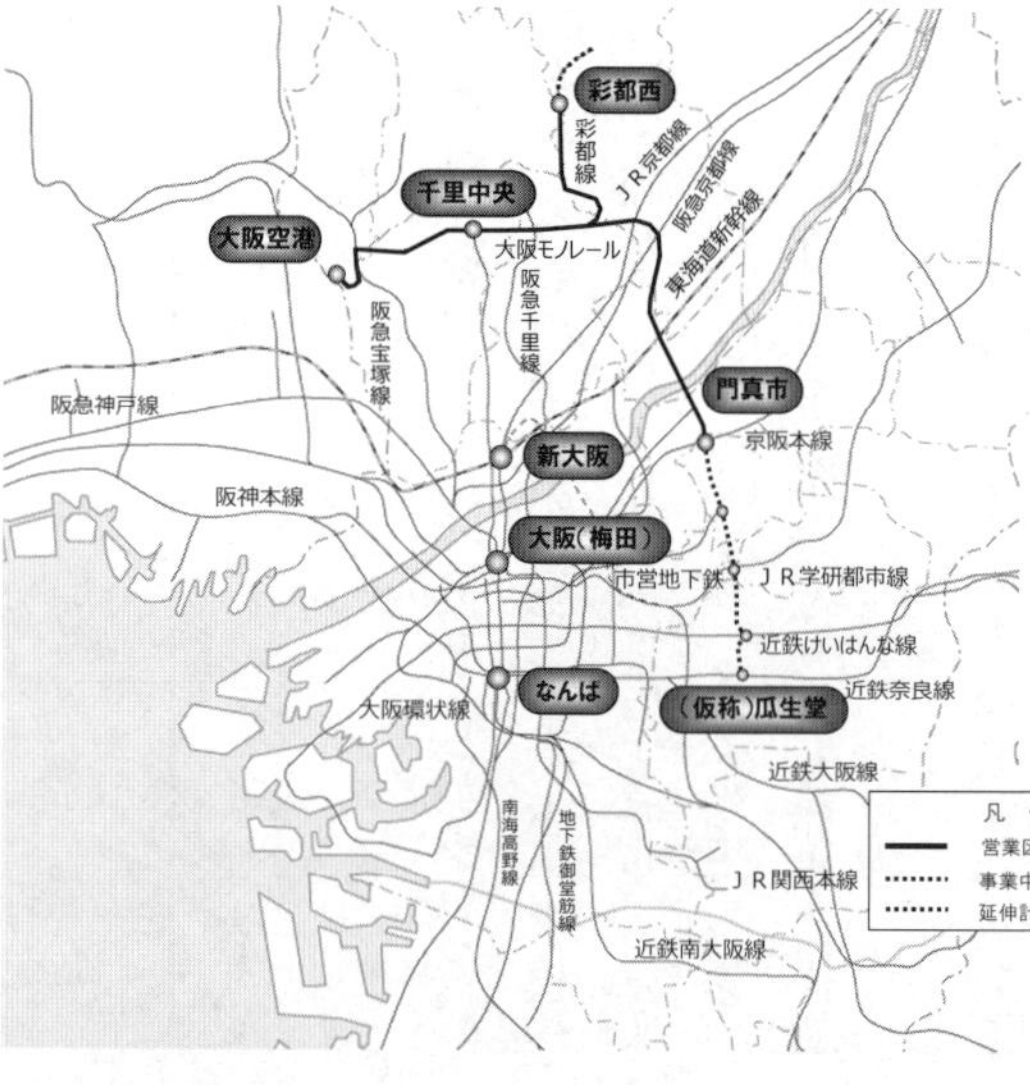

てきた。そのため郊外の衛星都市から別の衛星都市に鉄道で行くとなると、いったん大阪市内に出なければならない。周辺部とはいっても市街地化が進み、道路も足りない。そんな中で新たに用地を買収して鉄道を通すとなると、莫大な資金と時間がかかる。そこで府は、道路の上を利用してモノレールを作り、郊外に向けて放射状に伸びる鉄道と結節させる方針を立てた。

具体的には１９６７年の「大阪地方計画」で、周辺部の開発拠点を結ぶ環状路線の早期整備が提案される。１９７１年の都市交通審議会の答申第13号で、都市周辺部を連絡する環状鉄道を府の地域計画の一環として整備すべきとし、豊中市・新大阪から中央環状道路沿いに堺市に至る路線が示された。

国レベルでも１９７２年に都市モノレールの整備の促進に関する法律が成立し、支柱や桁等のインフラ部分を道路構造物の一部として公共事業で建設する制度が確立する。また国の補助制度も整備され、モノレールのインフラ部分について国が建設費の50％を補助することになった（沖縄等を除く）。

2　経営分析の結果

大阪モノレールは１９９０年の営業開始時は千里中央駅と南茨木駅のわずか６・７㎞の路線だったため利用者が少なく、しばらく赤字が続いた。その結果、累積損失が積み上がり、１９９８年度末で負債が約６５０億円に達していた。

しかし１９９７年の伊丹空港および門真市駅までの延伸で利用客が増え（図表18―2）、２００１年からは単年度黒字に転換し、その後もずっと黒字が続く。そして２０１０年度末には負債も２５５億円にまで減少した（図表18―3）。

図表 18-2　乗車人員の推移

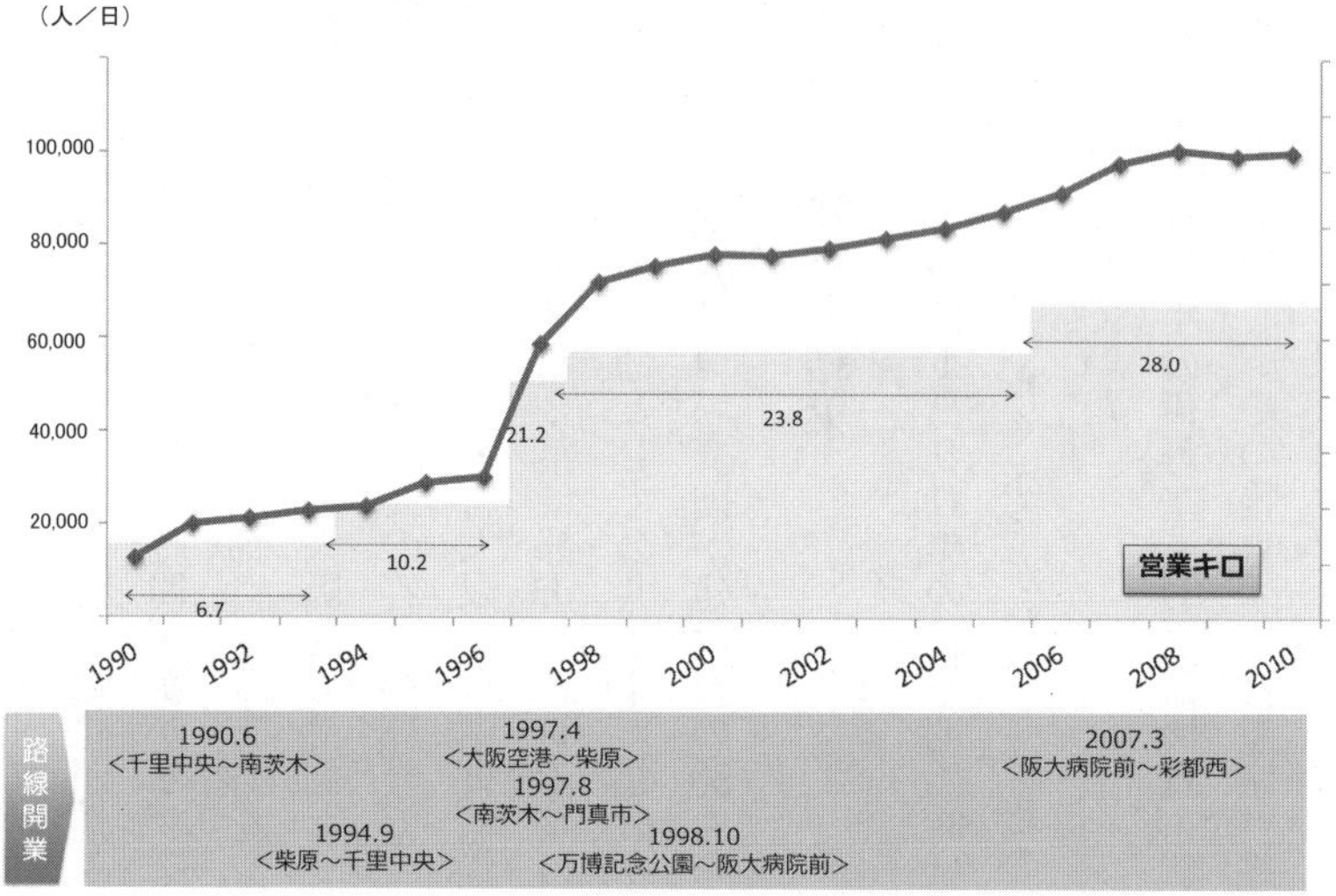

図表 18-3　大阪高速鉄道の損益の推移

➤路線の開通にあわせて損益も大きく改善し、累損、借入金残高も大きく縮小

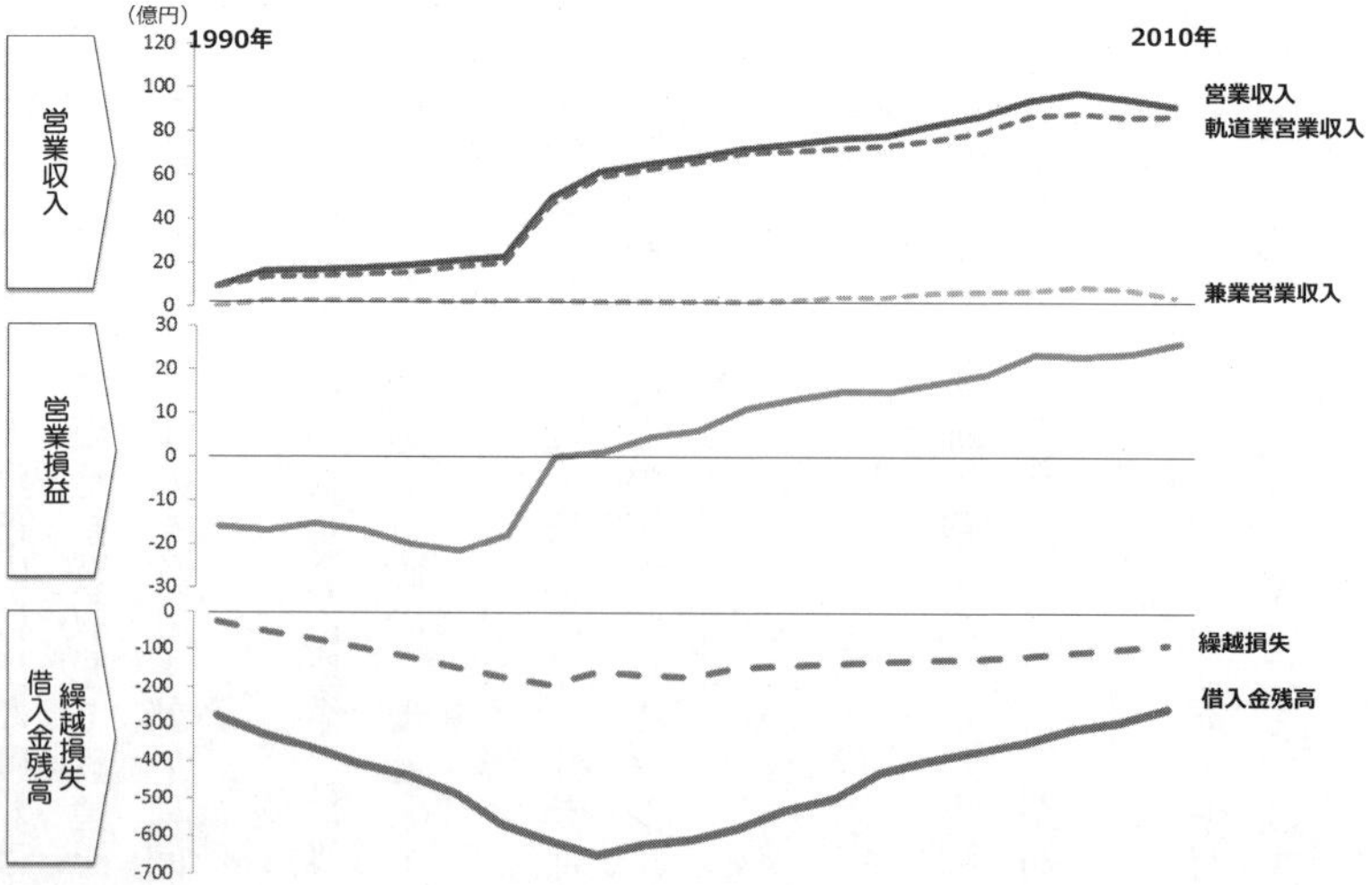

○人員が多く非効率

経営効率はどうか。これまで会社の経営は効率的で生産性も高いとされてきた。しかし、事業分析の結果、「1人当たりの走行距離」「1人当たりの輸送人員」「1人当たりの収入」等を同業他社と比べると、必ずしもすぐれているとはいえないことが分かった。

これは「1人当たりの走行距離」「1人当たりの輸送人員」「1人当たりの収入」が、当初は会社の単体の従業員数（177人）をもとに算出されていたためだ。そこで、子会社の「大阪モノレールサービス」の人員を含めた連結ベースの304人をもとに計算したところ、従業員数が多く、生産性が低いことが分かった。例えば、駅業務のほか、雑用を含む多くの業務を自前でこなすため、人数が膨らんでいる。また、給与水準も同業他社よりも高い。

さらに、兼業ビジネスの多くがビル事業を除くとほぼ赤字となっていた。コンビニエンスストアを自前で運営しているほか、かつては南茨木駅で「モノベーカリー」というパン屋まで直営で出店していた。これらが収支の足を引っ張ってきた。

ちなみに、親会社にあたる府との関係にも問題があった。例えば、かつて会社は府からほぼ金利ゼロに近い形で借り入れをしていた。しかし府の財政再建のために、その借入金の返済を迫られ、銀行から資金を借りることになり、4％近い金利を払うことになった。車庫用地も従来は、府から無償で借りていたのが有償となり、12億円もかけて購入することになった。つまり、府は財政状況をよくみせるために利益が出ている会社に負担を付け替えていた可能性が高い。昔のことだが、こうしたことは結局トータルコストを上げるので連結経営の考え方に照らすと不適切である。

3　大阪モノレールの延伸可能性

経営分析を進めるうちに、まだまだ生産性向上の余地があると分かったが、同時に浮上したのが、南への延伸可能性である。モノレールはもともと伊丹空港から堺までをつなぐ壮大な計画の下で建設された。しかし、着工は府の財政力に応じて順次行うこととされ、国民体育大会のメイン会場のある門真市までがとりあえず整備された。そしてその後は、延伸よりも累積赤字の解消が会社の大きな目標となり、ひたすら借金を返す経営を続けてきた。そして、過去10年間に約400億円の借金を返済してきている。その結果、現在では有利子負債はまだあるものの、潤沢なキャッシュフローに支えられ、今の経営状態は非常によい。延伸するとなると下のインフラ部分を府も投資する必要があるものの、上の部分にかかる投資を賄うだけの資金力は会社にあることが分かった。

○9㎞、4駅の延伸案

こうしたことを背景に松井知事の指示のもと、2012年6月の大阪府戦略本部会議で、門真市から鴻池新田―荒本―瓜生堂の区間の9㎞について延伸を検討することが決まった（図表18―1）。これは大阪東部地域を南北に結ぶ重要な路線で、東大阪地域からの伊丹空港へのアクセス改善という点からも大きな意義がある。また、かつて2004年の近畿地方交通審議会答申の8号でも中長期的に望まれる鉄道ネットワークの構成路線と位置付けられた路線でもあった。また、2003年には延伸を求めて市民約26万人が署名をした経緯もある。

今回の維新改革での見直しを経て、府は、2013年度に大阪中央環状線の未利用地を活用し、既存鉄道と結節する4駅（近鉄奈良線については新駅が必要）を設け、車庫にも大阪中央環状線の未利用地を活用する案を示した。総事業費は1050億円で、府が事業主体となる下のインフラ部分が約740億円（うち国庫負担が407億円）、会社が事業主体となる上の部分（インフラ外部）が310億円と試算された。また府はこの事業を「公共交通戦略4路線」の1つに位置付けた。

○ストックの組み換えで資金捻出

府の財政状態は依然として厳しい。しかし、松井知事はストックの組み換えの考え方に沿って2014年に売却した大阪府都市開発株式会社の売却益の367・5億円の一部を整備費に充てる方針を示している（詳しくは第4章参照）。今後は、沿線自治体によるインフラ部の負担や、会社への出資、新駅整備について新たな投資が発生するが、総じて地元自治体も前向きである。

2015年度には、採算性の検証についての予算が計上された。運営コストが運賃収入で賄えるか否かが事業化の可否をわけるだろう。2015年度中には府の意思決定が行われる見込みだが、事業化されると、日本一長い大阪モノレールが、さらに長くなることになる。

本件は、府の行政改革の在り方に大きな示唆を与えた。大阪モノレールは有利子負債を抱えている。従来の府の行政改革では、借金の削減が至上命題とされてきたため、延伸のために追加投資するという発想はありえなかった。しかし、モノレールへの投資は収入を伴い、また地域の発展にも寄与する。借金をゼロにするよりも延伸による事業拡大を目指すべきと考えた。維新改革では知事と特別顧問、特別参与がこの意識のずれに気付き修正をかけたが、これがなければ機会ロスがいつまでも続いていた可能性がある。

第19章　文楽とオーケストラへの支援の見直し—文化を聖域とせず

文化行政、特に伝統芸能等の支援は、予算規模が大きくないため、従来、各自治体において行政改革の対象とされることは少なかった。しかし、維新改革では文楽やオーケストラ、さらに各種文化イベントの補助の在り方を全面的に見直した。当初はマスコミや文化人から「文化に対する理解が足りない」と批判された。しかし〝改革には聖域を設けない〟という原則に徹してねばり強く見直した。その結果、府市から各団体への補助金の出し方が変わり、それにつれて各団体の運営も変わり始めた。本章では、中でも全国で話題となった文楽とオーケストラへの支援の在り方の見直しについて解説する（なお、その他の各種文化事業への補助の見直しについては第10章で解説）。

1　文楽の歴史と行政支援

文楽は、江戸時代初期に始まった伝統芸能のひとつで、もともとは人形浄瑠璃とよばれていた。一時、廃れかけたのちに、植村文楽軒が作った「文楽座」が人形浄瑠璃専門の唯一の劇場となり、明治末期には「文楽」が人形浄瑠璃そのものを指す代名詞にもなった。やがて文楽座は松竹が経営するようになるが、戦後は興行成績が低迷し、松竹は１９６２年に文楽座を手放す。そこで翌年、大阪府・市を主体に財団法人文楽協会（以下「協会」）が設立され、府市の他、文部省やNHKの後援を受けて再出発し、今日に至る。

2　文楽協会と日本芸術文化振興会

文楽の運営体制を図表19―1にまとめた。文楽は、浄瑠璃語りを行う「太夫」「三味線」、1つの人形を3人であやつる「人形遣い」の三業《さんぎょう》から構成される。彼ら「技芸員」（図表19―1の左端）は協会職員ではなく、あくまで個人事業主である。公演のプロデュース機能は、劇場を運営する国の外郭団体である日本芸術文化振興会（以下「振興会」）と協会が分担し、大阪と東京で行われる本公演は前者が、地方公演と特別公演は後者が担う。

さて、公演のプロデュースは、かつては本公演を含めて協会が全て担っていた。協会は文楽を代表する団体で、設立当初は文楽の公演全般のプロデュース、「技芸員」のマネジメント・育成、舞台技術の保持・育成などを一手に担っていた。し

図表19-1　文楽の運営体制

●実施主体　¥資金を補助、もしくは助成

		技芸員	振興会（国）	大阪府市	文楽協会
プロデュース機能	本公演・文楽教室		●（大阪188回、東京132回）		
	地方公演・特別公演		¥（赤字3千万円を補填）→		●（売上1億円強）
	部外公演・活動	●（各自、個人事業主として）			
技芸員マネジメント機能*	新人教育		●（技芸員養成プログラム）**		
	若手育成	●	¥→	¥→	●
	契約・報酬管理				●
	スケジュール管理	（各自）			
資産管理機能	劇場施設管理		●		
	技術維持***		●		
組織運営	日本芸術文化振興会（国の外郭）	N.A.	●（組織運営）		
	文楽協会	N.A.	¥→	¥→	●（組織運営）

*　太夫、三味線、人形を担当
**　現技芸員の約半数が修了生
***　かしら、床山、衣装、道具などの維持や技術要員の保護、育成
（注）データは2010年度　プロデュース機能に本来は技芸員のプロモーションや著作権活用が含まれるべきだが、今は機能していない

かし、1984年の国立文楽劇場の完成を機に、回数でも観客数でも、年間230日程度の公演の多くを占める本公演のプロデュース機能が振興会に移された。さらに、振興会は新人教育など本公演以外の役割も分担するようになり、次第に役割を拡大していく。それにつれて協会の役割は小さくなり、現在では、特別講演や地方公演（公演全体の2割程度を占める。）のプロデュース、若手技芸員の育成、技芸員の報酬管理を担当するのみとなっている。

3　集客とインセンティブの関係

このように、文楽はもともと民間で運営されていたが、行政の補助金を受けた協会による運営に変わり、さらに現在では振興会経由で事実上、国（文化庁）が運営する形になっている。その結果、伝統文化の伝承という点では安定したものの、集客面ではあまり力が発揮できていない。特に大阪での本公演は、観客実数では東京より多いものの、空席が目立つ。不振の背景には、劇場の総席数が753席と東京の570席よりも多いという事情もあるが、興行主である振興会と文化庁が、必ずしも集客を重視していないという事情がある。両者は伝統文化としての文楽の保護と保全を使命とし、「上演」はその手段と位置付ける。たとえ大衆受けしない演目が並び、空席が目立っても、行政目的としては伝統芸能の維持ができればよいとされがちである。

だが、大阪の都市経営という視点に立つと、文楽劇場がガラガラでは困る。2009年まで府は年間2070万2000円、市は年間5200万円の補助金を協会に出してきた。支援をする以上、公演はなるべく満席を目指し、結果として集客や街の魅力向上に貢献してほしい。このような維新改革の視点からみると、文楽は問題の多い事業に思えた。

しかし、ややこしいことに本公演を主催するのは協会でも技芸員でもなく、振興会、つまり国である。府市は地元とはいえ、あくまで協会に補助金を出すだけの存在である。そこで維新改革では協会への補助金の在り方を見直すことを通じて、協会、振興会、文化庁はもとより、広く文楽関係者に対して集客の強化について問題提起をした。

4　文楽協会への補助金改革

府市は、これまで文化の保護・保全を目的とし、文化事業の名目のもとで多くの団体に補助金や助成金を支給してきた。文楽はそれらの中でも大阪を代表する伝統文化であり、かつ東京でも公演される地元発のハイカルチャーである。これまでは存在意義を疑われることもなく、ずっと補助金が投入されてきた。文楽に限ったことではないが、各文化団体には使途を定めずに運営全般に使える補助金が、毎年同じ額支給されてきた。その結果、各団体にとっては補助金が一種の既得権のようになっていた。

図表19-2　文楽協会の収支（概要）
（合計3億6,484万円、2010年）

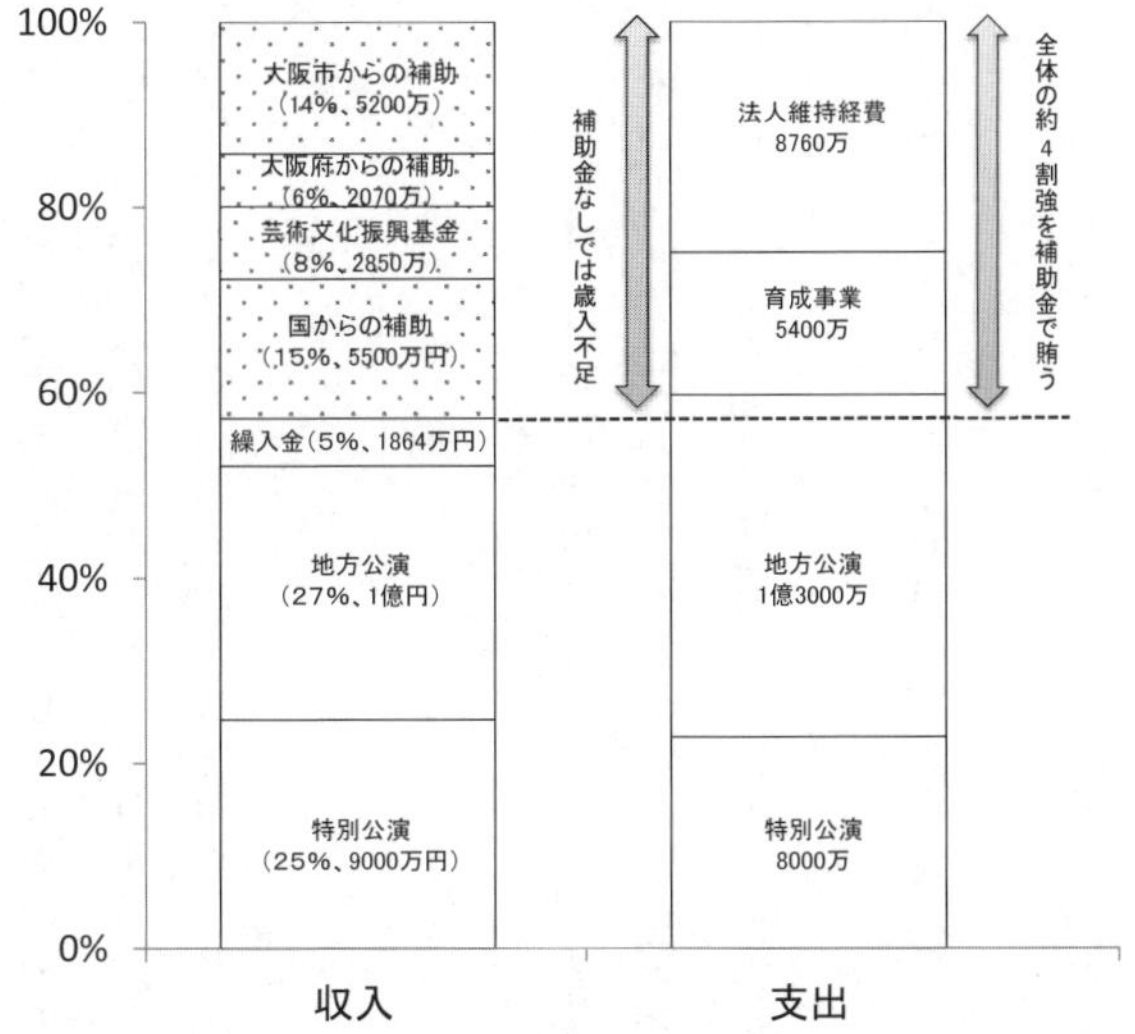

○補助金が既得権益に

現行の仕組みのもとでは集客努力に向けたインセンティブが働かない。そこで維新改革では文楽に限らず広く文化助成の在り方を見直すことにした。

そこで、２０１２年３月に府市統合本部に「文化助成のありかた検討会議」が設置され、補助制度の見直しが行われた。

その結果、文楽についても他の文化助成と同様に協会の団体運営そのものへの補助を廃止し、大阪の都市魅力向上につながる個別事業への助成に変えることが決まった。ただし激変緩和措置として、２０１３年度と２０１４年度は従来どおりの団体運営への補助を行うことになったが、その金額も集客努力へのインセンティブが働くよう国立文楽劇場の有料入場者数を反映して決めることになった。

5　改革後の文楽の状況

さて、新しい補助制度の下で文楽はどう変わったか。市が示した２０１３年度の補助の条件は、有料入場者数が９万人以下の場合は０円、９万１人から10万５０００人未満の場合は９万人を超えた入場者数を1万５０００人で除したものに２９００万円を乗じた額、10万５０００人以上の場合は２９００万円をその年度内に支給するというものだった。

２０１３年度の有料入場者数は10万１２０４人だったので、補助金は２１６６万１０００円となった。

○努力によって２０１４年度は満額支給

危機感を感じた協会は、２０１４年度から観客獲得に向けて駅構内などでのデジタルサイネージによる公演ＰＲや、地下鉄駅への広報物の設置などを実施した。これら積極的な広報が功を奏して、２０１４年度の有料入場者数は前年度比16％増の11万７６７２人となり、補助金は２９００万円の満額支給となった（図表19―３）。

２０１５年度からは激変緩和措置として残っていた団体運営への補助制度が終了し、市の外部に設置された大阪アーツカウンシルが、文楽をアピールするためのミニ公演や、市民との交流イベント、文楽を含む上方古典芸能に関するイベントなどの事業を個別に審査して補助の可否を決める制度に切り替わった。

なお、大阪府から協会への補助については、従来は伝承者養成・資料の収集・法人の管理運営等を目的としていたが、これも２０１３年度から衣装・楽器等の文楽の活動に要する経費および若手技芸員養成事業に対する補助に変わった。

○民間による支援も

行政の変化を受けて、民間による支援も始まった。例えば、ＮＰＯ法人・人形浄瑠璃文楽座が大阪市内のビル管理会社の５００万円の寄附をもとに、２０１４年11月と２０１５年１月の公演に関西の学生約４００人を１人５００円で招待した。また２０１５年２月には、大阪の民放５局が手を組んで「うめだ文楽」を開催したが、こ

図表 19-3　補助金と文楽劇場入場者数の推移

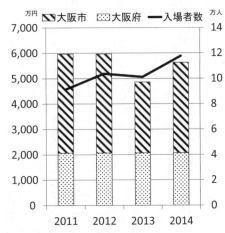

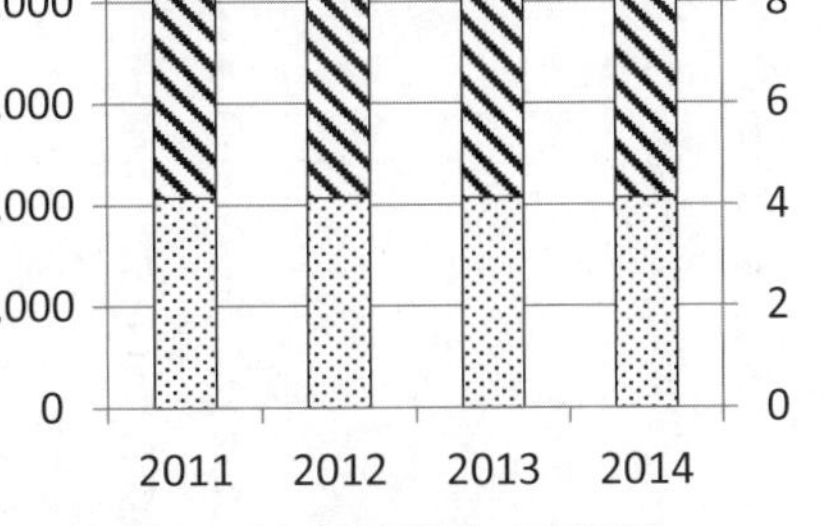

※文楽劇場における本公演及び文楽鑑賞教室の有料入場者数
出典：公益財団法人文楽協会議場報告：大阪市決算

れは若手技芸員を中心とする公演や、関西の有名人とのトークを交えた文楽初心者でも楽しめる内容で、将来の文楽ファンを増やす工夫といえる。

さらに、日本財団も「にっぽん文楽」プロジェクトを2015年3月からスタートさせた。これは屋外で飲食しながら、檜づくりの組み立て式舞台での文楽を楽しむこれまでにないスタイルのもので、2020年まで全国各地を年2回のペースで巡回公演する予定である。

このように維新改革がきっかけとなって、文楽の改革は大きく動き出した。

6　オーケストラへの補助の見直し

府市の補助見直しの対象となった文化事業は文楽だけではない。他の文化団体への支援も見直され、特に大きな変化があったのがクラシック音楽団体への補助の見直しである。大阪にはもともと、関西フィルハーモニー管弦楽団、大阪シンフォニカー交響楽団、大阪センチュリー交響楽団（以下「センチュリー」）、大阪フィルハーモニー（以下「大フィル」）の4団体があった。府は従来から、額の多寡はあるものの4団体の全てに補助を行ってきており、特に後者2団体は事実上税金で運営されていた（前者2団体には100万円から150万円程度、後者2団体には数億円規模を補助）。維新改革ではこれら団体の自立化を促し、また団体が経営目標として入場者数増に必死で取り組むように促すための改革が行われた。皮切りは2008年、橋下知事によるセンチュリーの改革である。さらに2012年から橋下市長は大フィルの改革を行った。以下、それぞれについて解説する。

○大阪センチュリー交響楽団

センチュリーはもともと府直営の吹奏楽団で、1952年に設立された大阪府音楽団を母体とする。その後1989年に府主導で大阪府所管の財団法人大阪府文化振興財団が運営する形でセンチュリーが設立された。こうした経緯から、府はずっとセンチュリーを補助してきた。例えば、2007年度には総収入8・1億円のうちの4・1億円を補助し（総支出7・5億円）、2008年度は総収入7・8億円のうちの3・9億円（総支出7・5億円）を補助してきた。

しかし、2008年の府の財政構造改革プランで、センチュリーの自立化方針が決定する。同プランはもともと歳出削減の観点から作成されたものだが、この機会にセンチュリーは、府から人的・財政的関与を受けずに自立した経営体制に移行すべきとされた。

さらに2010年には上記財団が公益財団法人日本センチュリー交響楽団となり、センチュリーは府から完全に独立した。そして独立後のセンチュリーへの府の補助金は廃止されたが、一方で、センチュリーは公演数を大幅に増やし、ワンコインサポートといった小口寄附の募集、ドネーションシートの設定など、収入の確保に懸命の策を講じている（ただし、2015年現在までは赤字が続いており、基金を取り崩して運営している。）。

図表19-4　センチュリー公演数の推移

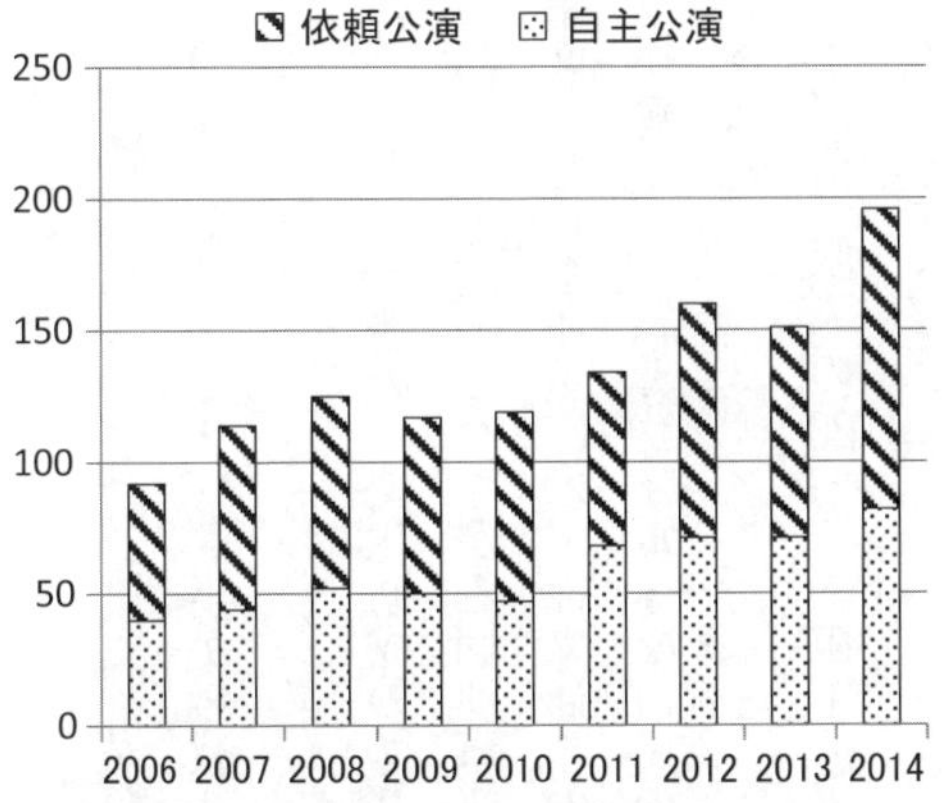

出典：公益財団法人日本センチュリー交響楽団事業報告書

○大阪フィルハーモニー交響楽団

大フィルは日本を代表するオーケストラの1つである。大フィルには長年、府と大阪市、財界が約1億1000万円ずつ運営費を補助してきた。しかし、財政難のため府の補助金は、1997年から減り続け2009年以降はゼロになった。

一方、市は2011年まで毎年1億1000万円の補助を続けてきた。だが、前述の「文化助成のありかた検討会議」で検討された結果、団体運営への補助はとりやめ、大阪の都市魅力向上につながる個別事業の助成に変えることが決まった。ただし、激変緩和措置として2013年度と2014年度は、従来通りの団体運営への補助を続けることになったが、集客努力へのインセンティブが働くよう「大フィルへの市民の支持＝演奏事業収入」と捉え、前年度の演奏収入を反映して決めることになった。

市が示した補助の条件は、2013年度の補助額は2012年度の演奏収入の20％（上限1億円）、2014年度の補助額は2013年度の演奏収入の15％（上限9000万円）というものだった。

これに従った結果、補助金は2013年度が7700万円、2014年度が3781万4000円となった。

2015年度からは経過措置として残っていた団体運営への補助が終了し、大阪の秋の風物詩となっている大阪クラシック（メインストリートである御堂筋に面するカフェやビジネスビルのロビーなどでの室内楽の無料演奏、中央公会堂などでの交響曲等の有料演奏）をはじめとする個別の事業に対して、市の外部に設置された大阪アーツカウンシルが個別に審査をして補助の可否を決める制度に完全に切り替わった。

7　文化助成の難しさ

文化行政にかかる補助金・助成金が府市の全体予算に占める割合は、わずかなものでしかない。だが、漫然とした補助を続けていくと、各団体が補助金に依存して創意工夫を怠り、いわば既得権益団体の1つになりかねない。やがては現状に甘んじて、芸術・文化の水準も落ちていく可能性もある。もしそうなれば、かえって補助しない方がよかったということにすらなりかねない。維新改革では、都市魅力の向上という観点に立っての文化行政を重視する。そのためには、各団体の自立経営が重要ととらえ、これらの抜本改革を行ったのである。

○民間からの支援も

一方で、文化事業は収益性が必ずしもよくないため、世界共通で一定の支援を行う仕組みがある。そこで大阪では行政によらない助成方法として、2015年5月から市内の文化・芸術団体への助成金に充てるための寄附金を募る制度「なにわの芸術応援募金」も始めた。寄附する人は、どの団体を助成するかを選ぶことができ、寄附した分について住民税と所得税の控除が受けられる。ふるさと納税の仕組みを活用したため、寄附は全国から集められる。この制度は、既得権益化しやすい行政の補助金制度から、文楽協会や大フィルを支えたいという市民、国民の思いで支えられる制度への転換といえる。このように、文化の支援の在り方の維新改革は、民間、市民からの支持の在り方にも大きな影響を与えつつある。

第20章　中之島図書館と中央公会堂の改革―府市連携による文化遺産の活用

維新改革では、橋下徹氏の知事就任直後から顧客・利用者の視点に立った公共施設のサービス改善を行ってきた。対象は、大学、病院、公営住宅のほか、公園、文化施設、動物園、図書館、公会堂など幅広い。本章ではこれらのうち、大阪府立中之島図書館（以下「中之島図書館」）と大阪市中央公会堂（以下「公会堂」）の改革について紹介する。

○54年ぶりに図書館の扉を開放

２０１５年４月１日、中之島図書館の正面扉が54年ぶりに開放され、記念式典が行われた。また、６月11日には隣の公会堂で新たに株式会社バルニバービが運営するレストラン中之島ソーシャルイートアウェイクが開業した。

両館は大阪市北部の中心地、中之島地区内の市役所のすぐ近くに位置し、ともに重要文化財である。いずれも外装がルネサンス様式の名建築で、大阪を代表する名所の１つとして観光客が多数訪れる。ともに現役で使われており、公会堂では会議やコンサートが開かれ、図書館は通常の公共図書館の機能に加え、古典籍が多数保存されている。

さて、両館は隣接する歴史的文化施設にもかかわらず、それぞれの設置者が府と市で別々であるため、これまでは連携して運営する発想がなかった。公会堂は通常の公民館と同様に地元の日常のセミナーやサークル向けに、中之島図書館も通常の図書館として使われ、歴史的文化遺産としての価値が十分には発揮できていなかった。

そこで、維新改革では両館の在り方を見直すことを決め、①文化遺産としての価値の具現化、②中之島地区の文化戦略と大阪の文化を発信する拠点施設としての利用、③両館の連携によって互いの価値を高め合う用途の追求、④そのために民間のプロデューサーや事業者の力を借りる――という目標を決めた。

以下では、その方針に沿って府市合同の検討チームが調査して得た発見、そこから出てきた方針、そしてその後の展開を紹介する（検討チームの提言は、中之島図書館については http://www.pref.osaka.lg.jp/attach/7576/00155475/tfhoukoku.pdf を、公会堂については http://www.city.osaka.lg.jp/toshiseidokaikakushitsu/cmsfiles/contents/0000232/232768/5.pdf を参照）。

1　府立中之島図書館の改革

①　日本最古の公共図書館

中之島図書館は、わが国最古の公共図書館で、重要文化財に指定されている。１９０４年の開館以来、１１１年間にわたって現役の図書館として使われてきた。本館および左右両翼棟は、住友家が設計・施工して大阪府に寄附した。また、住友家は図書購入費10年分も寄附した。

外観は素晴らしい白亜の石造りで、正面ホールは天井が高く重厚な造りとなっている。本館は南北にやや細長く、本館の吹き抜けの正面ホールを左に行くと北棟、右に行くと南棟がある。本館は３階建てで、後に別棟や書庫が増設された。

②　府立の第2図書館の位置付け

中之島図書館の専有延べ床面積は約6900㎡で他の都道府県立図書館並みである。2013年度の年間来館者数は約25万人だが、この数は、東京都立中央図書館と同程度で、他府県の中央図書館よりはやや多い。しかし、新しく東大阪市に建てられた大阪府立中央図書館の約半分、大阪市立中央図書館（年間約170万人）の約6分の1にとどまる。蔵書冊数は約57万冊で、大阪府立中央図書館や大阪市立中央図書館の約3分の1程度だ。職員数は26人である。2012年度には、3億2600万円の維持費（人件費を含む。）がかかっていた。

③　老朽化、そして劣悪なサービス

中之島図書館は、近年の府の財政難を反映し、メンテナンスが行き届いていなかった。建物はすすけたままで、内装も一部のペンキが剝げ、機械設備も老朽化していた。利用者用のエレベーターがない上、管理上の都合から正面玄関は常に閉ざされ、入館者は通用裏口から出入りしていた。しかもバーコードによる蔵書管理システムがないため、持ち物を入り口で預けなければならず、公立図書館としては明らかに時代遅れだった。こうした実態に照らし、近年は図書館機能を諦め、他の用途に転用すべきという意見も出ていた。

そこで、今回の維新改革では、①そもそも図書館として存続させるべきか否か、他の用途に転用する可能性があるのか、②今後も図書館として存続させる場合でも、用途やサービスをどう見直すか――を検討した。

そして2013年8月に、教育委員会の中に、図書館司書や事務職員から構成されるタスクフォースがつくられた（正式名は「大阪府立中之島図書館のあり方検討タスクフォース」）。なお、このタスクフォースには、筆者を含む外部の専門家５人が参加した（図表20―１）。

以下では、タスクフォースの調査結果と提言を紹介する。

(1)　中之島図書館の価値の評価

タスクフォースはまず現状分析を行った。

①　現状分析

(a)　ビジネス街の図書館として機能

まず利用状況だが、入館者数は２００４年には27・５万人だった。しかし２００８年以降は毎年30万人を超え、２００９年に31・８万人となった後はほぼ横ばいか微減となっている。この間、貸出冊数もコンスタントに増え、２００４年の９・４万冊が２０１１年には19・２万冊となった（図表20―２）。背景には２００４年度にビジネス支援サービスを打ち出し、社会科学系、産業系の図書資料を積極収集してきたことがあると思われる。なお全体の蔵書数も２００４年に52・７万冊だっ

図表 20-1　大阪府立中之島図書館あり方検討タスクフォース外部有識者リスト

上山　信一	（慶應義塾大学総合政策学部教授）
高島　幸次	（大阪大学招聘教授　大阪天満宮研究所）
高瀬　孝司	（株式会社ジオ・アカマツ会長）
橋爪　紳也	（大阪府立大学21世紀科学研究機構教授）
柳　与志夫	（国立国会図書館司書監）　（五十音順）

図表 20-2　府立中之島図書館の入館者数と貸出冊数の推移

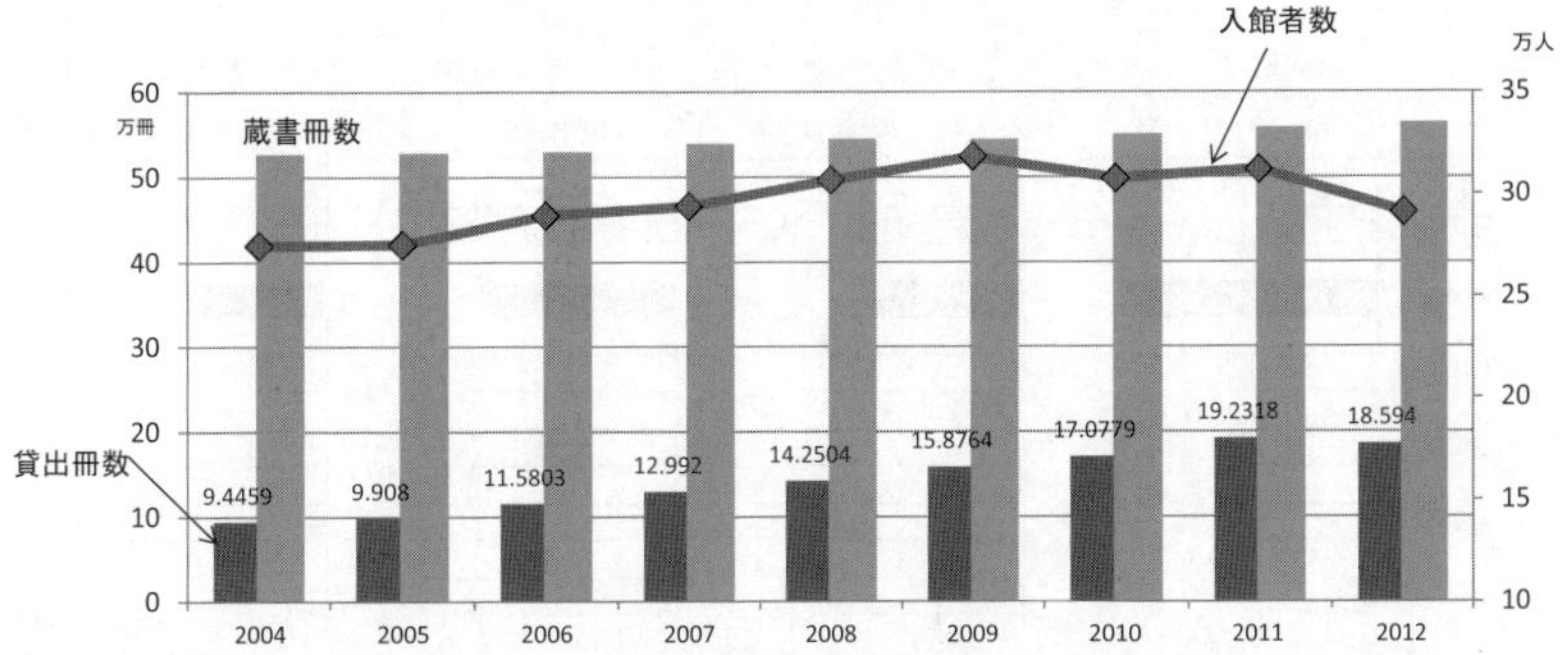

出典：「中之島図書館の有効活用について」（大阪府立中之島図書館あり方検討タスクフォース報告）

たのが2012年には56・4万冊に増えた。

　来館者の居住地区は大阪市内およびその他府内市町村がそれぞれ4割弱、府外が2・5割と広域にわたる（図表20—3）。しかし、利用者のうち年10回以上来訪する人が約6割を占めるなどリピーターが8割を占める。

　来館目的を類似の他館と比べてみると、教養・娯楽に次いで仕事上の調べものが多いと分かった。これはビジネス街に立地し、またビジネス支援の方針を打ち出した結果と思われる（図表20—4）。

　以上を総合すると、中之島

図表 20-3　府立中之島図書館の利用実態

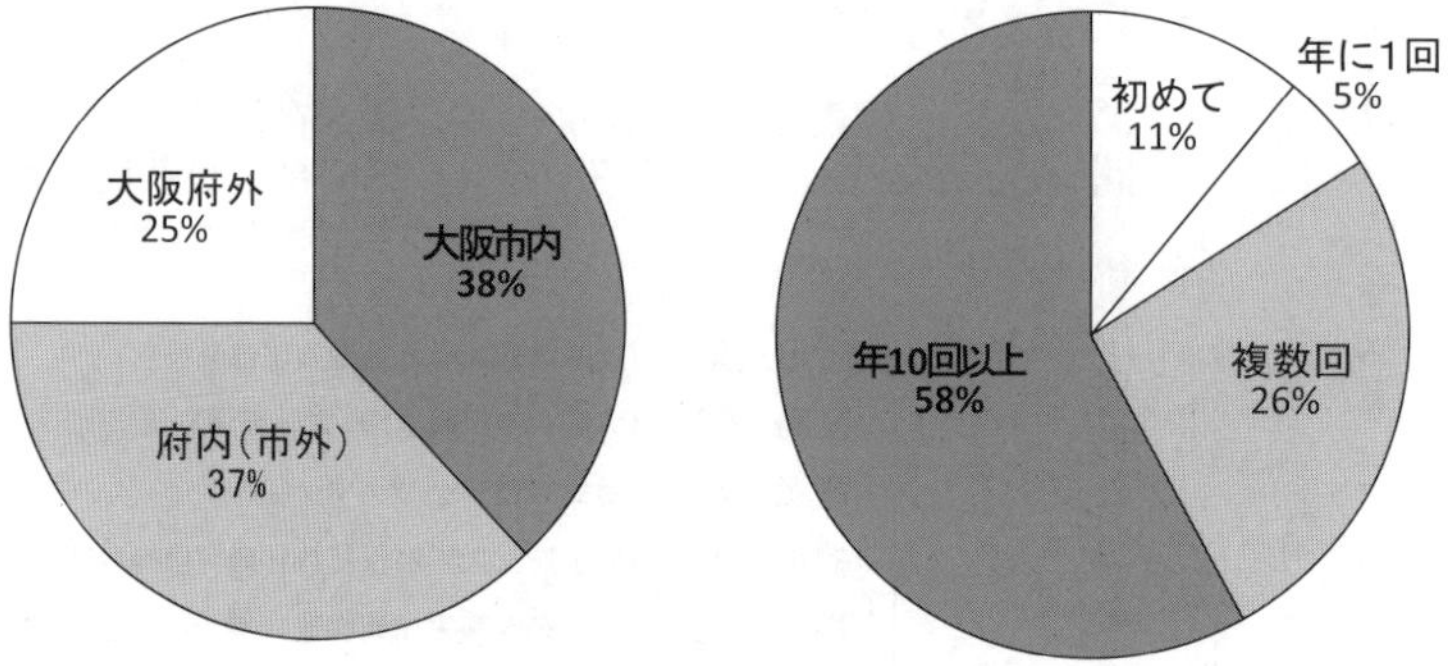

出典：2012年施設利用者アンケート調査報告書

図表 20-4　図書館への来館目的（複数回答）

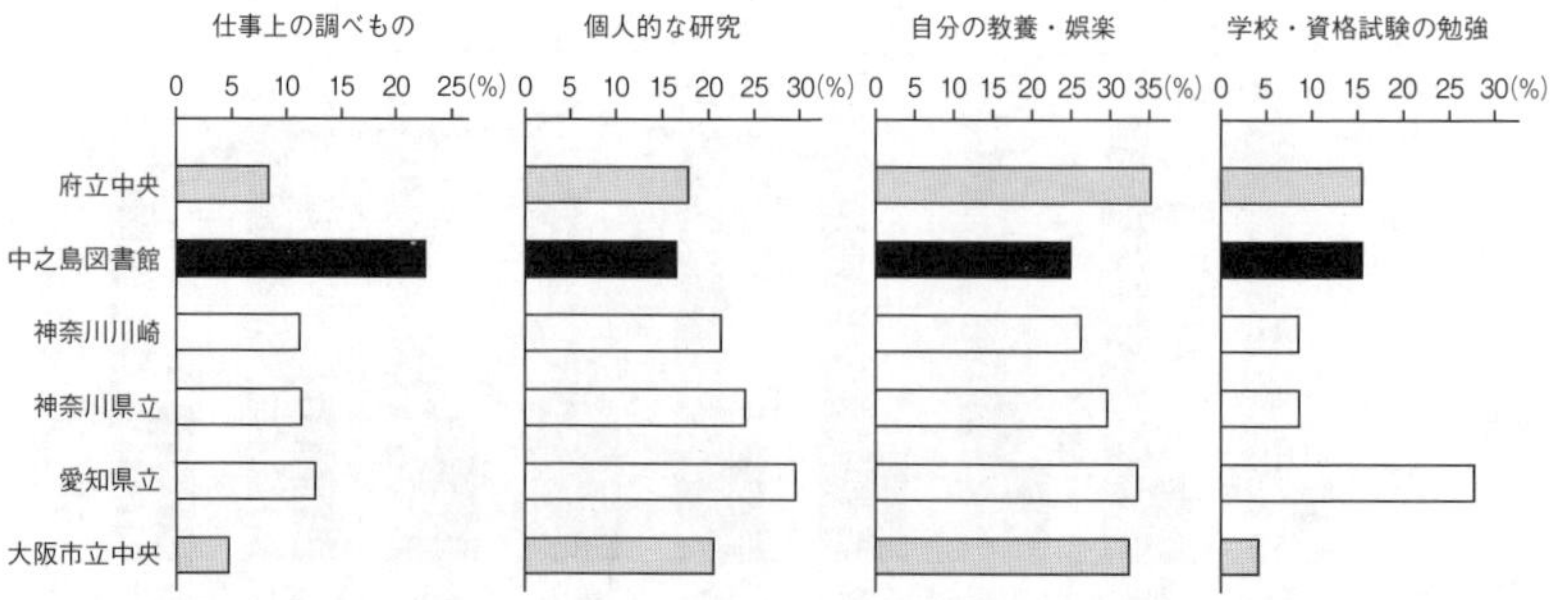

出典：「中之島図書館の有効活用について」（大阪府立中之島図書館あり方検討タスクフォース報告）

図書館は、建物は古くて使いにくいものの、ビジネス街に立地する公共図書館として主にリピーターによく利用されていると分かった。

(b)　タスクフォースと識者による調査

しかし、同図書館は歴史的建造物であり、大阪の文化遺産である。現在の使われ方だけでその価値が十分に発揮できているかどうか疑問があった。端的にいえば、ビジネス支援機能の追求なら、重要文化財の建物よりも駅前の近代的なビルの方が便利だろう。また、古典籍の保存や、専門家への貸し出しなら、ビジネス街の中心に立地する必要はない。東大阪市にある府立中央図書館に集約した方が効率的だろう。

そこでタスクフォースでは、①中之島という中心地に立地する、②古典籍を多数有する、③建物が重要文化財である――という3点に着目してこの建物が価値を最大限に生かせる方策は何か、外部の5人の有識者の意見を聞いた。その結果、5人は一様に歴史的文化遺産としての価値を高く評価した（図表20―5）。また、

図表20-5　図書館のあり方についての外部有識者コメント（抜粋）

基本的位置付け	・行けばいつも何かをやっていて楽しませてくれるという安心感を打ち出すべき。 ・中之島図書館は多くの府民が子どものころからの慣れ親しんだ図書館。知的体験の場。 ・海外、全国の観光客にアピールするには、図書館が子どもが知的体験をする施設であることを発信すべきである。 ・図書館は多様なものがあって、ぶらっと来て楽しめる場所でもあるべき。
建物と立地	・建物を活かすことが大前提。そのための最低限の内装・設備の改修は不可欠。正面玄関入場は必須。 ・図書と建物の価値をミックスし、再生したほうがよい。 ・高齢化社会の現在、ソファにゆったり座って読書のできる空間も必要。そうした部屋のみ、開館時間を延長してもよい。 ・カフェやレストランも必要。そうした場所で、映画ポスターに連動した原作を開架すべき。 ・中之島図書館の価値は建物であり、そのものがアート、大阪の文化遺産、歴史遺産。 ・中之島エリアには、中央公会堂、東洋陶磁美術館があり道路を渡れば、日本銀行などがあって特別なゾーン。利用者からすると、府立も市立も関係ない。図書館と公会堂を一体的に活用すべき。 ・中之島の一等地で夜間を空けておくのはもったいない。夜間は図書館とは全く違う使い方をしても良い。
蔵書について	・常にいろんなレベルで、古典籍を活かした府民の文芸リテラシー向上に努めるべき。 ・古典籍は、資料価値が高いが、所蔵方針があいまい。日・漢・韓のものが混在。メリハリをつけるべき。 ・漢籍やビジネスは、府立中央図書館に移管し、逆に大阪に関係する資料は中央から中之島に移管し、大阪の資料は、過去から現在、未来のものまで、全て揃えるなどコンセプトを明確にしたほうが良い。 ・貴重書等で既にデジタル、コピーになっているものは、実物ではなく、それらの積極的活用を図るべき。 ・アート、文芸系団体から記録などの寄贈を受け、保存。その一方で、調査、研究や海外作品の舞台化などの際に、著作権処理などの支援を。 ・インターネットには載っていない情報をサービスすべき。例えば、ファッション関係資料として、原色大辞典など図書の他に、実際の伝統的な日本の色の見本帳の現物を所蔵するなど。
企画・イベント	・蔵書だけで人を呼ぶのは困難。蔵書のテーマに合わせた展示、セミナー、ワークショップなど毎日何かしていることが必要。隣接する図書館別館（サテライト）も活用すればよい。 ・展示品はレプリカやデジタル展示でもよい。関係性のある図書を一緒に展示するなどの工夫を。 ・レストラン、カフェは、わいわい人が集まることにも繋がる。 映写室のようなところで、ドキュメントなどいつも何かをやっている機能が必要。 ・図書館だからこそできるような企画を司書がやるべき。例えば、太閤記を、古典から現代の絵本まで、展示するなどは、美術館（学芸員）ではできない。 ・書店が、本屋大賞を創設したように、図書館の専門職である司書がもっとアイデアを出すべき。来館したくなるサービスに向けて、司書自らが意識改革をすべきでないか。
一般図書館機能と貸出業務	・ビジネス支援を全面展開することは困難。文化芸術に関わるスモールサービスや、サムライ（士）業に特化し、情報提供、調査、コンサルなど、踏み込んだサービスを。そのために、関係部局、NPO、それらの業界との連携、支援を得るべき。 ・本の貸出サービスは、府立図書館の役割ではないので、やめることも考えるべき。 ・一般書と一般人が借りにくる図書館は止めたほうが良い。 ・中之島図書館の今のビジネス支援事業は、80年代のサラリーマンが対象。これからは、フリーランスを対象とすべき。

出典：「中之島図書館の有効活用について」（大阪府立中之島図書館あり方検討タスクフォース報告）

他の用途には転用せずに、従来の公共図書館の常識を超えた新たなスタイルの図書館に変身すべきと助言した。

これを受けてタスクフォースは、東京都の千代田区立日比谷図書文化館（旧都立日比谷図書館）、千代田区立千代田図書館、国立公文書館、武雄市図書館（佐賀県）などへのヒアリングを行った。例えば、日比谷図書文化館は民間の指定管理者の力も借りて、歴史的建造物をフルに活用し、文化の発信拠点として再出発していた。さらに、改装と同時にレストランやイベントスペースも充実させ、講演会なども活発に行っていた。

② 検討課題の確認

タスクフォースの検討課題は次の2つだった。

第1は、今の建物を公立図書館として使い続けるべきか否かである。歴史的な建物として会議場やレストラン、あるいは美術館などに転用する可能性はないのか。あるいは仮に図書館のまま使うとしても、古典籍の展示等を主目的にしたらどうか、といった課題である。第2に、仮に公共図書館として存続させる場合、今のままでよいのか、どんなコンセプトでリニューアルさせるべきか、という点である。

③ 存在意義の確認

タスクフォースではまず、都道府県が2つ目の図書館を持つ意味を問い直した。公立図書館は全国にあるが、多くは市町村が設置する。利用者にとっては、家の近所にある方が便利だからだ。だがそれにもかかわらず、各都道府県が中央図書館を持っている。理由は、貴重書や専門書を各市町村で整備するのは難しいからである。しかし県の中央図書館は、通常は1つで十分である。複数を持つ県は、神奈川県などごく一部に限られる。大阪府の場合も、府立中央図書館が東大阪市にある。2つ必要なのかという疑問があった。しかし、今回の調査の結果、中之島図書館には、府立中央図書館とは異なるユニークな存在意義があると結論付けた。

○通常の県立中央図書館とは異なる意義

中之島図書館の第1の特徴は、蔵書全体の3分の1を古典籍が占め、その数も20万冊に達するという点である。古典籍とは明治初年以前に書写あるいは印刷された資料のことである。20万冊という数は、国立国会図書館、東京都立中央図書館に次ぐ規模である。3分の1という比率の高さも、通常の公立図書館にはない。設立が明治後期と古く、さらに空襲を免れた。おかげでこれだけのものが残せた。

蔵書も貴重なものが多い。井原西鶴、上田秋成など大阪にかかわる著名作家の和書のほか、「永楽大典」など海外にも少ない漢籍や、韓国ではもはや散逸して見当たらない韓本などが多数含まれる。大久保利通自筆による「大坂遷都意見書」や、近世の町方、村方の文書も豊富に残っている。これら古典籍は、内外の研究者が来訪して研究対象とし、テレビ番組でもよく取り上げられていた。

第2には、重要文化財に指定された建物の価値である。

第3に立地の良さである。中之島は大阪駅から徒歩圏内で近畿一円からのアクセスが容易である。近所の淀屋橋、御堂筋地区には企業も多い。また、大阪市内には、市内全区（24区）に大阪市立の地域の公共図書館が1か所ずつ配置されているが、中之島周辺は空白地域で、地域図書館がなく、その間隙も埋める。

以上3つの理由から、中之島図書館は、府立中央図書館や市立中央図書館とは別の意義を有する施設であると確認された。

(2) 他用途への転用の可能性

中之島図書館は、美しい建物だが、エレベーターもなく、各室が細切れで、図書館としては使い勝手が悪い。そのため、転用の意見がこれまで幾度か出されてきた。しかし今回、タスクフォースは、国立国会図書館や他府県の図書館、商業集客施設の専門家の意見を聞いた上で多人数が集まる他の用途への転用は極めて難しい、という結論を得た。

第1に、多数の人が出入りするには出入口や玄関、各室が狭過ぎた。また床の強度不足で重量物が扱えない。美術品を扱うには狭くて搬出入が困難な上に専用のエレベーターや収蔵庫がない。集荷用トラックヤードの設置や美術品のための空調設備の整備も困難と分かった。また重要文化財なので、施設の外壁・内壁が変更できない。こうしたことから転用は得策でないと考えた。

(3) 図書館としてのリニューアル計画

① 4つのリニューアルプラン

以上から、中之島図書館は、その蔵書、建物、立地の3つの特性を生かし、今後も公立図書館として存続させるべきという結論を得た。だが、使い勝手が極めて悪い。老朽化と財政難のため今までは放置されてきたが、今回は利用者サービスの充実という視点からも見直した。そして、タスクフォースは次の4つのリニューアルプランを提案し、知事の了承を得た。

(a) 正面扉の開放

第1は、これまで54年間閉じられていた正面玄関の開放である（先述のとおり2015年4月1日から実現）。

さらに２０１６年４月（予定）のグランドオープン後には、正面玄関を開けて中に入ると、明治の姿をとどめる吹き抜けのホールが広がり、建物の素晴らしさが満喫できるようになる。

(b) レイアウトも変更

第２は、建物のレイアウト変更である。具体的には図書館機能を北側に集約し、２階の南棟に喫茶ラウンジを、３階に古典籍などを展示する大書架とミュージアムエリアを置くことになった。また、有料でゆっくり本が読める研究室や、書斎のような機能を置く計画とした。トイレも当然改修する。また南側は一般客の通行も多いことから、本が目的でなくても、重要文化財のホールや展示だけを見に来たり、ぶらっと遊びに来られる、開かれた文化施設を目指すことになった（レイアウト案の詳細は http://www.city.osaka.lg.jp/toshiseidokaikakushitsu/cmsfiles/contents/0000232/232766/shiryou3-2.pdf

図表20-6　府立中之島図書館における指定管理者と図書館の役割分担案

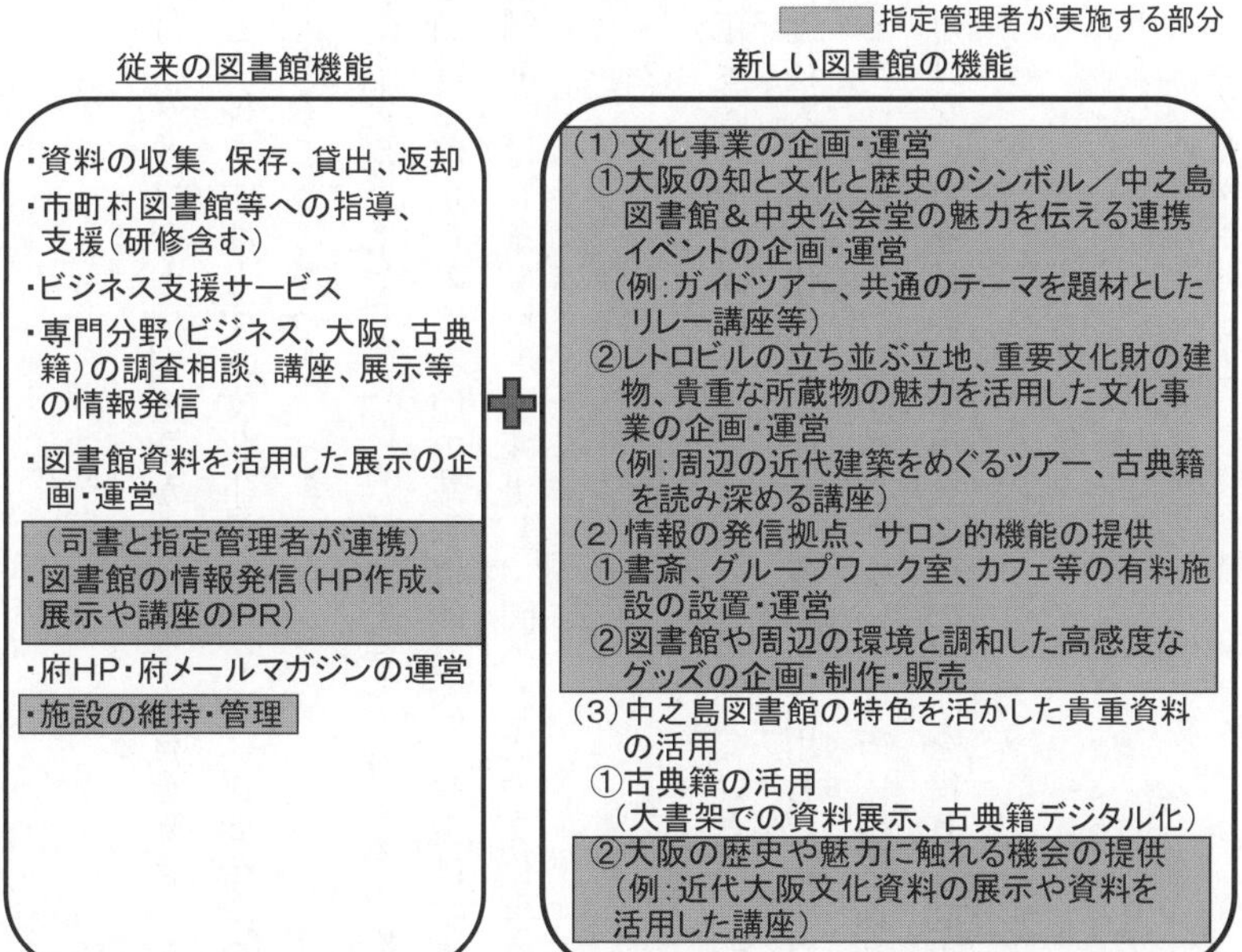
指定管理者が実施する部分
従来の図書館機能
・資料の収集、保存、貸出、返却
・市町村図書館等への指導、支援（研修含む）
・ビジネス支援サービス
・専門分野（ビジネス、大阪、古典籍）の調査相談、講座、展示等の情報発信
・図書館資料を活用した展示の企画・運営
（司書と指定管理者が連携）
・図書館の情報発信（HP作成、展示や講座のPR）
・府HP・府メールマガジンの運営
・施設の維持・管理
新しい図書館の機能
（1）文化事業の企画・運営
①大阪の知と文化と歴史のシンボル／中之島図書館＆中央公会堂の魅力を伝える連携イベントの企画・運営
（例：ガイドツアー、共通のテーマを題材としたリレー講座等）
②レトロビルの立ち並ぶ立地、重要文化財の建物、貴重な所蔵物の魅力を活用した文化事業の企画・運営
（例：周辺の近代建築をめぐるツアー、古典籍を読み深める講座）
（2）情報の発信拠点、サロン的機能の提供
①書斎、グループワーク室、カフェ等の有料施設の設置・運営
②図書館や周辺の環境と調和した高感度なグッズの企画・制作・販売
（3）中之島図書館の特色を活かした貴重資料の活用
①古典籍の活用
（大書架での資料展示、古典籍デジタル化）
②大阪の歴史や魅力に触れる機会の提供
（例：近代大阪文化資料の展示や資料を活用した講座）

出典：「中之島図書館の有効活用について」（大阪府立中之島図書館あり方検討タスクフォース報告）

参照）。

(c)　指定管理者制度の導入

第3は、指定管理者制度の導入である。従来は、受付スタッフなど民間企業からの派遣人材を除き、全て直営で管理されていた。今後は、図書館の施設の管理と南棟を中心とする文化事業については民間企業を公募し、２０１６年4月をめどに、指定管理者制度を導入することになった。

図表20―6に文化事業の企画・運営や情報発信、サロン的機能など新たに図書館機能として加わるものと、主にそれを担う指定管理者の役割を図示した。図の左側は以前からの図書館の基本機能だが、今後は主に建物の北部分に位置付け、引き続き府が担う。一方、南側部分はレイアウトを変更し、図の右側の文化事業等を主に指定管理者が担当することとした。

(d)　文化事業の実施

第4に、文化事業の実施である。今までにも、古典籍を読む会や講演会などは細々と行っていた。しかし今後は、指定管理者の活用で内容も規模も充実させ、近代大阪の文化資料の展示や資料を活用した講座なども行う。なお、隣の公会堂には展示するスペースはあるが、展示するコンテンツがない。一方、中之島図書館にはコンテンツはあるがスペースがない。お互いの足りない点を補い、中央公会堂の場所を借りて図書館の文化イベントを行う計画も立てた。

②　今後の基本コンセプト

中之島図書館のリニューアルの基本コンセプトは3つある（図表20―7）。

図表20-7　府立中之島図書館の改革の基本的方向

大阪中之島「文化」図書館ープライドオブおおさか・先人の偉業に親しむ・・・
ただし、「文化」だけでは集客が見込めない

①街の中の文化ステーション（何でもありの（専科でなく総合的）ワンダーランド。そこに行けば毎日、何かおもしろいことがある）
・先人が残した圧倒的な情報の蓄積に直接、触れる（魅せる図書館）
・現代大阪の礎の確認（アイデンティティ確認の場・子どもの受入れ）
・所蔵資料を用いた文化の継承発展活動（公会堂と連携してのカルチャースクール）

②地域直結図書館サービスの継続・拡充実施
・集いの場「独立志向系パーソン」に対するインキュベーション的機能
・書斎的スペースの提供（コピー、印刷機の設置・専有スペース；有料化検討）
・府中央と市立中央図書館のサテライト機能（取り寄せ返却サービス）も実施
・現ユーザーへのサービスの継続　・古典籍資料の共同研究

③快適性の確保・外観の美化（建物そのものが文化・外壁洗浄）
・入館システムの改善（正面玄関からのフリー入館・BDS対応）
・アメニティの向上（特に便所）、喫茶の提供（休憩室・談話室を兼用）

出典：「中之島図書館の有効活用について」（大阪府立中之島図書館あり方検討タスクフォース報告）

図表20-8　府立中之島図書館改革の基本コンセプト（1）

街の中の文化ステーション

何でもありの（専科でなく総合的）ワンダーランド。そこに行けば毎日必ず何か面白いことがある。

①魅せる図書館

先人が残した圧倒的な情報の蓄積に直接、触れる。
・古典籍を収納した大書架を閲覧室内に設置。⇒ 書庫の見せる化、古典籍の量を体感。
・古典籍の実物およびデジタル資料・パネル・古地図のレプリカ等を用いた常設展示で古典への興味を誘う。
⇒期間を定め、展示を更新。関連書籍を置き、閲覧・貸出。関連する資料を連携機関から借りて展示。

②アイデンティティ確認の場

子供たちが大阪の歴史に触れ、学び、現在の大阪の礎を確認し、大阪の未来へ夢と希望を膨らませる。

併せて府外からの来訪者に大阪に対する理解を深めるとともに、府内の類縁機関へのゲートウェイ機能を果たす。
・中之島図書館の建物で近代大阪文化遺産を体感。⇒ 館内ツアーの実施。近隣の近代建築物との連携。
・近代大阪文化関係資料（写真、絵葉書、地図等及びそのデジタル化資料・レプリカ）を常設展示。
⇒期間毎にテーマを定め、展示を更新。関連書籍を置き、閲覧・貸出。連携機関から借りた資料も展示。

③文化の継承発展

所蔵する資料・書籍を活用した文化の継承・発展に資する活動を展開。
・中央公会堂と連携した文化学習創造活動の実施。⇒ 文化教室の開催、図書館資料の貸出。
・図書館別館を活用した展示とタイアップした講座・講演会の開催。
⇒ 古文書講座を開催、上級修了者を常設展示の案内ボランティアに登用、翻刻の出版等で情報発信。

④交流・語らいの広場

若手アーティスト等が集い、語らうことで育まれるサロン的機能を提供。
・若手アーティスト等が求めて集うような情報を提供。⇒ サロンを作り口コミを活性化、蔵書・DBの充実。
・展示室を常設し、若手アーティストに発表の場を安価に提供。

出典：「中之島図書館の有効活用について」（大阪府立中之島図書館あり方検討タスクフォース報告）

(a)　街の中の文化ステーション

第1は「街の中の文化ステーション」である（図表20—8）。これは、あえて特定の分野に専門特化せずに、総合的なワンダーランドにするということである。「そこに行けば毎日、何か面白いことがある」「何でもあり」の図書館にする。具体的には「魅せる図書館」「アイデンティティ確認の場」「文化の継承発展」「交流・語らいの広場になる」といった考え方を打ち出した。

「魅せる図書館」とは、書庫にあるコレクションの厚みを常時発信するということである。「アイデンティティ確認の場」とは、近代大阪の文化遺産を確認し、大阪の文化を象徴する場所になるということである。そのためには、江戸、明治以降の近代大阪を象徴する写真や絵はがき、地図なども常設展示し、文化遺産をミュージアム展示していく。「文化の継承発展」では、所蔵する資料、書籍を活用して、さまざまな文化活動を行う。「交流・語らいの広場」は、図書館を単に本の貸し借りや静かな読書、あるいは

図表 20-9　府立中之島図書館改革の基本コンセプト（2）

地域直結図書館サービスの継続・拡充

現在の中之島図書館が担っている地域直結図書館サービスを当面、継続・拡充する。
（※各機能については、今後の地域図書館の整備や情報化の進展等を踏まえ見直していく。）

①刺激のある集いの場

独立志向系や士(サムライ)業のビジネスパーソンに出会いと集いの場を提供し、将来の大阪を担う人材を育む。
- 志を持つ有為な人材が集まる快適環境の整備。
  ⇒ 必要とする資料・情報・DBの提供、ネット環境の整備。建物としてのアメニティ向上（トイレ等）
- 秘書的機能で支援。⇒ 資料調査・レファレンス。

②書斎的スペースの提供

揺籃期のビジネスパーソンが書斎替わり・スモールオフィス替わりに使えるスペースを提供。
- コピー・印刷機、喫茶・軽食施設の整備。
- ネット環境の整備（再掲）。
- グループ活動が可能な専有スペースの整備。⇒ 有料化検討

③府市連携によるサテライト機能の強化

現在の府立中央図書館のサテライト機能に加え、大阪市立図書館利用の貸出・返却窓口機能を担う。
- 市立図書館蔵書のWEB予約の際の受取場所に中之島図書館を追加。
  ⇒ 中之島図書館に市立図書館のシステムの端末を設置。

④古典籍資料の共同研究

- 大学等の研究者と連携して、古典籍資料の共同研究を実施。⇒ 古典籍利用の弾力化等。研究成果の発信。

⑤現ユーザーへのサービス継続

- 調査・コンサルタント業など、現在の中之島図書館のサービスを使っているビジネスパーソンには、直ちに近隣で同種のサービスを提供できる代替施設がないので、当面、現サービスを継続する。

出典：「中之島図書館の有効活用について」（大阪府立中之島図書館あり方検討タスクフォース報告）

図書の展示の場所にとどめず、若手アーティストなどが集まって語らうサロン機能を作り、文化イベントやコンサート、講演会なども積極的に行っていく。

(b)　地域直結図書館サービスの拡充

基本コンセプトの２つ目は「地域直結図書館サービスの継続・拡充実施」である。これは公立図書館としての機能を引き続き充実させるという意味だが、特に都心の立地特性を生かし、独立事業者やいわゆる士ビジネスの専門職の人たちの支援に力を入れる（図表20―9）。

(c)　快適性と外観美化

基本コンセプトの３つ目は「快適性の確保・外観の美化」である（図表20―10）。これは、一見当たり前に見えるが、従来の方針から様変わりした。従来は通常の公立図書館としての機能性を主に追求してきた。それを今後は歴史的文化遺産としての建物の魅力を意識し、また隣の公会堂とも連携しつつ地域の文化拠点としての機能を発揮する方針を明確にした。

図表20-10　府立中之島図書館改革の基本コンセプト（3）

快適性の確保・外観の美化

国指定の重要文化財である建物の美化・保全を図りつつ、利用者の利便性向上を図る。

①快適性の確保

重要文化財の保全に配慮しつつ、利用者の快適性の向上を図る。

・ 入館システムを改善し、来館者の心理的抵抗を無くし、入館者数増につなげる。
　⇒ BDSを整備し、ニーズの強い正面玄関からのフリー入館を実施。初期投資を要するが、長期的には受付業務の廃止による経費節減でペイ。蔵書管理の適正化にも資する。
・ 館内のアメニティの向上。⇒ 特にトイレ。
・ 喫茶・軽食の提供。⇒ 長時間滞在には不可欠な要素。休憩室・談話室を兼用。文化庁と要協議。
・ 照明設備の改修。⇒ 紫外線対策及びLED化による節電。

②建物の保全

機能を十分発揮させるとともに文化財を保全するため、本館以外の建物についても保全を図り、有効活用を行う。

・ 2号書庫・3号書庫・事務棟等の耐震化の推進。
　⇒ 26年度基本設計、27年度実施設計、28年度以降耐震補強工事
・ 本館低利用部分（1F）及び別館の活用による施設の拡充。⇒ 本館・2号書庫と別館との連絡通路の復元等

③景観の向上と更なる利便性の確保

・ “白亜の殿堂”の復元。⇒ 重要文化財部分の建物外壁の高圧洗浄による美化。
・ 中央公会堂との一体性の確保【将来課題】
　⇒ 図書館と公会堂の間の道路を閉鎖し、大型バス専用の駐車場化。地下通路の設置（露天掘式）。

出典：「中之島図書館の有効活用について」（大阪府立中之島図書館あり方検討タスクフォース報告）

2　大阪市中央公会堂の改革

公会堂は、大阪市役所の施設で1918年に実業家岩本栄之助氏の寄附で建設された。赤レンガの地上3階、地下2階の建物で、約5600㎡の敷地に約9900㎡の延床面積を持つ。隣の中之島図書館と同様に、大阪を代表する近代建築として国の重要文化財に指定されている。なかには1161人収容の大集会室（ホール）のほか、中集会室（500人収容）、小集会室（150人収容）、9つの会議室、特別室などを擁する。

公会堂は一時、老朽化が問題視され、1980年代末には大阪市長が公会堂の永久保存について意思表示し、その後、朝日新聞が創刊110周年記念事業の一環で保存・再生の募金活動を行った。そして最終的に12億4600万円の寄附金が集まり、市役所も資金を投じて、2002年に計約110億円を掛けたリニューアルを行い、今日に至っている。

現在の主な用途は、コンサート、ダンスパーティー、講演会、各種集会、合唱団の練習等で、市民に親しまれてきた。

しかし、公会堂は大阪を代表する歴史的文化遺産である。それにもかかわらず、用途も料金体系も一般の公民館とあまり変わらなかった。予約についても先着順で、通常の貸し館と同じ扱いをされてきた。もちろん市民向けの公共文化施設として使われること自体には問題はない。また収支上も特に大きく稼ぐことを期待される施設でもない。しかし、110億円も掛けてリニューアルした建物の在り方としてはどうか、特に都市の戦略上、今の貸し館状態のままで運用していてよいのか疑問があった。

そこで維新改革では、府立中之島図書館と併せて公会堂の在り方も見直すこととした。

(1) 現状分析

公会堂を管理する大阪市役所の経済戦略局は早速実態を分析した。稼働率は決して低くないと分かった。会議室は81・8％、ホールは54・6％で、他の公共的な施設とほぼ同程度である。ただし、面積当たりの単価は、会議室については府が経営する近隣の国際会議場の約3分の1、そしてホールについては半分以下で極めて安いと分かった。

もちろん公共施設なので市民が利用しやすい価格にする必要があり、民間のホテルのような価格設定はできない。だが、安過ぎると周辺の民間事業者の経営を圧迫しかねない。また、リピート率が非常に高く、利用者の約6割が年10回以上も利用していた。結果として広く市民に開かれた施設になっていなかった。また、府外からの来場者はわずか4分の1にとどまり、主として地元の会議場としての利用が多かった。建物の魅力を生かした国際学会などの積極的な誘致や都市の競争力向上を意識した戦略的な営業はほとんど行っていなかった。また、予約の仕組みも、公共ホールと同様に先着順による室の貸し出しをしていた。

建物の魅力を生かしたイベントも一応はやっていたが、館内ガイドツアーは年間でわずか2日（1日各3回で合計6回）しか開催していない。その結果、応募者数が約2000人もいるのに、実際の参加者数は150人でしかなかった。

収支は悪くない。収入は年間約2億5171万円（2011年度）、支出は約2億2698万円で、わずかだが黒字（2473万円）が出ていた。管理運営は民間の指定管理者に委ねられ、事業者提案に基づいて黒字の9割は市に納付され、1割の約78万円が収益配分として事業者に支払われていた。

○本質的な存在意義の問い直し

公会堂のこうした現状については、市の普通の施設として捉えると、特に問題はない。収益は一応黒字だし、稼働率も高い。しかしよく考えると、根本的な疑問が湧いた。現状の好成績の背景には、建物の立地や品質に比べて極めて安いから使われるという事情がある。しかもその安さのメリットを、地元の特定のリピーターが主に享受している。

現在の管理運営は民間の指定管理者に委託されているものの、事業者が頑張ってもあまり利益が生み出せない契約体系になっていた。料金は条例で決まっており、柔軟に動かせない。企画等の工夫をする余地も乏しく、指定管理者は単に貸し出しの手続と建物の管理をするだけである。

そもそも市役所が、公会堂には、大阪の都市力向上につながるような重要な会議を誘致すべきという方針を出していなかった。また、事業者側に何らのインセンティブも与えられていなかった。レストランにも限界があった。重要文化財で火気厳禁のため、電磁調理器具でしか料理ができず、また営業時間が公会堂の開館時間と同じ夜9時半までと限られ、夜の飲酒ニーズがあまり吸収できなかった。そのため、喫茶、軽食メニューが中心で、夜にアルコールを出す本格的なレストランは誘致できなかった。一流レストランが入ると歴史的建物の魅力が引き出せる可能性が十分にあったが、そうした可能性が全く追求されていなかった。

総じて、公会堂の運営は市役所の普通の市民向けのサービス施設の管理であれば、大きな問題はなかった。しかし、110億円もの資金を掛けて大阪の顔として整備した建物にふさわしい戦略的な使われ方がされておらず、大阪全体の視点からは機会損失が生じていた。

(2)　改革の方向性

こうした問題点が明らかにされた後、同局では商業施設のコンサルタントなど外部の専門家の参画を得て、2013年の夏から秋にかけて次のような改革案をまとめた。

第1に、1階から3階については、創建当初の姿を再現した各集会室において、学術講演や芸術性豊かな公演を積極的に誘致する。また、重要文化財の内部空間を楽しんでもらうために諸室を公開するなど、文化の薫り高い施設運営を目指すことになった。

第2に、地下1階については、レストランや甘味処、ショップなどを備えた、中之島散策の拠点としての機能を充実させ、施設利用者だけでなく、一般利用者が集える空間とすることになった。また、中之島を中心とする近代建築（重要文化財、登録有形文化財など）の情報発信拠点も置くこととした。

具体的な取組としては、①学術講演や芸術性豊かな講演の誘致、②館内見学・ガイドの実施、③周辺近代建築物の紹介展示および散策ツアーコースの企画・案内、④アメニティー豊かなくつろぎ空間の提供（レストラン、甘味処、ショップ）、⑤パーティー会場やレストランの個室としての機能を共有――などが提案された。

①　公会堂も正面玄関を開放

こうした提案に沿って、現在までにすでにいくつかの改善が実現している。例えば、正面玄関を常時開放して、荘厳な玄関ホールや螺旋階段などが、いつでも見学できるようにした。

また、レストランは営業時間を1時間半延長して夜11時までの営業を可能とすることになった。そしてこれまでの、指定管理業務の1つとして通常の公共施設の食堂として事業者に委託するのではなく、レストランを建物の魅力を発信する重要コンテンツと捉え、本格的なレストランを誘致した。

また2015年度からは、初代公会堂を寄附された岩本氏の記念室であったところにショップを設置してアート関係のグッズを扱うようになった。

② 収支上も黒字の見込み

以上の改革に伴う収支予測であるが、会議室を展示室などに転用すると、年間約1600万円の減収になる。しかし、建物の魅力向上や民間提案による自主イベントや誘致活動で全体の稼働率を向上させることで、合計で1600万円の増収にできるというシミュレーションとなった。

③ 府市連携による再生の例

今回の2館のケースは、これまでの府と市の縦割り行政の弊害と視野の狭さ、そして大阪全体としての都市戦略の発想の欠如を象徴する事例である。いずれも過去から引き継いだ素晴らしい文化遺産であるにもかかわらず、単に公立の普通の図書館、あるいは集会場という狭い機能だけを使命と考えてきた。またどちらも近代建築として、その内部は極めて価値が高いのに外部に対し、つまり府民・市民や域外からの観光客に扉を閉ざしていた。また、公会堂は大規模投資で立派によみがえったが、

図表20-11　まとめ：中之島の２つの館の魅力発掘

	中央公会堂（市立）	中之島図書館（府立）
潜在パワー	・歴史的建物（重要文化財） ・一等地（中之島） ・圧倒的なブランド力 ・100億円以上をかけて修復	・同左 ・同左 ・空襲を受けなかったので、日本有数の古典籍や漢籍を保有
問題点	・建物の周囲の扉は原則閉じている（イベント時のみ開放） ・先着順で大半がリピーターの使用	・正面を閉鎖。裏口からしか入れない ・荷物を入口で預ける前時代的仕組み ・レストランは廃止された
利用実態	単なる公民館・貸し会館としての利用に終わっている	単なる普通の図書館としての利用に終わっている（それも不十分）

出典：上山信一著「組織がみるみる変わる　改革力」（朝日新書）より引用

中之島図書館は財政難ですすけた建物のまま放置されてきた。そして、お互いに隣り合わせの重要文化財、近代建築として親和性の高い施設なのに連携がなかった。また、中之島全体や大阪全体のことを考えた情報発信やイベントも行われず、結果として府も市も宝の持ち腐れに終わろうとしていた。今回の維新改革では、ここに着目し、お互いの足りない点を補い、長所を引き出し合う改革が実現した（図表20―11）。

第21章　府立と市立の病院改革―赤字構造の打破に向けて

自治体が運営する公立病院の赤字は全国的に問題視されている。大阪府と大阪市も例外ではない。府立病院も市立病院も会計上（経常収益）は一見、黒字だが、一般会計からの補助金（注）を収入に加算した上での黒字でしかない。赤字幅は縮小し始めているが、他の国公立病院に比べるとまだまだ改善の余地がある。本章では、府と市のそれぞれの病院事業の課題の分析結果を紹介するとともに、府市の病院統合の考え方を整理する。

（注）設置者による一般会計からの補塡については、地方独立行政法人の大阪府立病院では「運営費負担金」、2014年9月まで市の直営（公営企業）だった大阪市立病院の場合は「一般会計繰出金」とされるが、本章では「補助金」で統一した。

1　府市の8病院の現状

大阪府は5つの府立病院（以下「府立5病院」）を、大阪市は3つの市立病院（以下「市立3病院」）を持つ。経営形態は府も市も地方独立行政法人（府は「大阪府立病院機構」、市は「大阪市民病院機構」）である（ただし、市は2014年10月から独立行政法人化したため、本稿のデータは市の直営（公営企業）時のもの）。年間の入院患者の延べ数は、府立5病院が約92・1万人、市立3病院が約58・3万人である。病床利用率は府立5病院が86・3%、市立3病院が77・2%である。個々に見ていくと、府立5病院は病床数がそれぞれ375〜768床で比較的大きな病院ぞろいである。一方、市立3病院は、総合医療センターは1063床で突出するが、「十三市民病院」と「住吉市民病院」は200〜300床程度で小さい。職員数は、府立5病院がそれぞれ約400〜1200人弱、市立は総合医療センターが約1500人で、十三、住吉は約200人強である（いずれも2013年度データ）。

○実質的に赤字

財務状況はどうか。2013年度に府立5病院は15・7億円、市立3病院は26・9億円の経常黒字をそれぞれ計上した（図表21―1および2のそれぞれ下部分）。しかし、いずれも病院本体の医業収支では賄えておらず、府立5病院は府から合計106・4億円の、また市立3病院も市から合計89・1億円の補助金を受けている（図表21―1および2の上部）。

府市の厳しい財政状況に合わせ、どちらも維新改革以前から合理化をしてきた。府立病院は、2006年4月に地方独立行政法人に移行した。また、市立病院も、關淳一元市長の下で合理化に着手し、その後、2009年4月からは地方公営企業法の全部適用を開始し、さらに2010年には、北市民病院を民間移譲した。さらに2014年10月には独立行政法人化した。

こうした努力の結果、府立5病院も市立3病院も図表21―1および2のとおり経常損益が次第に改善し、府や市からの補助金は減ってきている。しかし、全国の国公立病院の多くは近年、著しく収支が改善している。特に国立病院は独立行政法人化を機に黒字化した。また、民間病院も診療報酬の改定に合わせ、一層の合理化努力を進めている。これらと比べると、府立と市立の病院事業には、かなりの見直し余地がある。以下では主にデータによる分析結果を紹介する。

2　府市の8病院が直面する課題

①　急性期・総合医療センター以外は非効率

まず府立5病院について見る。図表21―3は、独立行政法人の形態をとる全国の公立41病院の、経営の自立度と規模の関係を示す。横軸は、経常収益に占める補助金の比率を、縦軸は病床数を示す。この図では上の方向、つまり規模が大きくなるほど経営効率が良くなり、経常収益に占める補助金の比率が低下し、右肩下がりの相関関係が

図表21-1　府立5病院の公費負担と経常損益の推移（単位：億円）

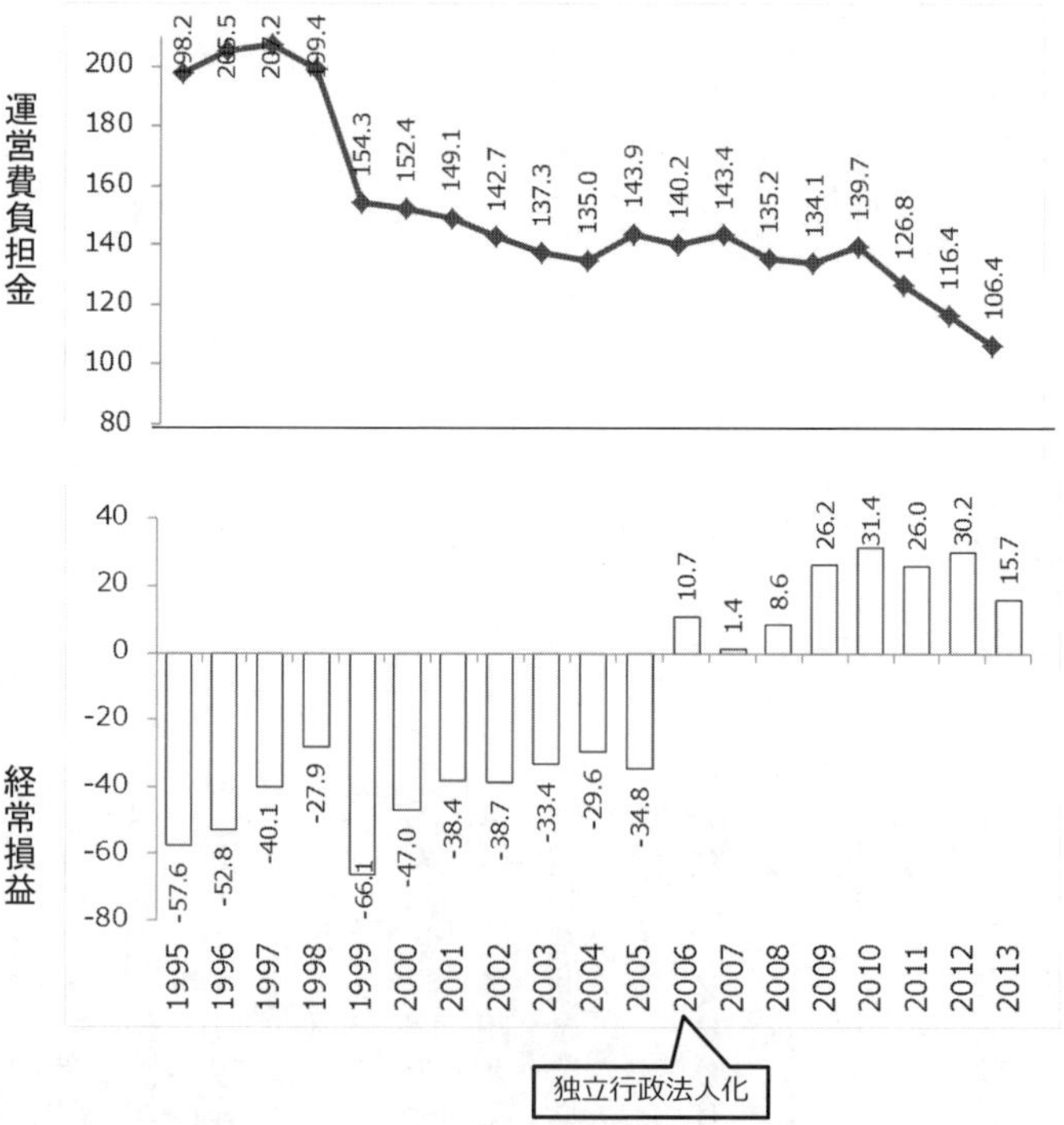

出典：第25回大阪府市統合本部会議資料「大阪府・大阪市共通資料『Ⅴ大阪府市の連携』」より

図表 21-2　市立 3 病院の公費負担と経常損益の推移（億円）

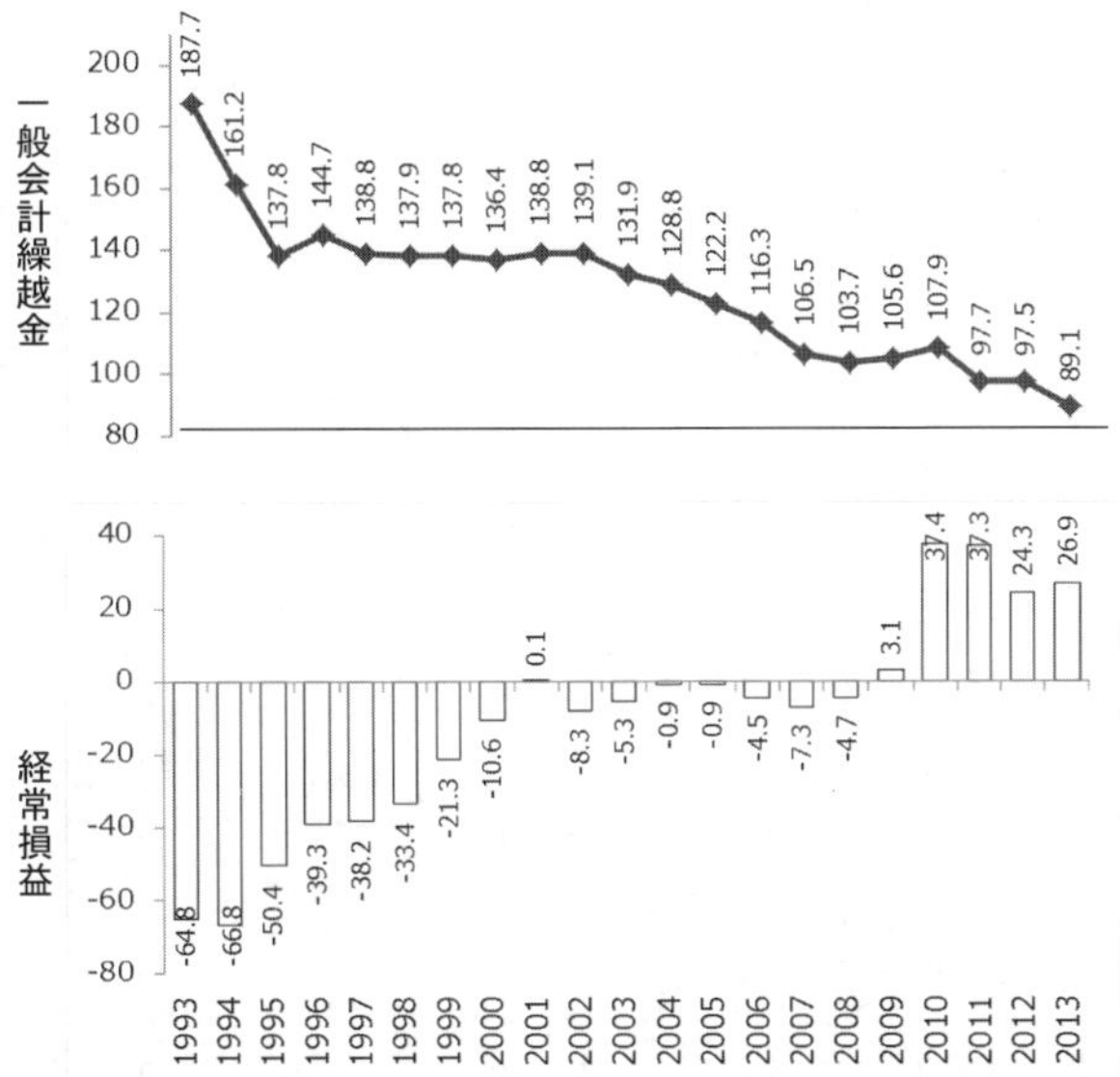

出典：第 25 回大阪府市統合本部会議資料「大阪府・大阪市共通資料『Ⅴ大阪府市の連携』」より

図表 21-3　病院規模（病床数）と運営負担金比率（運営負担金／経常収益）の関係（都道府県立・市立の独立行政法人 41 病院）

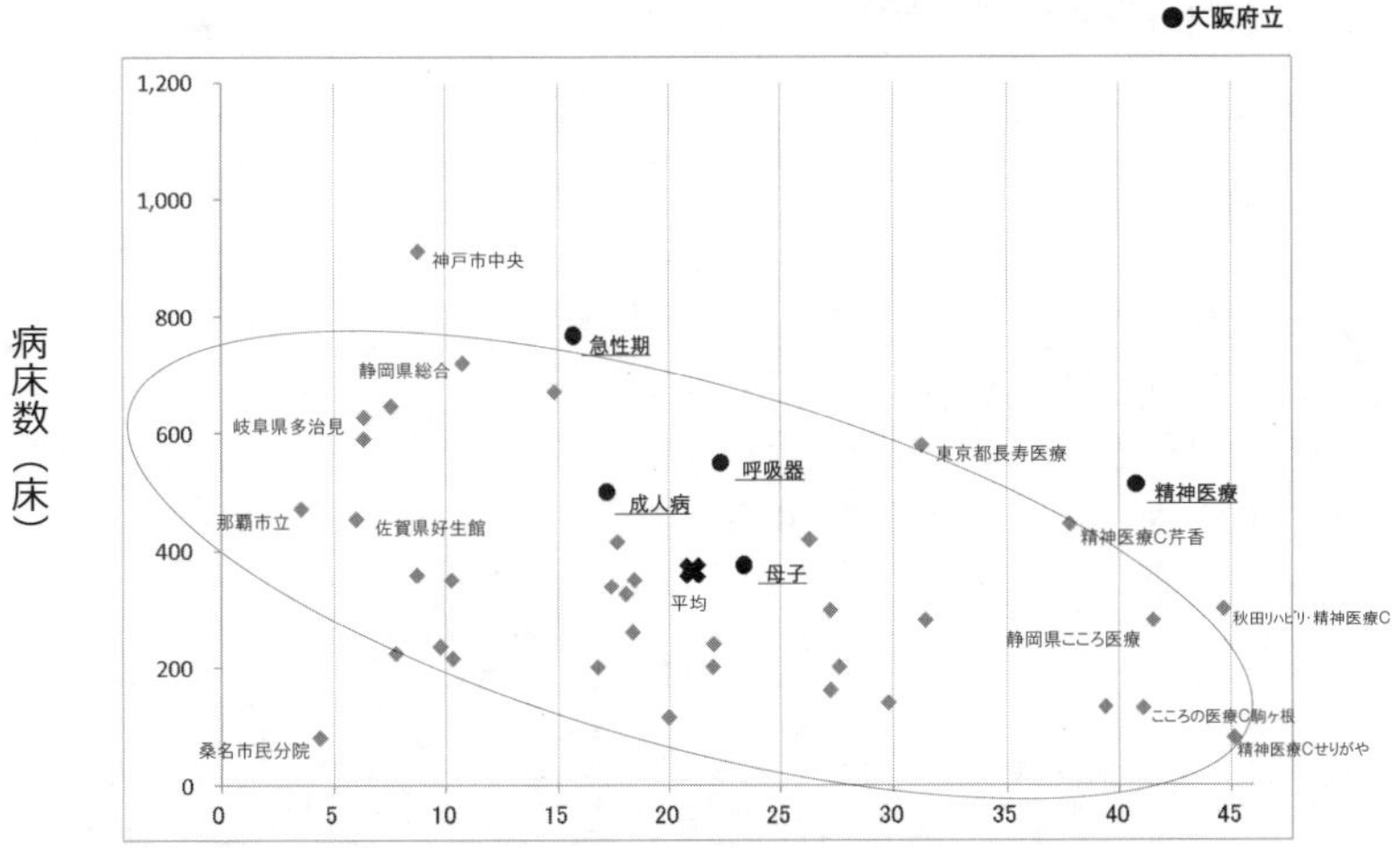

出典：地方公営企業年鑑（2010 年決算）より加工

見られる。

この図の中心の×印が全国平均である。この図の同じ高さの病院同士では、右にあるものほど非効率となるが、図の右部分には各地の精神医療病院が並ぶ。だが、この分野はもともと採算は良くない。問題は、その他の病院である。

図中の●は府立5病院を示す。「精神医療センター」を除いた残りの府立4病院について見ていくと、「急性期・総合医療センター」は比較的左に位置する。しかし、「呼吸器・アレルギー医療センター」「成人病センター」「母子保健総合医療センター」の3つは、図の同じ高さ、つまり病床数が同規模の病院よりも右に位置する。

これらの府立3病院はいずれも経常収益の20％前後の補助金を受けとっている。これらは結核医療や高度ながん医療、周産期医療を手掛けているが、それは他の公立病院でも同じである。これら府立3病院の効率改善の余地は大きいと思われる。

図表21-4　病院規模（病床数）と繰出金比率（繰出金／経常収益）の分布
（政令市立の27病院）

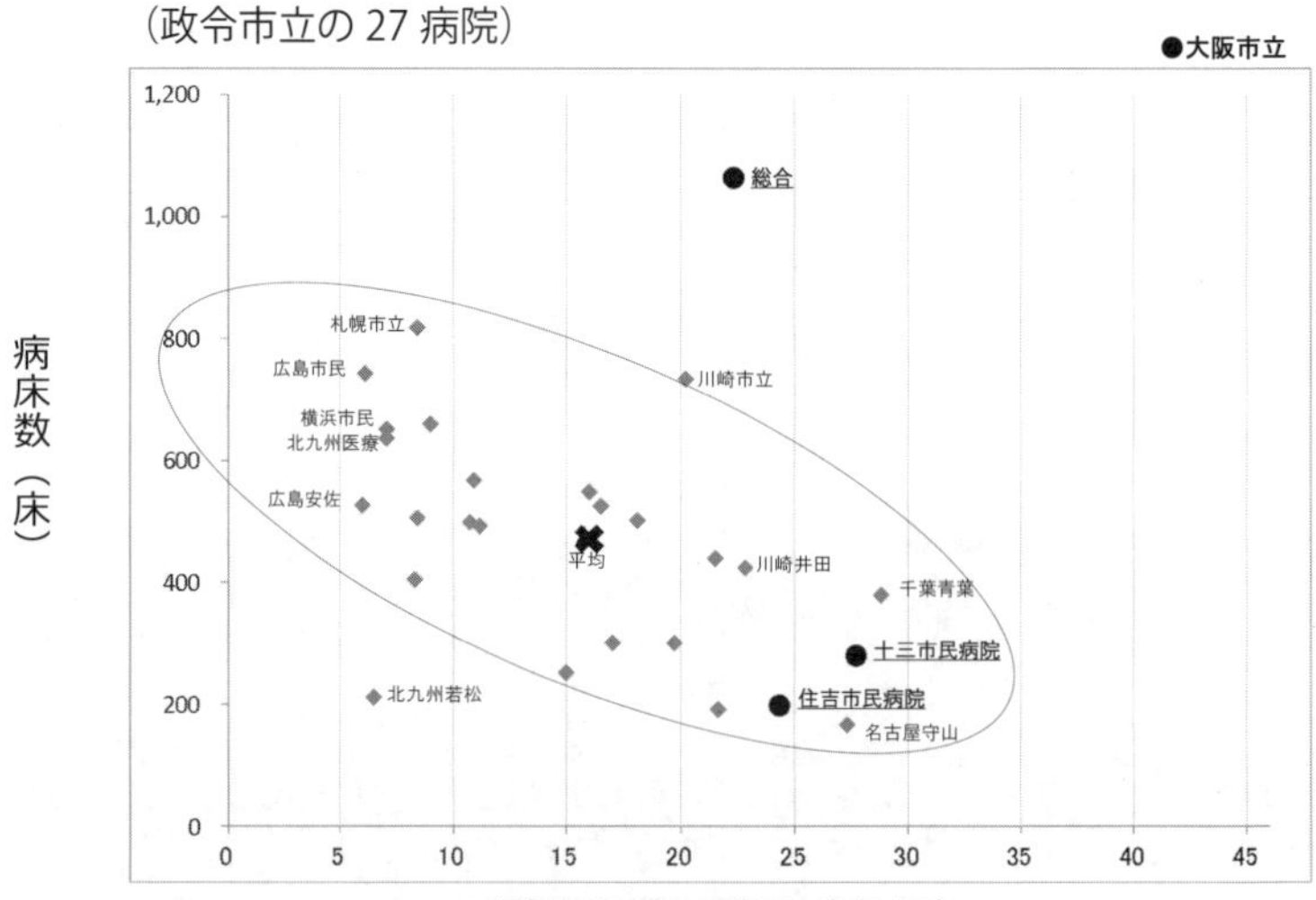

出典：地方公営企業年鑑（2010年決算）より加工

② 異常値を示す市立総合医療センター

図表21―4では政令指定都市の市立の27病院を同じ手法で分析した（2010年決算データ）。大阪市の「住吉市民病院」「十三市民病院」は図の右に位置し、同規模の他病院よりもかなり非効率だと分かる。

また、「大阪市立総合医療センター」は、図の中央上部に突出し、病床数1000床超と27病院中で飛び抜けて巨大であるにもかかわらず、経常収益に占める補助金比率が2割を超える。

これは札幌市立、広島市民、横浜市民など左上の各病院の比率がいずれも10％未満であるのと対照的である。

先述のとおり病床数が大きいと本来はスケールメリットが働き、効率は良くなる。ところが大阪市立総合医療センターは全体平均（図中央×印）よりも右に位置し、高コスト構造を示唆する（詳細分析の結果、医師以外の人件費が過剰である上に、建設費に対する補助金を毎年の収益に算入していたことが判明）。

図表 21-5　府と市の病院の実質補助金比率の比較（2011 年度）

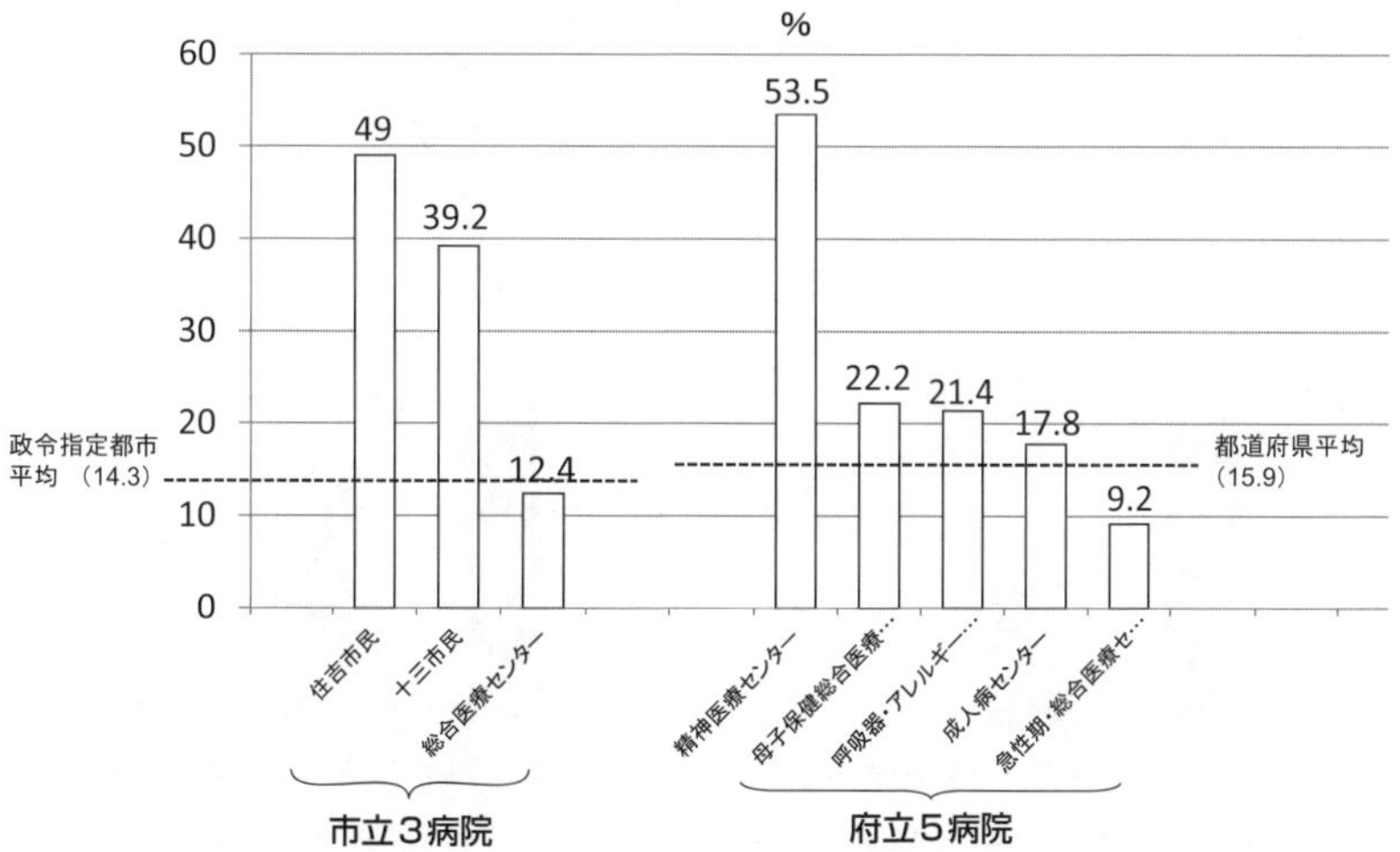

出典：特別顧問と特別参与による病院改革の進捗報告資料（2013.12.25 記者会見）より

次に、府立5病院および市立3病院の補助金比率（医業収益に対する補助金の比率）を見てみる。

これも都道府県平均（15・9％）および政令指定都市平均（14・3％）と比較して高率である（2011年度、図表21—5）。府立5病院の場合、「府立精神医療センター」は別として、残りの4病院のいずれもが全国の地方独立行政法人の平均（13％）を大きく上回る。市立3病院の場合も「住吉市民病院」「十三市民病院」が政令指定都市の平均（14・3％）の3倍前後と高い。

なお、大阪には府立・市立と並ぶ大型の公的病院として、国立病院機構の4病院（「大阪医療センター」「近畿中央胸部疾患医療センター」「刀根山病院」「大阪南医療センター」）がある。これらの4病院の医業収益は市立3病院と府立5病院の間に位置し、ほぼ同規模で、比較の対象として妥当と考えた。2012年度決算データを基に分析したところ、図表21—6のとおり、府立5病院と市立3病院の補助金はいずれも100億円前後と大きいのに対し、国立4病院が国から受け取る補助金は、合計で数億円でしかない。

図表 21-6　補助金の規模の比較（2012 年度決算）

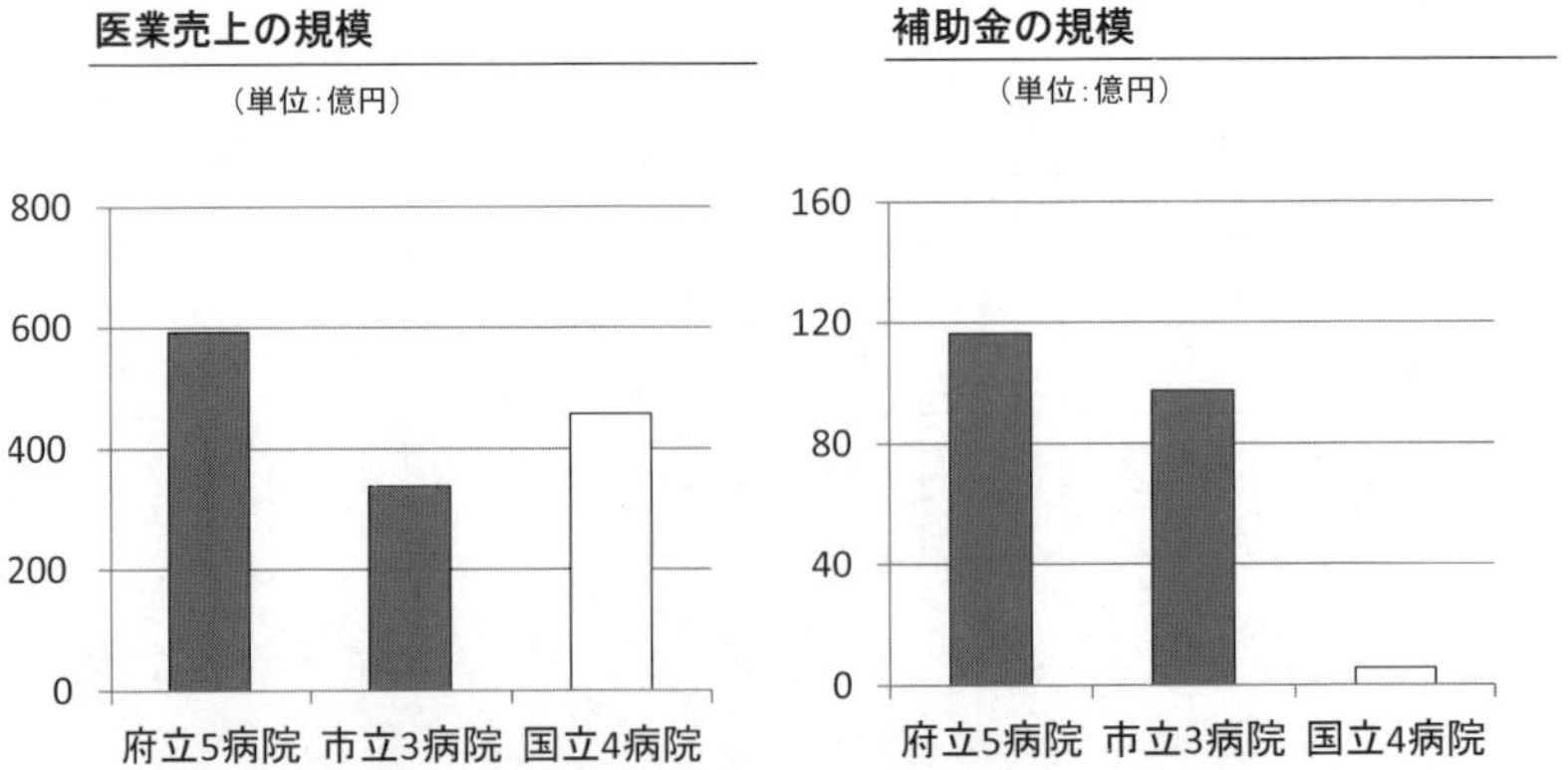

＊国立4病院：大阪医療センター、大阪南医療センター、近畿胸部疾患センター、刀根山病院との比較

出典：特別顧問と特別参与による病院改革の進捗報告資料（2013.12.25 記者会見）より

③　医業利益率も低い

府立と市立の病院の収益構造をもう少し具体的に見ていく。全国民間病院の医業利益率の平均は3・3％の黒字である。これに対し、全国の地方独立行政法人の病院の平均はマイナス12・8％、政令指定都市立病院の平均はマイナス12・5％と良くない。

ところが、府立は急性期・総合医療センターのマイナス6％を除くと、残りの4病院はいずれもマイナス15％以下である。市立も総合医療センターはマイナス3％であるが、十三市民病院がマイナス27・5％、住吉市民病院がマイナス42・7％と格段に悪い（民間、全国の数値はいずれも厚生労働省発行の「平成23年度病院経営管理指標」による。府市の数値も同じ手法で計算）。

④　医師以外の人件費が過大

大阪府立、大阪市立の公立病院の赤字体質の原因はどこにあるのか。具体的には、個別の病院の実態を細かく分析しなければ分からない。しかしデータだけでも分かることがいくつかあった。まず、府立も市立も、医師以

図表 21-7　病院の人件費比較（平均年収：単位万円）

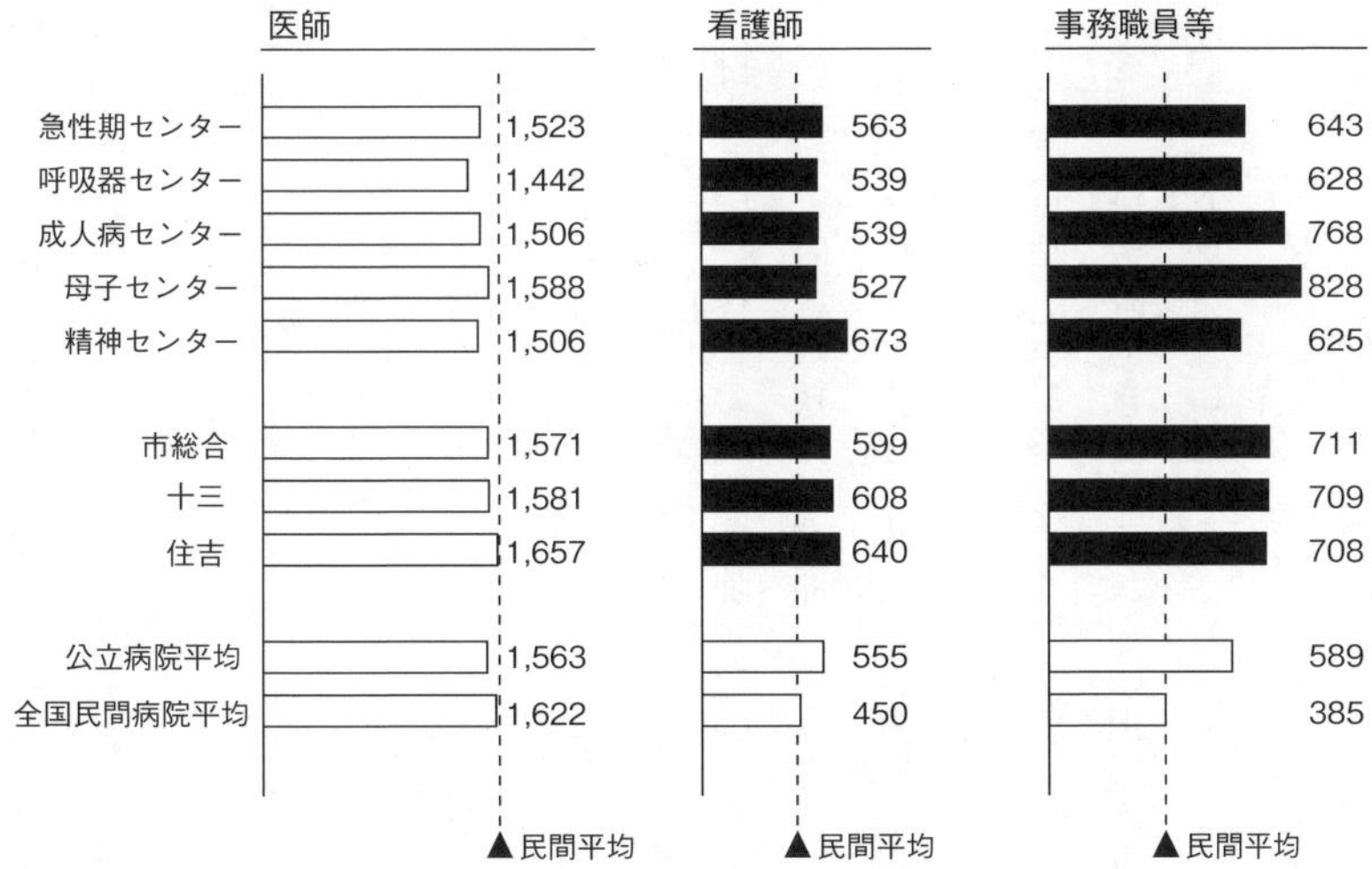

出典：第17回大阪府市統合本部会議資料「大阪の府・市病院の経営課題」より

外の人件費がかなり高い。図表21―7では府立の5病院および市立の3病院の人件費を公立病院および民間病院の全国平均と比べた。府立でも市立でも、医師の給与は民間の全国平均より低い。それにもかかわらず、事務職員の給与は民間の全国平均よりかなり高く、看護師もやや高い。

これらの対遇は、府立も市立も経営形態が独立行政法人に変わったので少しずつ是正されると思われるが、今後は中途採用者の給与管理や、人件費の適正化が必要である。

3　公的病院の存在意義と公的支援の在り方

公立病院の目的は言うまでもなく地域医療への貢献であり、利益追求や収支均衡ではない。したがって、公立が民間にもできる医療だけをやって、黒字を出すならばそもそも存在意義がない。現状をみると、地方、特に過疎地を抱える地方では公立病院の存在意義が疑われることは少ない。代替の民間病院がないからだ。しかし、大阪には民間の大型病院や大学医学部の附属病院が多数ある。府域は狭く、交通の便も良い。名医を求めて神戸、京都、奈良に通院することも簡単にできる。そんな中で府市が赤字を出して非効率な病院経営を続ける意義は乏しい。

一方で、府立の急性期・総合医療センターや成人病センター、市立総合医療センターなどは規模も大きく、輝かしい実績を誇り、府民・市民にも親しまれてきた。研修医も多数受け入れてきた。これらは地域の資産であり、診療科目の再編や合理化の余地はあってもも存在意義を問い直す必要はないだろう。

○都市部における〝政策医療〟の難しさ

こうした問題意識の下で各病院の経営改善は進めていく必要がある。ところで、分析を進めるうちに、改善を阻む大きな障害があることに気が付いた。それは〝政策医療〟と府庁・市役所で呼ばれる聖域の存在、そしてそこへの手厚い補助金の問題である。

公立の使命に照らせば採算性の追求よりも政策医療を優先すべきである。しかし、現行の補助金制度、すなわち「繰出基準」の下では、補助金付与の仕組みを精緻化するほど経営効率が悪化する。この矛盾がおそらく、都市部における公立病院改革の最大の難しさだろう。

以下では、なぜ都市部では政策医療の補助金が公立病院の収益性と経営品質を損ねてしまうのか、そのメカニズムを解説する。

(1) 繰出金（補助金）とは何か

府立と市立の病院に投入される補助金は、正式には「地方公営企業繰出金」と呼ばれ、地方公営企業法に基づいて出される。対象は上水道事業、交通事業、電気事業などの地方公営企業とされ、その目的は経

図表 21-8　府と市の補助金付与基準の内訳

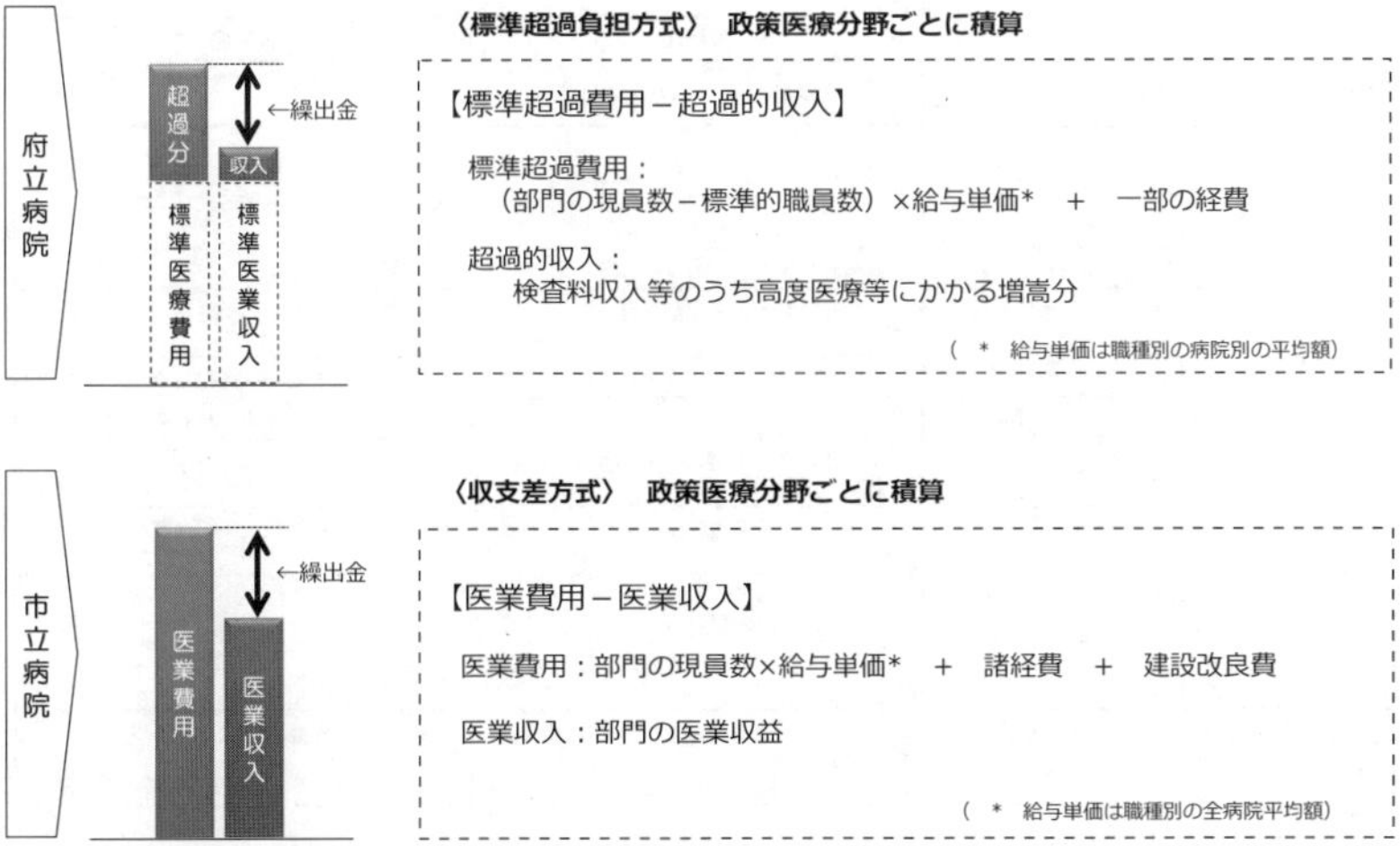

出典：筆者作成

営健全化と経営基盤の強化である。

補助の対象となる経費は事業ごとに決まっている。病院事業では、建設改良、結核医療、精神医療、感染症医療、周産期医療、小児医療、救急医療、高度医療、保健衛生行政事務、看護師養成所、院内保育所、研究・研修、医師確保、共済追加負担、へき地、不採算等とされ、範囲は広い。繰出基準は総務省が定めるが、細部は各自治体に委ねられる。

そのため府と市では補助金の算出方法が異なっている。図表21―8に、府と市の算出方法を図式化した。

府の場合、政策医療分野ごとの「標準超過費用（標準的な医療水準を超える費用）と超過的収入（標準的な医療水準を超える収入）の差を補塡（標準超過負担方式）」する。一方、市は政策医療分野ごとの「総医業費用から総医業収入を控除した不足分を補塡」する方式（収支差方式）をとる。

具体的に図表21―9に府と市が提供する繰出金の積算方法を費用分類別に示した。例えば、診療関係

図表 21-9　府市の政策医療の補助金付与基準の違い

分類	項目	積算方法	
		大阪市	大阪府
基本事項（単価等の年度）		要求年度直近の見込単価等	2009年度平均
診療関係	救急医療	[当該職員数×給与単価]＋諸経費＋ 建設改良費　－　当該医療収益	[標準超過職員数×給与単価]＋ 一部経費　－　超過的収入
	特殊医療		
	高度医療		
	高額医療機器	企業債元利償還金（減価償却費）×１/２	リース費用×1/2
保健衛生関係	集団検診・医療相談	医師活動時間×入院収益収支差＋ 外来応援医師経費	当該職員数×給与単価＋経費
	研修費	－	卒後臨床研修医給与（定額）
	研究所・調査部運営	－	当該職員数×給与単価＋材料費－収入
人材関係	人材確保	医師初任給調整手当（2009.4改定増額分）× 人数	－
	研究・研修	（所要経費＋卒後臨床研修医給与－国庫補助）×1/2	研究費－受託研究収入・研修費×1/2
厚生関係	基礎年金・共済追加	（職員給与＋賞与）×負担率 ※1962以後の職員増加分	同左
	児童手当等	児童手当、院内保育所運営収支差×１/２	共済負担金
建設改良費	企業債元利償還金	～2002：企業債元利償還金（減価償却費）×2/3 2002～：　同　×1/2	企業債元金償還金の1/2（2006までは全額） 同利息償還金の１/２（2002までは2/3）

出典：特別顧問と特別参与による病院改革の進捗報告資料（2013.12.25 記者会見）より

のうち、救急医療、特殊医療、高度医療の項目では、府は、［標準超過職員数×給与単価］＋［一部経費］―［超過的収入］で補助金を算出する。一方、市では、［当該職員数×給与単価］＋［諸経費］＋［建設改良費］―［当該医療収益］で算出する、といった具合である。

ちなみに診療関係以外でも府と市は算出方法が異なる。例えば「人材関係」の中の「研究・研修」の項目では、府は［研究費］―［受託研究収入・研修費×1／2］で計算するのに対し、市は［所要経費＋卒後臨床研修医給与―国庫補助］×1／2で算出しており、算出の方法は一様でない（ちなみに、これらの基準は現在も見直し作業中）。

以上、府と市の違いを比較したが、補助金の基準は最終的には個々の自治体に委ねられており、公立病院にいくらの補助金を投入するか（あるいはしないか）は、自治体の意思による。

図表21-10　診療項目別の費用に占める補助金のウエイト（大阪市、2012年度）

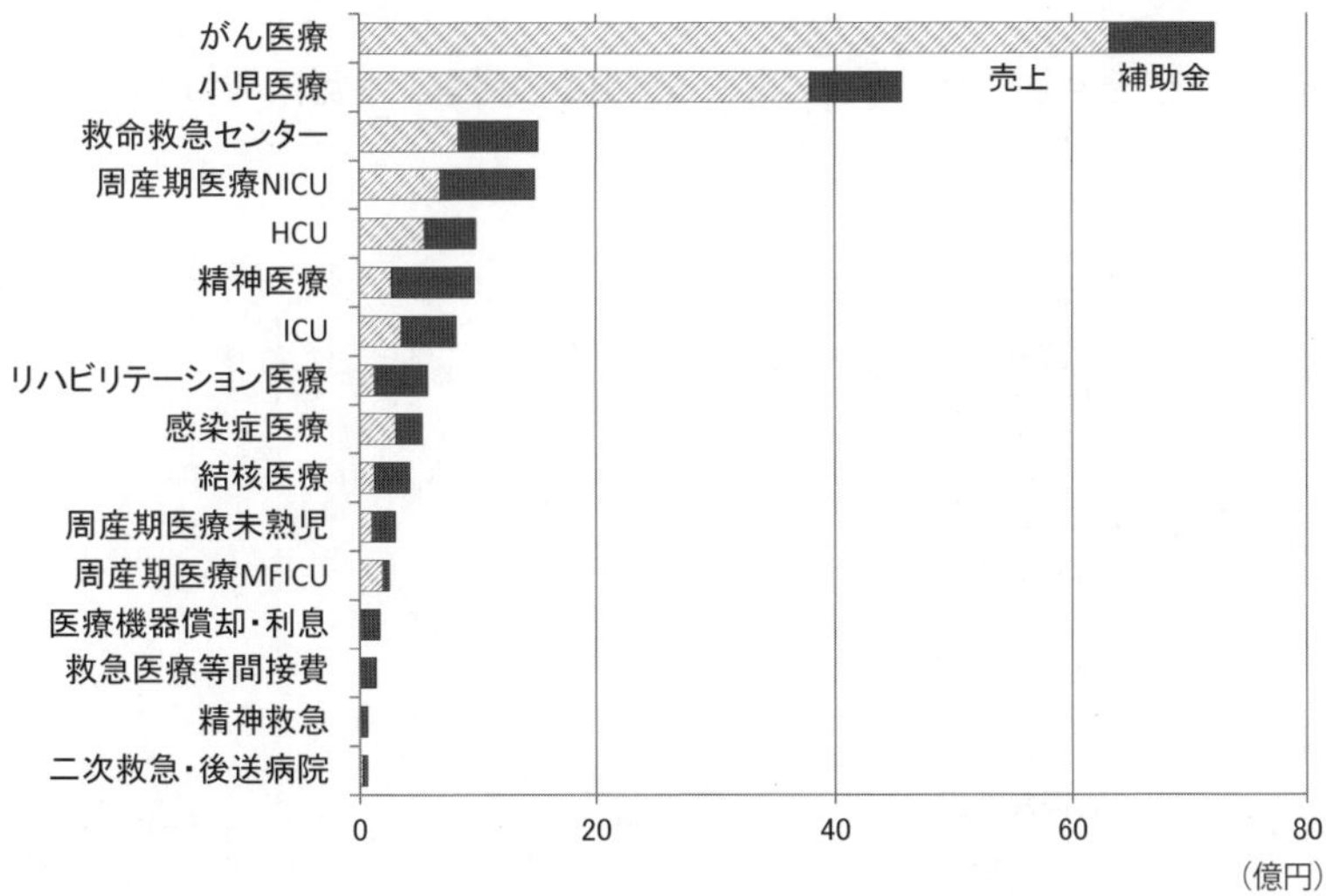

出典：特別顧問と特別参与による病院改革の進捗報告資料（2013.12.25記者会見）より

(2)　全てに政策医療は必要か

大阪市の補助金のうち診療関係についてさらにみていく。図表21―10は診療項目別の費用に対する補助金の投入状況である。項目は額の大きいものからがん医療、小児医療に始まり、精神医療、ＩＣＵ（集中治療室）、感染症医療、周産期医療未熟児、救急医療等間接費など多岐にわたる。特にがん医療と小児医療への繰出金の額は大きく、合計16・6億円にも達する。

図表21―11は項目別の医業収益に対する補助金の比率を示す。リハビリテーション医療、精神医療、結核医療、周産期医療未熟児、二次救急・後送病院の５項目で比率が１５０％を超える。

なお、市立３病院の２０１２年度の医業収益は全体で３５９億円だが、その38％の１３８億円が政策医療に相当し、そのためのコストは２０１億円にのぼる。この収支の差の64億円が補助金で補填されている。つまり、政策医療の売り上げの46％分が一般会計から補填されている（図表21―12）。

図表 21-11　項目別の医業収益に占める繰出金の比率（大阪市、2012 年度）

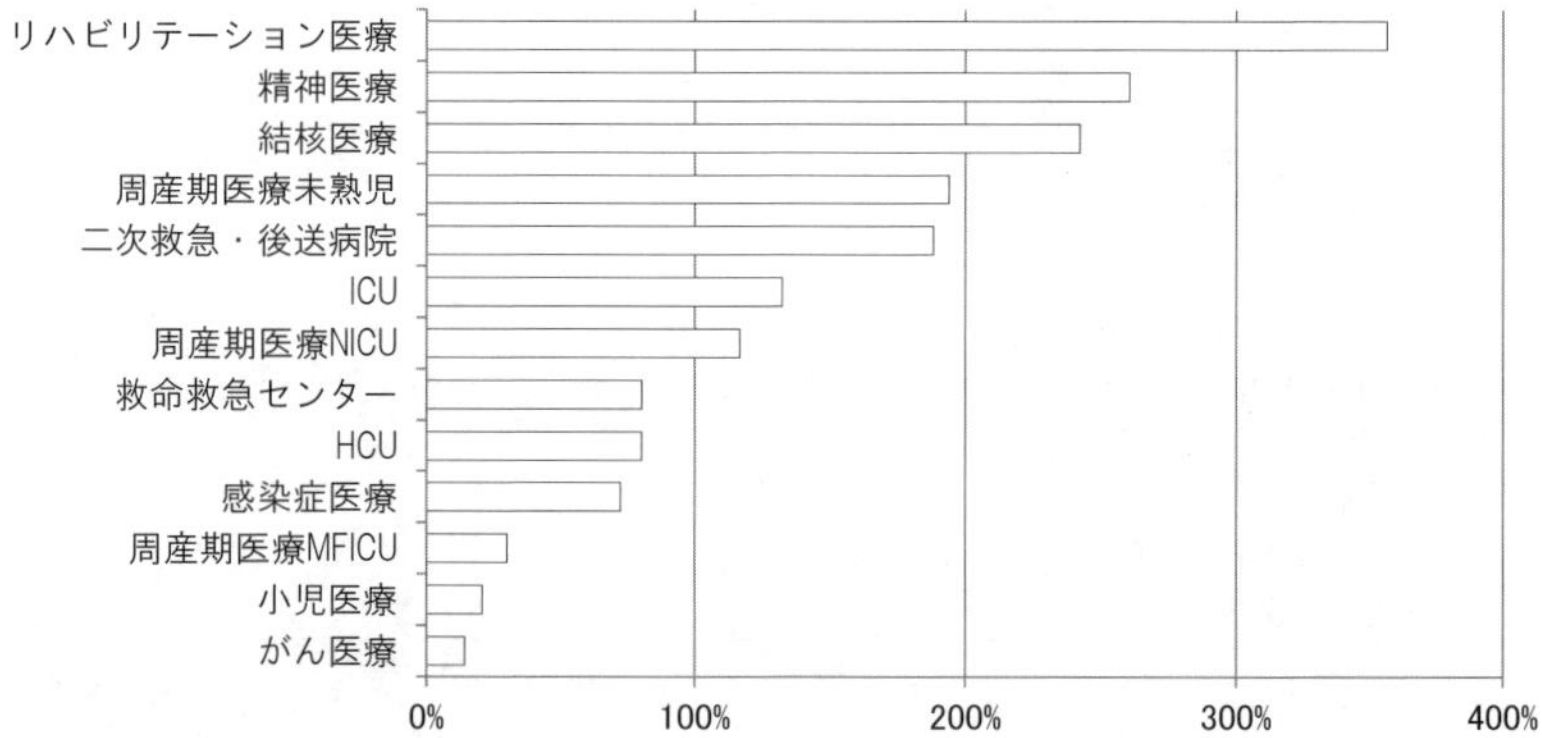

出典：特別顧問と特別参与による病院改革の進捗報告資料（2013.12.25 記者会見）より

図表 21-12　大阪市立病院の全体医業収益

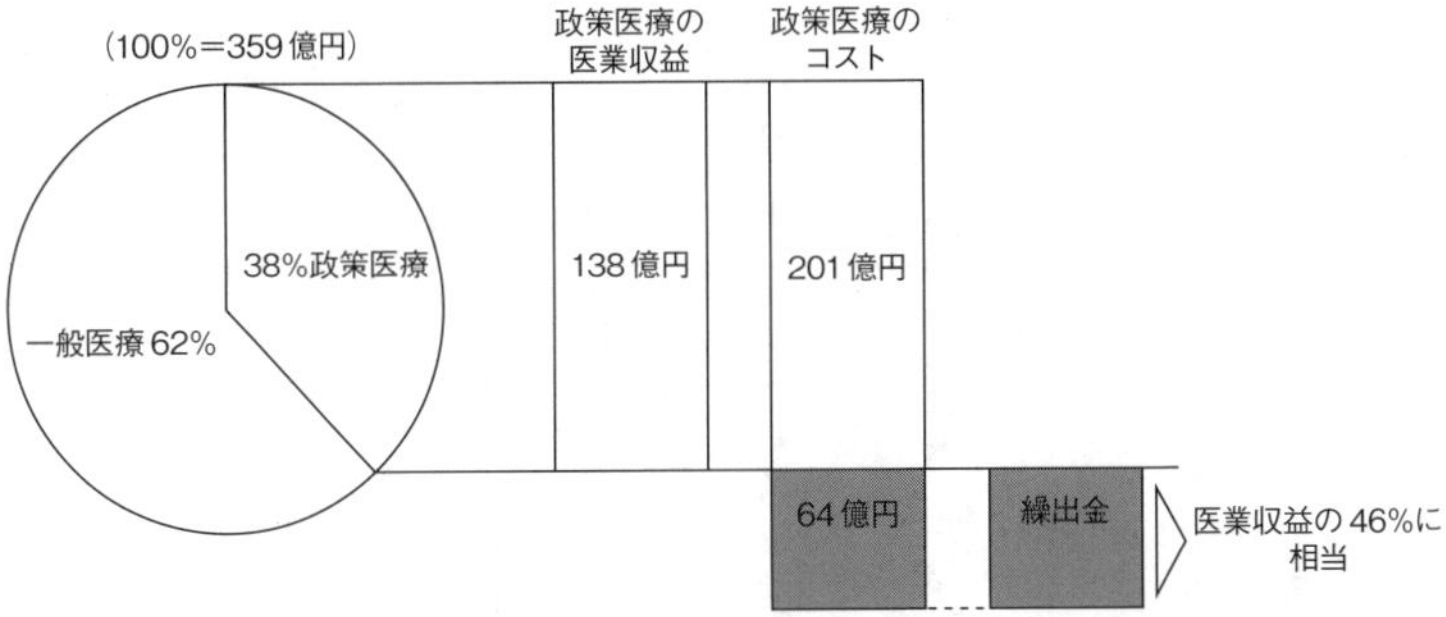

出典：特別顧問と特別参与による病院改革の進捗報告資料(2013.12.25記者会見)より

図表 21-13　研修育成その他の分野の繰出金の内訳（大阪市、2012 年度）

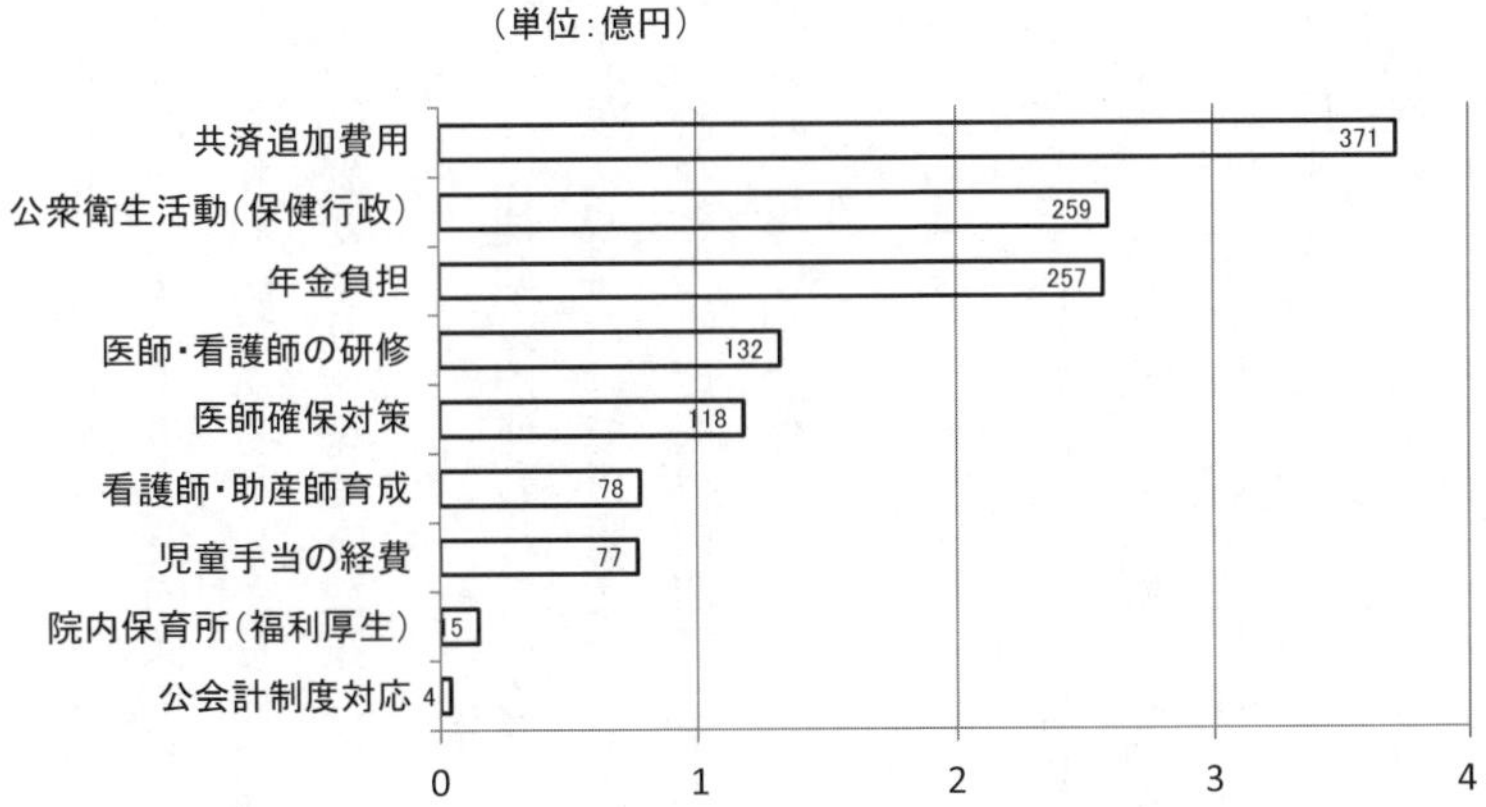

出典：特別顧問と特別参与による病院改革の進捗報告資料（2013.12.25 記者会見）より

① 研修等や保育所も税金で補塡

補助金は、診療関係の他にも幅広い項目で提供されている。市立3病院の場合、研修育成等に13億円の補助金が出され、共済の追加費用や年金負担、医師・看護師の研修や児童手当、院内保育所の費用まで計上している（図表21―13）。これらは国の基準で対象経費とされており適法である。しかし社会通念に照らし、また都市部にあるので民間病院との公正な競争環境を確保する必要があり、全てを政策医療のコストと言い切れるかどうか、疑問である。

なお、府立5病院についても同様に広い分野の、多くの項目に補助金が使われている。

ちなみに公立病院が担う政策医療には、結核治療をはじめ医業収益だけでは賄えない不採算分野が存在する。しかし、これらの不採算分野は民間の大手病院や大学病院などの高度医療機関でも手掛けている。彼らの場合は不採算分野、つまり政策医療に由来する赤字を他分野の黒字や全体のスケールメリットから出る利益で補塡して解消している。

② 個々の項目の赤字補塡は妥当か

ところが府立と市立の場合、細目別・診療科目別に見て少しでも不採算分野があると補塡の対象とされる。国の基準に基づく支出であり、不採算が避けられないものが多いとはいえ、大病院にはスケールメリットやスコープメリット（範囲の経済）、つまり多岐の分野を抱えることに由来する競争優位性がある。特に大都市ではそれが顕著である。公立でもある程度の採算は成り立つはずだ。

ところが、今の制度では少しでも赤字が出た分野には補助金が付与される。しかもそれが毎年の予算に組み込まれ、病院にとっては毎年の既定の収入になっている。そのため、病院全体の経営努力によって何とか収支を成り立たせるという当たり前の行動様式を阻害している。

③　補助金が逆インセンティブに

自治体の経営は、しばしば「赤字になるほど国から多くの補助金がもらえるので効率化へのインセンティブが働かない」といわれる。同じことがここでも起きている。「政策医療分野は不採算で赤字になる」「だからそこに限ってピンポイントで補塡する」というのは一見、合理的で正しいルールに見える。しかし、そういう補助の仕組みが定常化されると、経営体の全体の収支をトータルで考え、リスクをとりながら合理的に経営する能力が失われていく。

なお、そもそも事情が異なる大都市と地方に同じ基準を当てはめる国の政策が間違っている（国の基準を丸ごと適用する大阪府市の補塡の在り方も問題だが）。自治体病院の赤字を減らすためには、個々の自治体の努力のみならず、国が定める現行の政策医療への補助金（繰出基準制度）を法改正等によって抜本的に見直す必要があるだろう。

4　府市連携の方向性

府市の病院事業の今後の収益改善は、一義的にはそれぞれの独立行政法人の経営努力にかかっている。だが、より重要なのは法人レベルよりも各病院レベルでの日頃からの創意工夫と経営努力である。なぜなら法人の全体収支は、個々の病院の現場レベルでの努力の集積だからである。

その上で、次に課題となるのは立地戦略である。府下には大学病院のほか、民間の大型病院が多数ある。また、超高齢化社会に向けて医療ニーズの在り方が大きく変わりつつある。そんな中で府立や市立の公立病院が存在する意味を問い直す必要がある。例えば民間譲渡や、地元の市町村立との統合の余地はないのか。あるいは存続すべきとしても、建物が老朽化した場合にどうすべきか。日頃から考えておく必要がある。そして、そうした広い視点に立った場合、府と市の二重行政問題がやはりここでも浮かび上がってくる。

①　住吉市民病院の廃止と府立との統合

病院改革の二重行政問題の典型例が大阪市南部の「住吉市民病院（以下「住吉」）」である。住吉は、病床数１９８床の小規模病院で、小児・周産期医療が中心である。収支は年間14億円の医業収益に対して、一般会計から約５億円の補助金の補塡を受けている（２０１３年度）。一方、そこから約２㎞の所に府立の「急性期・総合医療センター」があり、ここでも小児・周産期医療を行っている。

当初、住吉は老朽化のために建て替えを予定していた。

しかし、２０１１年のダブル選挙を経て府市共同のプロジェクトチームが発足する。その結果、住吉の建て替えは取りやめて廃止し、急性期・総合医療センターの敷地内に府と市が共同で「住吉母子医療センター（仮称）」を建設し、住吉の跡地には民間病院を誘致する計画ができた。そして２０１５年９月に医療法人「三宝会」の誘致が決まり、２０１８年４月の開院をめざすことになった。

②　病院統合のステップ

住吉の例は府市連携の先駆けとなる例だが、維新改革では次のステップとして府立・市立の計８つの病院の一体的な効率化を目指していた。その第１段階は、直営形態だった大阪市立病院の地方独立行政法人化だったが、これは２０１４年10月に実現した。

第２段階が、先述の住吉での連携でこれも実現できた。次は第３段階の府と市の独立行政法人の統合である。

府と市の独立行政法人を統合するメリットは多岐にわたる。高額な設備を府市が共同購入すると効率化できる。職員を8つの病院間でローテーションさせると、今よりも幅広いスキルの育成が図れる。研修医の受け入れもよりスムーズになる。法人事務局も統合で人事や財務、ＩＴ等の仕事でスケールメリットが生まれる。さらには、比較的効率的な経営を行っている府立の急性期・総合医療センターのノウハウを他病院にも展開できれば、主体の生産性が上がる。

5　今後に向けて

大阪には民間病院が数多くある。さらに国立病院、大学の医学部と附属病院も充実（大阪市立大、大阪大、関西医科大、大阪医科大、近畿大など）し、もともと医療資源に恵まれる。

しかも大阪は狭く、患者は京阪神を容易に移動する。かつては良質な民間の大手病院が少なかったが、今はそうではない。そんな中で、府と市が合計で8つの公立病院を運営する意義は次第に薄れつつあるといえよう。充実した施設と人員を抱え、実績も出してきた府立急性期・総合医療センターや市立総合医療センターなどの大型病院は、原則、存続させた方がよいだろう。しかし、他についてはどうか。また残すとしても今の診療科目をそのまま維持すべきか、どこまで補助すべきかは、改めて検討し直すべきである。

第22章　医療戦略会議の提言—地域の医療と介護の戦略を見直す

いわゆる「超高齢化社会」（65歳以上が21％を超えた状況をいう。）の到来を目前に、多くの自治体が医療と介護の在り方を見直している。また、医薬品や機材、健康食品等の医療関連産業を成長産業と捉え、育成を図る自治体も多い（川崎市、神戸市など）。しかし、今後の医療と介護の在り方を個々の自治体の単位で包括的に設計するのは容易ではない。

大阪は府民の平均寿命や健康寿命が短い。また財政的にも厳しく、特に国民健康保険制度の赤字補塡や公立病院の支援などの医療関連費の抑制が焦眉の課題である。一方で大阪には製薬やバイオ産業の一定の実績があり、成長産業としての期待がある。

○府市合同で検討

そこで維新改革では、特区等の成長戦略との関係も念頭に置いた上で、今後の医療・介護の在り方を府と市町村の垣根を越えて考えることにした。そして、2013年4月に専門家を招聘し、府市合同の検討委員会（大阪府市医療戦略会議、会長は筆者、上山信一）を設置した。会議の目的は、府民・市民の健康水準の向上と成長産業としての医療関連産業の育成支援策を考えることである。なお会議のメンバーは図表22—1のとおりである。大阪府市合同の事務局が各種データの分析やヒアリングなどの作業は行った。会議は

2014年1月まで合計9回開かれ、同月に知事・市長への提言が出された（提言書は http://www.pref.osaka.lg.jp/attach/19411/00000000/teigen.pdf を参照）。

1　自治体による政策立案の意義

これまでは、医療・介護は国（厚生労働省）が、国民健康保険制度や介護保険制度の下で全国一律の政策を展開してきた。それがひととおり行き渡り、地域のニーズに合わせた、よりきめ細やかな政策が必要になっている。また国も、各自治体に政策形成や執行を委ねる方向にある。しかし自治体、特に市町村では、地域住民の健康状態や医療・介護の供給の実態を分析し、地域の個別事情に合わせた医療・介護戦略を主体的に立てるという意識が薄い。

もうひとつ、タテ割行政の問題がある。通常は医療は主に都道府県の、介護は主に市町村の仕事とされ、もともと別個の行政サービスと考えられてきた。現場でも両者の連携が不十分である。そもそも前者は患者の健康回復を、後者は介護する家族の支援を眼目としており、ものの考え方が異なる。

なお、医療費の約半分は事実上公費で賄われている。今の医療の在り方のままで単に産業としての規模が拡大すると財政赤字がますます膨らむ。この意味からも医療介護戦略は各自治体が考える必要がある。

図表 22-1　大阪府市医療戦略会議　委員

上山信一*	（慶應義塾大学総合政策学部　教授）
大嶽浩司**	（昭和大学医学部　教授）
澤田拓子	（塩野義製薬株式会社　専務執行役員）
茂松茂人	（一般社団法人大阪府医師会　副会長）
森下竜一	（大阪大学医学系研究科　教授）

（注）五十音順、*会長　**副会長

2　現状分析の経過と結果

会議ではまず、大阪府民・市民の健康状況と府域の医療・介護の供給状況の現状分析を行った。具体的には次の5つの観点から現状を評価した。

①　大阪府民・市民の健康状況はどうか？
②　大阪では十分な医療・介護サービスが供給されているのか？
③　今の医療・介護体制のまま超高齢化時代を迎えた場合、どうなるか？（サービス面およびコスト面を中心に）
④　大阪には医療関連産業がどのくらいあるのか？
⑤　これまで府市は医療関連産業の振興にどのような施策を展開してきたのか？

(1)　大阪府民・市民の健康状況はどうか？

①　平均寿命も健康寿命も短い

大阪府民・市民の健康状況は、全国平均をかなり下回る状況にある。府民の平均寿命（２０１０年度）は、男性が78・99歳（全国都道府県中41位）、女性が85・93歳（同40位）と短い。健康寿命（日常生活に制限のない期間の平均）も、男性が69・39歳（同44位）、女性が72・55歳（同45位）と短い。つまり大阪の人は、平均寿命が全国平均より短い上に、他都道府県の人よりも相対的に早期から要介護状態に陥ってしまう率が高い。

② がんの早期診療が課題

死因についてみると、がんによる死亡率が他都道府県に比べて高い（男性が全国4位、女性が全国2位）（図表22―2）。現状では3人に1人ががんで死んでいる。なお、他の死因（心疾患、肺炎、脳血管疾患など）については全国他地域と大差はない。

さらにがんの中でも主要五大がん（胃がん、肺がん、乳がん、大腸がん、子宮がん）の実態を見ると、患者が早期診断される割合が全国最良の都道府県（胃・肺のがんは新潟県、子宮頸・大腸がんは長崎県、乳がんは宮崎県）に比べて7～20％も少ない。周知のとおり、がんは早期に診断治療することで生存率が上がり、トータルの治療費も下がる。特に乳がん、子宮がん、大腸がんは、検診による早期発見が期待できる。しかし府民のがん検診受診率は全国に比べて低い。これの向上策が課題である。

がん以外を含む病気全体についての医療機関での受療状況はどうか（図表22―3）。入院については全国と大差がない。しかし、外来では、75歳以上の受診率が全国平均より約6％

図表 22-2　大阪府民の死亡原因

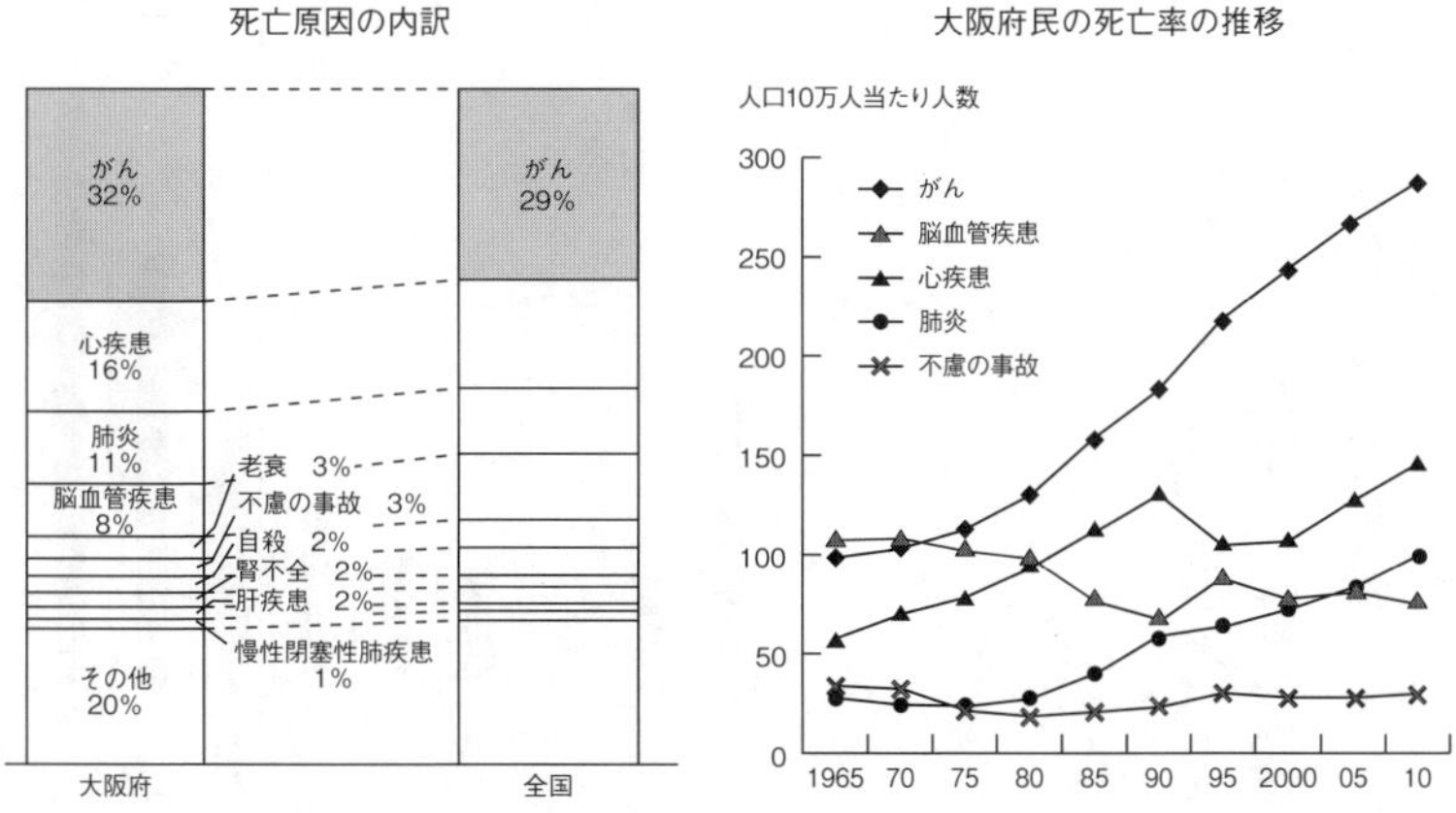

出典：大阪府市医療戦略会議提言（厚生労働省「人口動態統計」より作成）

高い。背景には、高血圧症や糖尿病など生活習慣病が全国より多いことがある。

また、大阪府は特定保健指導の実施率が低く、全国46位である。最高値の宮崎県と比べると、半分以下である。しかも、特定健診で受診を勧められたにもかかわらず治療につながっていないものが多い。

これらの事実を総合すると、大阪では慢性病が多いにもかかわらず早めに検査を受けない、また治療を受けない人が多い。そのため全体に全国平均よりも早く悪化し、要介護状態に陥り、かつ寿命も短くなる傾向があり、これらの克服が政策課題である。

図表22-3　大阪府民の病気の状況

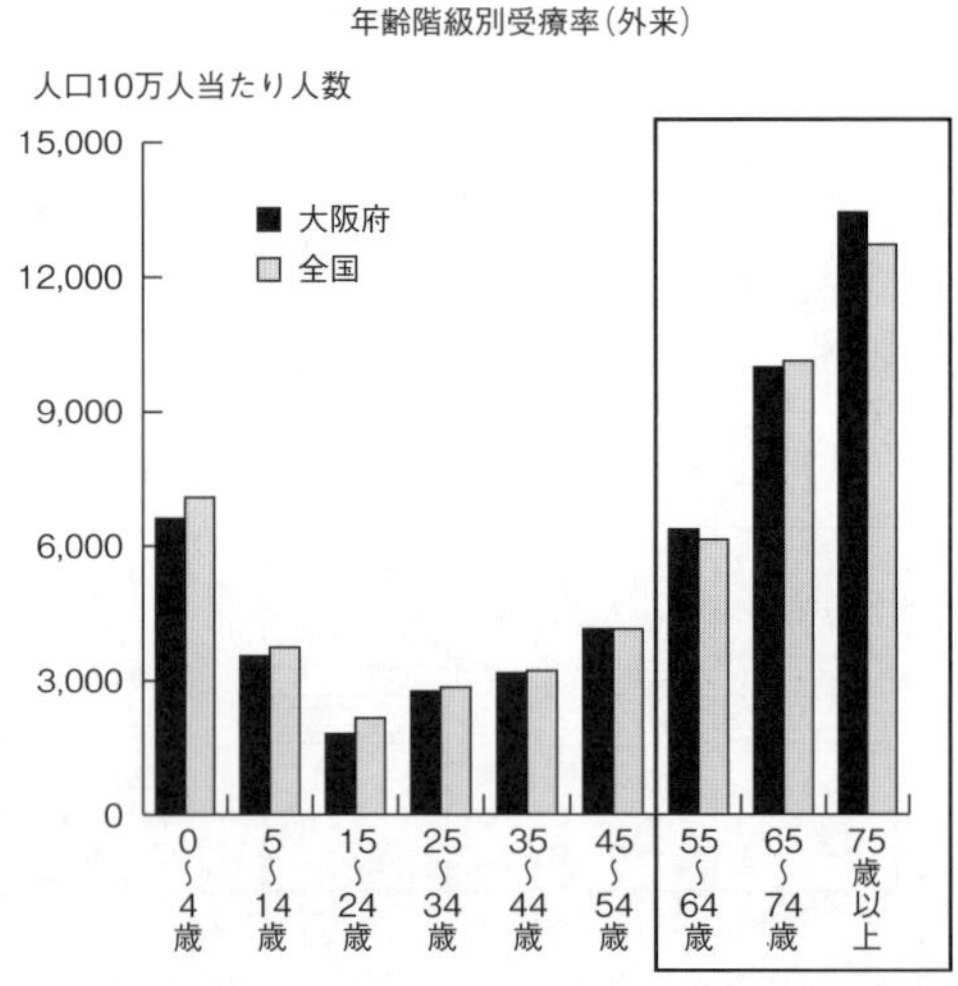

出典：大阪府市医療戦略会議提言（厚生労働省「平成23年患者調査」より作成）

(2)　大阪では十分な医療・介護サービスが供給されているのか？

①　医師の供給は十分

大阪の病院数、病床数、診療所数、医師数は、全国に比べて全く遜色がない。救急車の到達スピードも全国平均より速く（大阪33・8分、全国38・1分）、がん、脳卒中、心筋梗塞など、高度な急性期医療を提供する医療機関も多数ある。府の南部がやや手薄になっているが、基本的な医療供給体制は十分に確保できている。

② 民間病院が主体

大阪の医療供給体制の特徴は、病院設置者の大半（81％）を民間の医療法人や個人など私的病院が占める点である。全国平均は71％であり、大都市部の東京（70％）、愛知（75％）と比較しても、私的病院が果たす役割が相対的に大きい（図表22―4）。ただし、これらの民間病院の75％が200床未満の小規模病院であるという点は弱点といえるだろう。

③ 公立病院の大半が赤字

ちなみに、公立病院は4％にすぎない。府内17の市に19病院あるが、経常収支が黒字の病院はわずか4つだけである。府立の5病院と府内の公立病院に対する各自治体の一般会計からの繰入額は400億円にも上り、全国でも有数のレベルである。これらの経営改善は財政面からみた大きな課題である。

図表22-4　大阪府における病院の設置主体

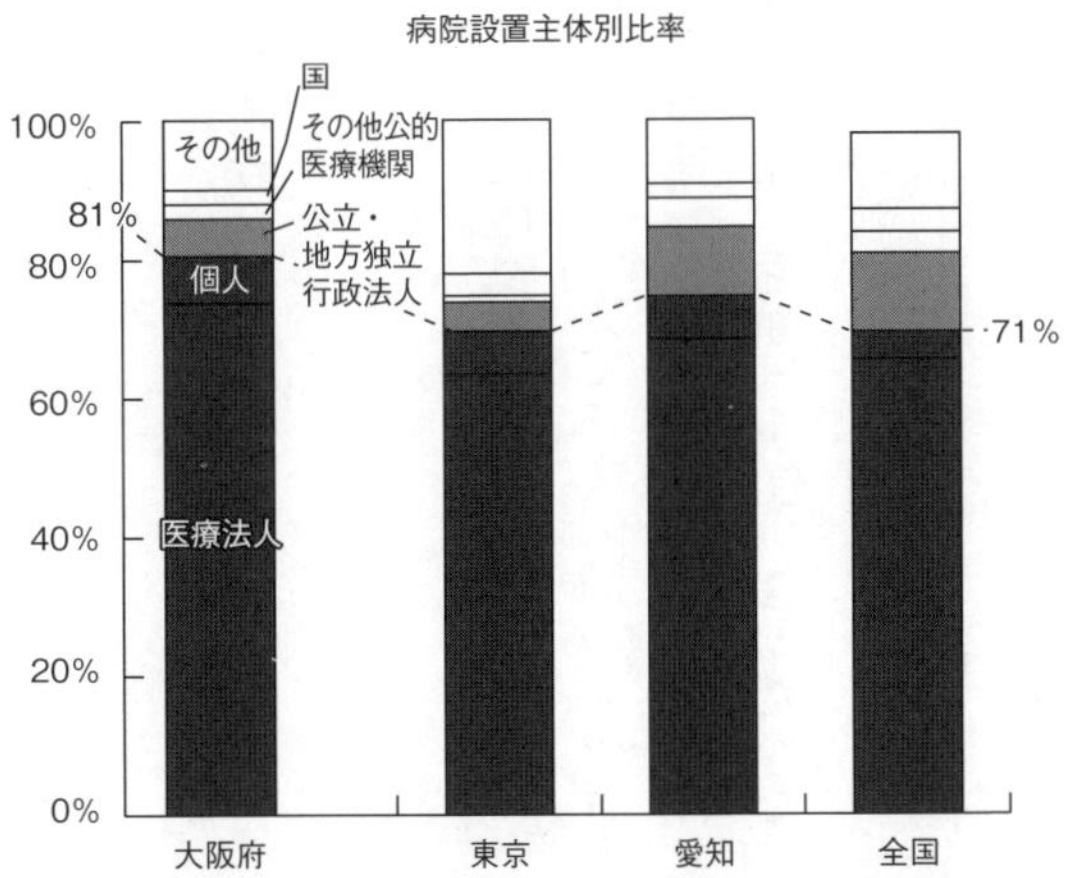

出典：大阪府市医療戦略会議提言
（厚生労働省「医療施設調査<平成23年10月1日>」より作成）

④ 病院間の質のばらつきが大

質的な面はどうか。医療機関による差が大きい。例えば、主ながん（肺・胃・肝・大腸・乳）について調べてみたところ、肝がん（肝および肝内胆管がん）で施設間のばらつきが多く、生存率の差は最大で2・8倍となった。また、がん診療連携拠点病院における胃がん患者の5年相対生存率[注]も同じく施設による差が大きい。なお、大阪には脳卒中や急性心筋梗塞の治療にも対応できる病院が多数ある。しかし、各病院が年間に手掛ける治療症例数には大きな差があった。当然ながら手掛ける症例数が少ないと医師やスタッフの技量があまり向上しないおそれがある。特に極めて症例数の少ない医療機関については、医療の質への懸念が拭い切れない。なお、大阪に限ったことではないようだが、この調査を通じて医療機関別の治療成績結果のデータの公開があまり十分ではないことが分かった。いっそうのデータの公開も今後の課題である。

（注）5年相対生存率とは、がんと診断された人のうち5年後に生存している人の割合が、日本人全体で5年後に生存している人の割合に比べてどれくらい低いかを表す数値

(3)　今の医療・介護体制のまま超高齢化時代を迎えた場合、どうなるか？（サービス面およびコスト面を中心に）

①　高い高齢化率

大阪は全国の中でも人口に占める高齢者の割合が高い。２０１０年以降についてみると、大阪は３つの大都市都道府県（東京都、愛知県、大阪府）の中で最も高齢化が進んでいる。一方で15歳未満の年少者人口の減少スピードも速く、他都市に先駆けて人口が減少し、また超高齢化が進む。今後についても傾向は変わらない。２０１０年の高齢者の割合は大阪府が22・４％、東京都が20・４％、愛知県が20・３％だった。これが２０２５年にはそれぞれ29・２％、25・２％、26・４％に増加すると予測される（図表22―５）。

また、大阪府の高齢世帯のうち70・４％が単独あるいは夫婦のみの世帯と推計される（２０１０年時点）。２０２５年にはこれが72・８％に上昇する見込みである。こうなると家族による高齢者の生活支援はあまり

期待できない。施設への収容や在宅の場合には地域全体で高齢者を支援する対策を考える必要がある（図表22―6）。

②　やがてベッドが不足

年齢を重ねると病気にかかる割合も上がる。したがって、高齢者が増えると病院のベッドも不足するようになる。大阪の２０２５年の入院総数を推計すると、75歳以上の入院数が現在の１・７倍（約７万人）に増え、他の年齢層の入院数の減少を加味しても、必要ベッド数が今の約１・３倍（約11万１０００人分）に増えると分かった。現在の府の既存病床数（２０１２年10月時点）は約10万８０００床であり、このままだと約３％不足する。

一方、介護はどうか。２０１３年４月現在、大阪府の高齢者人口約２１０万人のうち約20％（41・５万人）が要支援・要介護の認定を受けている。これが２０２５年には約27％（65万人）に増える。介護施設の入所希望者も増えるだろう。

２０１０年時点では、介護保険施設の定員約４万

図表22-5　全国の高齢化の状況

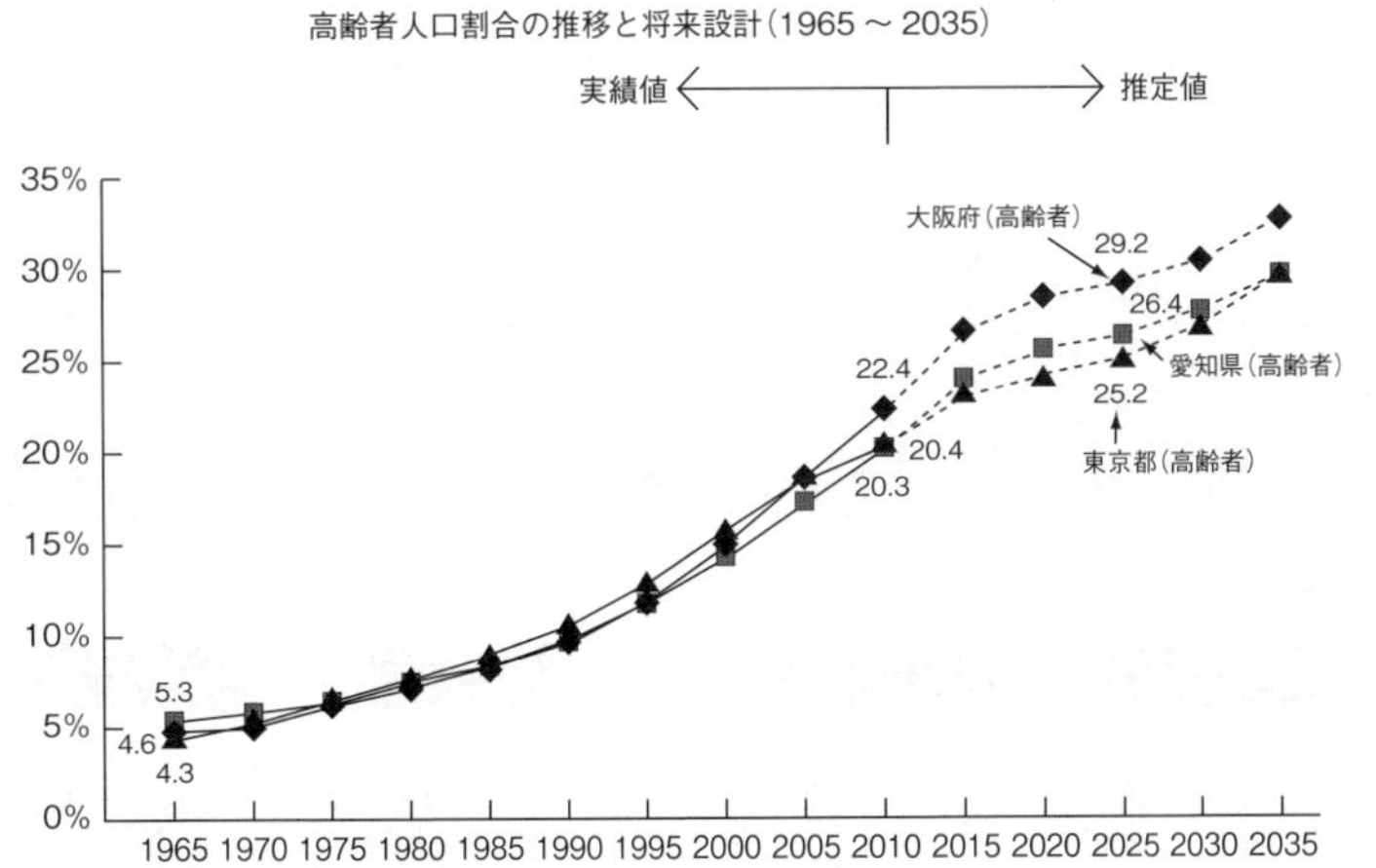

出典：国立社会保障・人口問題研究所が2013年3月に推計した「日本の地域別将来推計人口（都道府県別）」をもとに作成

５０００人に対し、在所者数は約４万３０００人で、余剰がある。しかし、２０２５年には、入所見込み者が約６万６０００人に増え、今の定員のままではその約３分の１の２万１０００人が入所できなくなる可能性がある。

③　在宅介護の増加と介護人材不足

このように、将来は、施設に収容できない人達が出てくる。それに伴って、居宅サービスの利用者が増えるが、ヘルパーなどの介護人材は今でもすでに不足している。介護人材のニーズは、２０１２年度で約11万人あったが、２０２５年度には約18万人（約１・６倍）に増大し、今後はさらに不足する。さらに、病院や施設が満杯になると、看取りの場所も在宅となる。したがって、大阪の場合は全国の他地域よりも速いペースで訪問介護や訪問医療の実施体制を作る必要がある。

④　健康保険政策は重要な財政対策

今後の財政負担はどうか。現時点での大阪府の高齢者１人当たりの医療費は全国平均よりもやや高い。中でも

図表 22-6　一般世帯に占める高齢者世帯の割合

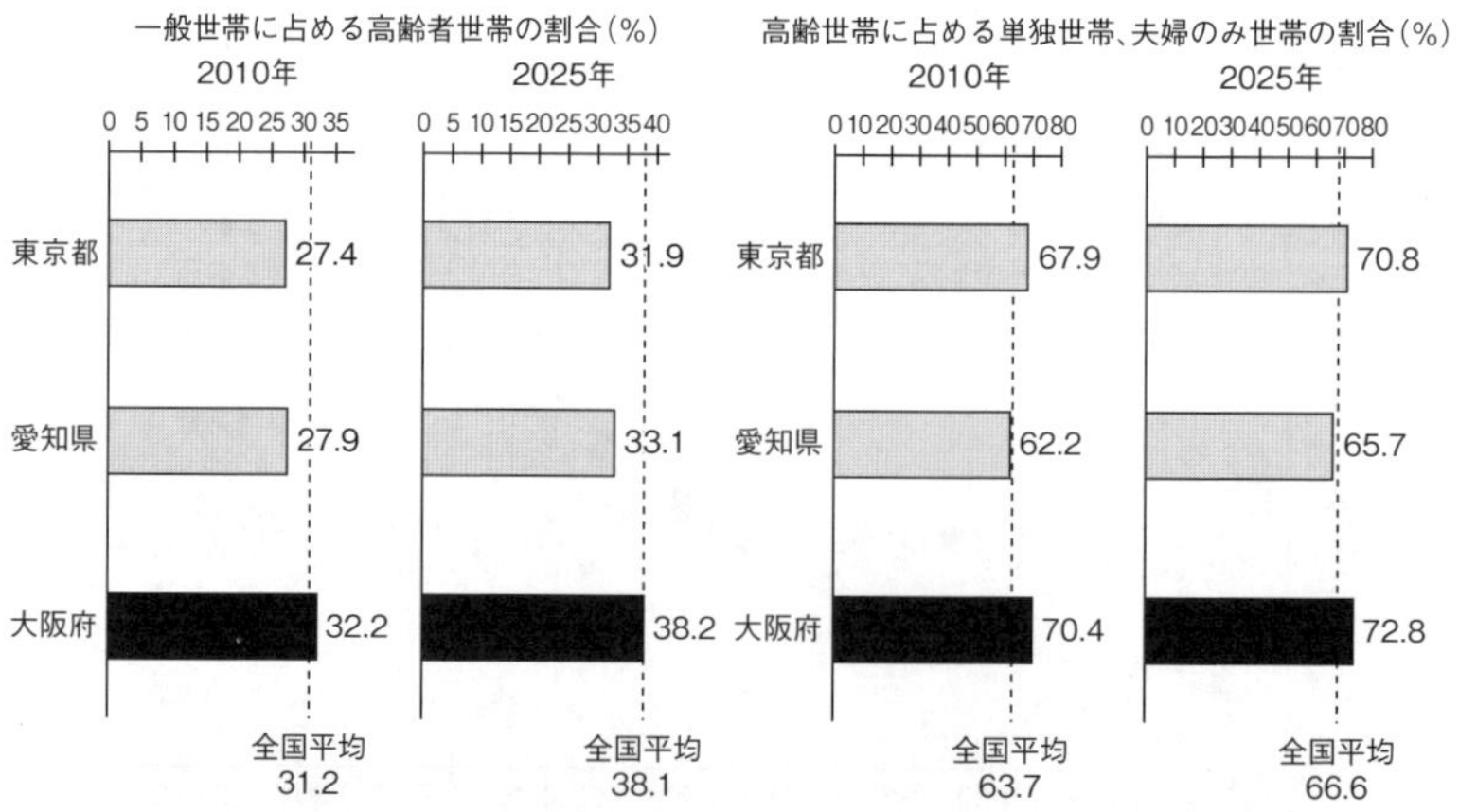

出典：国立社会保障・人口問題研究所「日本の世帯数の将来推計（都道府県別）」（2009年12月推計データ）より作成

後期高齢者については、全国で4番目に高い。一方で大阪府の府内各市町村の国民健康保険の財政状況は全国で下から2番目に悪い。ちなみに全国自治体の一般会計から国民健康保険の赤字補塡への繰上充用金の約4割分を大阪府内の市町村分が占める。背景には、慢性疾患の高齢者が多いことや先述の受診の遅れによる重症化の問題などがあると思われる。

将来の財政負担はどうか。2011年度で国民健康保険・後期高齢者医療制度に加入する府民の医療給付費は総額で1兆5549億円だった。このうち約半分の約7372億円を公費で負担している。この額が、2025年にはそれぞれ2兆6000億円、1兆2500億円に増大すると見込まれる。すなわち、今後、何も対策を打たなければ、公費負担額が現在の約1・7倍になり、財政を大きく圧迫する。

介護保険給付費については、2013年度当初で約5963億円で、そのうち約2982億円が公費負担分だった。これが2025年には約1兆2729億円に増大し、そのうち6365億円が公費負担分となると見込まれ、これも現在の約2倍になる。

いずれにしても、現状のまま超高齢化社会に突入すると、医療・介護の出費が、自治体の財政をますます圧迫するので病気や要介護状態の出現をなるべく防ぎ、あるいは少しでも遅らせる必要がある。それがひいては府民（患者、家族）の生活の質（クオリティ・オブ・ライフ）も上げる。早期発見、早期治療、そして寝たきり防止対策が、財政再建を進める上でも府民のためにも急務である。

(4)　大阪には医療関連産業がどのくらいあるのか？

大阪の医薬品関連の付加価値総額は全国1位（約5900億円、14・8％のシェア）である。大阪をはじめ関西には、全世界の売上高で14位に位置する武田薬品工業をはじめ、田辺三菱製薬、大日本住友製薬、塩野義製薬など大手企業が集積し、地域の有力な産業分野となっている。特に医薬品分野では関西のシェアが関東を上回り（図表22—7）、また域内総生産に占める割合も全国平均よりも高い。

医療機器については、域内総生産に占める割合は全国平均並みだが、絶対額では全国第9位（約4％のシェア）に位置する。また大学医学部も集積しており、医学部を有する全国80大学のうち、関東に23、関西に12が位置し、そのうち5つが大阪にある。

○再生医療では全国一

特に関西は需要拡大が見込まれる再生医療分野で強い。大阪や関西にはこの分野の医療機関と研究機関が集積し、連携しながら研究を進めている。この分野での大阪での臨床研究数は17件で、これは東京と同数かつ全国最多である（関西全体では31件であり、関東の20件を凌駕）。

今後についてはどうか。世界の医療市場の市場規模は、2010年時点で医薬サービスが約430兆円、医薬品が約70兆円、医療機器約20兆円に上る。また2000年代に入ってからは、新興国の経済水準の向上や平均寿命の延伸などを背景に年率8・7％ずつ成長し続けてきた。

図表 22-7　主要産業の付加価値額の比較

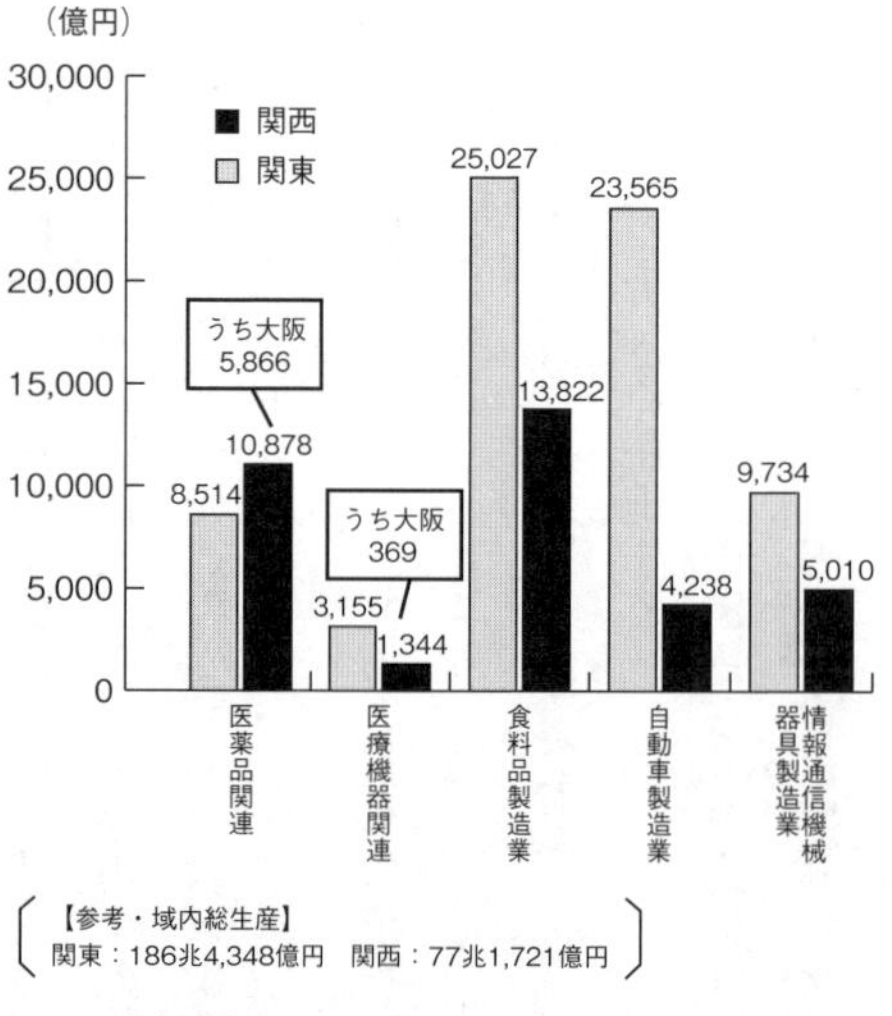

【参考・域内総生産】
関東：186兆4,348億円　関西：77兆1,721億円

（注）自動車製造業は、秘匿された数値を除く

国内でも、医療産業はコンスタントに成長し、2011年で医薬品産業は9・3兆円、医療機器は2・4兆円の規模に達する。政府は医療分野を成長分野と位置付け、2020年に約16兆円に拡大することを目指す。あわせて健康増進・予防、生活支援関連産業（生活支援サービス、住まいなど）も同年に10兆円（現在は4兆円）に拡大させる計画を掲げている。

以上みてきたように、大阪府民の健康状況は悪く、財政にも大きな負担を与えている。一方で、医療産業は大阪の成長産業としても有望であり、この2つの意味において、大阪にとっては医療戦略が極めて重要だということが分かった。

(5) これまで府市は医療関連産業の振興にどのような施策を展開してきたのか？

○数々の自主事業を企画

会議では府市がこれまで医療産業の振興にどれぐらいの予算を使い、またどのような施策を行ってきたかを調査した。

施設運営についてみると、府は、府立公衆衛生研究所と5つの府立病院を運営する。また市は、市立環境科学研究所と3つの市立病院、そして大阪市立大に医学部と附属病院を持つ。また、弘済院という高齢者福祉施設も持っている。

これらに加え、府市は数々の自主事業を展開してきた。

2013年度には、府市合計で約46億3200万円の予算が自主事業に充てられた。内訳は多種多彩だが、例えば府の場合、独立行政法人医薬品医療機器総合機構関西支部（ＰＭＤＡ―ＷＥＳＴ）の誘致・整備や、府の北部の彩都のバイオイノベーションセンターの整備推進事業などである。

市についてもいろいろある。これらの府市が展開してきた施策・事業の主なものを図表22—8に、また大学を中心とした取組を図表22—9に掲げた。

○神戸市が先行

これらの施策を他地域と比較評価するとどうか。関西では兵庫県と神戸市がライフ分野の産業振興などを目指した国家戦略特区での取組で先行している。特に、医療産業都市構想を進める神戸市は、湾岸地区に研究機関を誘致、集積させ、隣接する中央市民病院でこれらの高度・先端的医療の成果を提供するなど、研究から提供まで一貫した戦略的な医療産業の拠点づくりを行っている。

また関西全体で医療産業を育てていく関西イノベーション国際戦略総合特区でも、兵庫県が新事業・雇用創出型産業集積促進補助などに20億円を投資している。関東では神奈川県や川崎市が先行し、同市は京浜臨海部ライフイノベーション国際戦略総合特区で国立医薬品食品衛生研究所の移転整備などに11億円を投資している。これらに比べると、大阪では、大阪市が大阪駅周辺や夢洲・

図表 22-8　医療産業の育成でこれまでに府市が展開してきた主な施策・事業

	主体	内容
大阪バイオ戦略	府	・医薬品・医療機器関連分野の振興が主なターゲット産学官のトップで構成する大阪バイオ戦略推進会議で合意形成・取組を推進。 ・「大阪バイオファンド」の運営や特区による規制緩和などを通じたベンチャー企業育成・投資拡大などを実施。
「抗疲労・癒しプロジェクト」 「介護ロボット開発」	市	・中小企業振興の一環として実施。 ・ヘルスケア産業創出支援のほか、ロボットテクノロジーによる医療・介護機器の開発などを重点支援。 ・研究会等の開催、企業ネットワークの構築、企業間連携によるプロジェクト組成、ビジネスマッチング等。
府公衆衛生研究所 市環境科学研究所	府 市	・府公衆衛生研究所で感染症、食品、医薬品、環境衛生分野の調査・研究・分析を実施。 ・市の環境科学研究所は、特別用途食品（特定保健用食品を含む）許可試験を行う、唯一の公的機関。
大阪バイオサイエンス研究所	市	・バイオサイエンス・医学の分野で国際的な研究活動と人材育成を進め、大阪の発展に寄与するため設立。 ・疾患の原因解明（アルツハイマー病、パーキンソン病、統合失調症、自閉症、PTSD等の脳・神経疾患）で成果。

咲洲等関連事業などに7億8000万円を投資しているがやや少ない。

○大阪はまとまりが不足

以上述べてきた大阪府市の医療産業支援への取組を総合評価すると、次のようなことがいえる。

第1に、大阪は「抗疲労」や「介護ロボット」など有望分野での産業振興に他都市に先駆けて取り組んできた。

第2に、各大学を中心に医療関連産業を育成するプロジェクトが進められてきた。また官民のさまざまな機関が研究開発や事業化に取り組んでいる。

第3に、これまでの行政の取組では、中小企業振興策の一環や府民・市民の啓発を目的とするものが多い。直接的に医療関連産業の振興を促す施策・事業はあまり多くない。

第4に、特区については十分な枠組みができているが、行政による資金投入は他地域よりやや劣る。

しかし、総じて全体の有機的連携があまりできてい

図表22-9　府市におけるこれまでの医療・健康づくり分野関連の大学等を中心とした取組

大阪メディカル特区構想	・関西メディカル・ヘッドクォーター整備 ・再生医療等の未来医療開発 　創薬・医療機器・再生医療等先端医療開発、医工情報連携等 ・スマートウエルネス実現プロジェクト 　医療周辺サービス、医療機器サービスの海外展開等 ・国際医療貢献推進
医療特区構想	・大阪の強み(大学/医師数/薬品メーカー/医薬産業)を活かして先端的取組を行うため、「特区」に医療資源を集中投下 ・医療、薬品、保険、ME、情報などの多分野が相互連携して活性化をめざす
「健康科学イノベーションセンター」	・2013年7月26日、うめきたナレッジキャピタル内に開設 ・健康科学（疲労回復、抗疲労、アンチエイジング、安全・安心）の拠点として、産-官-学-医-消（費者）の連携を推進
ものづくり医療コンソーシアム	・政府機関、企業、医療機関および研究機関等が有している人材、資金および知識や経験を互いに活用 ・先端的な医療技術分野、中小企業のための工業技術分野等における研究の推進、研究成果の育成、技術移転、人材の育成、学術文化の振興等を産学官連携で推進

ない。特に府と市はバラバラに各機関に資金投入してきており、行政による有機的つながりづくりができていない。

3　課題解決の7つの着眼点

現状分析では、事実とデータをもとに、目の前にある現実を客観的に分析し、そして将来を予測した。しかし、課題を実際に解決するためには、背景にある原因、複数の課題の関連性、課題を取り巻くステークホルダー（利害関係人）の動向等を理解する必要がある。そこで会議では「課題解決の7つの着眼点」「4つの戦略目標」、そして「4つの基本方針」を考えた。

具体的には、会議では事務局が分析したデータをもとに議論をしたほか、大阪の医療・介護の現場の人材や国際動向に通じた専門家等合計9人をゲストに招き、また事務局や委員が各地に赴きヒアリングをした。その結果、医療・介護の課題を解決する上で重要と思われる7つの着眼点を得た。

ここではまず7つの着眼点を紹介する。

⑴　着眼点①　医療産業の成長と財政の負担の関係

医療・介護の消費（需要）は、人口の高齢化と技術革新を背景に、放っておいても成長する。だが、現在のような治療と投薬中心の医療のままでは、患者の出費と政府の財政負担は増すばかりである。

○医療費の約4割〜5割が公費

例えば、現在の大阪府の医療費は年間3兆円弱にも上る。このうち約4割を国・地方を合わせた公費で負担している。医療費は基本的には本人の負担と保険で賄われるが、それだけでは足りない。例えば国民健康保険会計は市町村が管理し、赤字が発生すると一般会計から資金を繰り入れ補填している。また、生活保護受給者向けの医療扶助は市町村も負担する。これらも入れると、医療費の約半分は事実上公費で負担している。今後は高齢化が進み、医療技術がますます発達する。すると、病気を抱えつつ長生きする人が増え、医療費はますます増える。例えば大阪府の医療費の公費負担は2025年には現在の1・7倍になると推計される。医療の伸長はビジネスとしてみると成長産業だが、財政からみると脅威であり、手放しでは喜んでいられない。したがって、医療・介護は現行のシステムとサービスの在り方のままでの単なる量的拡大（成長）は健全でなく、また持続可能でもない。今の内容と供給体制を見直さない限り、サービスとしての充実も産業としての成長も見込みにくいだろう。

(2)　着眼点②　「医療・介護産業」から「健康促進産業」へ

医療・介護を健全な産業として育て、また財政負担の増大を抑えるためには、その内容を発病後の治療、投薬を中心とする狭い意味の「医療・介護産業」から、発病前から始める健康増進、予防、早期発見、重症化予防などを中心とする「健康促進産業」へ転換する必要がある。

○病気になる前のサービスを充実

病気になったら治療と投薬は不可避だが、患者の真のニーズは、極力、病気にならないこと、そして仮に病気になっても重症化せずに1日も早く日常生活に復帰することである。したがって、病気になる前に健康増進、予防・予知（検診）、そして発病しても重症化を予防する介護やリハビリなどをタイムリーかつ機動的に活用する方式へ、医療・介護サービスの内容を転換する必要がある。

その典型例は、サプリメントなどによる栄養補給や運動指導による予防、健康増進である。あるいは、早期発見のための検診事業や人間ドック事業である。最近では、ワンコイン（500円）での血液検査、陽電子放射断層撮影（PET）診断、あるいは遺伝子解析サービスなども伸びている。

(3)　着眼点③　医療、リハビリ、介護の連携

高齢者向けのリハビリやデイケアサービス、介護・生活支援などは、重症化を防ぐのに役立つ。特に、高齢者が寝たきりになるのを防止する意義は大きい。だが、現行の医療・介護の関係者の多くはそれぞれを別個のサービスと捉えがちで、両者を連携させる意識が薄い。そこで自治体が旗振り役となって、これらのサービスの連携と充実を促すべきである。

○寝たきりのコスト大

医療が発達すると寝たきり状態で長寿を全うする人が増えるが、それでは本人の生活の質（クオリティ・オブ・ライフ＝QOL）が低い。家族の負担も大きい。また、本人や家族の出費がかさみ、財政負担も増える。したがって、自治体は寝たきり防止をはじめとする重症化抑止のための各種サービス（例えば、筋力維持のためのデイケアサービス、負担を下げるための生活支援、転倒防止工事、骨折後のリハビリなど）を公的な先行投資と位置付け、積極的に資金を入れるべきである。その投資は巡り巡って、医療・介護費の抑制にもつながる。

(4)　着眼点④　保険者の役割

治療、投薬中心から健康維持、予防、重症化防止中心へと医療の内容を変えていくためには、本人への啓蒙・啓発だけでなく、健康保険組合や自治体などの保険者が、本人の行動様式や生活態度の転換を促す必要がある。すでに自治体の間では、レセプト（診療報酬明細書）情報をチェックして重症化予防のための保健指導や通院勧奨をする動きが広がっている。将来的には早期検診を拒んだ末に病気になった場合には、自己負担率を増やすペナルティー制度の導入なども検討すべきだろう。要するに、本人の意識改革を促すだけでなく、保険者も積極的に関与し、また制度を見直す必要がある。

○事後にしか利かない保険制度の限界

日本の医療保険制度は、病気になり、高度なサービスを受け始め、やっとその恩恵を感じる仕組みになっている。その結果、国民の間には無意識のうちに「病気になっても保険で治せる」という考え方が浸透している。また、予防のための運動や健康増進にお金を使う意義が、十分には認識されていない。また、健康増進に関わる産業（サプリメント、機材、栄養食品、運動支援など）も、十分に育っていない。保険者は医療費抑制の観点からも、これらサービスを利用推奨し、また育成支援すべきである。

(5)　着眼点⑤　医師の役割の見直し

予防、診断、重症化抑止にまつわるサービスを医療・介護の成長分野に育てるためには、現在、極端に医師に集中している医療行為をアンバンドル（分解、整理）し、訪問看護師、リハビリなどの専門家や各種技師に、より大きな権限と責任を委ねるべきである。そのことで、医師は本来的な医療行為により多くの時間を使えるようになり、医療・介護産業全体の生産性と質も向上する。

○もっと看護師に任せるべき

現在の日本の法律では、海外では看護師などに委ねられている軽微な診断や治療まで医師の仕事とされている。この規制を緩和すれば医師の雑務が減る。また、看護師や技師などの報酬や地位も上がり、人員不足の解消にもつながる。時代にそぐわず、また、一部では既得権益化した医師の業務範囲の見直しが急務である。

(6)　着眼点⑥　医療・介護の専門家間の連携

高齢者は複数の病気を抱えがちである。これから超高齢化時代になると、医療・介護分野のさまざまなサービス提供者の間での連携が必須となる。

まず合併症や副作用を監視するために、医療機関や薬局間の連携が必要になる。また、介護と医療、医療とリハビリなどの連携も必須となる。これまでの医療は新たに発生した急性期の患者の治療が基本で、後は通院で日常の維持管理をする程度でよかった。しかし、これは人口構成が若い時代に適した制度だった。超高齢化時代になると、このパターン以外のさまざまなニーズが発生する。

○リハビリ、介護、医療の連携

例えば、寝たきりの高齢者への訪問医療、訪問看護、看取り、さらに転倒後の迅速な回復のためのリハビリ、日常生活の介護、食事・家事サービス、さらには認知症の診断や予防など多種多彩である。しかも、これらのニーズは個々の患者について同時多発的に発生する。こうなると、例えば複数の診療科から複数の薬をもらう患者が被る副作用などのリスクが出てくる。また、転倒して骨折、入院した後に早くリハビリをすれば避けられたのに、医師とリハビリの連携が悪いために寝たきりになる等の事例がある。介護サービスを早くから受けないために体に対する負担が大きく、重症化することもある。リスク回避のために、介護と医療、リハビリと医療などの各種サービスの担当者、そして機関間の連携が必要となる。

(7)　着眼点⑦　医療ICTの駆使

着眼点⑥で述べたように、これからの医療・介護サービスは、従来のように患者と1つの機関や施設の間で完結しない。今後は1人の患者に対して複数のサービスが同時に展開される。また、個々のサービスは他のサービスとの連携の中で展開されていく。そうなると、各サービスの提供者は、個々の患者ごとの検査、治療、投薬などの全体の記録を必要とするようになる。そのためには情報通信技術（ＩＣＴ）の多用が不可欠となる。また、医療機関はもとより、保険者や自治体も医療分野でのＩＣＴ投資が不可欠となる。

○エビデンスベースの医療へ

ところがカルテはまだ多くが電子化されておらず、また、電子カルテとレセプトは、システムとしてつながっていない。着眼点⑥のサービス間連携を実現するためにも、個々の患者の情報をＩＣＴを使って一元管理する必要がある。

わが国には個々の患者の情報の一元管理については、乳幼児について母子手帳が、また一部の自治体には介護手帳の仕組みがある（新潟県佐渡市などが自主的にシステム構築をしているが、まだ試験的である。）。一方、デンマークなどでは全国民の幼少時からのデータを蓄積し、治療や予防に生かしている。わが国でも早晩、患者情報をＩＣＴで共有化する仕組みが必要となる。なお個々の患者に対してＩＣＴ活用によるサービス提供が可能ならば、プライバシーに配慮しつつ、そこから得られるビッグデータを薬の開発や治療方法の改良に役立てる可能性も出てくる。

以上が会議での専門家のヒアリングや討議を通じて得られた課題解決のための７つの着眼点である。会議はこれらに着目しながら、大阪の医療戦略の「４つの戦略目標」と「４つの基本方針」をまとめた。

4　4つの戦略目標（ＷＨＡＴ）

自治体の政策は、国の政策と比べると目標がシンプルで数字で表しやすいものが多い。教育は学力向上を、治安・防災は、犯罪・災害の発生や被害の軽減化が目標である。医療の目標も一見シンプルに見える。すなわち「住民に長生きしてもらう」ことが目標だろう。人は老い、ほとんどが病気になり最後は亡くなる。また、高度医療を広く普及させると、医療産業は潤うが、財政が持たないという現実がある。行政サービスはすべからく、政策のコストと効果のバランスを考えなければならない。しかも、災害はゼロにできるが、人は必ず亡くなる。費用対効果のバランスを取るのは非常に難しい。

そこで会議では、具体戦略を考える前に、府市の医療戦略の４つの戦略目標を確認した。

第１目標は、府民の健康寿命を延伸し、生涯にわたるＱＯＬを向上することである。

第２目標は、既存の医療・介護機関などの機能の分化と高度化、連携を促進し、全体の生産性を向上させる。また、超高齢社会に向けた新たなサービス・製品を提供する産業を、幅広く振興することである。

第３目標は、第１目標と第２目標の実現を通じて国内総生産（ＧＤＰ）の拡大と雇用の創出を図り、ひいては税収増と医療・介護関連の公費支出を抑制することである。

第4目標は、医療産業を地域の成長戦略にすることである。そして、健康寿命の延伸と経済成長を同時に実現するヘルスケアシステムの先進モデルを確立し、それを広く他地域や海外に展開し、将来の大阪の成長の糧の1つとすることである。

以上の4つが、何を目指すか（WHAT）である。

5　4つの基本方針（HOW）

会議では、さらに「4つの基本方針」を立てた。これらは、いかにして実現をするか（HOW）を示す。医療戦略は目標が多義的、重層的である。また医療戦略の担い手が多岐にわたる。防災・治安維持では行政が中心的な役割を果たすが、医療の場合は、医療機関と患者が主役で、行政は脇役である。さらに、行政の中でも府庁だけでなく、実際には市町村がかなりの戦略を遂行する。また、国の動きも制度や資金面から影響を与える。戦略の担い手は非常に幅広い。

そんな中で、戦略を掲げ、今までのやり方を捨てて新しい方向を目指す。となると、既存の関係者に抵抗感が生まれる。そこで今回は戦略性を示すために次の4つの基本方針（HOW）を掲げた。

第1に、「エビデンス（科学的根拠）」に基づく戦略の遂行を目標とした。この分野は、やってみないと分からないことが多い。そのため、データを活用し、健康づくりや医療のアウトカムを「見える化」し、効果と経済合理性を実証する科学的根拠を明らかにする。そして、社会実験を繰り返しながら成果を見極めつつ、施策の中身を随時修正していく。

第2に、「戦略の当事者は行政ではない」ということをあえて明言した。すなわち、住民あるいは患者が自ら健康維持と予防、疾病管理の重要性に気付き、行動を変革する。行政はそれを啓発し、予防や検査の民間機関を支援する。

第3に、「経済原則」を戦略遂行の上でフルに活用する。すなわち、民間の活力や競争原理を導入することで、保健医療資源の効率的配分を実現する。

第4に、「民間企業にとってのメリットとインセンティブ」を重視した。サービスの担い手である医療・介護の事業者が経営効率を上げ、利益を確保できる仕組みでないと改革は不可能である。また、新規参入を促すには、規制緩和や柔軟な制度運用によって民間活力が発揮される環境を整える必要がある。

○成熟社会型システムへの転換

以上の基本方針の考え方は、これまでの国の医療政策とはやや異なる。それを示したのが図表22―10である。従来は、国民は皆若く、基本的には健康体だった。そんな中では、たまたま不幸にして病気になった人を保険で面倒をみればよかった。つまり、社会全体で助けるという発想に基づいた公的保険制度が十分に機能した。

ところが、今後は全体が高齢化し、支え手である生産年齢人口が減少する一方で、全ての人が何らかの形で医療の世話になることになる。かつ、その内容は個人差が大きく、多彩である。したがって、今までのように全国民を集団として捉え、一律的なサービスを提供する考え方は成り立たない。医療産業は、顧客である国民のニーズを捉えた上で、費用対効果も考えた最適なサービスを提供していくスタンスへの転換が必要になる。また、本人も何から何まで全てを国や行政に面倒をみてもらうという発想を脱し、個人が自分の問題として健康と医療について考える必要がある。

6　具体的な府市の7つの戦略

以上、「7つの着眼点」「4つの戦略目標」そして「4つの基本方針」を紹介したが、それに基づいて会議でまとめたのが「7つの戦略」である。ちなみに、医療戦略の担い手は行政だけではない。そこで会議では、7つの戦略ごとに「メーンとなる主体」と「取組に関わる他の主体」を明示し、医療戦略の担い手はまず第一に当事者である医療機関と府民であること、そして行政の中でも、府だけでなく保険者でもある市町村の役割が大きいということを強調した。

○まずは本人の努力

戦略は7つに分かれる（図表22—11）。戦略①の「予防・疾病管理、府民行動変革」には、なるべく病気にならないように府民が努力する、という至極当たり前のことを掲げた。なぜなら医療戦略では、何よりもまず本人の予防・疾病管理の努力、そしてそのための行動変

図表22-10　成熟社会に向けた医療・介護システムの転換

	高度成長／若年社会型	低成長／成熟社会型
府・市民	・病気になってはじめて医療を意識する ・比較的低コストで、フリーアクセス ・財政負担の意識は薄い	・本人が健康維持や予防に熱心 ・本人がコスト意識を持って、行動を選択 ・健康情報リテラシーが高い
医療・介護提供機関	・供給側が健康保険制度、介護保険制度の支払い条件を厳格に管理 ・サービスの提供方法は自由放任主義 ・医療の質に関する情報開示が不十分	・「消費者としての患者」の期待への対応 ・科学技術主導でイノベーションを目指す ・保健医療資源の配分効率と財源の持続可能性に向けたガバナンス強化 ・サービス提供者の生産性向上、経営の持続可能性支援
医療関連産業	・公的保険外のサービスは需要が限定的 ・狭義の医療関連産業は、海外勢が優位 ・医療・介護関連の生活支援のための産業は発展途上	・社会保障制度を破綻させない成長志向型のイノベーションを目指す ・エビデンスに基づく事業開発 ・裾野の広い医療関連産業の振興と公的支援・環境整備
インフラ	・住民の高齢化に伴って、まち全体が老朽化、「単一世代住み捨て型」のまちづくり	・住民が住み慣れた土地に住み続け、若い世代の住民も惹きつける循環居住型のまちづくり
	集団的アプローチ	個別的アプローチ

革が重要だからである。また、そこでは治療から予防への転換が重要であり、目標は健康指標の向上や健康格差の解消である。このように、戦略①では、本人と保険者が担い手として大きな役割を果たすことを強調した。

○医療データを駆使

戦略②は「レセプト（診療報酬明細書）データの戦略的活用」、戦略③は「医療情報の電子化とビッグデータの戦略的活用」である。この２つはセットで展開すべき戦略である。戦略②では、保険者が自ら保有・管理するレセプト情報や健診データを活用して被保険者の治療情報や患者実態を知り、本人に予防・治療の継続や効果的な治療法の選択を促す。例えば本人が中断した治療の再開や食生活改善、後発医薬品（ジェネリック）への切り替えなどを働き掛ける。それを通じて、患者の自己負担と保険者の負担を下げていく（公的保険の場合は自治体財政の健全化にも貢献）。戦略③はレセプトデータや電子カルテ、投薬記録などの医療情報の

図表 22-11　７つの戦略の全体像

	戦略		メインとなる主体		キーとなる視点		ねらい	取組に関わる他の主体
①	予防・疾病管理、府民行動変革	＝	府民 保険者等	×	主役は消費者 治療から予防へ	→	健康指標の向上 健康格差の解消	保健医療提供機関等、基礎自治体、大阪府等
②	ﾚｾﾌﾟﾄﾃﾞｰﾀの戦略的活用	＝	保険者等	×	支払者の行動変革 医療費適正化 医療の標準化	→	医療の価値追求 情報管理産業化	府民、保健医療提供機関等、研究機関、大阪府等
③	医療情報の電子化とビッグデータの戦略的活用	＝	大阪府	×	創薬等ﾋﾞｼﾞﾈｽ支援 医療データベース構築			保険者等、保健医療提供機関等
④	地域密着型医療・介護連携最適モデル実現	＝	医療・介護従事者 保健医療提供機関等 基礎自治体	×	多職種・多機関連携 市町村の主体性	→	保健医療ｻｰﾋﾞｽ持続可能性確保	大阪府
⑤	増益モデル型民間病院の高度化・経営基盤強化	＝	民間病院 大阪府	×	増益モデル型 地域や規模の経済 資金調達システム			大阪府
⑥	スマートエイジング・シティ	＝	基礎自治体 大阪府	×	サプライチェーン 仕組み・構造変革 まちづくり	→	重要戦略産業振興 生活総合産業化 Aging in Place	府民 保健医療提供機関等 企業
⑦	スマートエイジング・バレー構想（産業振興）	＝	大阪府	×	研究・開発 実証インフラ 認証制度			企業・研究機関等

全国的な課題解決型の戦略：①④　　大阪特有の課題を見据えた戦略：②⑤
新たな視点で先駆的な取組を実現する戦略：③⑥⑦

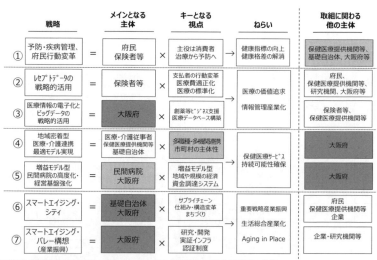

データ解析によって、新薬の開発や標準的な治療プロセスの確立、ひいては医療品質の向上につなげていく。戦略②、③はいずれも医療サービスの情報産業化への努力である。

○地域レベルでの連携

戦略④は「地域密着型の医療・介護連携の最適モデルの実現」である。各自治体は、厚生労働省の旗振りの下、地域包括ケアシステムの構築を進めているが、都市部ではなかなか進めにくい。例えば、市町村は福祉政策には熱心だが、保健医療への取組は十分ではない。だが今後は市町村が核となって、医療・介護の各機関や団体、多職種の人々を連携させて個々の患者のニーズに対応する仕組みを作る必要がある。戦略④では、市町村の動きを変えていくことが重要である。

これを進める上でもう1つ重要なのは、民間病院の経営機能の充実である。大阪では、民間病院が果たす役割が大きいからだ。しかし、経営者の高齢化や建物・施設の老朽化、陳腐化が進む。行政や金融機関が関与して、建て替えや経営統合、診療科目の変更などを促し、〝自立経営ができる医療機関〟への転換を図る必要がある。これが戦略⑤「増益モデル型民間病院の高度化・経営基盤強化」である。

以上のように、戦略④、⑤はセットで、個々の市町村、さらにより小さなエリアを単位として地域の医療体制を整備しようというもので、主として市町村に対する問題提起である。

○スマートエイジング・シティ

戦略⑥は「スマートエイジング・シティ」である。これは、戦略①の予防・疾病管理への府民の行動変革を促しつつ、戦略④、⑤で提案する超高齢化に向けた医療供給体制を先行実現する地域を設け、そこでモデル的な医療、介護の仕組みを実現しようというものである。ここでは新たな医療介護サービスや医療介護器具、在宅サービスなどの実験も行う。これが戦略⑦の「スマートエイジング・バレー構想」である。実験テーマや参画企業は全国から誘致する。また、大阪府市の公的機関（大学、研究所等）が、安全や性能の認証を支援する。

7　7つの戦略の具体例

以下では紙数が許す範囲で、各戦略の内容を解説する。

(1)　戦略①「予防・疾病管理、府民行動変革」

戦略①の背景にある「現状認識」、それに基づく「戦略目標」、具体的な「戦略行動」を図表22―12に示した。なお、「戦略行動」とは、具体的に誰が（ｗｈｏ）何をするか（ｗｈａｔ）を示す。

○府民の行動変革が鍵

一例として「がん予防のモデル」を図表22―13に示した。横軸は時間の流れに沿って、1次予防（健康管理）、2次予防、さらに治療へと、左から右に展開する。縦軸は担い手を示し、下が医療保険を含む公的サービス、上が民間事業者のサービスである。従来の医療サービスは図の右下の病院の部分、すなわち、保険による治療が中心で、左上の民間資金による予防

図表 22-12　戦略①：予防・疾病管理、府民行動変革

現状認識 （Why）	・平均寿命、健康寿命ともに短い。 ・高齢になると外来受診が全国平均より多くなる。 ・特定健診受診率が低く、保健指導や診察をあまり受けない。 ・乳がん、子宮がん、大腸がんの検診受診率が全国平均以下。
戦略目標(Vision)	府民の行動変革を促し、健康状態を底上げする。
戦略行動 （Who/What）	・従来の行政の啓発手法では限界。 ・一方で、健康食品、家庭・個人用測定機器、ジムや健康管理など民間事業者による製品やサービスの市場は拡大。 ・マーケティング等の民間のプロのノウハウを取り入れた働きかけや・データと科学的根拠に基づく介入が必要。

図表 22-13　戦略①：がん予防のモデル

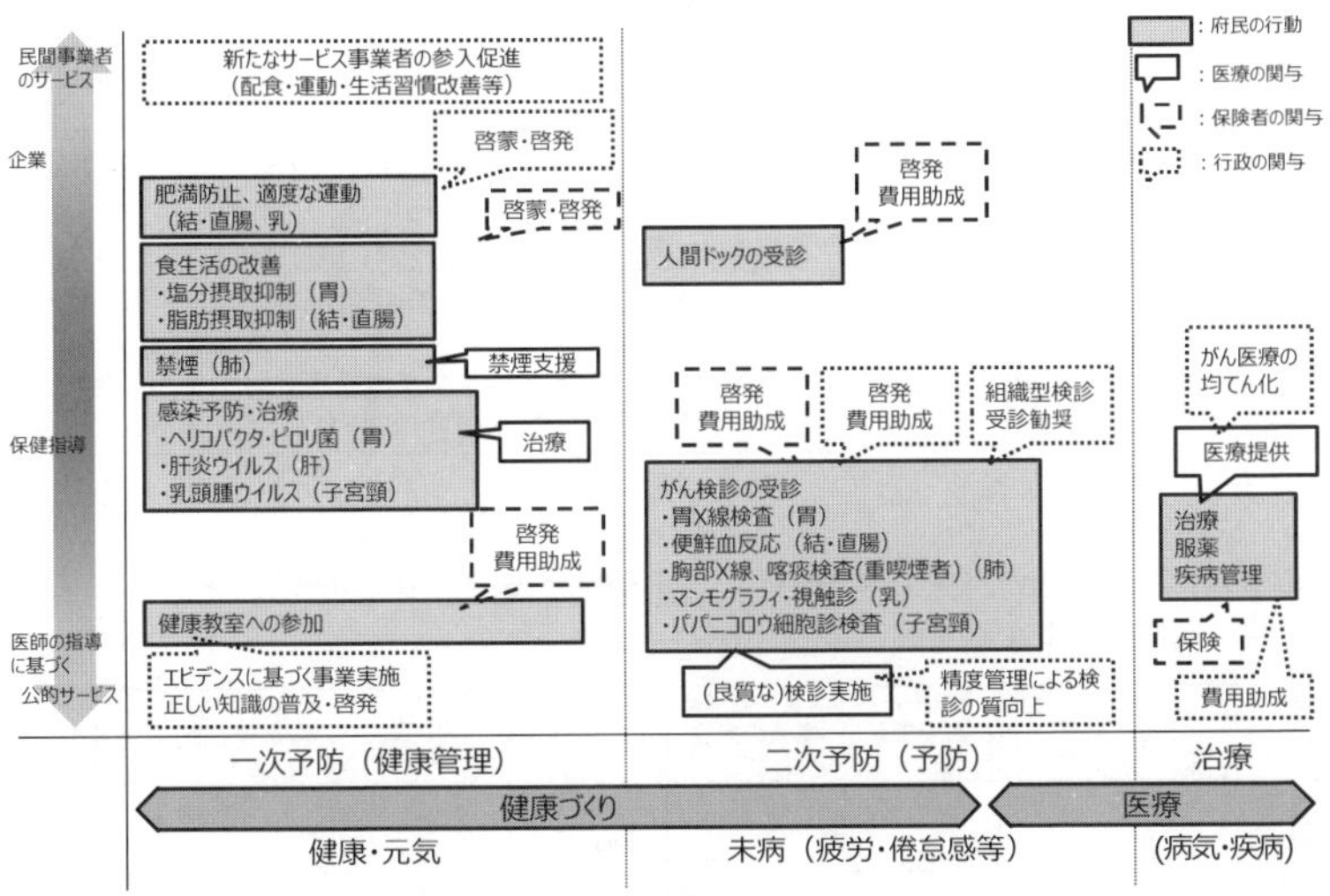

出典：「大阪府市医療戦略会議提言」（大阪大学松浦成昭氏第二回健康セミナー「癌の防ぎ方、見つけ方」）をもとに作成

は手薄だった。それに対して、今後は左上から中央部分にかけての検診や食生活の改善、肥満防止、運動奨励など、予防手段を提供する民間事業者の活躍が期待される。このように、戦略①は、図の右下に限られていた医療サービスを真ん中そして左上へと全面に拡張していく作業でもある。

(2)　戦略②「レセプトデータの戦略的活用」

戦略②（図表22―14）のレセプトデータの戦略的活用では、広島県呉市の例が広く知られ、全国的な関心も高い。大阪市でも以前から生活保護の受給者については、レセプトデータをもとに、ジェネリック薬品を利用促進するなどの工夫をしてきた。また、大阪がん循環器病予防センターの協力を得て、37市町の国保および後期高齢者医療のレセプトデータの分析をもとに、市町村が府民、患者の行動変容を促す事業を行ってきた。しかし、レセプトデータの活用の度合いは市町村による差が大きい（図表22―15）。

図表 22-14　戦略②：レセプトデータの戦略的活用

現状認識 (Why)	・保険者の介入は従来、消極的。 ・レセプトデータの利活用が審査点検、医療費適正化で拡がりつつあるが、活用の余地はまだある。
戦略目標 (Vision)	・医療の効率化や質の向上を実現するため、保険者等(注)が、レセプトデータを戦略的に利活用する。 （注）保険者および医療扶助(生活保護)の実施機関としての都道府県、市町村
戦略行動 (Who/What)	・保険者等が、行政や学術研究機関等に積極的にデータを提供し、レセプトデータの解析を行う。 ・府等は、医療機関や医学会等の理解、協力を得て、問題提起や働きかけをする。また、レセプトデータの戦略的活用や分析・評価を行う学術研究機関を斡旋、仲介する。

図表 22-15　戦略③：府内各市町村（国民健康保険）におけるレセプト利活用（2012 年）

	ジェネリック差額通知	レセプト点検（複数受診者）（注１）	国保保健指導事業の実施（注２）		ジェネリック差額通知	レセプト点検（複数受診者）（注１）	国保保健指導事業の実施（注２）
大阪市	○	○	○	羽曳野市	○	○	○
堺市	○			門真市	○	○	○
岸和田市	○			摂津市	○	○	○
豊中市		○		高石市	○		○
池田市	○			藤井寺市	○	○	
吹田市				東大阪市		○	
泉大津市	○		○	泉南市	○	○	○
高槻市		○		四條畷市	○	○	
貝塚市	○	○		交野市		○	
守口市	○	○	○	島本町			
枚方市	○	○	○	豊能町			
茨木市	○			能勢町			○
八尾市	○	○	○	忠岡町	○	○	
泉佐野市	○	○	○	熊取町	○		
富田林市	○		○	田尻町	○		
寝屋川市	○	○	○	阪南市	○	○	○
河内長野市	○		○	岬町	○	○	○
松原市			○	太子町	○	○	
大東市	○		○	河南町	○	○	
和泉市	○	○	○	千早赤阪村	○	○	
箕面市	○	○		大阪狭山市	○		
柏原市	○	○	○	団体数	34	26	21

（注１）複数受診者
重複受診は、１か月４か所頻回受診１か月あたり15日以上を目安に保険者が基準を設定し、該当レセプトを抽出
（注２）保健事業
法定の特定健診・特定保健指導以外の事業で、国の「保健事業の実施等に関する指針」に示す健康教育や健康相談、訪問指導等を実施

また、すでに行っている自治体でも、保険指導や重複受診のチェック、治療を中断した人に再診を促すなど強化の余地がまだある。戦略②では、行政や大学、研究機関が連携してここを強化する。

(3) 戦略③「医療情報の電子化とビッグデータの戦略的活用」

戦略③は図表22―16のとおりである。

患者の実態や治療の効用、薬の効果のデータによる検証は、医療の質の向上と薬の開発にとって必須である。しかし、レセプトデータはもともと診療費請求のための情報であり、電子カルテや検診データも活用する必要がある。海外で

図表22-16　戦略③：医療情報の電子化とビッグデータの戦略的活用

現状認識 （Why）	・ビッグデータを医療で活用するメリットが大きい。 －産業振興：副作用や合併症のトラッキング(追跡)や創薬・治験の迅速化 －医療・保健政策、QOL向上：医療実態の把握による健康増進、医療費適正化 ・課題：活用するための基盤が未整備。 －データの統合（異なるデータベースと、個人データとの突合） －セキュリティ管理、法整備、二次利用への合意形成 －人材育成　ライフサイエンス分野に知見のある統計学、情報工学人材
戦略目標 （Vision）	・医療データを創薬等のイノベーションに活用する基盤を構築。 ・ビッグデータの活用支援やアプリケーションソフト作成などの新ビジネスを育成。 ・医療費適正化に活用。
戦略行動 （Who/What）	・医療データを保有する機関が積極的にデータベースをオープン化。 ・大学・研究機関が、ビッグデータを活用・解析し、疫学調査、コホート研究を推進。また、統計・情報工学分野とライフサイエンス分野の融合を進め、データ解析を支援。 ・行政（国・府・基礎自治体）は、ビッグデータ活用を可能とする基盤を整備する。

図表22-17　戦略④：地域密着型医療・介護連携最適モデル実現

現状認識 （Why）	・医療・介護の多職種連携は困難。 ・医療・介護の機関間連携や市町村の保健医療政策の取組も不十分。 ・医療と介護のミスマッチにより必要なリハビリがタイムリーに受けられないなどのおそれ。
戦略目標 （Vision）	・医療者、医療・介護機関、市町村のシームレスなサービス提供。 ・健康管理から在宅復帰まで、医療、介護、ヘルスケア、さらには生活支援も含め、高齢者のQOLを総合的に向上する仕組み。
戦略行動 （Who/What）	・重症化・重度化の抑制のための健康維持・疾病管理に重点を置いた介入。また生活状況に伴う困難で複雑な状況への対応。 ・市町村が主体性を持って課題解決のための取組を進める。 ・ポテンシャルの高い地区でのモデルとなる先導的取組を行う。

は、電子カルテを含むさまざまな情報を個々人について統合したデータベースを作って、活用している例もある（例えばシンガポール〈人口５３０万人〉やデンマーク〈人口５５０万人〉）。いずれも比較的小さな国が多いが、大阪府の人口は８８０万人とこれら小国を上回る。また、大阪には製薬企業や医学系の大学が多数存在する。このように大阪には立地上のメリットがある。そこで、個人情報の保護やセキュリティー上の課題に留意しつつ、重要戦略として府市で力を入れていくことにした。

(4)　戦略④「地域密着型　医療・介護連携　最適モデル実現」

戦略④は図表22―17のとおりである。

高齢者の多くが慢性疾患や日常生活上の支障、症状悪化のリスクを抱える。また、高齢者の疾病管理と介護は不可分であり、連続的なマネジメントが必要である。ところが、わが国の行政制度は、もともと医療と介護を別物と捉え、前者は病人を治す仕事、介護は要介護者の家族を支援する仕事、としてきた。また行政レベルでも、前者は都道府県の、後者は市町村の管轄で相互の連携は必ずしもスムーズではない。

現場では、高齢者の患者の多くは入退院を繰り返す。従来は病院に入ったきり、という現象もあったが（社会的入院）、最近はベッドの不足や在院日数の短縮化に伴って、自宅での療養となることが多い。そこで、訪問医療・看護やヘルパーによる訪問介護が重要になる。ところが、この「時々入院、ほぼ在宅」の行き来は、必ずしもスムーズにはいかない。例えば、早めに医師の診断を受けるべきなのにヘルパーが連絡をしない、薬に関する注意事項を医者がヘルパーにきっちり伝えていない、といった問題が起き、この問題を解くために以前から連携パスの制度があった。しかし、適応疾患が限定されていた。

○市町村が連携の中心に

今回は、地域の医師会と市町村が中心になって、地域をマネジメントし、介護・医療、生活支援、地域コミュニティーによる互助的支援の面でも連携を促進すべきという政策提言をした。関係者は、百も承知だというかもしれない。しかし、消費税還元の地域医療介護総合確保基金等を活用しつつ、戦略⑥とあわせて、実際に動く仕組みを地域で作っていく必要がある。

(5)　戦略⑤「増益モデル型民間病院の高度化・経営基盤強化」

図表22―18が戦略⑤を図示したものである。

○中小病院を支援

大阪では民間病院への依存度が高い。しかしその多くは中小規模で経営が厳しい。従来の行政は民間病院の経営にはあまり関与しなかったが、今後は中小民間病院の増収策を市町村と連携して地域単位で講じるべきだろう。例えば、病院だけでなく介護施設も経営する、地域内での専門分化や合併を促進する等の動きを支援していく。また、行政と金融機関が連携し、病院経営の高度化を促すファンドを設ける可能性も示唆した。

図表 22-18　戦略⑤：増益モデル型民間病院の高度化・経営基盤強化

現状認識 （Why）	・大阪における民間医療機関の役割は非常に大きいが、民間病院の多くが中小規模で、経営は厳しい。 中期的な経営課題：後継者不足、建物設備の老朽化、病床機能の再編。
戦略目標 （Vision）	・医療の機能・質の向上を支える民間病院の非営利「増益モデル」への転換と機能再編の推進。
戦略行動 （Who/What）	・民間病院がこれまでの「増収モデル」から「増益モデル」に転換し運営基盤を強化する。 ・地域民間病院の位置付けをふまえた経営戦略立案。保健・医療・介護の「縦型の統合」、機能分化、専門高度化した病院間の専門性と特性を活かした「水平型の連携」、機能再編を進める。 ・民間病院間での電子カルテの共同運用化や医療材料等の共同購入など効率化の仕組みを整備し、都道府県が側面支援。

(6)　戦略⑥「スマートエイジング・シティ」

スマートエイジング・シティは、以上で述べてきたような医療と介護が密接に連携するモデル地域を先行して作ろうという構想である。内容は図表22―19のとおりだが、提言では、中核となる医療機関の有無、大学等の関与の可能性、まちづくり政策の動向、基礎自治体の意識等の要素を基に、候補地として15か所を掲げた。

(7)　戦略⑦「スマートエイジング・バレー構想」

戦略⑦は、スマートエイジング・シティを舞台に先行的に始まる医療・介護サービスのチャンスを全国各地の企業に発信し、実証実験への参加を募るという考え方である（図表22―20）。

○実証実験の場づくり

図表22―21は具体的に想定される産業のイメージ、そしてこれらがスマートエイジング・バレーのビジネスモデルを回していくイメージを示す。ヒントとしたのは、オランダのフードバレーである。オランダでは、1997年ごろからワーヘニンゲン大学を中心に産学官が一体となって、国内および海外の食肉関連企業と研究機関が集積して、食の科学とビジネスに関する産業を育ててきた。ここでは政府が企業に研究員を派遣し、あるいはコストを負担している。日本からもキッコーマン・グループなどが拠点を置く。

フードバレーの場合は研究開発が中心だが、スマートエイジング・バレーの場合はおそらく実証実験が中心になると思われ、大阪府や市の研究所や公立大学などが協力する。

図表 22-19　戦略⑥：スマートエイジング・シティ

現状認識 （Why）	・府は三大都市圏で最も早く超高齢社会に突入するが、施設・人材ともに不足。 ・高齢者のみの単独・夫婦世帯の増加など世帯機能が弱体化。 ・住まいや移動手段も含めた高齢者の生活環境作りが必要。
戦略目標 （Vision）	・高齢者が住み慣れた地域で安心かつ快適に住み続け、多世代の住民を惹きつける街作りのモデルを実現する。 －新たな視点での土地利用や移動手段 －ストックの有効活用と新たな投資の呼び込み ・高齢者や多世代混住の生活を総合的に支える課題解決型産業の振興に寄与。
戦略行動 （Who/What）	・府は超高齢社会を見据えた、地域の新たなマスター・プランを策定、提示する。 ・府と基礎自治体が連携し、「ヘルスケア」「エイジング」をコンセプトに、住民や民間事業者等ステークホルダー間の合意形成、協調的な行動を促進。 ・行政分野横断的に課題解決と地域の活性化を進めるとともに、民間投資を呼び込む打ち手を講じる。 ・府と基礎自治体は、「スマートエイジング・シティ」実現のために行政権限や支援方策を駆使し、総合調整力を発揮。

図表 22-20　戦略⑦：スマートエイジング・バレー構想

現状認識 （Why）	・長らく公的保険対象サービスに依存してきた我が国では、他の産業分野に比べ、超高齢社会に必要とされる医療・介護周辺の裾野の広い生活総合産業が未成熟。 ・急増する医療・介護ニーズを、公的保険分野だけでカバーすることは限界。 ・高齢者をターゲットとする国内市場規模は2025年には101兆円に拡大(2007年比6割増)。市場は世界規模でも拡大。
戦略目標 （Vision）	・超高齢社会対応型産業の創出、集積、振興。 ・健康・医療・生活関連の科学とビジネスの集積拠点を形成。 ・研究開発の促進と産業振興。
戦略行動 （Who/What）	・府市が超高齢社会対応型産業の創出、育成、振興の仕掛けを創る。 －関連する学術・研究機関や関連企業の拠点等の立地促進や事業誘致 －実証的マーケティング環境の整備による研究開発、商品サービス開発支援 －認証の仕組みやPRなど、プラットフォームによるビジネス化支援 ・企業、学術研究機関、行政で構成するコンソーシアムを設立。 ・産学官連携の“超高齢社会健康・医療・生活研究センター”を設置。

８　提言のまとめ

以上の７つの戦略は相互に関連し合う。まず府民は、今までよりも主体的かつ選択的に医療・介護のサービスを受ける。医療・介護の提供機関は、それによって持続的な利益を確保する。また、新しい製品やサービスが、裾野の広い生活総合産業を創っていく。これらを基に、都市の活性化と成長を図る。

○全てのステークホルダーに果実を

医療・介護産業のステークホルダー（利害関係人）は極めて多く、中にはステークホルダー間の利害が対立することもある。しかし「健康寿命の延伸」「生活の質（クオリティ・オブ・ライフ＝ＱＯＬ）の向上」「活力と成長」という最終目標は共有できる。今回の大阪府市の医療戦略では、地域で官民が同じ方向に向かって７つの戦略を同時に展開することで相乗効果を発揮し、全てのステークホルダー

図表 22-21　戦略⑦：生活総合産業の広がりのイメージ

主な産業分野	新たな製品・サービスの例
建設（ゼネコン・住宅）	超高齢社会に対応する地域再開発、高齢者向け住宅建設、エイジングフリー仕様リフォーム
製造	医療機器、介護ロボット、ユニバーサルデザイン電化製品、ユニバーサルデザイン住宅機器・家具、自動運転装置付ハイブリッドカー、ヘルスチェック機能付ハイブリッドカー
ガス・熱供給・水道	デマンドレスポンスを活用した見守りサービス
情報通信	遠隔医療システム、見守りシステム、生涯型電子カルテ・システム、高齢者向け生活支援アプリケーション
運輸・郵便	パーソナルモビリティ（小型電気自動車、車椅子型移動カー）、オンデマンド・コミュニティバス、救命救急士等有資格者による搬送サービス
卸売・小売	御用聞きサービスの復活、買い物配達、健康志向のコンビニエンスストア
金融・保険	保証人引き受け制度、高齢者信用保証、リバース・モーゲージ
不動産、物品賃貸	高齢者向け賃貸住宅、生活総合サービス付きナーシングホーム、高齢者用機器類レンタル
学術研究、専門・技術サービス	ビッグデータの分析サービス、疾病予測シュミレーションサービス
宿泊・飲食サービス	健康維持・疾病管理食の提供、介添え付旅行プラン
生活関連サービス・娯楽	オーダーメイド・トレーニングメニューの提供
教育、学習支援	認知症防止学習脳トレーニング、ｅラーニングの拡充
医療・福祉	ナーシングホーム、遠隔医療、生涯型電子カルテシステム、メディカル情報サービス、コールドクター

（注）介護しながらのテレワークや在宅勤務、定年制廃止、年齢不問雇用など新たな働き方も必要
出典：「大阪府市医療戦略会議」提言

が果実を得ることを目指す。

その際に重要なのはスピードである。大阪は、全国に先駆けて超高齢化が進む。国の政策変更を待って動いていたのでは、間に合わない。大阪は全国に先駆けて、超高齢化時代に合わせた保健医療システムを作る必要がある。

なお、今回の医療戦略の期待効果をステークホルダー別にまとめた（図表22―22）。こうして整理してみると、医療戦略とは、まさに医療機関や医療企業の枠をはるかに超え、府民をも巻き込んだ、地域再生運動だということが分かるだろう。

9　その後の展開と実践例

医療戦略会議の提言のとりまとめから、1年以上が経過した。最後に、その後の主な動きを紹介する。

戦略①の予防・疾病管理、府民行動変革については、府が2015年度に「健康寿命延伸プロジェクト事業」を実施する。例えば、市町村が特典付与やフィットネス

図表22-22　戦略実行によるステークホルダー別の効果

	府　民	保健医療提供機関	学術機関	企　業	行　政
戦略① 予防・疾病管理、府民行動改革	・高血圧症、糖尿病の減少、循環器疾患や人工透析回避 ・がんの早期発見 ・健康で長生き	・健診、検診、予防的介入、疾病管理などの事業機会の拡大	・健康・疾病管理に関わる学術研究成果を実社会で実証する機会の拡大	・ヘルスケア関連産業のビジネスチャンス ・生活関連産業のヘルスケア化	・医療費、介護費用負担の縮減 ・経済効果あり
戦略② レセプトデータの戦略的活用	・医療費の窓口自費負担や保険料負担の軽減	・ベンチマークを知る ・診療プロセスの改善や向上	・医療経済学等医療周辺学術分野の発展	・研究開発の生産性向上やビジネスチャンスの発見(限定的)	・医療費、介護費用負担の縮減
戦略③ 医療情報の電子化とビッグデータの戦略的活用	・健康管理を充実 ・最適な医療を受けられるケアを選択	・最適な医療行為の選択と提供 ・治療方法の改善やアウトカムの向上	・疫学研究、臨床研究の飛躍的発展 ・データサイエンティスト等専門家の活躍機会	・研究開発の生産性向上 ・新ビジネスの創出 ・利潤の拡大	・医療政策の改革 ・感染症や薬害など健康危機管理対策の充実
戦略④ 地域密着型医療・介護連携最適モデル実現	・支援やサービスを利用して、生涯にわたり自立した質の高い生活を維持	・社会的入院の減少		・生活支援、住まい関連産業等のビジネスチャンス拡大	・医療、介護にかかる財政負担の縮減
戦略⑤ 増益モデル型民間病院の高度化・経営基盤強化	・より良い医療サービスを受け続けられる	・病院（病床）機能の分化、再編加速 ・公民役割再検証			・より効率的な医療提供体制の確保 ・公費負担の縮減
戦略⑥ スマートエイジング・シティ	・魅力と活気のあるまちで、安心し快適に住み続けられる	・企業との事業提携機会の拡大	・企業とのマッチング機会の拡大 ・コホート研究等の機会拡大 ・研究機会を社会へ直接的に還元するチャンスを得る	・課題解決型生活総合産業市場開拓 ・ヘルスケア等関連サービスや製品の実証マーケティング機会を活用し、事業化 ・国内外へのアピール	・地域の活性化 ・都市間競争での優位性の確保
戦略⑦ スマートエイジング・バレー構想	・便利で、課題解決型の新しいサービスや製品の便益を真っ先に享受できる				・税収の増加 ・ヘルスケア関連、生活総合産業が成長戦略に寄与

施設との連携などにより、住民の健康づくりの実施・継続に意欲的に取り組む場合に補助する。また、中小企業に対しては、健康セミナーの開催や健康寿命延伸につながる優れた取組を行う事業所を表彰する「大阪府健康づくりアワード」を創設する。

戦略②のレセプトデータの活用については、府は、主に中小企業が加入する全国健康保険協会大阪支部（いわゆる、協会けんぽ）と協定を締結し、レセプトデータや特定健診結果の調査・分析で連携協力を進めることになった。

戦略④の地域密着型医療・介護連携モデルの構築に当たっては、地域医療介護総合確保基金を使うことになった。各地区では、各市町村も知恵を出し、医師会等と連携し、医療・介護連携の最適モデルと生活支援・互助的コミュニティーの基盤を作り上げていくが、ここ数年が勝負である。

○各地区でモデル展開

具体的には、大阪市城東区・東成区（提言に挙げた森ノ宮駅周辺・大阪城東側地区に相当）および河内長野市南花台地区を対象に、健康関連指標、保健・医療・介護等の実情を統計データやアンケートから分析し始めた。また、府と河内長野市が協定書を締結し、「南花台スマートエイジング・シティ団地再生モデル事業」を推進中である。また、都心密集市街地の大阪市東淀川区でも、モデル地域事業がスタートする。ここでは、地域の中核的民間病院が府や区役所、医師会等と連携しながら、地域経済活性化支援機構の支援を得て、「地域包括ケアのまちづくり」事業をスタートする。このほかにも、複数の市町村でスマートエイジング・シティ実現に向けた取組が始まりつつある。

○銀行が参画

戦略⑤の民間病院の経営支援については、まず大阪府は私的病院の運営課題等の調査を行った（府内474の私的病院のうち、約3割の151病院がアンケートに回答、また23病院の理事長にヒアリング）。その結果、建物の老朽化への対応、看護師等の人材確保、自院のポジショニングの見極め、事業承継、建て替え用地確保などが課題と分かった。さらに、大阪府は三井住友銀行と連携協定を締結し、同行は病院経営セミナーの開催、最新情報の提供、経営改革に役立つ専門知識やノウハウのアドバイスなどを始めている。

以上述べてきたとおり、府市の医療戦略会議を機に、府市はもとより府下の各市町村でも従来の医療介護戦略を見直す機運が出てきた。また、民間企業や民間病院との連携も始まった。維新改革では教育改革やインフラ建設などが比較的知られているが、医療についてもひと方ならぬエネルギーが傾けられている。

第23章　泉北ニュータウンのＰＰＰプロジェクト―官民協働によるニュータウンの再生

維新改革では都市再生を重視し、大阪市内はもとより府内各地でまちづくりやインフラ整備のプロジェクトを手掛けてきた。本書でも、都心部の中之島地区（府立中之島図書館、市中央公会堂、市立近代美術館〈仮称〉等）や天王寺地区（市立美術館、天王寺公園、市立動物園等）の動きを紹介してきた。一方、郊外ではニュータウン（以下「ＮＴ」）再生が課題である。建設後30年以上経つ大規模ＮＴは全国に25か所あって、建物の老朽化、人口減少、高齢化に直面する。大阪でも北部の千里ＮＴと南部の泉北ＮＴが大規模で、かつともに老朽化しつつある。

このうち千里ＮＴは、伊丹空港、大阪駅、新大阪駅への交通の便が良いため民間主体の再開発が進む。ところが、泉北ＮＴはこのまま放置すれば人口減少、高齢化、地価の下落などが懸念される。

そこで大阪府は、２０１１年1月から「泉北ニュータウンのあり方を考える懇談会」（図表23―1）を発足させ検討を始めた。その後も国土交通省のＰＰＰ（Public-Private-Partnership）調査事業等の協力の下、２０１２年3月に「ＰＰＰを活用した新たなニュータウンの再生スキームの考え方」（http://www.pref.osaka.lg.jp/attach/9707/00098705/arikata7.pdf）をまとめた。そして２０１３年度からは、泉ケ丘駅前地区への近畿大学医学部附属病院の立地や、それに伴う既存の公園・プールの移転、周辺の土地の用途変更など再生に向けた具体的な計画作りが始まっている。

本章ではこれらの資料に沿って、泉北ＮＴが直面する課題、懇談会が提言した将来ビジョンと官民連携による再生の方針、その後の動きを紹介したい。

1　泉北ニュータウンの概要

泉北ＮＴは、大阪都心から南に約25㎞の堺市と和泉市にまたがる地域に位置する。大阪市内のターミナルのひとつである難波駅までは南海電鉄の高野線と同鉄道の関連企業である泉北高速鉄道（２０１４年６月に民営化されるまでは「大阪府都市開発株式会社」が運営）で約30分の距離である。泉北ＮＴは泉ケ丘地区、栂地区、光明池地区の３地区、16住区から構成され、地図で見ると３駅を中心に団子を串に刺したような形である（図表23―2）。

泉北ＮＴは大阪への人口集中による住宅需要に対応するため１９６７年に大阪府企業局（当時）が開発した。府内のＮＴの中では千里ＮＴに次いで大きく面積は約１５５７ha（うち堺市が１５１１ha）で千里ＮＴの１・３倍、日本最大規模の東京都多摩ＮＴの５割に相当する。住居人口は約13・１万人（２０１４年９月末）で、これも千里ＮＴの１・４倍、多摩ＮＴの約７割に相当する（なおピーク時の１９９２年には今より26％多い16・５万人が住んでいた）。

図表 23-1　泉北ニュータウンのあり方を考える懇談会メンバー

（委員）
・池末　浩規（㈱パブリックパートナーズ　代表取締役）
・上山　信一（慶応義塾大学総合政策学部　教授）
・北田　靖浩（堺市産業振興局　商工労働部長）
・澁谷　和久（国土交通省総合政策局　総務課長）
・百野　太郎（三井不動産㈱　企画室長）
・福田　隆之（新日本有限責任監査法人　エグゼクティブディレクター）

（オブザーバー）
・古澤　靖久（プライスウォーターハウスクーパース㈱　ディレクター）

（注）五十音順、肩書は当時のもの

○公的賃貸住宅が全体の半分

泉北ＮＴの特徴は、第１に公的賃貸住宅が多く、全住宅数（５万８１００戸）の過半（２万９５００戸）を占める点である。第２に耐震およびバリアフリー性能を備えた住宅が全体の３分の１にとどまり、特に耐震性能が低い戸建て住宅が約６０００戸（推計）ある点である。

第３に泉北ＮＴの中心となる泉ケ丘駅周辺の土地を公的機関が管理し、あまり有効活用されていない（図表23—3）。例えば、公的住宅のほか大阪府の複数の部署が所有・管理する用地や施設が数多くある上、駅前や駅の北側には老朽化した都市再生機構（ＵＲ）の賃貸住宅が位置する。また駅前の南側には府の外郭団体の大阪府タウン管理財団が所有する駐車場や商業地があった（２０１４年に民間譲渡）。また、南の駅前の一等地には府の福祉部が所有する空き地があって、駅と後背地との間を分断していた。

2　直面する課題

こうした現状を踏まえた場合の今後の課題は何か。

第１は、ＮＴの居住人口の減少対策である。人口は既に減少しつつあり、もし何も手を打たなければ30年後の人口は35％も減り（大阪全体の減少率の２倍）、高齢者の比率も42％（府全体の平均よりも５％高い。）になると予想される。

図表 23-2　泉北ニュータウンの全体図

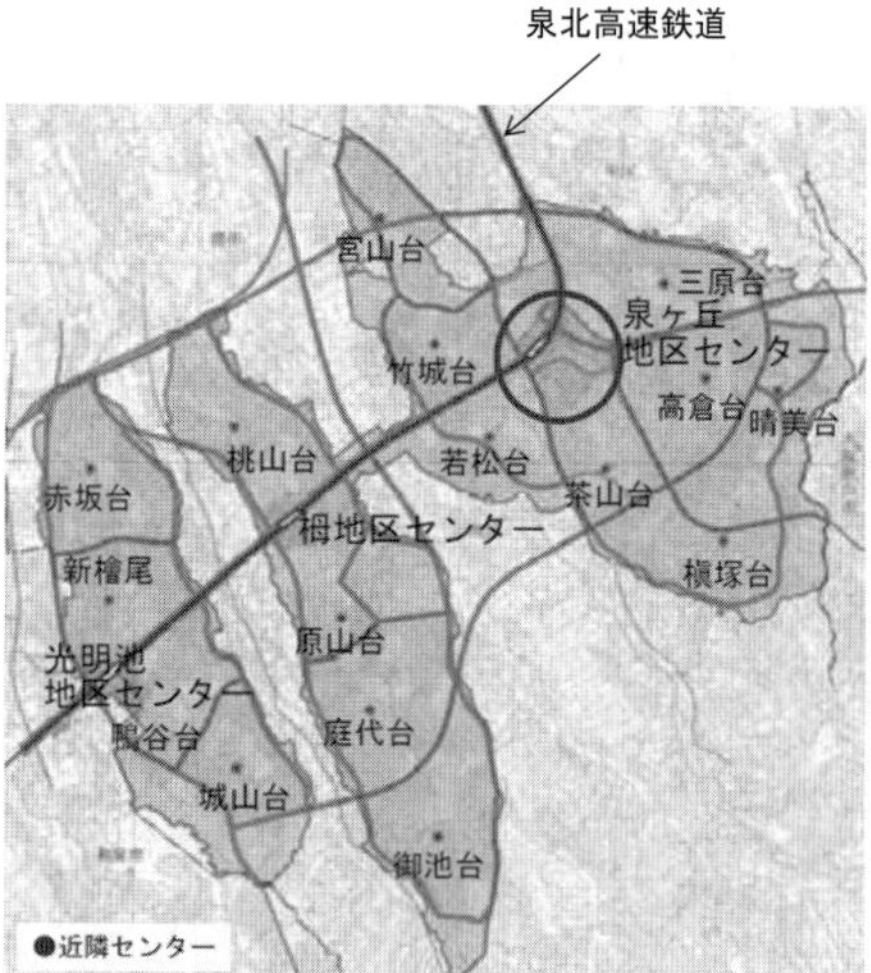

出典：泉ケ丘駅前地域活性化ビジョン

①　人口減がもたらす悪循環

第2は、人口減少に伴う鉄道やバスの乗降客の減少と採算悪化、そして商業施設の撤退リスクである。泉北NT内の各駅の乗客数とバスの乗降客数はともに減少しつつある。一方で、泉北NTは丘陵地帯にあって坂道や階段が多い。将来、車が運転できない高齢者が増えると駅前徒歩圏以外ではバス便に頼らざるを得なくなる。しかし、このままでは将来のバス便の維持が危ぶまれる状況である。

また商業についても一部の近隣センターで核店舗が退去した。近隣センターとは、徒歩圏（半径約500m）内の周辺地域の日常の買い物需要などを満たすためにつくられた小さな商業地だが、近年では集客が難しくなってきている。しかし、これらがなくなると、高齢者が気軽に歩いて買い物に行けなくなる。

第3に、NTの〝オールドタウン化〟というコミュニティーの変質問題がある。今後は1960年代〜1970年代に入居した世代が一斉に高齢化し、どうしてもコミュニティー全体が沈滞化する。既にNTが位置する堺市南区

図表 23-3　泉ケ丘駅の周辺図

個々の事業体の動き

①　タウン管理財団用地
－資産処分に向けて手続きを行っているが、単独での実施を予定している。

②　府福祉部用地
－駅前一等地で商業地域のため土地利用制限がほとんどない中、十分活用されていない。
－有効活用が不十分な上、維持管理が悪く地域のイメージを損なわせている。
－駅と後背地の住宅地との連続性を阻んでいる。

③　UR賃貸住宅
－駅前市街地ビルは、耐震診断未了。診断結果後検討
－北側の竹城台一丁は、低耐震住宅であるが、耐震改修を行う予定

④　府公社賃貸住宅
－この10年間は建替え等を行う予定なし

⑤　府営住宅
－府営三原台住宅は、平成28～32年度の間に低需要なため戸数削減を行う予定。
－単独での計画で、周辺との連携が図られていない。

出典：「泉北ニュータウンのあり方を考える懇談会」資料（2012年3月）

の自殺による死亡は10日に１人のペースになっており、他地域より多い。自治会加入率も低下傾向にある。若年人口の流入促進が必要である。

第４に、不動産の価値低下のリスクがある。泉北ＮＴのある地域の２００１年～２０１２年の公示地価の変化はマイナス37～40％で大阪市内（マイナス25・５％）や堺市平均（マイナス30・８％）よりもよくない。

② 特に戸建住宅が課題

こうした現象がもたらすリスクをステークホルダー（利害関係者）別に整理すると次のようになる。泉北ＮＴではおおむね、各駅前にＵＲの賃貸住宅が位置し、その周辺に民間住宅と府営・府公社の住宅が位置する。さらにその外縁に戸建て住宅がある。

これらのうち最も大きなリスクを蒙りかねないのが戸建て住宅である。当初の持ち主が亡くなり、空き家となっても、相続世代の子どもたちは都心のマンションなどにとどまり戻って来ない。貸し家のニーズも限られるので、多くは空き家で放置されたり、空き地やコインパーキングになる。すると地域の防災・防犯力が低下し、地価の低下に拍車が掛かる。

③ 公的賃貸住宅も問題

府公社やＵＲ賃貸住宅、府営住宅の公的賃貸住宅はどうか。これらも次々と老朽化する。しかし、民営化の流れと財政危機を反映し、ＵＲや府公社の耐震改修や建て替えのスピードは遅い。また、民業圧迫の批判があるため、街の将来を見据えた積極投資を期待しにくい。公的賃貸住宅の各事業主体はいずれも規模縮小や集約化、戸数削減の動きがあり、積極策はあまり見当たらない（図表23―４）。

地元の自治体（堺市）はどうか。人口減で住民税や固定資産税の収入が減り、道路、公園、学校などの維持管理も難しくなる。以上を総合すると、今後は各ステークホルダーの自助努力に任せているだけでは、地域全体はよくならないと思われる。一方で、建設時のように府が丸抱えで再開発を進める力もない。民間デベロッパーと行政からなる官民協働の事業体が再生の主体とならざるを得ないだろう。

3　課題解決のアイディア

(1)　検討課題の整理

懇談会は以上の現状分析を踏まえ、今後の泉北ＮＴの再生方針を考えた。まず将来像を考えるに当たって、次のように検討課題を整理した。

課題①：土地利用は今の姿、すなわち、駅近くがＵＲなどの公的賃貸住宅で、その周辺部が民間マンション、その外に戸建てという構成を維持すべきか否か。

課題②：大阪府全体の今後の在り方を考えた場合、泉北ＮＴが担うべき役割は本当に住宅地なのか。例えば、大学や病院、企業などの業務立地の可能性はないのか。

図表 23-4　泉北 NT の状況（ハード）―　公的ステークホルダーの状況

各主体における管理・運営方針

	府営住宅	UR賃貸住宅	府公社賃貸住宅
ストック数	15,797戸 （府域135,842戸）※1	8,324戸 （府域114,679戸）※1	5,385戸 （府域22,047戸）※1
泉北NTにあるストックの考え方	➢ この10年で建替えや集約化で戸数削減を約3,000戸行うが、その他の住宅は、耐震改修等を実施し、耐用年限まで活用	➢ この10年で一部戸数削減を行うが、大半は耐震改修等を実施し、耐用年限まで活用	➢ 耐震改修等を実施し、耐用年限まで活用
耐用年限まで活用戸数	約12,000戸※2 （約75％）	約8,000戸※2 （約95％）	5,385戸※2 （100％）
各主体の経営方針	➢ 今後の必要数を見極める中で、良質なものは活用することを基本に、長期的な視点から世帯数の減少動向や市場全体の状況を勘案し、総合的に施策を展開。 ➢ これらにより、将来のストック戸数の半減をめざす。 「大阪府財政構造改革プラン（案）」（2010年10月公表）	➢ 現在のストック（約77万戸）について、居住者の居住の安定を十分確保しつつ、2018年度までに、約10万戸の再編に着手し、約5万戸のストックを削減 ➢ 2048年頃までに、現在のストックの概ね3割を削減 「UR賃貸住宅ストック再生・再編方針」（2007年12月公表）	➢ 現在進めている建替事業を推進するとともに、一部の団地で経営を廃止することにより、概ね10％、2400戸を削減し、約2万2千戸の管理戸数となる。 「自立化に向けた10年の取組み」（2008年6月公表）

※1　2011年3月31日現在
※2　各主体の現計画をもとに、懇談会事務局で推計

課題③：誰が全体の計画と再開発の担い手となるべきか。もしも今後、土地利用の形態を変えていく場合、誰が旗振り役となるべきか――大阪府か、堺市か、各主体が集まって構成する協議体か、それとも新たな組織体か。

課題④：駅前地区や商業地区、周辺へのバス便など、NT全体を支える機能の維持・更新や土地の利用形態を変更する際の資金をどうやって調達するのか。NT建設の際には、当時の府企業局がリスクを負担した。しかし企業局は解散し、今や府や堺市には再開発の資金を賄う余裕はない。

課題⑤：各事業主体や企業等が再生方針で合意したとしても、住民の同意は得られるのか。その場合、古くから地元に住む人々の意向だけで物事を決めてもよいのか。むしろこれから入って来てほしい若い人たちの意見を重視すべきではないか。

○自律的PPP組織が重要

以上の課題設定のもと、懇談会では、最終的な街のビジョンづくりと同程度に、再生の担い手づくりが重要という結論に至った。またその場合、自治体のリスク負担能力には限界があるので、いわゆるPPP（パブリック・プライベート・パートナーシップ）による官民連携の自律的な事業体をつくるべきという結論を得た。そこで、懇談会では、再生ビジョンと同時に「自律的PPP組織」のあるべき姿も検討した。そして論点として、PPP組織に法人格を与えるべきか、公的資産を移管すべきか、組織のガバナンス（理事会など）はどうあるべきか、住民や企業の発言権をどう確保すべきか、などを設定した。

(2) 将来の街のあるべき姿

① ハードの将来イメージ

懇談会では、将来の街の姿を図表23―5のとおりにまとめた。

泉北NTは3つの地区に分かれる。それぞれの地区について、駅からの距離に合わせて「(a)駅周辺地域」、その外側の「(b)中間地域」、さらにその外側の「(c)郊外地域」の3つに分け、それぞれのプランを掲げた。

まず、「(a)駅周辺地域」には、今は商業地域のほかURなどの公的ストックが数多く位置する。しかしいずれも老朽化しつつあり、最終的にはこれらの用途を転換して街の顔となる施設、例えば学校や病院などを誘致し、公園も整備する。こうして地区全体のブランドイメージと価値を高めた上で、空いた土地に民間分譲マンションなどを誘致し、土地の売却資金を駅前の再整備に充てる。

「(b)中間地域」では、公的賃貸住宅等住棟、住戸をリノベーションする。しかし、従来型の団地とせず、若年世帯用、高齢者用、社宅、学生寮、芸術家向けなど、多

図表 23-5　泉北 NT の将来イメージ

①駅周辺地域

- まちの顔となる新しいグランドデザイン／コンセプトを提示
- 今の住民も新たな住民もまちに期待感が持てる住まいや施設を公的用地を活用し整備
- 公的住宅ストックの建替えや集約化により新たな土地を生み出す
- 子育て世帯向けマンションや今いる住民のための高齢者向けのマンションや福祉・医療施設などを誘致

②中間地域

- 公的ストックの住棟、住戸をリノベーションし、若年世帯向け、高齢者向け、社宅、学生寮、芸術家の寮など多様なニーズを受け止める住まいを提供

③郊外地域

- 駅前の開発利益や周辺にある公的ストックを活用
- 公共が活用されていない空家の戸建て住宅借上げや買取り、交換を行い、工場や農地、森などに転換し、新たな価値を生み出していく

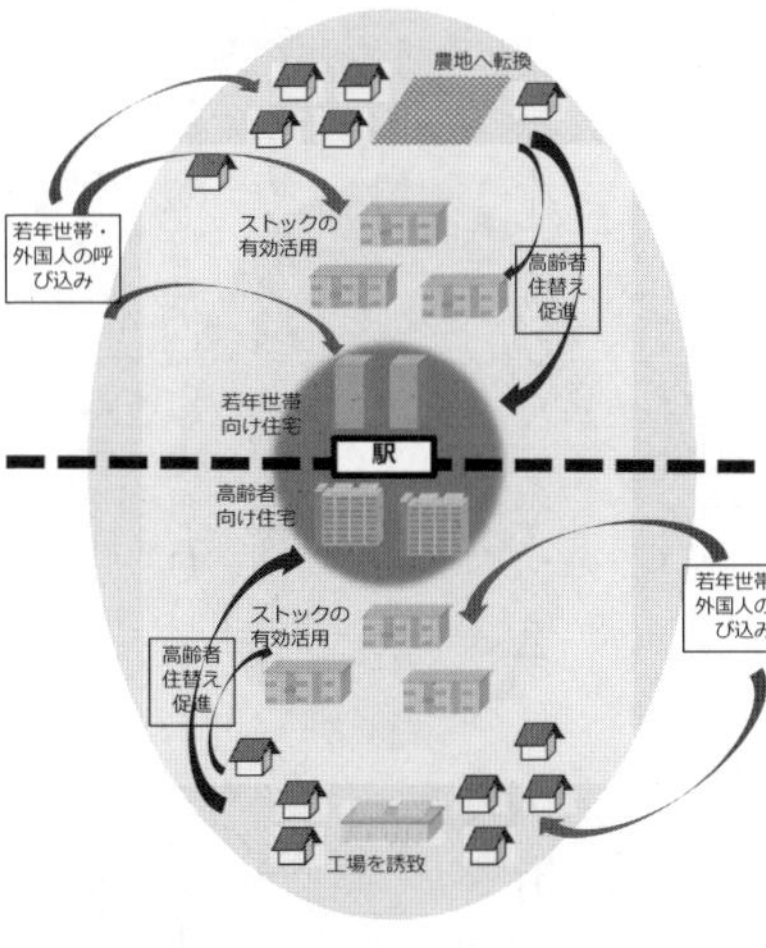

出典：「泉北ニュータウンのあり方を考える懇談会」資料（2012年3月）

様なニーズを反映した住まいを提供する。

「(c)郊外地域」は、これまでのように必ずしも全てを住宅地としない。一部は農地、学校、工場、医療施設などの業務用途に転換する。戸建ての空き家対策については、自律的ＰＰＰ組織や自治体が、駅前の商業施設や駐車場から上がる収益や周辺の公的賃貸住宅の価値を原資に、借り上げや買い取り、交換などを行うことを考える。

② ソフトの将来イメージ

以上はハード面の将来像だが、ソフト面の整備、例えばバスなど周辺部の住民の交通手段、コミュニティー形成、防災、高齢者介護、医療、福祉などの仕組みづくりの計画も必要となる。

(a) リタイアメント・コミュニティー

なお、懇談会では米国のリタイアメント・コミュニティーや大学連携型コミュニティーなどの事例が参考になると考えた。米国にはフロリダ、アリゾナ、カリフォルニアなど温暖な地域に１０００以上のリタイアメント・コミュニティーがある。これはゴルフ場を核に住居、娯楽、医療施設などが整備されたアクティブシニアのための街である。

(b) 大学連携型コミュニティー

しかしリタイアメント・コミュニティーは、若者がおらず世代間の交流が少なく、ややもすれば、街としての活気や多様性を損なうリスクがある。

そこで、懇談会では全米に約70ある大学連携型コミュニティーに注目した。これは大学の敷地内や近隣に設置され、シニア住民は、大学の生涯学習講座などで学び、キャンパスライフを体験し、世代を超えた交流ができる。例えば、アイビーリーグの名門校、ニューハンプシャー州のダートマス大学の近隣にある「ケンダル・アット・ハノーバー」では、26万㎡の広大な敷地に約400人（平均年齢は84歳）が暮らす。居室は、健常者用、軽介護用、重介護用、認知症用の4種類に分かれ、敷地内でケアも受けられる。入居率は98％で経営は順調、地元に約300人の雇用を創出する。

米国の事例なども参考に、懇談会では、次のようなイメージを描いた。

第1は、公的賃貸住宅をリノベーションして再活用する案である。例えば建物リノベーションや住宅を集約した用地を活用して、高齢者向け住宅や若年世帯向けの小規模戸建て住宅を提供する。空き地は農園や広場などとして活用する。

第2は、近隣センターの防災拠点、福祉・生活拠点化である。例えば園芸関係のサービス施設や住み替えの相談、あっせんの機能（エコ住宅住み替え支援センターなど）を設置する。太陽光発電や蓄電池を設置して、災害時の備蓄倉庫、非常用電源を確保する。

第3は、戸建ての空き家の活用促進である。これは、例えばリノベーションした上で、大学寮や高齢者向け住宅に利活用する。未利用の空き家には、課税強化や公共住宅向けの買い取りも考える。

第4に、緑道・歩行者道路を安全で安心できる空間にする。周囲からの見通しをよくするために樹木剪定をし、防犯カメラ・防犯灯を設置する。

第5は、貸し市民菜園など緑に親しみ、農業ができる場をつくる。近隣センターでは朝市も開催する。

第6に、公共交通を充実させる。各街区にコミュニティーバスを10分おきに走らせ、料金は自律的PPP組織が駅前で得る開発利益を還元する。ドイツのようにバスから自転車への転換を促進したり、免許なしで使える電気自動車を導入する。特にバス停から各家までに超小型電気自動車（ＥＶ）を活用する。

⑶　自律的ＰＰＰ組織

ＮＴ再生には大きな投資と時間がかかる。ＮＴの開発時は府が丘陵を更地化し、インフラ等の基盤を整備し、当時の府の企業局が全ての開発リスクをとった。再生の場合も、机上の計算では、駅前地区の再開発で民間企業を誘致し、また民間デベロッパーにマンション用地を提供して得た資金を充てればよさそうに思える。しかし、先行投資のタイミングと開発利益の具体化の時期にはズレがある。その間の金利を含めた資金を誰がどういう形で調達し、また調達コストをどうやって負担するかが課題となる。

①　これまでは各事業体が部分最適を追求

泉北ＮＴの地権者は少なくとも大阪府、堺市、ＵＲ、府公社、民間事業者、そして個人の６種類と多く、おそらく利害調整は容易でない。

また、これまでは、建て替え方針などについては府やＵＲなど各事業体がＮＴ全体のあり方を考える以前に、個々に計画を立て、部分最適を追求してきた。また、公的賃貸住宅の規模縮小と部分的な建て替えがゆっくり進められている（図表23―4）。一方、戸建てオーナーの個人は、新たな投資はせずに売却もしくは空き家のまま放置することが多い。そして、府も地元の堺市も財政状況が厳しいため、再開発のリスクが取れない。こうした状況では、全てのステークホルダーが応分の負担とリスクを少しずつ取った上で、将来ビジョン、つまり発展シナリオをてこに外部のデベロッパー、ファンド、あるいは公的機関からの投融資の資金を得る方法が得策である。またこの場合、将来にわたって安定経営が可能な信用力のある事業体が具体性のあるビジョンを示す必要がある。そこで、自律的PPP組織が必要ということが分かった。

②　投資を呼び込む4要素

ちなみに、自律的PPP組織が外部資金を得る場合に必要な要素は次の4つである。

第1に、現在の住民以外の若くて新しい人口の流入が見込まれ、地価の下落が止まり、この地域は将来投資に値するという画が描けることである。第2に、大阪府、堺市、府の住宅供給公社そしてURの4つの公的組織がビジョンを共有化し、お互いにリスクを分担しつつ信頼関係に基づいて、行動できる枠組みができること。またそのことが、再開発プロジェクトへの住民や民間事業者からの信用につながること。第3に、再生の事業体が泉北NTの3地区の全体をカバーしつつ、駅前、中間、周辺の3地域の在り方、特に土地の利用形態や開発のタイミングなどの都市計画の決定権を持つことが必要となる。そして第4に、自律的PPP組織が自治体に準じる料金徴収の権限を持つことである。

③　「泉北NT市」の切り出し？

なぜ自律的PPP組織が必要なのか。上記の4条件を兼ね備えた組織形態は他にもいろいろ考えられる。最も大胆な案は、堺市から「泉北NT市」を切り出し、新たな自治体として独立させる。NTに市長、議会を置き、徴税権も持つ。新しい市に企業局を置き大阪府企業局に代わって再開発のリスクをとる。一方、最も簡便な方法は、従来の協議会方式である。各主体が集まって連携協議会をつくって意見交換し、決め事は紳士協定とし、具体課題については各主体が適宜相談しながら協力し合う。あるいは、PFIやコンセッション方式によって社会資本整備を行うという方法もありうる。

しかし、これらの案はいずれも今回はうまくフィットしないという結論になった。なぜなら、第1に、新たな自治体を切り出す案は、市町村合併等の先例に照らすと、調整に膨大な時間とエネルギーがかかる。また、自治体の合併の例はあるが、分割の例はほとんどない。また、泉北ＮＴの場合、地元の堺市が、教育や福祉など基礎自治体としての役割を十分に果たしてきている。今回はあくまでＮＴ再生の担い手機能だけを補完すればよく、新たな自治体をつくる必要はない。協議会方式は、会長も選出し、ガバナンスの仕組みが一定程度は用意されている。しかし所詮は調整の場であり、大胆な再生計画の実現には限界がある。さらに、ＰＦＩは、基本的には公的プロジェクト単位ごとの発注となり、ＮＴ再生の全体を捉えた仕組みではない。また、コンセッション方式は管理・運営のみで、住宅の建て替えや集約などの事業を想定した仕組みになっていない。

このように、３つの案はいずれも妥当とは思われなかった。そこで懇談会では、海外事例も参考にしつつ、あるべき組織体と法制度の在り方を考え、最終的に「自律的ＰＰＰ組織」が最適と考えた。なお、この検討過程では、英国で非営利組織の「地域住宅会社（Local Housing Company）」が公営住宅の民間企業への移管を手掛け、また非営利組織の「まちづくり事業体（Development Trust）」が政府・市場セクターとパートナーシップを築いてまちづくりを行っている事例が参考となった。

④　英国の「地域住宅会社」

英国の「地域住宅会社」は、公営住宅の民間への移管事業に伴って住宅ストックの受け皿として設立された非営利組織の一つであり、全国に約２０００ある。法律上は会社法上の有限責任保証会社で、これまでに約５０００戸を手掛けた実績がある。なお、民間移管された公営住宅の改善や地域再生対策などの公益活動に再投資し、株主に配当しない。会社のガバナンスは理事会が担う。理事会は、①住民代表、②地方自治体の代表（議員）、③住宅や組織経営の専門家などの第三者の3者が、それぞれ同数で構成する。

⑤　英国の「まちづくり事業体」

また、「まちづくり事業体」は英国全土に400以上あって、大都市の貧困層向けに、物的環境整備、社会サービス提供、雇用創出などの事業を独自に展開する。先ほどの地域住宅会社と同じく法的には会社法上の有限責任保証会社であり、収益は公益活動に再投資し、株主に配当しない。理事会は、コミュニティー代表の住民から構成される。サービスを長期安定的に提供するための収益は、傘下の営利事業や自治体などから入手した土地・建物のアセットマネジメントの収入から得る。

⑥　「自律的PPP組織」

懇談会では、こうした事例なども参考に泉北NTの再生を推進する組織として「自律的PPP組織」を考え出した。この組織は計画づくりに加え、実質的な「経営」も行う。すなわち、〝Think & Do Tank〟とでも呼ぶべき組織である。「自律的PPP組織」は、経営を委託する各公共主体から見たガバナンスを確保する必要がある。こうした観点から、従来の制度の制約を乗り越えるための新たな主体を考えた（図表23―6）。

4　その後の展開

以上、2012年3月の「泉北ニュータウンのあり方を考える懇談会」の提言資料に沿って、泉北NTの再生方針の概要を説明した。以下では、その後の展開について解説したい。

(1) 自律的ＰＰＰ組織の制度化を提言

以上の検討をもとに、府は２０１３年度にはＰＰＰ組織に関するさらに具体的な検討を行った。そして、内閣府と国土交通省に対し「コミュニティー再生を推進するためのＣＩＤ組織」（ＣＩＤ：Community Improvement District）の制度化を提案した。

すなわち、地域を一体的に捉え、その資産を最大限に活用した戦略的な取組を地域主導で行う組織として準自治体的な権限を持つ「自律的なＰＰＰ組織（ＣＩＤ組織）」が必要と提言し、また、この組織には「公共資産の管理や都市計画の権限を付与するとともに、公的資産を譲り受け、事業を実施するための資金確保を容易にするために必要な制度設計、財政的支援を図られたい」とした。

(2) 全体ビジョンに沿って大学病院が立地

一方、現地では、泉ケ丘駅前地域に近畿大学の医学部と附属病院等が設置されることとなり、２０１４年７月には府、堺市、近畿大学の３者による基本協定が結ばれ

図表 23-6　新たな NT 再生スキームの考え方ー新たな主体の検討

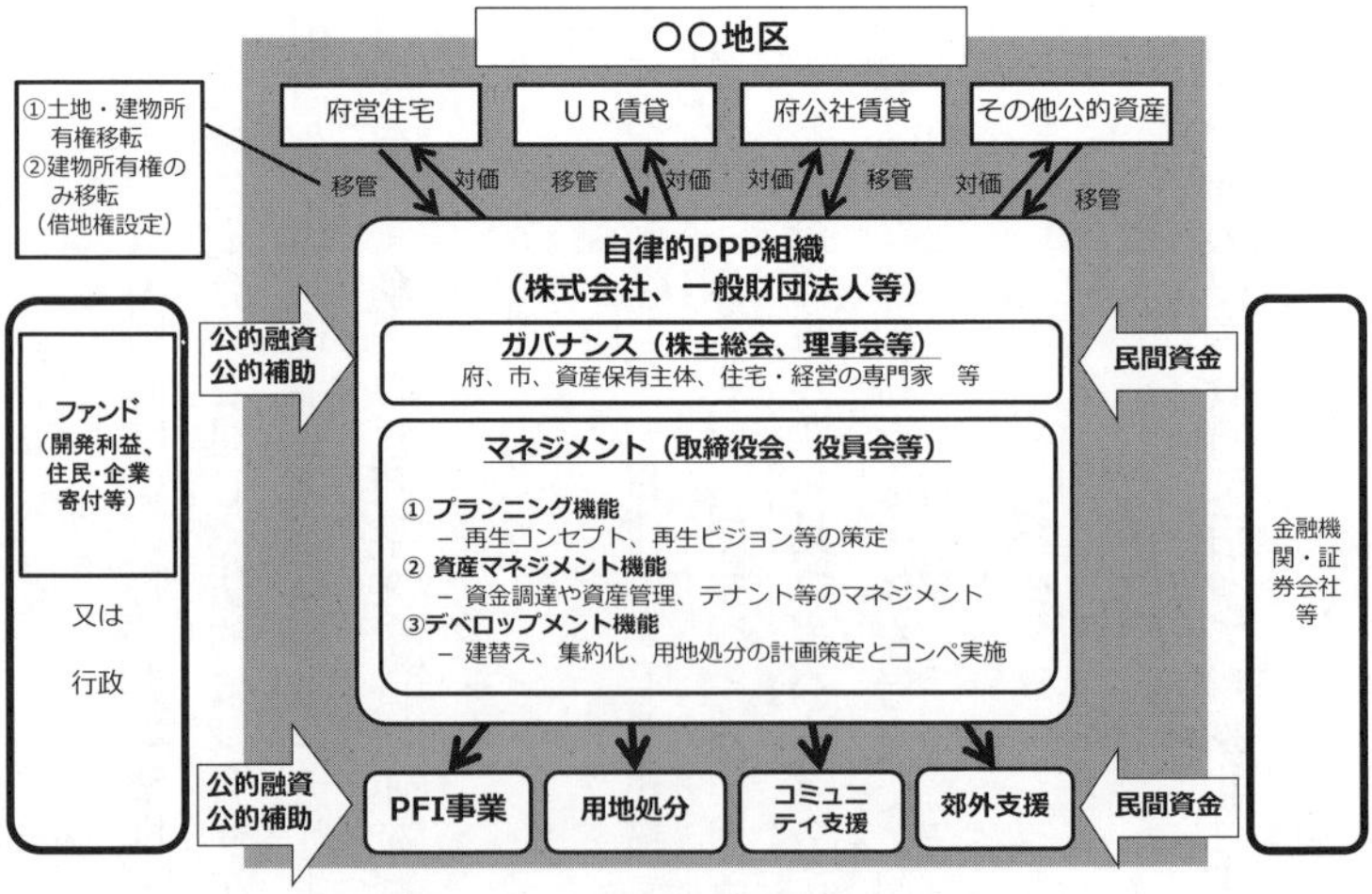

出典：「泉北ニュータウンのあり方を考える懇談会」資料（2012 年３月）

た。これに基づき、今後は府は移転予定地内の府営住宅の建て替え高層化によって、また、堺市は公園の一部を他地域に移転させることで土地を生み出す。これを近畿大学が取得し、２０２３年ごろには、同大学の医学部と附属病院等が開設される予定である。

このように全体のビジョンに沿って公的な地権者が組織や部門の枠を超え、土地利用転換に協力し、地域全体の価値向上に貢献する具体的な動きが始まった。

（注）泉ケ丘駅前地域の現状分析と将来像、再生の推進体制については「泉ケ丘駅前地域活性化ビジョン（２０１５年1月改訂）」（泉北ニュータウン再生府市等連携協議会作成）を参照（www.city.sakai.lg.jp/shisei/toshi/senbokusaisei/renkeikyogikai/kaitei/index.files/re_new_vision.pdf）。

(3)　泉北高速鉄道の民営化

なお、府は建物や地域の再生だけでなく、鉄道運営にも民間企業の経営ノウハウを入れることとした。すなわち、２０１４年7月には、地元を通る泉北高速鉄道が南海電鉄に譲渡、民営化された。また、和泉中央駅から難波駅までの運賃が６３０円から５５０円へ80円値下げされた。

泉北高速鉄道は１９７１年に開業したが、都市運営施設の計画的な整備を目的に府などが共同出資でつくった第三セクター（大阪府都市開発株式会社）が経営していた。しかし、同鉄道は5駅（泉北ＮＴ内に3駅）しか持たず、営業距離もわずか14・３㎞で、終点の和泉中央駅から中百舌鳥駅まで走った後は、車両をそのまま南海電鉄高野線に乗り入れていた。また、乗務員は中百舌鳥駅でいちいち交代し、小さな経営規模にもかかわらず独自の工場と従業員を持っており非効率だった。開業当初は、南海電鉄に経営上の余裕がなく第三セクターで発足したが今はそうではない。また、維新改革では、行政が持つ必要がないものはなるべく民間売却する方針だった。これに沿って、府は投資ファンドや南海電鉄に買い取りを打診し、府は最終的に大阪府都市開発株式会社を750億円（トラックターミナル事業を含む。）で南海電鉄に100％譲渡した。

○今後への期待

なお、一般に私鉄各社は、鉄道事業と連携して駅前の商業開発や宅地事業を展開する。しかしこれまでの南海電鉄は、バスを運行するのみで商業施設や不動産事業にはあまり関与してこなかった。だが、今回の買収を経て、泉北NTは南海電鉄の沿線住宅地となった。今後は積極的な事業主体として「自律的PPP組織」に参加すると見込まれる。

なお、府は泉ケ丘駅前に府のタウン管理財団が持つ駐車場と商業施設を経営していた。これも2014年6月に南海電鉄に45億円で譲渡された。これらは開発当初は府の企業局が所有していた。それを後に同財団が引き継いでいたのだが、行政改革によって民営化が決まったものである。

以上のように、泉北NTでは「自律的PPP組織」の誕生を待つ間もなく、行政の資産や組織が民間に譲渡され始めている。今後、具体的な土地の用途転換が始まると、ますます民間の事業者が参入してくることが期待される。

第3部　統治機構の在り方を見直す

第24章　二元行政の是正と府市連携―統合本部会議の挑戦

わが国の行政は国、都道府県、市町村の3層構造をとる。そして防衛や外交、通貨などを除き、ほとんどの分野でこの3者で政策の立案、執行を分担するいわゆる「融合型」の行政システムをとる。融合型の行政システムは災害時などにバックアップがしやすい等（よい意味でのリダンダンシー）のメリットがある。また、道路行政のように国の官僚でも直接、現場の仕事を経験できる機会を持てるため実態に即した政策をたてやすいという意味もある。

しかし、近年のように財政が厳しいと、同一分野を国と自治体、あるいは都道府県と市町村が担当する非効率も目立つ。また3者のいずれもが結局は執行を民間に外注するようになってきており、執行については業務の分担の意義が薄れてきた。またニューパブリックマネジメントの考え方や補完性の原則に照らすと、現場の業務はなるべく現場に委ねた方がよい。こうした事情を背景に、わが国の「融合行政」は近年、次第にその姿を変えてきた。

第1の動きは国から地方への権限移譲である。これは小泉政権の三位一体の改革やいわゆる地方分権改革で一定の成果を得た。第2の動きが民間委託などの民営化である。これについては指定管理者制度やPFIなどの制度が整備されてきた。そして第3の動きが都道府県から市町村への権限移譲である。いずれも近年、進んできた。

1　政令指定都市の二元行政問題

さて、権限移譲については1つ大きな問題が残っている。すなわち道府県と政令指定都市との間の二元行政が放置されたままである。政令指定都市には道府県の権限の一部がもともと委ねられているが（いわゆる政令指定都市の広域的行政）、多くの施策は市域の中だけでは完結しない。そのため政策調整が必要になるのだが、なかなか進まない。

○特に大阪で深刻

特に大阪では、大阪府と大阪市の政策の棲み分けが難しい。大阪市が府に占める割合は面積では12％、人口では30％でしかない。だがGDPでは約51％を占める。また、大阪府は全都道府県中第2位（関空建設前は全国第1位）の狭さであり、地形的にも南北に細長く、府の施設はどれも中央にある大阪市に多く立地する。鉄道も道路も大阪市中心部から放射線状に整備されてきた。そのため府の政策にはどうしても政令指定都市である大阪市との重複や連携の必要が出てくる。しかし調整がうまくいかない。その結果、似たようなものが並立する二元行政が生じている。例えばそれぞれが大学、病院、上下水道、卸売市場、公衆衛生の研究所、公設試験研究機関、公営住宅、高校、中央図書館などを持つ。また大阪市は、政令指定都市に与えられた強力な権限と豊かな財源をもとに、かつては他では都道府県がやるような都市開発や企業誘致を自ら手掛け、地下鉄や港湾、道路といったインフラを府の意向をあまり聞かずに独自の力で整備してきた。しかし、近年は両者ともに厳しい財政事情にある。今後は、両者がなけなしの財源を持ち寄り、調整しながら新規投資やインフラの維持管理をやっていく必要がある。ところがそれもなかなか進まない。

大阪の二元行政問題は、従来は主に狭い府域で大阪市と府が似たような事業を行う無駄のことを指した。しかし近年では、それぞれの財源不足のためにどちらも重要なインフラ整備ができない。つまりかつては二重の無駄だけだったのが、今は二重の不作為の問題も二元行政問題を構成する。

○政策の不備も

なぜ府市の政策調整が難しいのか。首長２人と議会２つが同じ方向で政治的に足並みをそろえることが難しい。また市は、大阪全体や関西全体のことよりもどうしても市内の住民の目先の要望を重視する。その結果、高速道路や空港アクセス鉄道などの建設には及び腰となる。一方、府は大阪全体の利益を考える。そのため両者はなかなか折り合えない。

もちろん府庁や市役所の関係者は古くからこの問題を認識し、解決の努力をしてきた。具体案件での協力はもとより、制度、つまり自治体のカタチの見直しもしばしば検討されてきた。１つは大阪市の市域を拡大することである（実際、１９５５年ごろまで大阪市域は段階的に拡張され続けた。）。そしてもう１つは府と市を結合して１つの自治体にする構想である。例えば戦後まもない時期には、全国レベルで盛り上がりをみせた大都市を都道府県から独立させる案（特別市制度）や、府市を再編して大阪産業都とする案などが議論された。しかしこれらは実現せず、１９５６年に折衷案として導入された政令指定都市制度がほとんど見直されないまま今日まで温存されてきた。維新改革でも、府市の具体的な政策の見直しをすればするほど、二元行政の問題にぶつかった。そしてついに２０１０年には、大阪市を廃止して府に統合する大阪都構想（以下「都構想」）が出てきた。都構想については次章で解説するが、本章では、維新改革においてそこに至るまでの動きを振り返る。

2　橋下知事時代の府市連携の動き

２００８年2月、知事に就任した橋下氏は「財政非常事態宣言」を出すとともに、さっそく二元行政問題に取り組むことを決め、すぐに大阪市との水道事業の統合協議をスタートさせた。また、イベント事業でも水辺のにぎわいを盛り上げる水都大阪や大阪マラソンといった大型イベントを府単独ではなく大阪市との協同開催に変えた。

さらに、知事は市が所有する大阪南港のＷＴＣ（ワールドトレードセンタービルディング）を府の新庁舎として購入する案を打ち出す。検討過程では、平松市長が府議会に出席して意義を訴えるといった異例の知事・市長の協調路線が作り出され、府市の関係はかつてないほど良好となった。橋下知事と平松市長の間では、他にもあいりん総合センターや特別支援学校の在り方などが連携案件とされた。

やがて永年の懸案だった水道事業の統合が具体化し出した。すなわち、府市で余剰となった浄水場を統合して設備更新コストを削減する案や配水網の最適化など広範な分野で統合効果が見込めると分かり、知事市長のリードのもとで統合交渉が行われた。しかし、これも２０１０年2月不調に終わってしまった（詳細は第14章を参照）。

○2つの自治体と2つの議会

水道統合は失敗した。しかし、大阪維新の会による都構想の提唱につながった。つまり、民間出身の首長同士が意気投合して二元行政解消に向けた協議を真剣にやった。しかし具体化できなかった。役所組織と議会はどうしても自己防衛に走る。府庁と市役所、そして府議会と市議会という4つの組織が独自に意思決定する仕組みを温存したままでは、なかなか共通の解決策にたどり着けないことが分かった。また政令指定都市制度がもたらす矛盾も痛感した。やはり都構想によって府庁と市役所をいったん解体し、自治体を再構築しないと二元行政は解消できない、と確信するに至った。都構想では、府庁と大阪市役所を広域行政と基礎自治の機能別に再編し、原理的に二元行政になりえない新しい統治機構を作る。そして、行政サービスは全て府（広域行政）と特別区（基礎自治体）のどちらかに再編すると計画を掲げた。

そして、同年4月には大阪都構想の実現を掲げる「大阪維新の会」が結成され、その1年後の2011年春の統一地方選挙、秋の知事市長のダブル選挙の勝利へとつながり、都構想が具体化していくのだが、本章ではダブル選挙後の府市統合本部での府と市の事業の分担の在り方に関する検討結果を紹介する。

3　大阪府市統合本部会議での見直し

ダブル選挙直後の2011年12月、二元行政解消に向けて「大阪府市統合本部会議」（以下「統合本部」）が設置された。これは行政機関としての府市が、大都市制度の在り方など府市共通の課題を正式に協議し、重要事項の方針を決める会議である。本部長に知事、副本部長に市長、本部員として副知事・副市長が参加し、事務局は府市が共同設置する大阪府市大都市局が担う。毎回の会議には特別顧問も参加した。

統合本部の議題は大きく3つあった。第1は大都市制度の検討だが、これは主に都構想の具体化に向けた作業である。第2がこれまで行われてきた広域行政・二元行政の仕分け、一元化の検討である。第3が府市共通で取り組むべき政策など重要事項の意思決定で、これまでは府市が別々に行ってきた府域全体にかかわる広域行政分野の政策をこの会議で議論し、一元的に決定する。

以下ではこのうち2つ目の広域行政・二元行政の見直しについて紹介する。検討課題はＡＢＣの3項目に整理された。すなわち、Ａ項目は府市の大学、大阪市の地下鉄、バスなどの経営形態の在り方の見直しである。Ｂ項目は信用保証協会や各種研究所などについて統合による効率化・サービス向上を考える（以上図表24―1）。また、Ｃ項目ではＡ、Ｂ項目以外の府市が行う全事業について、政策の整合性や事務の見直しが検討されることになった（395ページ参照）。

4　経営形態の見直し検討項目（Ａ項目）

Ａ項目に掲げられた事業は12ある。このうち本章では一般廃棄物、消防、港湾、公営住宅、文化施設、市場、下水道の7つについて解説する（地下鉄、バス、水道、病院、大学の5つについては他章で詳しく解説）。

図表 24-1　府市統合本部会議における府市の主要事業の経営形態の見直し項目

A項目（合計12項目）
・経営形態の見直し検討項目

①地下鉄（12章）
②バス（13章）
③水道（14章）
④ごみ収集（一般廃棄物）
⑤消防
⑥病院（21章）および弘済院
⑦港湾
⑧大学（15章）
⑨公営住宅
⑩文化施設
⑪市場
⑫下水道

B項目（合計22項目）
類似・重複している行政サービス

	大阪府		大阪市
（1）出資法人			
①	信用保証協会	⟷	信用保証協会（17章）
②	国際交流財団	⟷	国際交流センター
③	保健医療財団	⟷	環境保健協会
④	道路公社	⟷	道路公社
⑤	住宅供給公社	⟷	住宅供給公社
⑥	堺泉北埠頭（株）	⟷	大阪港埠頭（株）
⑦	文化財センター	⟷	市博物館協会
（2）公設試験施設			
⑧	産業技術総合研究所	⟷	工業研究所
⑨	公衆衛生研究所	⟷	環境科学研究所
（3）集客施設（公の施設）			
⑩	府立中央図書館	⟷	市立中央図書館
⑪	府立体育会館	⟷	市立中央体育館
⑫	門真スポーツセンター	⟷	大阪プール
⑬	府立大型児童館ビッグバン	⟷	キッズプラザ大阪
⑭	府立国際会議場	⟷	インテックス大阪
（4）その他の施設（公の施設）			
⑮	こども青少年施設	⟷	こども青少年施設
⑯	障がい者交流促進センター	⟷	障害者スポーツセンター
⑰	マイドームおおさか	⟷	大阪産業創造館
⑱	ドーンセンター	⟷	クレオ大阪
⑲	府立高校	⟷	市立高校
⑳	府立支援学校	⟷	市立特別支援学校
㉑	こころの健康総合センター	⟷	こころの健康センター
㉒	犬管理指導所	⟷	動物管理センター

（注）府市統合本部会議での分類区分による。なお（　）内は本書の他の章で詳述していることを示す

(1)　ごみの収集（一般廃棄物）

大阪市はごみの焼却処理と収集輸送事業を直営で運営（一部の粗大ごみ収集のみ民間委託）する。職員数は2125人で、財源は205億円を税で負担している（2010年度）。

①　改革の方針

収集輸送については現業職員を受け皿組織に移管した上で、非公務員化する。その後、5～10年程度で完全民間化（市場開放・競争化）を図り、達成時には、約79億円の税負担の削減を見込む。

焼却処理については、民間運営や民間委託を推進し、現行の9工場を6工場にする。さらに、隣接する八尾市や松原市と一部事務組合を構築して、広域でごみ処理をし、約73億円の税負担の削減を見込む。

②　結果

焼却処理については2015年4月1日に大阪市・八尾市・松原市環境施設組合が大阪市から事業を引き継ぎ、事業を開始した。

ごみ収集輸送事業については、環境事業センターの数を上限とする新会社を設立し、新会社に職員を移管する方針となった。だが、センターの民間化へ向けた準備予算（2014年3月骨格予算・2014年5月補正予算）や、民間委託化に向けた準備予算（2014年9月補正予算）はいずれも大阪市議会により削除された。

(2)　消防

府内には、大阪市を含む43市町村が33消防本部（一部事務組合や業務委託を含む。現在は28本部）を組織し、費用を負担する。33のうち13本部は小規模で、職員の整備率等も低い。一方、大きな消防本部では、はしご車等の特殊車両が過剰なところがあるなどアンバランスが生じていた。また、ここでの二元行政は、府と市がそれぞれ消防学校を運営するという問題があった。

①　改革の方針

西日本の拠点都市にふさわしい機能（ハイパーレスキュー等）を持つ、新たな大都市制度における消防組織の創設の方針が示された。また、府市の消防学校の組織統合や各消防本部の規模の適正化、府内消防本部の組合化や水平連携が打ち出された。

②　結果

２０１４年４月に府市の消防学校の機能統合（一体的運用）が実現した。しかし、府市の組織統合は制度的な制約もあることから実現していない。

(3)　港湾

大阪の港湾は、大阪市が管理する大阪港（国際戦略港湾）と、府が管理する堺泉北港（国際拠点港湾）、阪南港（重要港湾）、二色港、泉佐野港、泉州港、尾崎港、淡輪港、深日港（地方港湾）に分かれている。府と市の二元行政の課題として、各港の中古車埠頭やコンテナ埠頭などの機能重複や、大阪湾全体の活用が進まず、大阪港の狭い港域に物流の利用が集中するなどの弊害が生じていた。

①　改革の方針

最終目標として神戸港も含めた大阪４港湾の港湾管理一元化を目指すが、その第１ステップとして、府市の港湾管理者の統合を「新港務局」の形態で行う方針が出された（「新港務局」は一部事務組合や広域連合による水平連携とは異なり、知事・市長の権限から独立して港湾管理を行う民間組織）。この実現のために国に法改正を求め、法改正の実現後に港湾区域の統合や新港務局の設立を行うこととした。

②　結果

国に提案した港務局制度を実現するための法改正は実現しなかった。府市は、物流に特化したスピーディな組織を構築したいと要望したが、国は港湾に関連する全機能を1つの組織がワンセットで持つべきと考えた。そこで府市は、現行法のもとでも可能な統合手法として、地方自治法に基づく行政委員会としての「大阪府市港湾委員会」を共同設置し、府市が一体となって港湾施策にかかる計画策定や業務実施を行う体制を作ることを目指したが、これも大阪府と大阪市の両議会で設置条例案は否決された（2014年9月～10月）。

(4)　公営住宅

大阪市内には府営住宅が約1万5000戸（府域全体では約13万8000戸）、大阪市営住宅が約10万1000戸ある。

ともに土地と建物を保有し、維持管理は大部分を外部委託している（府は2012年度から指定管理者制度を実施、大阪市は各種承認などの権限行為の一部を公社が行う管理代行制度を導入）。

職員数は大阪府（大阪市内分相当数）が18人、大阪市が179人である（2011年）。

①　改革の方針

まちづくりや効率性の観点から管理と運営は一元化が望ましい。また、公営住宅は住民生活に身近なサービスであり、基礎自治体が担当すべきと考え、大阪市内の府営住宅は大阪市に移管する方針を出した。

②　結果

大阪市内の全府営住宅の土地と建物を現状のまま府から市に無償譲渡し、今後の公債の償還は大阪市が負担することとなった（建て替えや耐震改修工事などの事業中の府営住宅は、事業完了後に移管。また移管時点の入居者には現行の府の家賃制度を適用する等の経過措置を実施。さらに、市外の住民も入居できる枠を確保）。この方針は、２０１４年12月に大阪市議会で可決され、２０１５年８月には移管された。

(5) 文化施設

大阪府は、弥生文化博物館、近つ飛鳥博物館、日本民家集落博物館の３施設を、大阪市は、市立美術館（天王寺）、東洋陶磁美術館、大阪歴史博物館、自然史博物館、大阪城天守閣、科学館、天王寺動物園の７施設を持つ。

全体的に管理運営は民間企業に委託もしくは指定管理者制度に委ねる傾向にあった。一方、大阪市は学芸員の人材確保の必要から地方独立行政法人制度を博物館にも適用するよう国に働きかけていた。

①　改革の方針

大阪府市の要望によって地方独立行政法人法施行令が改正され、２０１３年10月に博物館が対象業務に加えられた。また大阪市は、大阪城の天守閣を含む大阪城公園にパークマネジメント事業を導入し、公園と一体で民間企業に運営を委ねる体制とした。地方独立行政法人への移行については、大阪市の市立美術館、東洋陶磁美術館、大阪歴史博物館、自然史博物館、科学館の５館をまず移行させた後に、大阪府の弥生文化博物館、近つ飛鳥博物館、日本民家集落博物館も合流させることとなった。一方、天王寺動物園は当面は直営とされた。

②　結果

２０１５年４月１日から大阪城天守閣（大阪城公園等も含む。）に指定管理者制度（パークマネジメント事業）が導入された。その結果、大阪市は大阪城公園の維持管理費としてこれまで２億５０００万円を支出していたが、今後は年間２億２６００万円（収益金の７％）の収入が受け取れることになった。なお、地方独立行政法人の設立については、定款案を大阪市議会に上程すべく準備中である。

(6)　卸売市場

大阪府の中央卸売市場の取扱高は全国第10位である。一方、大阪市も３つの中央卸売市場（本場、東部、南港（食肉））を持ち、本場市場の取扱高は全国第３位、東部市場は同第11位となっている（２０１１年度）。しかし府市の市場はともに取扱量が減少傾向にあり、収支も赤字である。

①　改革の方針

府と市の各卸売市場は別々の場所に立地し、統廃合、あるいは経営を一本化するメリットは乏しく、むしろ個々に経営効率化を進めるべきとされた。大阪市の本場および東部市場では効率化を目指して指定管理者制度に移行する方針が打ち出された（府は橋下知事時代の２０１２年に移行済み）。

②　結果

大阪市の本場および東部市場への指定管理制度導入は市議会で否決された（２０１４年５月と９月）。

(7)　下水道

下水道事業は、税を財源とする雨水の処理（防災面）と使用料を財源とする汚水処理から構成される。大阪市は公共下水道、大阪府は流域下水道を直営で行っており、施設・事業の重複はないが、技術面での連携・協力の余地があった。

使用水量・使用料は減少傾向で、老朽化に伴う改築・更新費の増大期を控えている。府市ともに将来リスクがある。

①　改革の方針

市下水道は、上下分離・コンセッション型による運営管理を含めた経営形態への移行が打ち出された。スピード感のある経営形態変更を目的として、当面は大阪市の外郭団体である一般財団法人都市技術センターを暫定活用した上下分離の実現に向けた検討を進めつつ、将来的に管理運営を行う新組織の設立面を目指すことになった。

②　結果

２０１５年度の新組織設立を見据えた上下分離方式の試行実施として、一般財団法人都市技術センターが２０１３年度に西部方面管理事務所管内の下水道施設の維持管理業務を受託、２０１４年度には市全域の下水道施設の維持管理業務を受託した。

5　類似・重複している行政サービス（B項目）

B項目には府市が類似した事業を行う22項目があがる。事業のタイプは、出資法人、公設試験施設、集客施設、その他の施設の４つに分類される。Ｂ項目のうち主なものについて以下で解説する。

(1)　出資法人

府市あわせて14の出資法人が、似たような業務を行っている。そこで統合本部ではサービスや利用者の重複、財務・投資状況などを分析した上で、あるべき姿を検証した。例えば、信用保証協会は府と市の協会を統合することにした（詳細は第17章）。

大阪府国際交流財団と大阪国際交流センターも事業内容が似ている。前者はもともと解散予定であった２０２２年度に解散した後は国際交流事業を府直営で実施することとし、後者は施設運営の民営化を目指すことになった。

健康増進分野では、大阪府保健医療財団と大阪市環境保健協会がともに疾病予防、検診や保健指導を行っている。府財団は公益財団法人として経営自立化を目指し、市協会は一般財団法人に移行して自立させ、類似事業は連携することになった。

大阪府道路公社と大阪市道路公社については、有料道路の管理のみをする府公社と主に駐車場を管理する市公社を統合させるメリットが少ないと判断した。そこで、府公社は西日本高速道路株式会社（ＮＥＸＣＯ西日本）等との統合を目指すこととし、一方で経営の厳しい市公社は２０１４年3月に解散した。

大阪府住宅供給公社と大阪市住宅供給公社は、都構想の実現時に市公社の解散を考えることとなった。

また、堺泉北埠頭株式会社（府営港湾で公共上屋の一部の管理運営や埠頭施設の建設、賃貸、管理運営）と大阪港埠頭株式会社（大阪港でコンテナ、ライナー、フェリーターミナルの建設、管理運営）は、２０１４年10月

１日に発足した阪神国際港湾株式会社（大阪港埠頭株式会社と神戸港埠頭株式会社が経営統合して発足）との統合を目指すこととしている。

(2)　公設試験施設

大阪府の産業技術総合研究所と大阪市の工業研究所はともに地方独立行政法人である。中小企業の利便性向上と双方の強みや特徴を活かした相乗効果を考え統合を目指した。当初、地方独立行政法人同士の統合は制度上で認められていなかったため、国に働きかけてこれを可能にした。しかし、統合にかかる関連条例案は府議会、大阪市議会のそれぞれで否決されている。

また、府市が独立行政法人を共同設置し、府立公衆衛生研究所と市立環境科学研究所を統合する案については府議会は可決（２０１４年12月）したが、大阪市議会は否決した（２０１５年2月）。

(3)　集客施設

府立中央図書館と市立中央図書館は、施設と規模が類似するものの設置目的と役割は異なる。そこで、府立中央図書館は府域の各図書館の、市立中央図書館は大阪市内23小規模地域館のそれぞれネットワークの中核として残すことになった。

また府立国際会議場と市のインテックス大阪（見本市会場）は機能が異なるため、統合せず、ＭＩＣＥ機能の強化に向けて共同プロモーションを行うなど連携を強化することになった。

⑷　その他の施設

野外活動拠点については、府立の少年自然の家と青少年海洋センターを存続、市の施設は伊賀青少年野外活動センター、びわ湖青少年の家を廃止、信太山青少年野外活動センターは市内の学校・青少年活動グループの優先利用や自然体験の場を提供する環境を維持するため当面継続させることになった。

市立青少年センターはいったん廃止の方針とされたが、２０１３年度のマーケットサウンディングの状況を踏まえ、市外利用料金の設定などを行った上で指定管理者を募集することとなり、２０１５年４月から指定管理者が管理している。

府の大阪産業振興機構（マイドームおおさか）と市の大阪市都市型産業振興センター（大阪産業創造館）は、中小企業支援においてそれぞれの強みがシナジー効果を発揮できるように両法人を統合し、拠点の一本化も含めた最適化を図ることとされた。

府立男女共同参画・青少年センター（ドーンセンター）と市立男女共同参画センター（クレオ大阪）については、前者は広域的事業と基礎自治体の支援を担い、後者は市民密着型事業の拠点として引き続き残すことになった。

市立高校22校は都構想の実現時に広域自治体に一元化することとなった。唯一、大阪市外（枚方市）にある大阪市立高校については、関係者の協議が整い次第、先行して府へ移管することとなった。

特別支援学校は、信用保証協会と同じく、Ｂ項目で一元化が実現する項目の１つであり、市立の特別支援学校（９校）を、２０１６年４月に府へ移管する予定である。

られた。

6　二元行政の一元化へ向けて

この他にC項目が187ある（2012年8月時点）。これは都構想実現までに府市事業のサービス向上や効率化を目指すもので、府市の東京事務所や、上海の海外事務所の統合、法人関係税の窓口統合などが進められた。

以上のとおり、府と市の二元行政の解消は橋下知事と平松市長の連携で少しは解決したが大きな進展はなく、ダブル選挙後に一定程度が進んだ。しかし、制度改革や組織統合を伴う大学、病院、研究所などについては、大阪市議会で否決され、信用保証協会の合併等を除いて実現していない。

しかし統合本部では、全ての事業、施設の総棚卸がされ、課題が見える化された。また再編・統合・整理の可能性も検討された。ところがこれらの二元行政を一気に解決する手段として掲げられた都構想は住民投票で否決された。今後は、今まで以上に密接な府市の話し合いによる二元行政の解消が求められる。

第25章　大阪都構想の実現に向けて—住民投票への道程

序章でも触れたが、維新改革は地域政党「大阪維新の会」や橋下徹氏のリーダーシップに加え、大阪都構想（以下「都構想」）によって推進力を得てきた。都構想は、広域行政の一元化（集権化）と大都市の成長戦略、基礎自治体機能の充実（分権化）、民営化推進に加え、大都市の成長戦略、地方議会改革などさまざまな要素をはらみながら、２０１０年から5年間、大阪の政治と行政を激しくゆさぶった。また、国政と全国の自治体に大きなゆらぎを与えた。その意味で都構想は、大阪の行政・政治改革を進める具体的な手段、制度であることを越えて、地方から始まるわが国の統治機構の再編への運動、あるいはイデオロギーとすらいえるだろう。しかし、都構想は２０１５年5月17日の住民投票でいったん否決された。

本章では都構想誕生から住民投票までの約5年間に光を当て、その生成発展の足取りと意義を考えたい。

1　都構想と春・秋の陣

実は大阪には、府と市を再編・統合するアイディアが昔からいろいろとあった。過去の知事や市長の何人かはその実現を目指した。しかしいずれも立ち消えてきた。そして２０１０年1月、橋下知事も二元行政の解消を目指して都構想を提唱し、府市再編問題を再び俎上にのせた。

①　大阪維新の会の成立

２０１０年4月、都構想実現を目的として、ローカルパーティ「大阪維新の会」が設立される。最初は国政の政党の枠組みにとらわれない一地方の政治団体として設立された。そのため当初の構成員は、知事のほかに自民、民主の地方議会の会派から離脱あるいは無所属であった府議会議員、大阪市議会議員、堺市議会議員であり、全国政党の党籍を有したままでの〝二重党籍〟での参加も認めていた。だが、やがて自民党などが、大阪維新の会に参加する党員は除名すると宣言した。そのため、大阪維新の会は他の政党と一線を画する本格的な地方政党になった。

設立から1年後の２０１１年4月、春の統一地方選挙があった。いわゆる「大阪春の陣」である。最大の争点は都構想だった。この選挙で、大阪維新の会は躍進を果たし、府議会では単独過半数、大阪市議会および堺市議会でも第1党の地位を獲得する。府議会では、過半数を得た大阪維新の会が5月定例会で議員定数を１０９から88に削減する条例、府の施設での国旗掲揚や重要な儀式での国歌斉唱時の起立斉唱を教職員に義務付ける条例などを次々と提案し、可決していった。

また、府議会に「大阪府域における新たな大都市制度検討協議会」（以下「府協議会」）を設立する条例を成立させ、都構想の本格的な検討を始めた。

さらに、大阪維新の会自体も都構想の具体的な中身を検討すべく、元官僚や弁護士などの議員と学者らの有識者を集めた政調会プロジェクトを発足させ、同年11月には「大阪都構想推進大綱」をまとめた。

②　ダブル選挙のマニフェストで討議

やがて11月の知事・市長のダブル選挙に向けて、大阪維新の会は〝知事・市長共通マニフェスト〟として

「大阪都構想推進大綱」を掲げる。両候補は「都構想の詳細設計図を作らせてほしい」と訴え、ともに当選した。

2　府市両議会での初防戦

秋のダブル選挙での都構想推進派の勝利を受け、府庁と市役所は組織をあげて都構想の検討作業に入る。まず、府市は共同で新たな大都市制度を検討する「大阪にふさわしい大都市制度推進協議会」（以下「条例協議会」）を設置した。条例協議会は知事・市長のほか、18人の府市両議会の議員から構成された（ただし、堺市長が参加を見合わせ、当初予定した三者の協議会にはならなかった。）。

大阪維新の会は条例協議会での検討を進める一方で、都構想の実現に必要な法律の制定を国に迫る。当時は民主党が政権を担っており、政局も不安定だった。

橋下徹氏はダブル選挙の開票当日に早々と国政に足をかけると宣言し、翌年には候補者発掘を目的とした維新政治塾をスタートさせた。当時、大阪維新の会は高い支持率を保っていた。その国政への本格進出は、低支持率にあえぐ政権与党の民主党にとっても、政権奪還を狙う自民党にとっても脅威だった。一方「みんなの党」は政策的にも近いところにある維新の会と連携したい。こうして各党は、しだいに大阪維新の会の主張に妥協し、都構想を支持するようになった。

（注）その後、2012年9月28日に日本維新の会が発足し、大阪維新の会はその大阪総支部の役割を兼ねることになった。

①　特別区設置法の成立

こうした背景のもと、2012年7月に「大都市地域における特別区の設置に関する法律案」（以下「特別区設置法」）が与野党7会派から衆議院に提出され、8月28日に成立した。国会に1議席も有さない地域政党の要望が法律へと結実した歴史的瞬間だった。

② 紛糾する条例協議会

一方、大阪では「条例協議会」の検討がなかなか進まない。反対派は「二重行政は存在しない」「府市が話し合いをすれば十分」と主張し、入り口論に終始する。そのため維新の会とは議論が噛み合わない。だが2013年1月18日には推進派の主導で4つの区割り案が完成する。そして具体的な区割り案が議論の俎上にのぼったことを契機に、府市の議会における検討の場は、特別区設置法に基づいた大阪府・大阪市特別区設置協議会（以下「法定協議会」）に移った。

3　議会での攻防戦

① 法定協議会も紛糾

第1回の法定協議会が2013年2月27日に開催された。しかしここでも賛成派と反対派の議論は噛み合わない。それでも賛成派が主導し、特別区設置協定書（以下「協定書」）の雛形ともなる「大阪における大都市制度の制度設計パッケージ案」の作成にこぎつけた。しかし2013年9月、堺市長選挙で維新の推す候補が敗北し、情勢が大きく変化する。

② 堺市長選の敗北

堺市は大阪市に隣接する政令指定都市である。そのため広域行政の一元化や特別区域を大阪市域の外に広げていく上で重要な存在だった。だが市長の判断で、堺市はこれまでの条例協議会や法定協議会にはずっと不参加だった。大阪維新の会は市長選挙でこの状況を一気に変えようとしたが、反対派の現職に及ばなかった。

堺市長選挙の結果を受けて反対派は一気に勢いづく。そして法定協議会では、パッケージ案の中で行われる各特別区の中長期の財政シミュレーションの精緻化や、地下鉄・バスや水道事業の民営化などの改革の有無のそれぞれについてもパッケージ案に反映すべきといった主張をし始める。

このころの法定協議会では4つのタイプの区割り案が並列に扱われていた。そのため反対派が主張するようなシミュレーションを4タイプそれぞれについて行うとなると、膨大な作業が必要となる。すると知事と市長の任期中に協定書を完成させることが不可能になると予想された。

③　区割り案の絞り込み

そこで大阪維新の会は2014年1月17日に、区割り案を4タイプのうちから「5区／北区・中央区分離案」に絞り込むことを法定協議会に提案する。しかし、1月31日の法定協議会では、一貫して反対姿勢を示していた自民党・民主党・共産党に加えて、公明党もこれに反対する。法定協議会の定数は20だが大阪維新の会から選出された会長は採決に加われない。公明の離反で反対派が10となって区割り案の絞り込みは否決された。

4　出直し市長選挙

翌日の2月1日、市長は、法定協議会の改造を争点とする大阪市長選挙の実施を表明する。市長はこう訴えた。

「法定協議会の規約には、大阪市の特別区設置協定書の作成を任務とすると明記されている。したがって、入り口論に終始して協定書作りを行わない委員は職務を果たしておらず、規約違反となる。また、今のままではダブル選挙で示された都構想の詳細を設計するという民意を実行できない」。そしてこのことを理由に「法定協議会の委員を本来目的の協定書づくりをできる委員に差し替えて法定協議会を再構成すべき」と主張した。

①　市長選で再選

市長選挙には既存政党は候補者を立てなかった。そのため、投票率は23・59％にとどまったが、橋下氏は得票率87・51％を得て再選された。このように法定協議会の改造に対する民意は確認できたが、このころには大阪維新の会は、所属議員の国政転出や除名により府市両議会でともに過半数を失っていた。

法定協議会の委員は、首長と議会に推薦された議員で構成される。府議会では、議会運営委員会が委員を推薦する慣例だった。議会運営委員会の委員は、5名以上が所属する会派からのみ委員が選ばれる。そのため、大阪維新の会は府市の両議会で全体の過半数は失っていたが、議会運営委員会では過半数を確保していた。

こうした背景のもと、議会運営委員会は6月27日に、法定協議会の自民党および民主党推薦委員を委員としての資質を欠いているという理由で解任し、後任に維新の会推薦の委員をあてることを決めた。一方、反対派は7月2日にこれに対抗して市議会で、市議会からの推薦枠9人の推薦を取り消して空席とした。このため、府議会推薦枠の公明党委員2名が法定協議会を欠席すれば、欠席数が11となり定足数不足で法定協議会は流会となる。

この作戦に対抗すべく、賛成派は急遽府議会の議会運営委員会を招集し「法定協議会への欠席を明言する2名の公明党推薦の委員は職務を果たしていない」として維新の会が推薦する委員に差し替えた。こうして

7月3日、第14回法定協議会は定足数を確保して開催される。

一連の事態を経て法定協議会の構成員は知事、市長および維新の会推薦委員のみとなった。法定協議会は即座に区割り案を「5区／北区・中央区分離案」1本に絞ることを決定する。その後、議論が一気に加速し、7月23日には協定書の原案が完成した。あとは特別区設置法に従って総務大臣の意見を待つばかりとなった。

② 協議会メンバーの入れ替えを巡る攻防戦

一方、反対派は、総務大臣からの意見が返ってくるまでに、法定協議会のメンバーを再び反対派に差し替え、協定書原案の破棄を目指すことになる。

具体的には、反対派は7月25日に開催された府議会7月臨時会で、法定協議会の委員の推薦は会派議席の比率で定めるという新たなルールを定めた「大阪府議会における大阪府・大阪市特別区設置協議会委員の推薦手続に関する条例案」（以下「推薦条例案」）を成立させた。しかし、知事は地方自治法１７６条の規定による再議権を行使し、これを廃案とした。

（注）再議権とは、条例制定等の議決について異議があるときに、首長は議会の再議に付すことができ、その場合、出席議員の3分の2以上による同じ議決がなければ確定しないというもの。今回の場合、反対派は3分の2を持たないので廃案となった。

反対派は、知事が再議権を行使できない大阪府議会会議規則を改正する案（以下「規則改正案」）も用意していた。しかし、この議案は臨時会の招集目的とされていなかった。定例会と異なり臨時会では原則として招集の目的とされた事案のみ議論できる。そこで、その取扱いを議会運営委員会で検討しているうちに会期の期限切れとなって自然閉会となった。

8月15日には8月臨時会が開催された。先述の推薦条例案が再度提出され可決された。しかし再び知事は再議権を行使し、廃案となる。だが8月臨時会は規則改正案も招集目的とされていた。今回も取扱いが議会運営委員会に付託されたところ、規則改正案は推薦条例案と同一の趣旨であり、一事不再議の原則に従って審議不要という結論に至った。

（注）一事不再議の原則とは、会議において一度議決した案件と同一の案件については再び同一会期中に議題に取り上げ、審議・議決を行うことはできないという原則のこと

そして8月27日、8月臨時会は4時すぎに開会したが、議長が一事不再議により議決を要しないと発言した後に暫時休憩し、そのまま会期満了で自然閉会となった。

③　総務大臣の了承

9月2日、総務大臣から「その内容について検討したところ、特段の意見はありません。」との意見が出され、協定書案はついに完成した。

その後の法定協議会では、協定書案を首長に手交すること、議会が特別区設置協定書を否決した場合には同じ内容の特別区設置協定書を再度調整するための手続、そして微細な修正を法定協議会会長に一任することを決定した。これは、仮に今後、法定協議会の再改造がなされても住民投票を何とか実現させるための布石であった。

9月25日、府議会9月定例会が開催される。そして反対派の提案する規則改正案がついに可決され、10月23日には市議会でも、反対派主導で引き上げていた委員が再び推薦された。こうして法定協議会は反対派が多数となる。そして10月27日には、大阪府議会と大阪市議会は特別区設置協定書を不承認とすることも議決した。

5　衆議院の解散

賛成派は窮地に陥る。残されたシナリオは、反対派が多数となった法定協議会はもはや再開せずに、法定協議会の会長が先般の決定で授権された権限に基づいて特別区設置協定書を再調製する。その上で、議会が開会できない統一地方選挙の時期に首長による専決処分を行って住民投票への道を切り開くことくらいしか考えられなかった。

○協定書の議決

２０１４年11月21日、衆議院が解散され、情勢が大きく変わる。知事・市長は、かねてより公明党所属の現職衆議院議員と同じ選挙区の支部長に就任しており、衆院選に出馬する可能性を示唆していたのだが、２人は急に不出馬を明言した。そして12月25日、公明党が住民投票の実施に賛成と意思表明をする。そこで急きょ12月30日、法定協議会が再開され、大阪維新の会と公明党の賛成多数で協定書の原案が再可決された。また２０１５年３月には府市の両議会でも大阪維新の会と公明党の賛成多数で協定書案が承認され、住民投票の実施が決まった。

都構想はいったん両議会で否決され、誰しもがもはや葬り去られたと考えた。しかし、ここにきて奇跡的によみがえり、住民投票への道が開けた。

6　5月17日の住民投票

大阪市選挙管理委員会は住民投票の日程を５月17日と決定した。有権者数は２１０万４０７６人にのぼる大型の住民投票だが、そのやり方も異例ずくめだった。

住民投票には公職選挙法が準用される。しかし通常の選挙とは異なり、活動費用や拡声器の使用、ビラの種類や枚数に制限はなかった。そのため、賛成派も反対派も大量の物量を投入した活動を展開した。自民・民主・共産の国会議員が同じ街宣車の上から反対を呼びかけるという呉越同舟の珍しい光景も展開された。怪文書やデマも飛び交った。特別区が設置されると、年金が削減され、地下鉄・市バスの敬老パスがなくなり、市営住宅の家賃や税金、水道料金、国民健康保険料が上がるといったデマが流された。また「投票しなければ賛成とカウントされるので投票所に行く必要はない」といった悪質な電話がかかってきたという報道もあった。

住民投票は投票率66・83％を記録した。そして賛成が69万4844票（得票率49・6％）、反対が70万5585票（得票率50・4％）という僅差で反対多数となり、大阪市は存続し、特別区は設置されないことが決まった。

7　ポスト都構想―大阪会議と総合区

6月には住民投票の結果を受け、大阪市議会と府議会が法定協議会廃止の議案をそれぞれ全会一致で可決し、府市統合本部も解散された。こうして大阪都構想はいったん幕を下ろした。

さて今後の広域行政の一元化は、自民党が提案した大阪戦略調整会議（以下「大阪会議」）を主な舞台として進められる予定である。これは、大阪府・大阪市・堺市の首長と議員が参加して、広域行政の在り方や二重行政の解消等について話し合うものである。（しかし、2015年8月の第2回会合は自民のボイコットで流会となり、その後も代表者会議での調整が進まず実質的な審議をできる目途が立っていない。）また、政令指定都市の基礎自治体機能の強化については、自民党や公明党が総合区の設置を提案しているが、現時点で具体案が示されていない。

このように〝ポスト都構想〟の見通しは立っていない。一方で大阪市役所は、地下鉄、バス、水道、ごみ収集などの経営形態の変更という課題を抱えたままである。大学や研究所等の府との統合も、大阪市議会の反対多数で否決されている。これらの課題が現状のまま放置され、さまざまな不都合がみえてくると、再び都構想への期待が高まってくるだろう。

振り返ってみると、都構想はいつも突然死の可能性と隣り合わせだった。２０１１年春、秋の選挙、国政選挙、法改正、そして府議会での過半数を失ってからの法定協議会の運営や議会の運営など、いずれも綱渡りだった。しかしそれでも住民投票にこぎつけた。ラッキーだったのは間違いないが、その都度ベストの選択をし続けてきた結果と評価してもよいだろう。

また住民投票に至るまでの間に、府・市の全事業の存在意義が具体的な数字とともに問い直された。これまでは地方行政に関心を払うことがあまりなかった全国メディアも、政令指定都市の在り方問題や都構想の内容を広く報道した。その結果、大阪が抱える課題と全国一律の政令指定都市制度の弊害が広く国民に知らされた。大阪の経験は、全国の大都市の住民に、これからの自治体の在り方を考える大きな機会を提供したといえよう。

第26章　まとめ―維新改革は大阪と全国に何をもたらしたのか

住民投票での都構想の否決を受けて橋下徹市長は12月の退任を表明した。２００８年2月から7年強に及んだ維新改革の原動力は、都構想の理念と地域政党「大阪維新の会」を率いる橋下徹氏のリーダーシップだった。維新改革は、今後はスローダウンするとみる向きが多い。しかし、２０１５年春の統一地方選挙で大阪維新の会は府議会で過半数に近い議席を、市議会でも最大多数の議席を得た。住民投票でもほぼ半数が賛成票を投じた。２０１５年11月の市長と知事のダブル選挙で維新の会が推薦する候補者がそろって当選する可能性は十分に高い。加えて維新改革はこれまで国政にも大きな影響を与えてきた。そこで本章では、今後を考える手がかりとして改めてこれまでの維新改革の総括を行いたい。

1　結局、維新改革の何が斬新だったのか？

すでに本書で何度か指摘したが、維新改革はこれまでの自治体の「行政改革」の常識をはるかに超えたスケールのものである。

①　都市再生のために自治体を再編

維新改革の本質は、大都市の再生戦略であり、いわゆる行政改革はその一部でしかない。すなわち、「大都市・大阪をいかにして衰退から脱出させるか」が本旨で、大都市大阪がどうやって〝稼ぐか〟を重視した。都構想はその手段に過ぎず、二重行政の打破と府市統合による成長戦略の加速を目指した。もちろん都構想には巨大な大阪市役所を5分割して日常のきめ細かな住民サービスを充実させる狙いがあった。しかしそれを可能にする財源を確かにするためにも、成長戦略とそれを通じた個々の市民の経済的自立を目指していた。もちろん維新改革では財政再建や効率化も重視し、実際に成果を上げた。だが「役所だけを改革しても都市は再生できない」という考えを前提にしていた。

第2に維新改革では、既存の行政組織と制度の再設計を目指した。地方自治制度の見直しには明治以来の市町村合併に多くの先例がある。しかし、維新改革では政令指定都市制度からの離脱を目指し、さらに大阪市役所と府庁を同時に再編することを目指した。

②　政治改革と国政への問題提起

第3に維新改革では、行政の在り方のみならず国と地方の政治の在り方を見直そうとした。地域政党の大阪維新の会を立ち上げ、さらに全国政党「日本維新の会（のちに『維新の党』）」を作り、地域に根差した分権改革や道州制の推進は既存政党にはできないと主張した。また京都など各地にも「維新の会」を設立し、いわば〝革命の輸出〟を図った。

しかし、こうした政治姿勢は議会で既存政党との激しい対立を生んだ。特に大阪市議会では都構想はもとより、地下鉄・バスなどの民営化や公立大学や研究所の府市統合をめぐって野党である既存政党と激しく対立した。また、改革の考え方の違いが会派間の対立や首長と議会の対立を生んだ。こうした政治的対立の最たるものが、市議会の廃止にもつながる都構想をめぐる攻防戦だった。そのため、住民投票では全ての既存政党が連携して大阪維新の会に対抗する異例の構図となった。

第４に維新改革では、橋下徹氏の強力な発信力をテコに「自治体は国に陳情する存在」という従来の常識を脱し、国に対して大都市制度の改正や、空港、教育などの政策の見直しを迫った。その結果、国政レベルにおいて伊丹の民営化と関空との経営統合、公共事業等の直轄負担金制度の見直し、東京以外への都区制度の導入を可能とする「大都市地域における特別区の設置に関する法律」の成立、教育委員会制度の見直しなど数多くの政策変更をもたらした。

③　徹底した民営化に挑戦

第５に維新改革では、民間の経営手法を徹底的に行政に導入する工夫がなされた。その結果、大阪府の泉北高速鉄道や大阪市の音楽団等の民営化が実現した。また、大阪市の地下鉄、バス、水道、ゴミ収集車等の民営化が提案された（ただし、議会が否決）。また、人事制度の見直しや公務員試験制度の抜本改革なども行われ、他の自治体に影響を与えつつある。

第６に、大都市問題の深刻さを全国にアピールした。わが国の政治はこれまで主に豊かな都市部から地方に成長の果実を分配する仕事を中心に据えてきた。しかし、維新改革の過程では急速に衰退する大都市の姿が徐々に示され、政令指定都市制度の見直しの必要性が広く提起された。

2　維新改革はどこまで達成できたのか？

①　前半４年は大きな成果

上記の６つの特質は、とりわけ維新改革の初期の４年間、すなわち橋下氏が知事に就任した２００８年２

月から2011年11月のダブル選挙後数か月間までの間に、矢継ぎ早の成果を生んだ。

第1の大阪の都市再生については、じわじわ成果が出始めている。大阪市の雇用指標の回復は全国より早く、学力も全国ランキングで上昇しつつある。長年続いた生活保護の受給者数の増加も頭打ちとなった（ただし、アベノミクスによる好影響が否めない上に、都市再生には10年単位の時間を要し、成否を断じるのは尚早）。

第2の地方自治制度の再編は、住民投票での否決を経て頓挫した。しかし、その過程で政府に問題提起をし、政令指定都市が都区制度に移行する手続（「大都市地域における特別区の設置に関する法律」）の法制化に成功した。わが国では地方からの問題提起で自治制度の見直しが行われた例は極めて珍しい。また、一連の議論の副産物として、政令指定都市に「総合区制度」や「調整会議」を設ける制度改革にもつながった。

第3の政治のあり方の見直しについては、国政レベルで「地方分権」や「道州制導入」、そして「大都市の在り方」を主目的とする政党の組織化につながった。わが国の中央政党はこれまで「大きな政府VS．小さな政府」「親米VS．反米」などを対立軸に構成されてきた。今回新たに「中央集権VS．地方分権」と「都市VS．地方」という軸が出現した意義は大きい。

地元大阪ではどうか。2011年6月に大阪維新の会が主導して府議会の議員定数が109から88に2割も削減されたことは異例の改革である。しかし、市議会は議員定数の削減を否決し、また住民投票で都構想は否決された。

第4の国政への発言については地元議会の反発もあまりなく、また第5の行政改革についても都構想をめぐる既存政党との対立が深まるまでは比較的順調に進んだ。

②　都構想は「説明不足」か？

住民投票の否決や橋下市長の引退宣言を契機に、維新改革を批評し、「拙速過ぎた」「話し合いが足りず、敵を作り過ぎた」とする向きがあるがどうだろう。

まず住民投票までの都構想の展開について考えてみると、議会を舞台とする政治レベルの協議は、決して拙速でなかった。両首長と議員は法定協議会や議会で何度も議論を重ねた。あれ以上の時間をかけても、賛否対立の構造は変わらなかっただろう。そもそも都構想が成立すると大阪市議会は解体され既存の選挙区がなくなる。そんな状況の中で都構想を推進する大阪維新の会と既存政党の融和は望み薄だった。

③　住民投票をめぐる報道の在り方は課題

一方で住民投票については、市民に対して「もっと時間をかけて説明すべきだった」とのそしりは免れないかもしれない。しかし、その責めを市長、市役所、あるいは大阪維新の会にのみ負わせるのは穏当ではない。なぜなら普段の議員選挙の場合にはＮＨＫが政見放送を流し、報道各社や各種団体が立会演説会、公開討論会などを企画する。だが今回の住民投票では２１０万人もの数の住民が対象であるにもかかわらず、議員選挙と同じ広報体制が用意されなかった。しかも各報道機関は告示までは都構想に関する報道に消極的だった。大阪維新の会と既存政党が激しく対立してきたため、都構想を紹介すると賛成派への肩入れとみなされかねないという懸念があったと思われる。しかし今回の住民投票は、法律に基づくものだった。しかも都構想のような制度改革案件は一般住民にはなじみが薄く、通り一遍の説明を聞いただけで内容は理解できない。だからこそ通常の選挙以上の報道量が必要なのにそれが用意されなかった。

④　都構想以外の案件は着実に進行

都構想以外の個別の改革案件はどうか。長い時間をかけて検討を重ね、事務方が首長の意向を斟酌しながら内容を着実に積み上げたものが多い。例えば地下鉄やバスの民営化は10年前の關淳一元市長の時代から民営化が構想され、案が公表されてきた。橋下改革の民営化案はその蓄積の上に作られた。これらの民営化条例案は市議会で2年以上もかけて審議され、5回も継続審査とされ、その後2回否決された。これらについては「拙速」「説明不足」という批判は全く当たらないだろう。

その他の改革案件についても、知事と市長は就任直後から外部の有識者の力も借りて早期から課題の発掘や優先順位付けを行ってきた。まず府庁についてみると、橋下徹氏の知事在任は3年半に及び、その後も松井一郎氏が引き継いで各種の改革案を実行に移した。府庁の維新改革は合計7年半の期間を経てきており、かなりが実施済みである。市役所の改革については２００５年から２００７年にかけて当時の關市長が主導した市政改革で主要事業82項目の事業分析が行われ、改革案が提示されていた（詳細は上山信一・大阪市役所編著『行政の経営分析―大阪市の挑戦』〈時事通信出版局、２００８年〉を参照）。そのため市役所内で、おおよその課題の在りかは共有化されていた。加えて維新改革で府市統合本部の枠組みのもと、外部委員（特別顧問、特別参与）も参加して改革案が作られた。なお、改革については、府議会は比較的積極的だった。しかし市議会は頑なで、地下鉄・バス等の民営化は棚上げのままである（ただし、大阪市の市民病院の独立行政法人化は実現した。）。

⑤　急進的に過ぎたのか？

わが国の自治体行政の歴史を振り返ると、１９６０～70年代の革新知事（美濃部亮吉元東京都知事など）や革新市長（飛鳥田一雄元横浜市長など）、そして１９９０年代の改革派首長（北川正恭元三重県知事など）や長野県の田中康夫元知事などの例を除くと大改革を目論む政治的リーダーはおらず、地方自治は主に官僚主導の漸進的改革が主だった。これらの例に照らすと、都構想はもとより、地下鉄、バスの民営化などの維新改革の主要案件は、斬新、あるいは急進的といえるかもしれない。

⑥　国鉄、郵政に次ぐ大改革

だが国政レベルでは1980年代の国鉄改革、最近の郵政民営化など激しい対立を経て実現した改革の例がある。維新改革が目指した都構想も、この2つに匹敵する統治機構の大改革だった。それが故に住民を巻き込み、また官邸や全国のメディアが注目する激しい政治対立を招いた。

なお、国鉄と郵政は長年、労働組合問題と赤字問題に悩んだ末に民営化された。積年の課題だったという意味では、大阪府市の改革、そして都構想も同じである。国鉄は1964年に赤字に転落してから約20年の歳月を経て民営化を決定した。大阪市役所も1990年代半ばから財政危機に陥った。そしてその背後には労働組合による政治関与等の問題があった。それが2005年頃に職員厚遇問題として激しく批判され改革が始まった。その流れがやがて維新改革につながり、約10年を経て都構想の住民投票に至った。また、府市統合は戦前から議論され、何度も制度改革の案が出され、挫折を繰り返してきたテーマである。いずれの改革案も大胆なものではあるが、かつてからあった。大阪維新の会が突如として出してきたものではない。

3　なぜ漸進的改革ではなく、都構想を掲げたのか？

ところで維新改革では、都市再生の手段としてなぜ都構想というある意味実現のハードルの高い手段を選んだのか。

第1には財政面の切迫感が強くあった。生活保護受給者の増加に象徴される大阪の街の窮乏化に照らし、府と市が別々の組織としてやっていくことは不可能と思われた。何しろ、府も市も全国の中で最も財政状態の悪い自治体だった。

① 政令指定都市制度の矛盾が噴出

大阪市に限らず、政令指定都市は一般に充分な税財源の移譲がないままに府県から権限と業務の移譲を受ける。そんな中で都市の経済力が落ち、住民が高齢化・貧困化すると財政は破綻していく。大阪では府も市も20年ほど前からインフラ投資の資金がなくなり、道路や鉄道への投資がほとんど止まっていた。都市の競争力を維持するためには、一刻も早く府市が資金を持ち寄り、都市再生に使うべきで、そのために司令官は1人（都知事）にすべきだった。

② 他都市にない二元行政の弊害

第2には他都市にはない大阪特有の二元行政の著しい無駄の問題があった。大阪府と大阪市は維新改革以前から各種分野で協議や連携をしてきた。その結果、一部の道路や河川の管理権限が府から市に移譲され、さらに維新改革では、信用保証協会を統合し（第17章参照）、大阪市内の府営住宅は市に移管し、市立の特別支援学校は２０１６年４月に府に移管することが決まっている。また、老朽化した住吉市民病院は建て替えをせずに廃止して民間病院を誘致し、府に代替施設を置く案を出した（結果的に実現）。だが、その上でも解決し得ない二元行政の問題が多々あった（例えば水道統合（第14章参照）や公立大学（第15章参照））。

第3に大阪の街が急速に衰退しつつあるにもかかわらず、抜本改革に反対し続ける大阪市議会の政治体質の問題があった。市議会は24の中選挙区から選ばれる議員で構成され、どの会派も過半数が取れない。そのため、個々の議員の意向というよりも、市議会の会派の構成バランスのせいで、大胆な改革に対しては消極的スタンスをとる傾向があった。この構造を打破しない限り、重要案件はなかなか実現しないと思われた。

4　これから大阪はどうなるのか

すでに述べたとおり、大阪の改革は維新改革以前から始まっていた（図表26―1）。先述のとおり、10年ほど前、大阪市役所は職員厚遇問題で激しい批判を浴びた。それを契機に当時の關市長と大平光代助役が労使関係の正常化やいわゆる〝えせ同和〟の問題に取り組んだ。同時に、人件費の縮減、採用抑制、経費節減等の改革路線を確立し、そのスタンスは基本的には次の平松邦夫市長にも引き継がれた。

またそれよりも前に財政事情が悪化し、早くから緊縮財政を行っていた。そのため初期の維新改革では、今までの行政改革で手が付けられてこなかった各種補助金の削減、大阪市の大阪ワールドトレードセンタービルディング（WTC）の取得と第2庁舎化、水道の事業団化、泉北高速鉄道の民営化（「大阪府都市開発株式会社」の株式の民間企業への譲渡）などの外科手術的な改革案件を主たる対象とした。

図表26-1　大阪の維新改革の足取り

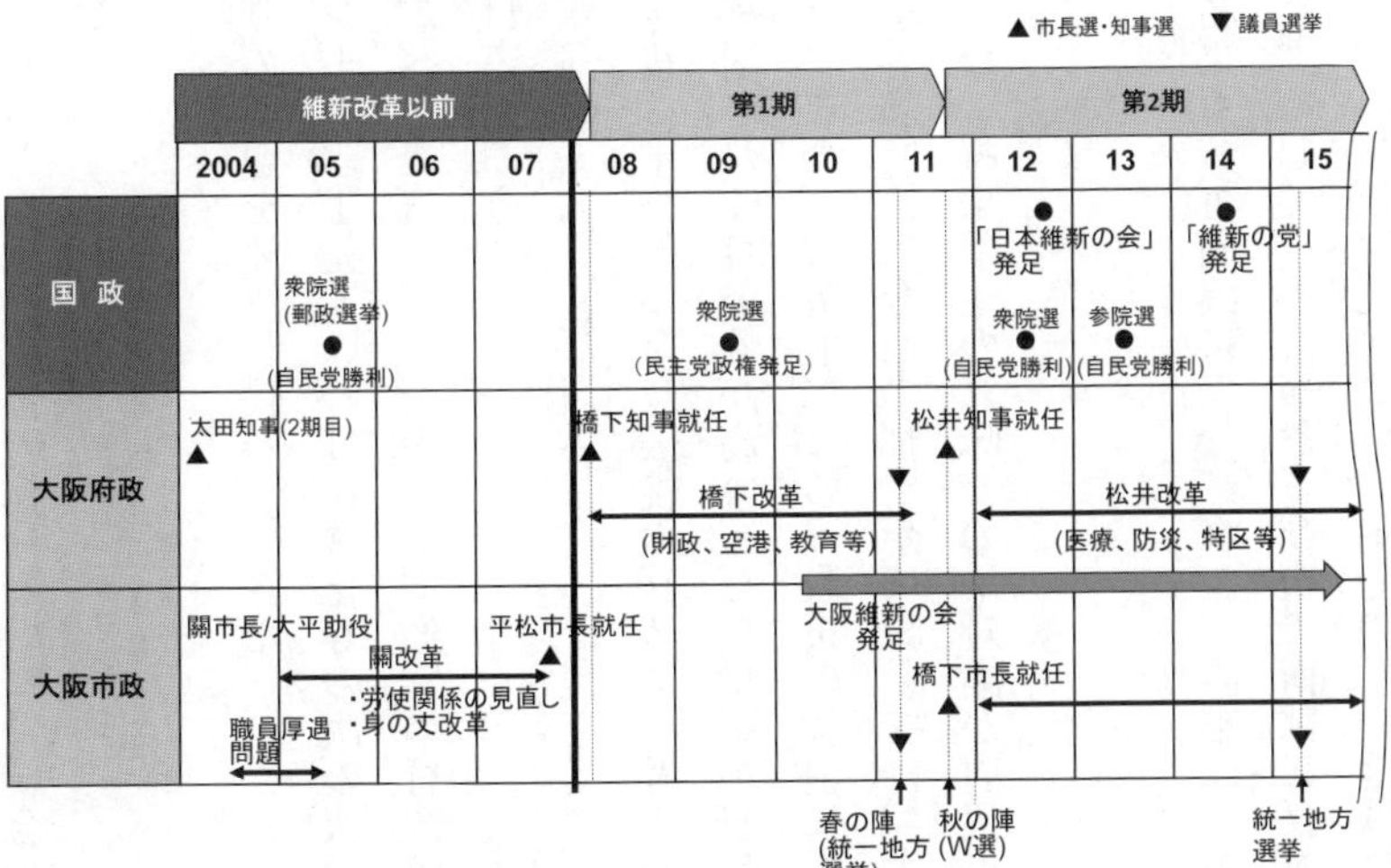

序章で述べたとおり都構想はその集大成であり、企業経営になぞらえると自社改革後の他社との経営統合や業界再編を目指すM＆A〈企業の合併・買収〉に相当するといえよう。

①　この10年でかなりの問題が解決

過去10年の改革で府も市も通常の行政改革という意味ではかなりの課題を解決し終わってきた。

今回の都構想の否決は、その意味では、大都市大阪がさらにダントツの1位、いわば民営化等の次の次元の改革への飛躍を目指したものの、いったんは挫折した事件とみるべきだろう。したがって、通常の行政改革の分野では大阪府市は当面、全国の中でも先進自治体であり続けるだろう。

だが、大阪のまちと人々の暮らしの窮乏化は著しく、大胆な成長戦略がなければ現状維持すらできない。特に大阪市は財政基盤の弱い政令指定都市制度の上に成り立つ。今後は本格的な財政破綻のリスクを考える必要がある。その意味で、都構想による自治体再編は将来、再び検討される可能性が高い。だが時期が遅れれば遅れるほど住民サービスはおそらく今よりも削減されるだろう。また、大阪府による大阪市の救済にもつながる都区制度の導入に対して、周辺の衛星都市が難色を示すかもしれない。今回の都構想については、「大阪市の税収が市域の外に流出するかもしれない」という批判があった。将来は逆の意味での反対論が周辺市から出てくる可能性がある。

②　地域、年齢による改革に対する温度差

住民の意識と態度はどうだろう。住民投票の選挙戦は過熱し、結果も賛否両論に二分された。詳細にみると、地域別では大阪市の北部に、そして若年層に賛成派が多かった。そして、高齢層および市の南部に反対派が多かった。おしなべると、全体では現在の市役所の行政サービスへの依存度が高い高齢者の多い地域ほど保守的で、将来の都市の競争力に不安を抱く若年層が多い地域ほど革新的とみることができる。また、保守層が自民と維新に分裂した上で、さらに自民の支持者の42・7％が賛成という事実も判明した。賛否が拮抗した住民投票の結果は、都構想への賛否だけでなく維新改革への評価でも賛否両論が拮抗していることを示唆する。今後も財政危機の進行とともに大阪の政治は、改革か現状維持かをめぐる政治的対立が住民を交えて続くものと思われる。

③　国も大都市の在り方を見直すべき

住民投票否決後の大阪の都市再生の見込みについては、筆者はやや厳しい見方をしている。都構想の頓挫で、府市の投資資金の一本化や各種プロジェクトの加速化は困難となり、市の余剰資産の有効活用もなかなか進まないだろう。維新改革では府と市が合同で10年後の大阪の姿を提示した（http://www.pref.osaka.lg.jp/attach/15336/00176439/shiryo_2_1.pdf を参照）が、この種の前向きなプランも二元行政を残したままでは減速すると思われる。

ともあれ、この7年半の維新改革、とりわけ住民投票を通じて、大都市・大阪が抱える深刻な課題が明らかになった。また、大都市制度、特に政令指定都市制度のままでは、対処が難しいことも明らかになった。自治体のことは地元の議会と住民に任せるのが原則である。しかし、今の制度の下で地元の政治プロセスだけに委ねていては都市の窮乏化は防げないだろう。

今回の大阪の維新改革と住民投票の結果は、私たちに大都市問題を解く難しさを思い知らせた。だが、わが国の将来を決するのは、大都市の在り方である。地元の住民に加え、政府、そして国民全体が大阪の維新改革の意味を理解し、わが国の大都市の今後の在り方を考えるべき時期に来ている。

【初出一覧】

本書の各章は、以下に記載する上山信一の執筆文献を本人が大幅に加筆修正した。ただし、第14章（水道）、第24章（二元行政）、第25章（大阪都構想）は紀田馨が新たに書き下ろし、また、第17章（信用保証協会）、第18章（モノレール）、第19章（文楽）は紀田が大幅に加筆・再構成をした。

なお、（　）は加筆修正のもとではなく、執筆にあたっての参考文献である。

	本書の収録箇所		『地方行政』（時事通信社）	『日経ビジネスオンライン』（日経BP社）
序章		維新改革とは何か	2015年1月5日	2014年11月10日（2014年12月17日）
第1部	第1章	維新改革の全体像	2014年12月1日	2012年6月19日
	第2章	危機に瀕する大都市・大阪の実態	2014年12月8日	2014年10月24日
	第3章	3つの悪循環と都市経営力の低下	2014年12月15日	
	第4章	鉄道、道路、空港の見直し	2009年11月2日、9日、16日 2015年1月19日	
	第5章	成長戦略	2015年1月26日	
	第6章	社会政策のイノベーション	2015年2月2日	
	第7章	教育改革	2015年2月9日	
	第8章	財政再建	2015年2月16日	
	第9章	公務員制度の見直し	2015年2月23日	
	第10章	従来にない改革手法	2015年3月2日	

第２部	第11章	経営分析と情報公開	２０１５年３月16日	
	第12章	地下鉄	２０１３年10月10日、17日	２０１２年９月５日、７日
	第13章	バス	２０１３年10月31日	２０１２年８月31日
	第14章	水道事業（府市）		
	第15章	大阪府立と大阪市立の大学統合	２０１５年４月27日	
	第16章	大阪市の美術館	２０１５年４月20日	
	第17章	信用保証協会の府市統合		２０１２年９月19日、20日
	第18章	モノレール（府）		２０１２年６月26日、７月３日
	第19章	文楽とオーケストラへの支援（府市）		２０１２年８月８日、10日
	第20章	中之島図書館と中央公会堂の改革	２０１５年４月13日	
	第21章	公立病院改革（府市）	２０１５年５月18日	２０１２年７月17日、24日
	第22章	医療戦略会議の提言（府市）	２０１５年３月23日、30日、４月６日	
	第23章	泉北ニュータウンの再生（府）	２０１５年５月25日	
第３部	第24章	二元行政是正と府市連携への道程		（２０１４年11月21日）
	第25章	大阪都構想		（２０１５年２月６日、５月11日）
	第26章	まとめ	２０１５年６月１日	

『地方行政』の２００９年分は連載「関西３空港問題解決に向けた提案」（山本貢氏との共著）、２０１３年分は連載「大阪の地下鉄・市バスの民営化」（余語邦彦氏との共著）、その他は連載「大阪の維新改革を検証する」による。

『日経ビジネスオンライン』の２０１２年分は連載「コンサルタントが見た〝大阪都〟」、その他は連載「橋下・維新改革の６年を振り返る」による。なお、２０１２年分の一部の号は大庫直樹、大嶽浩司、池末浩規、有馬純則、余語邦彦の各氏（いずれも当時大阪府市特別参与）との共同執筆による。

【維新改革の理解を深めるために併読を勧めたい参考文献】

一　維新改革の全体像に関して

①「10年後の大阪を見すえて」

http://www.pref.osaka.lg.jp/attach/15336/00176439/shiryo_2_1.pdf

維新改革の先に想定される大阪の将来像を府市が合同で分析し２０１４年12月25日の統合本部会議で公表したもの

②「大阪の改革を評価する」

http://www.pref.osaka.lg.jp/attach/15336/00161971/5_shiryou2-2-kaikakuhyouka.pdf

上山信一（府市特別顧問）による府市の改革評価報告書（２０１４年9月2日の府市統合本部会議で報告）

二　大阪市の主要事業の民営化について

（1）地下鉄およびバス

①　第12章（地下鉄）、第13章（バス）で紹介した府市統合本部のプロジェクトチーム提言

「地下鉄事業について（最終報告）」（２０１２年6月、地下鉄民営化・成長戦略ＰＴ）（第14回大阪府市統合本部会議への報告資料）

http://www.pref.osaka.lg.jp/attach/15336/00101638/03-02-0_shiryou-chikatetsu_syusei.pdf

「バス事業について」（２０１２年6月、バス改革・持続戦略ＰＴ）（第14回大阪府市統合本部会議への報告資料）

http://www.pref.osaka.lg.jp/attach/15336/00101638/03-02-1_shiryou-basu.pdf
http://www.pref.osaka.lg.jp/attach/15336/00101638/03-02-2_shiryou-basu.pdf
http://www.pref.osaka.lg.jp/attach/15336/00101638/03-02-3_shiryou-basu.pdf
http://www.pref.osaka.lg.jp/attach/15336/00101638/03-02-4_shiryou-basu.pdf

② ①に基づく当初の民営化案

「地下鉄事業民営化基本プラン（案）」（２０１３年５月、大阪市交通局）
http://www.kotsu.city.osaka.lg.jp/library/ct/20130508_mineika_plan/subway.pdf
「バス事業民営化基本プラン（案）」（２０１３年５月、大阪市交通局）
http://www.kotsu.city.osaka.lg.jp/library/ct/20130508_mineika_plan/bus.pdf

③ その後の市役所内の検討と議会審議を経て出された改訂案

「地下鉄民営化の論点整理民営化後の事業展開について」（２０１４年８月、大阪市交通局）
http://www.kotsu.city.osaka.lg.jp/library/ct/shokumujisshi/20140826_mineika/shiryo1.pdf
「バス事業民営化推進プラン（案）（大阪シティバス株式会社への一括譲渡によるスキームについて）」（２０１４年11月、大阪市交通局）
http://www.kotsu.city.osaka.lg.jp/library/ct/20141119busmineika_suishimplan/plan_an.pdf

④ ②以来の検討の経過、これまでの条例案、議会審査の経過等を総括整理した資料

「民営化議論の経過と今後の取り組み・考え方について」（２０１５年８月、大阪市交通局）
http://www.kotsu.city.osaka.lg.jp/library/ct/20150831_mineikagironno_keika/keika_torikumi_

kangaekata.pdf

（２）水道事業

「水道事業における公共施設等運営権制度の活用について」（２０１５年８月修正版、大阪市水道局）

http://www.city.osaka.lg.jp/seisakukikakushitsu/cmsfiles/contents/0000292/292324/20141119_2_1.pdf

（３）下水道事業

「大阪市下水道事業経営形態見直し基本方針（案）」（２０１５年２月、大阪市建設局）

http://www.city.osaka.lg.jp/templates/jorei_boshu/kensetsu/0000303147.html

三　維新改革の担い手（含む特別顧問・特別参与）による書籍

①　大阪維新の会（政調会）／著・浅田均／編・上山信一／監修『図解　大阪維新―チーム橋下の戦略と作戦』（ＰＨＰ研究所、２０１２年）

大阪の経済社会状況の分析と改革の作戦シナリオを詳説

②　橋下徹・堺屋太一／著『体制維新―大阪都』（文春新書、２０１１年）

③　上山信一／著『大阪維新――橋下改革が日本を変える』（角川ＳＳＣ新書、２０１０年）

維新改革の方針と都構想等の主要政策を紹介

④　上山信一・大阪市役所／著『行政の経営改革―大阪市の挑戦』（時事通信出版局、２００８年）

２００５～２００７年度にかけて大阪市役所が行った主要事業（市営住宅、ごみ収集、下水道、区画整理、広報・広聴等）の事業分析の手法と結果を紹介

⑤　上山信一／著『自治体改革の突破口』（日経ＢＰ社、２００９年）の第２章では橋下改革初期の様子を、同じく『公共経営の再構築』（日経ＢＰ社、２０１２年）では、第４・５章でダブル選挙後の府市統合本部での検討の様子や都構想の必要性を解説

⑥　大庫直樹／著『日本のあしたのつくり方―人口減少時代の自治体経営改革』（時事通信出版局、２０１３年）の第４章では著者（府市特別参与）が担当した中小企業信用保証協会の事業分析結果について詳説

⑦　佐々木信夫／著『新たな『日本のかたち』脱中央依存と道州制』（角川ＳＣＣ新書、２０１３年）

⑧　以上のほか、堺屋太一・上山信一・原英史／著『図解　大阪維新とは何か』（幻冬舎、２０１２年）、上山信一／著『みるみる組織が変わる　改革力』（朝日新書、２０１４年）、上山信一・檜森隆一／著『行政の解体と再生』（東洋経済新報社、２００８年）でも維新改革の事例やもととなる考え方を紹介。

四　大阪の事情に詳しい在阪研究者による書籍

①　砂原庸介／著『大阪―大都市は国家を超えるか』（中公新書、２０１２年）
大阪が直面する都市問題、財政・自治制度を巡る課題を解説

②　北村亘／著『政令指定都市―１００万都市から都構想へ』（中公新書、２０１３年）
全国的視点にたって政令指定都市制度が直面する課題を解説

【著者紹介】

上山　信一（うえやま・しんいち）

慶應義塾大学総合政策学部教授

1957年大阪府生まれ。京都大学法学部、米プリンストン大学大学院卒（公共経営学修士）。旧運輸省、マッキンゼー（共同経営者）等を経て現職。大阪府・大阪市特別顧問、国土交通省政策評価会座長、愛知県政策顧問、新潟市政策改革本部統括等を務める。専門は、企業、政府、NPOの経営改革。

本書では、序章、第1章～第13章、第15章、第16章、第20章～第23章、第26章を担当した。

紀田　馨（きだ・かおる）

弁理士

1975年大阪府生まれ。大阪大学卒、大阪大学大学院院博士前期課程修了。2000年に特許庁に入庁し、情報検索やデータマイニング・ビッグデータを特許審査。経済産業省商務情報政策局権利保護係長としてインターネット取引のルール整備に従事した後、2010年退官。2011年から2015年まで大阪府議会議員。

本書では主に第14章、第17章、第18章、第19章、第24章、第25章を担当した。

検証　大阪維新改革　橋下改革の軌跡

平成27年11月5日　第1刷発行

編集・主著者　上山　信一
共　著　者　紀田　馨
発　　　行　株式会社ぎょうせい

〒136-8575　東京都江東区新木場1-18-11
電　話　編集　03-6892-6508
営業　03-6892-6666
フリーコール　0120-953-431

URL:http://gyosei.jp

〈検印省略〉

印刷　ぎょうせいデジタル㈱

ISBN978-4-324-10064-6（5108201-00-000）
〔略号：大阪維新〕